KB073995

완역 사기

본기 1

본기

1

사마천　김영수 옮김

◉

개정판에 즈음하여

《세가 2》를 내면서 출판사와 상의하여 체제와 겉모습을 전면 바꾸기로 했습니다. 《세가 2》를 보신 분들은 아시겠지만 우선 컬러판을 흑백판으로, 순 한글로 되어 있던 번역문을 국한문 혼용으로 바꾼 것이 가장 큰 변화입니다. 말 그대로 전면 개정입니다.

이 때문에 구판을 사신 독자들께 미안함을 금할 수 없습니다. 그동안 한글로만 표기된 번역문을 국한문 혼용으로 바꾸었으면 좋겠다는 의견들이 꾸준히 제기되었고, 역자인 저도 그 필요성을 인정했습니다. 표지부터 체제까지 전면적으로 개정하자는 쪽으로 의견이 모아졌습니다. 표지는 세련되고 현대적 감각이 풍기는 쪽으로 변모했습니다. 역자도 독자들께 조금이나마 보상하고자 《본기》 첫 권을 개정하면서 사진을 교체 내지 보완하는 한편, 표를 비롯한 부속물들을 보강했습니다.

오랫동안 기다리면서 변치 않는 애정을 보내주신 독자들께 이 정도의 보상으로는 어림도 없겠지만, 부지런히 완역의 걸음을 재촉하는 것만이 독자들께 보답하는 길이라 생각하고 박차를 가하겠습니다. 깊은 감사와 양해의 말씀을 다시 한 번 올립니다.

2020년 여름

게으른 역자 김영수

차례

◉

서문

시공을 초월한 절대 역사서와 조우하다

절대 역사서의 출현

만주족이 세운 청나라의 건륭 황제는 쌓아놓으면 하늘까지 닿을 만큼 그 양이 엄청나다는 중국 역대 기록들을 크게 경전류, 역사류, 문집류, 제자백가류 네 범주로 나누어 대형 총서로 정리·편찬하는 국책사업을 실행한 바 있다. 이 분류를 흔히 '경사집자經史集子'라 한다. 바로 '사고전서四庫全書'의 편찬이었다(이 국책사업은 1773년부터 1787년까지 15년이 걸렸다). 이 가운데 역사서의 양도 만만찮아 소위 관찬 역사서인 정사正史만 해도 근대에 추가 편찬된 《신원사新元史》를 포함해 25종이나 된다. 이를 '25사'라 부르는데, 이 25사만 읽어도 평생 다 읽지 못할 정도라 하니 중국의 옛 기록들이 얼마나 많은지 짐작이 잘 가지 않는다.

25사로 대변되는 정사들에서는 물론이고 역대 모든 역사서 중에서 단 한 권의 역사서를 들라고 하면 거의 이론의 여지없이 사마천(司馬遷, 기원전

145년~기원전 약 90년)의 《사기史記》를 꼽는다. 《사기》는 가히 '절대 역사서'라 불러도 손색이 없을 정도다. 더욱이 사마천이 죽음보다 치욕스럽다는 궁형을 당한 뒤 세간의 비웃음과 지옥 같은 고독을 이겨내고 완성했기에 그 의미가 남다를 수밖에 없다. 이에 관한 자세한 이야기는 이 책의 서문 격인 〈보임안서〉와 〈태사공자서〉의 해제를 참고하기 바란다.

《사기》는 '통사通史'라는 점에서 다른 정사들과 뚜렷하게 구별된다. 다른 정사들은 거의 모두 한 왕조의 역사를 기록한 '단대사斷代史'인 데 비해, 《사기》는 무려 3,000년을 다루고 있는 거대한 통사이기 때문이다. 사마천은 당시 자신이 입수할 수 있거나 열람할 수 있는 모든 자료들을 섭렵하여 위로는 전설시대의 제왕들인 '오제五帝'로부터 아래로는 자신의 당대에 이르기까지 장장 3,000년 통사를 정리했다. 이 방대한 통사를 일목요연하고 입체적으로 재구성하기 위해 사마천은 '기전체紀傳體'라는 전례 없는 새로운 역사 서술체제를 창안해냈다. 물론 사마천 이전에도 공자孔子가 춘추시대 노魯나라의 역사를 연대순으로 정리한 《춘추春秋》, 전국시대 열국의 역사를 나라별로 정리한 《전국책戰國策》 등과 같은 역사서가 없었던 것은 아니다. 하지만 역사서다운 역사서로는 《사기》의 출현을 기다려야 했다.

《사기》의 체제

기전체로 서술된 《사기》는 모두 다섯 체제로 이루어져 있는데, 본기本紀·표表·서書·세가世家·열전列傳이 그것이다. 이 중 본기의 '기紀'와 열전의 '전傳'을 따서 '기전紀傳'이라 부른다. 사마천이 창안한 이 기전체는 그 후 2,000년 동안 중국과 동양의 역사 서술에서 기본 체제로 정착하기에 이르렀다.

전통적으로 중국 역사서는 《춘추》의 체제라 할 수 있는 연대순 기술인 '편년체編年體'가 있었으나, 역사 서술체제로서의 엄격함을 갖추었다고 할 수는 없다. 이후 《사기》의 기전체가 나왔고, 1,000여 년 뒤 송나라 때 사마광司馬光이 편찬한 《자치통감資治通鑑》이 나왔다. 이는 편년체로 기록된 대형 통사로 평가받는다. 이 밖에 주요한 역사적 사건의 경위를 따라 서술하는 '기사본말체紀事本末體'라는 서술체제도 나왔는데, 남송시대 원추袁樞의 《통감기사본말通鑑紀事本末》이 그 원조다.

기전체 역사서의 효시인 《사기》는 다섯 체제로 분류되어 있지만, 각 체제가 상호 긴밀한 유기적 관계를 갖고 서로 부족한 점을 보완해주는 정교한 톱니바퀴와 같다는 점을 우선 지적하고 싶다. 이에 이 다섯 체제의 의미와 특징을 간략하게 설명해둔다(다섯 체제 각각에 대한 자세한 설명은 각 권의 해제 참고).

'본기(12권)'는 기본적으로 제왕의 기록이다. 최초로 단대사를 기술한 반고班固의 《한서漢書》 이후 본기는 한 사람의 제왕만을 다루는 체제로 정착했지만, 《사기》는 그런 경색된 원칙을 고집하지 않았다. 첫 권인 〈오제본기〉는 전설 속 다섯 제왕의 사적이고, 〈항우본기〉와 〈여태후본기〉는 항우와 여태후가 제왕이 아님에도 본기에 편입시켰다. 사마천은 천하 형세를 장악한 주체라면 누구든 본기에 편입하는 진보적이고 합리적인 융통성을 보인다.

'표(10권)'는 역사의 시간축인 연표다. 다만 기록의 다소, 사건의 경중에 따라 시대(세표), 년(연표), 월(월표)로 세분하여 사건을 입체적으로 나타냄으로써 《사기》 전체에 대한 사건 서술을 연결·보완한다. 혹자는 사마천의 천재성을 잘 보여주는 것으로 꼽기도 하며, 오늘날 컴퓨터 프로그램의 하나인 엑셀에 비유하기도 한다.

'서(8권)'는 국가의 대체大體를 기록한 것으로, 간략하게 설명하자면 국가의 중요한 제도에 대한 전문적인 논술이라 할 수 있다. 통치의 기본이 되는 예악을 비롯해 군사, 역법, 천문, 종교, 수리, 경제에 이르기까지 8방면의 국가 운영 시스템을 비교적 상세히 기술하고 있는 체제다.

'세가(30권)'는 일반적으로 제후의 기록이지만, 본기와 마찬가지로 인물 구성에서 융통성을 보인다. 문화의 집대성자로서 공자를, 농민봉기의 수령으로서 진을 무너뜨리는 데 결정적 역할을 한 진승을 세가에 편입시킨 경우가 대표적인 예다. 사마천은 '천하 존망의 흐름에 어떤 영향을 주고 어떤 역할을 했는가' 하는 원칙에 따라 세가에 편입할 인물을 선정했다.

'열전(70권)'은 《사기》에서 가장 중요한 체제다. 온갖 인간 군상들을 망라하여 이들이 역사를 움직이는 원동력이라는 사관을 끝까지 놓치지 않는다. 사회적 비주류 계층이었던 상인, 자객, 유협, 동성애자, 점술가 등 실로 다양한 계층을 역사의 주인공으로 내세우는 생동감 넘치는 인간학 보고서다.

이상 다섯 체제와 함께 꼭 언급해야 할 요소는 대체로 각 권의 말미에 딸려 있는 '태사공왈'이라는 논평이다(여기서는 '사마천의 논평'이라 번역했다). 이 역시 《사기》에서 처음 선보인 독창적인 형식으로, 사건이나 인물에 대한 자신의 감정을 속담이나 격언 등을 빌려 표출한다. 때로는 냉철한 분석을 곁들임으로써 단순한 감정 배출 창구로 흐르는 것을 막는다. 이는 사마천의 사관을 짧은 논평 형식으로 드러낸 것이라 할 수 있다.

《사기》의 현장성

《사기》의 형식과 내용을 보석처럼 빛나게 하는 것은 물론 유려한 문장이지만, 사마천의 현장 답사 사실도 빼놓을 수 없다. 널리 알려진 고사를 예로 들어보자. 권92 〈회음후열전〉은 서한의 개국공신이며 '서한삼걸'로 불렸던 명장 한신에 관한 기록이다. 이 열전에는 소위 '과하지욕胯下之辱'이라는 유명한 고사성어가 나오게 된 배경이 생생하게 기술되어 있다. 젊은 날 한신이 동네 건달과 시비가 붙었는데 상대하여 싸우는 대신 그 건달의 가랑이 밑을 기는 수모를 참았다는 일화다.

이 대목은 마치 드라마의 한 장면을 보듯 실감나게 묘사되어 있다. 사마천이 한신의 고향인 회음을 직접 찾아가 탐문한 자료를 기초로 했기 때문에 가능한 서술이었다. 이렇게 해서 큰일을 하거나 큰 인물이 되려면 한순간 사소한 시비나 모욕 정도는 참을 수 있어야 한다는 천고의 고사성어가 탄생했다. 그것이 바로 인간의 의지를 격려하는 성어인 '과하지욕'이다.

그런데 현장을 찾아 고사를 채록한 사마천은 이 대목을 기술하면서 묘한 여운을 남긴다. 한신이 건달의 가랑이 밑을 기기에 앞서 그 건달의 얼굴을 잠시 빤히 쳐다보았다는 것이다. 사마천이 한신이 살던 동네 사람들의 기억을 되살리는 과정에서 이 대목은 매우 중요했다. 한신의 기질을 제대로 파악해야 했기 때문이다. 한신이 억울하게 토사구팽兎死狗烹 당하기까지의 과정을 여러 기록들을 통해 이미 알고 있었던 사마천은 그런 어처구니없는 죽음을 초래한 근본 원인을 알고 싶었다. 현장을 탐문하던 사마천은 당시 한신이 건달의 얼굴을 잠시 빤히 쳐다보았다는 진술에서 한신의 죽음을 초래한 원인들 중 하나로 그의 오만한 기질을 간파했다. 한신은 건달이 무서워서 가랑이 밑을 긴 것이 아니라, 보잘것없는 놈이 건방지고 주

제넘게 군다는 표정을 지어 보인 다음 오만한 태도로 가랑이 밑을 긴 것이다. 이런 한신의 기질을 사마천은 '과하지욕'이란 고사에 절묘하게 안배했는데, 이는 현장 탐방 없이는 불가능한 일이다.

사마천은 스무 살을 전후로 약 2, 3년에 걸쳐 천하를 주유했다. 아버지 사마담의 적극적인 권유가 있었기 때문이다. 역사는 시간과 공간의 학문이다. 시간의 흐름을 돌이킬 수는 없지만, 공간의 영역에 속하는 역사 현장은 시간을 뛰어넘어 그 흔적을 간직하고 있다. 유적이든 유물이든, 구전이든 전승이든 어떤 형태로든 남아있는 흔적의 한 자락이라도 놓치지 않으려 했던 역사가로서 사마천의 책임감이 《사기》 전편을 훨씬 돋보이게 만든 것이다.

《사기》 명칭의 변천과 52만 6,500자에 대한 시비

《사기》라는 서명은 원래 이름이 아니다. 여러 문헌들을 종합해보면 《사기》는 몇 차례 명칭상의 변화를 겪었다. 《사기》 이전에도 '사기史記'라는 단어가 없었던 것은 아니지만, 구체적인 역사책을 가리키는 용어가 아니라 역사책에 대한 통칭이었다. 《사기》의 원래 이름은 《태사공서》였다. '태사공'은 아버지 사마담을 높여 부른 호칭이자 사마천 자신에 대한 호칭이기도 했는데, 사마천이 자신의 역사서를 《태사공서》라 부른 것은 아버지를 염두에 두었기 때문이다.

그 후 반고는 《한서》 〈예문지〉를 통해 역대 학술과 관련된 저서들을 분류하여 소개하면서 《사기》를 '춘추가'에 분류한 다음, 《태사공》 《태사공서》 《태사공기》 등으로 불렀다. 《사기》가 《태사공서》만을 가리키는 고유명사로 사용되기 시작한 것은 위진시대부터였다. 당나라 때 편찬된 수 왕조의 단대사인 《수서隋書》 〈경적지〉에 역사서를 전문적으로 소개하는 '사부史部'가 마련되었는데, 여기서 《사기》가 처음 거론됨으로써 고유명사로서 자리를 굳히게 되었다.

《사기》 명칭의 변천을 알기 쉽게 표로 정리해 제시한다.

◉ 《사기》 명칭의 변천

명칭	명명자(시기)	출전 및 참고 사항
《태사공서》	사마천(서한)	〈태사공자서〉
《태사공기》	저소손(서한)	《사기》 내용을 보완한 인물
《태사공》	반고(동한 32~92)	《한서》〈예문지〉
《태사공기》		《한서》〈양운전〉
《태사기》	응소(동한)	《풍속통의》
《사기》	동한 환제~영제(147~184) 비각에 보인다.	
	순열(동한 148~209)	《한기》
	영용(동한)	《춘추석례》
	진수(위진 233~297)	《삼국지》
	범엽(남조 송 398~445)	《후한서》〈반표전〉

《사기》는 세상에 나온 지 얼마 되지 않아 내용에 결손이 생기기 시작했다. 52만 자가 넘는 글자를 일일이 죽간이나 목간에 옮겨 적는 과정에서 적잖은 오탈자가 생길 수밖에 없었기 때문이다. 그래서 사마천과 같은 시대의 인물인 저소손褚少孫이 일부 내용을 보완하는 일이 생겨난 것이다.

전문가들의 연구와 통계에 따르면 현존하는 《사기》의 글자 수는 55만 5,660자다. 사마천 자신이 밝힌 52만 6,500자보다 약 3만 자가 늘어난 셈이다. 좀 더 구체적으로 설명하자면, 현존하는 《사기》 55만 5,660자 중 약

97퍼센트인 51만 440자가 온전하게 보전되었고, 결손된 양이 약 3퍼센트인 1만 6,060자라고 한다. 그러니 후세에 보완된 것은 4만 5,220자가 된다. 오랜 세월을 거치면서 다소의 결손과 보완이 있긴 했지만, 약 3퍼센트 정도만 원문과 다르다고 하니 이 사실이 《사기》의 가치에 큰 영향을 미칠 것 같지는 않다.

《사기》의 결손 부분에 대한 논쟁도 오랜 세월 끊이지 않았다. 《한서》에 주석을 단 장안張晏은 〈금상본기(효무본기)〉 등 구체적으로 10권을 들어 사마천이 저술한 것이 아니라 후대에 보완된 것으로 꼽았다. 장안은 당초 사마천이 이 10권의 제목만 잡아놓고 내용을 완성하지 않았다고 주장했다.

당나라 이전까지만 해도 대체로 장안의 설을 믿었으나, 당송 이후에는 원래 사마천이 내용을 모두 채웠지만 제목만 남았다는 주장이 제기되었다. 근대에 와서는 결손이 없다는 주장도 나왔다.

이 논쟁은 연구자가 대본으로 삼은 판본에 따라 견해가 엇갈릴 수 있다는 치명적 한계를 지닌다. 그래서 최근 연구자들은 여러 판본을 면밀히 대조하고 검토한 결과, 현재 통용되는 《사기》 판본에는 쟁점이 된 10권의 내용 대부분이 확인된다는 의견을 내놓았다. 물론 일부 후대에 보완된 것들도 있기 때문에, 이 분야에서 연구의 초점은 어떤 부분이 얼마나 누구에 의해 보완되었는지 하는 문제로 이동하고 있다.

《사기》의 주석서와 판본 소개

《사기》에 대한 전문적인 주석서는 남조시대 송宋나라 배인裴駰의 《사기집해史記集解》가 그 길을 텄다. 당唐나라 때 질적 도약을 보이는 주석서 편찬에 선구적인 역할을 했다는 평이다. 이 《사기집해》와 당나라 때 사마정司

馬貞의 《사기색은史記索隱》, 장수절張守節의 《사기정의史記正義》를 합쳐 흔히 '삼가주'라 부른다. 삼가주는 《사기》 주석서를 대표하는 주석의 지침서와 같은데, 북송 이후 이 세 사람의 주석이 《사기》 본문 아래 나란히 제시되어 출간됨으로써 《사기》 연구에 큰 역할을 했다. 이후 청淸나라 때 양옥승梁玉繩의 《사기지의史記志疑》가 《사기》 연구의 한 획을 그었다. 근현대에 와서는 타키가와 카메타로瀧川龜太郎의 《사기회주고증史記會注考證》이 출간되어 《사기》 연구의 제2 이정표라는 평가를 받았다(타키가와 카메타로는 타키가와 스케코토라고도 한다).

현존하는 《사기》 판본으로는 북송 순화淳化 연간(990~994) 국자감에서 간행한 것 중 일부가 가장 오래된 판본으로 남아있다. 남송시대 1194년부터 1196년까지 약 3년 동안 면밀한 고증을 거치고, 여기에 삼가주를 함께 넣어 간행한 소희紹熙 연간 황선부黃善夫 간본은 현존하는 판본들 중에서 활자가 가장 우아하고 훌륭한 판본으로 꼽힌다(89쪽 〈역생육고열전〉 사진 참고). 1936년 상무인서관에서 출간한 백납본百衲本 24사 중 《사기》는 바로 이 황선부 판본을 영인한 것이다. 1949년 신중국 이후 중화서국中華書局은 《사기》 원문에 문장부호를 달고 현대 활자로 찍은, 소위 표점교감본 대중 보급판을 출간했는데, 이때 사용한 판본 역시 삼가주를 함께 넣어 청나라 동치 연간 금릉서국에서 간행한 장문호교정본張文虎校正本이다. 1983년 타이완 굉업서국宏業書局에서 펴낸 표점교감본 《사기》(재판)도 마찬가지다. 현재 《사기》를 읽거나 연구할 때 대본으로 삼는 판본은 거의 대부분 이들 표점교감본이다.

이 책 역시 이들 표점교감본을 기준으로 삼고, 여기에 최근 중국 《사기》 연구의 대가인 한조기韓兆琦 교수가 편저한 《사기전증史記箋證》(전9책, 江西人

民出版社, 2004)을 대조해가며 우리말로 옮겼다. 이밖에 《사기》 본문 대조와 주석을 위해 참고한 주요 문헌들은 이 책의 말미에 '참고문헌'으로 제시해 두었다.

명인들의 초상화 출처

이 책에는 명인들의 초상화가 많이 실려 있다. 이 초상화들의 출처에 대해 간략하게 설명하고 넘어갈 필요가 있을 것 같다.

명인이나 위인들의 초상화(간략한 전기를 곁들이기도 함)를 모은 책을 도상집 또는 화상집이라 한다. 역대 명인들의 모습을 어떤 형태로든 남기고자 하는 욕구는 상나라 때까지 거슬러 올라간다는 주장이 있을 정도로 오랜 연원을 갖는다. 사마천도 장량의 전기인 권55 〈유후세가〉에서 장량의 초상화를 본 적이 있다면서 장량이 "아주 기골이 장대하고 괴걸스럽게 생겼을 것으로 생각했는데 막상 초상화를 보니 여자의 모습을 하고 있었다"라고 언급한다.

전문가들은 대체로 제왕·공신·성현 등 위인의 초상을 그리는 전통에 대해 "한대에 시작되어 송대에는 성현도가 나타났고, 목판 인쇄술이 발달한 명대에 오면 목판본 책자로 제작하는 경향이 활발해졌다"고 본다. 그러나 지금까지 전하는 초상화 자료는 고고학 발굴을 통해 얻은 벽돌이나 비단 따위에 새기거나 그려진 부분적 자료를 제외하면 대부분 명나라 이후 인쇄를 통해 남은 것이다. 그중에서도 제왕과 성현들의 초상화 300여 폭을 담고 있는 일종의 백과사전 격인 《삼재도회三才圖會》(1609년 전후 간행)가 대표적인 서책이다. 이후 명·청 시대를 거치면서 전통적인 초상화집 외에 《역대고인상찬歷代古人像讚》, 《성현상찬聖賢像讚》, 《검협전劍俠傳》, 《고사전高

士傳》 등과 같은 전문 초상화집도 대거 제작되었다.

이러한 위인들의 초상화를 화첩 형태로 간행하는 전통은 우리나라에도 전해져 중종 때 모두 4권으로 된 《역대도상》이란 화첩이 간행되었다. 이 화첩은 조선 후기에 다시 모사하여 화첩으로 재간행되기도 했다. 여기에는 중국 제왕과 명신 및 성현들의 초상, 그리고 신라 최치원, 고려 안향·정몽주, 조선 김시습 등 네 명의 명인들을 포함하여 총 220명의 초상이 수록되어 있다(이 《역대도상》은 2003년 아주문물학회가 《그림으로 읽는 역사인물사전》이란 이름으로 다시 출간했는데, 인물의 간략한 전기가 함께 실려 있다).

이밖에도 한나라 때 주로 무덤을 축조하는 데 사용된 벽돌에 인물상을 새기거나 그리는 것이 유행함으로써 명인들의 모습이 부분적으로 남게 되었다. 이렇게 벽돌에 그림을 새기거나 그린 것을 '화상전'이라 부르는데, 이런 화상전 그림을 탁본(280쪽 그림 참고)으로 모은 화집들이 속속 출간되었다.

42일, 1만 9,376킬로미터

42일, 1만 9,376킬로미터. 이 수치는 역자가 위대한 역사가 사마천의 절대 역사서 《사기》 총 130편 중 12편(약 9퍼센트)을 차지하는 본기本紀의 현장을 답사하는 데 투자한 총 시간과 거리다. 하루 평균 약 461킬로미터를 이동한 셈이다. 이 시간과 공간 이동을 통해 수만 컷의 사진과 영상이 남겨졌다. 앞으로 다녀야 할 서書, 세가世家, 열전列傳의 현장들이 벌써부터 기다려진다. 이제 겨우 10퍼센트 정도를 다녔다. 사실 앞으로 다닐 현장 답사가 겁도 나고 설레기도 한다.

지금까지 역자는 15년 넘게 중국사의 현장을 100여 차례 탐방해왔고,

점점 더 심도 있게 다니고 있다. 《사기》 완역을 위한 대장정 때문이다. 역자는 개인적으로 정말 운이 좋은 사람이다. 2,000년이 넘는 시간을 초월하여 철든 이후로 멘토가 된 사마천과 같은 공간을 통해 영적인 교감을 가지고 있으니 말이다.

여러 차례 강조했듯이, 《사기》는 체제와 내용이 완벽하게 결합된 3,000년 통사다. 인류가 문자를 발명하고 자신들의 삶을 기록한 이래 누구도 해내지 못했던 일이다. 게다가 《사기》는 사마천의 '피를 먹고' 탄생한 '괴서怪書'이기도 하다. 읽기도 어렵다. 그래서 어지러운 책이란 뜻의 '난서亂書'라는 야유부터 어려운 책이라는 뜻의 '난서難書'에 이르기까지 많은 별칭을 갖고 있다. 전공자가 아니라면 선뜻 잡아서 읽기가 거의 불가능하다. 인지도는 있으나 실제로 그만큼 읽히지 못하는 이유이기도 하다. 이 때문에 역자는 보다 많은 사람이 읽을 수 있는 완역본을 15년 넘게 고민하고 구상해 왔는데, 이제 그 결실을 보게 된 것이다.

사마천 《사기》와 김영수의 《완역 사기》

이 책은 약 2,100년 전 사마천이 보여준 저술 동기와 의도를 충분히 살리는 데 가장 큰 역점을 두었다.

첫째, 《사기》의 문장은 당시로서는 파격이라 할 정도로 통속적이었다. 속담과 격언 그리고 생생한 고사성어가 곳곳에 아로새겨져 있다. 원문 텍스트를 가능하면 쉽게 옮긴 이유가 이 때문이다.

둘째, 《사기》의 팩트fact는 역사현장을 직접 발로 밟아가며 확보한 것이다. 따라서 그 진실성과 그것에 함축된 드라마보다 더 드라마 같은 요소들은 좀 과장해서 말하자면 기적과도 같다. 번역문과 해제 등에 현장 사진과 다양한 지도를 넣은 이유가 바로 이 때문이다.

셋째, 《사기》는 사마천의 피를 먹고 탄생했다. 죽음보다 치욕스러운 궁형을 자청한 뒤 고독 속에서 피를 토하는 심정으로 완성했기 때문이다. 52만 6,500자 한 글자 한 글자마다 사마천의 피와 울분이 고스란히 담겨 있다. 상세한 해제와 다양한 부속물(명언·명구, 용어풀이, 주요 사건 정리, 각 왕조의 세계도, 관련 인명표, 관련 지명표, 관련 서명 일람표 등)을 마련하여 사마천의 심경과 의도를 전달하려고 애를 쓴 까닭이다. 그래서 주석에 해당하는 표의 분량이 본문 번역문에 비해 비대하다. 이 때문에 출판사의 고심이 상당했다. 그중 일부는 빼기도 했지만 방대한 《사기》에 나오는 인명과 지명을 소홀히 다룰 수는 없었다. 다만 본기에서 대부분의 인·지명이 언급되므로 이후 세가와 열전에서는 그 양이 크게 줄어들 것을 기대한다.

넷째, 현재 중국이 벌이고 있는 가공할 소프트 파워 전략의 중심에 《사기》가 있다. 위대한 중화주의를 전 세계에 전파하려는 초강대국 중국의 야심에 사마천의 《사기》가 악용당할 위험이 커 보인다. 역자의 의지와는 상관없이 이에 대한 진상도 밝혀야 하는 짐을 지게 되었다. 이 문제를 본기 해제 몇 군데에서 지적한 이유다.

다섯째, 《사기》는 중국사 5,000년 중 5분의 3을 다루는 방대한 통사다. 중국의 역사는 물론 중국 문화와 중국인을 알려면 《사기》를 건너뛸 수 없다. 중국의 존재감이 하루가 다르게 커져가는 현실에서 굳이 '지피지기知彼知己'를 거론하지 않더라도 《사기》의 무게감 역시 커질 것이다. 이 책이 이런 현실적 필요성에 일조하리라 확신한다.

여섯째, 《사기》는 인간학의 교과서, 즉 '인서人書'로 불러야 할 만큼 인간의 속성과 본질을 분석하고 있다. 개인의 삶은 물론 조직이나 국가 운영,

나아가 전 세계의 동향을 인간의 언행 속에서 통찰할 수 있는 귀중한 기회를 무궁무진하게 제공한다. 마음을 열고, 서두르지 말고, 시간을 내서, 차분히 읽어나가면 개인과 사회에 도움을 주는 무한 가치의 보물을 찾아낼 수 있다. 또 인간답고 존엄하게 자신의 삶을 개척해나가는 모습이 어떤 것인지도 실감할 수 있다. 사마천과 《사기》는 우리를 보다 나은 인간으로 이끄는 둘도 없는 길잡이이기 때문이다.

이제 완역본 첫 권을 새로운 모습으로 세상에 내놓는다. 2,000년 시공을 초월한 절대 역사서와 역사상 가장 처절한 초상을 보여줄 수밖에 없었던 슬픈 역사가와의 만남을 떨리는 심정으로 독자들에게 주선하고자 한다.

2010년 7월 마지막 날 처음 쓰고

2010년 8월 22일과 25일, 9월 1일에 고쳐 쓰다

◉ 궁형 후 사마천 초상화. 명나라 때 간행한 《삼재도회三才圖繪》에 실려 있다.

사마천의 역사 현장 대장정

◉

사마천은《사기》집필을 위해 역사 현장을 여러 차례 탐방했다. 첫 여행은 기원전 126년 전후 사마천의 나이 스무 살 때였다. 수도 장안을 출발하여 약 2년 넘게 거의 전국을 떠도는 대장정이었다. 이 여행으로 사마천은《사기》저술을 위한 자료 수집은 물론 세상과 인간을 보는 안목을 갖출 수 있었다.

그 후에도 사마천은 무제를 수행하여 여러 차례 전국 각지를 다녔다. 그의 여행 범위는 당시 한나라 전체에 미치고 있으며, 이 여행을 통해 입수한 생생한 현장 자료들이《사기》에 반영되었다.

2차 여행은 기원전 111년 황제의 명령에 따라 이루어졌다. 파촉 지방(서남이)을 정벌하고 5군을 설치하여 그 지역 소수민족을 안정시킨, 이른바 '서남이 경략'이다. 이때 사마천은 서남이 지역에 대한 귀중한 정보를 확보한 것으로 보인다.

3차 여행은 기원전 110년 낭중 신분으로 무제를 수행하여 태산에 올라 '봉선의식'을 거행한 일이다. 기원전 107년에는 태사령 신분으로 무제의 서북 지역 순행을 수행하여 지역 정보를 입수했다. 이밖에도 무제의 전국 순행에 몇 차례 더 수행한 것으로 보인다.

◉ 사마천의 천하유력도

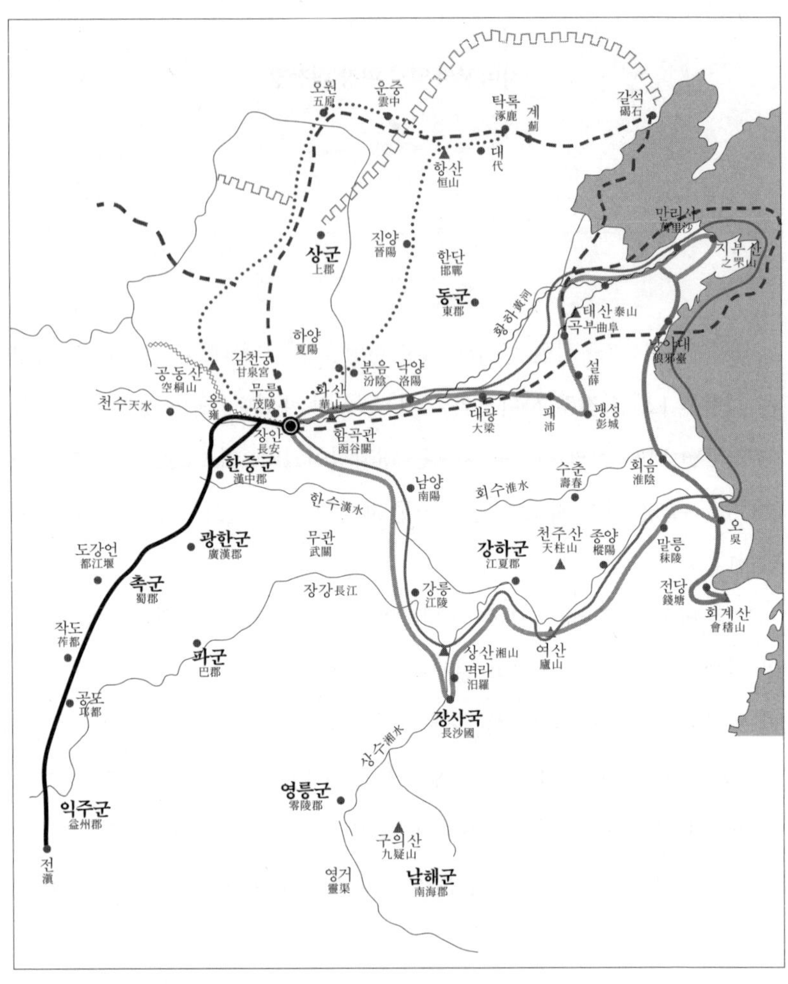

첫 번째 : 20세 때의 여행(기원전 126)
두 번째 : 원정元鼎 5년(기원전 112)
세 번째 : 원정 6년(기원전 111)
네 번째 : 원봉元封 원년(기원전 110)
다섯 번째 : 원봉 2년(기원전 109)
여섯 번째 : 원봉 4년(기원전 107)
일곱 번째 : 원봉 5년(기원전 106)

◉ 일곱차례에 걸친 천하 답사

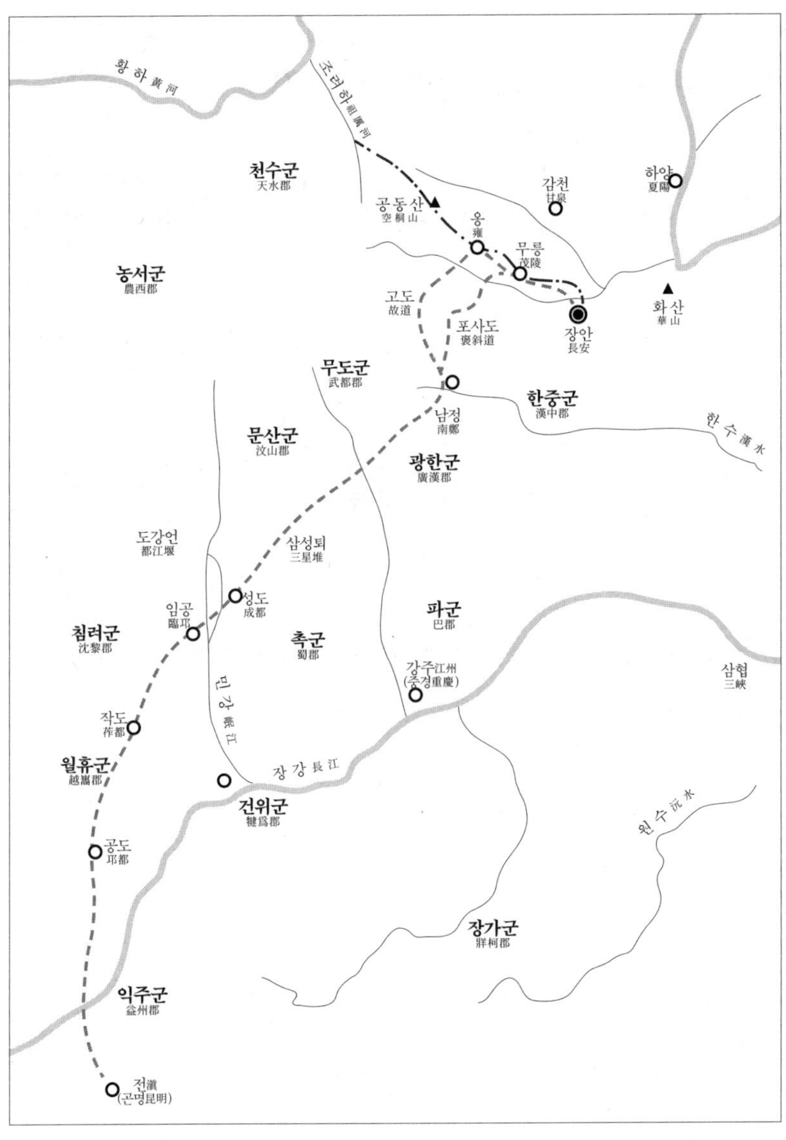

황하 黃河
조력하 祖厲河
천수군 天水郡
공동산 空桐山
옹 雍
감천 甘泉
하양 夏陽
무릉 茂陵
농서군 農西郡
고도 故道
포사도 褒斜道
장안 長安
화산 華山
무도군 武都郡
한중군 漢中郡
남정 南鄭
한수 漢水
문산군 汶山郡
광한군 廣漢郡
도강언 都江堰
삼성퇴 三星堆
성도 成都
임공 臨邛
침려군 沈黎郡
촉군 蜀郡
파군 巴郡
강주 江州 (중경 重慶)
삼협 三峽
민강 岷江
작도 莋都
월휴군 越巂郡
장강 長江
건위군 犍爲郡
원수 沅水
공도 邛都
장가군 牂柯郡
익주군 益州郡
전 滇 (곤명 昆明)
두 번째 여행 루트
세 번째 여행 루트

◉ 서남이 지역 답사

흉노 匈奴
요서군 遼西郡
광양국 廣陽國
운중군 雲中郡
정양군 定襄郡
오원군 五原郡
탁록 涿鹿
갈석 碣石
계薊 (북경北京)
산해관 山海關
안문군 雁門郡
평성 平城
항산 恒山
대 代
연하도 燕下都
탁 涿
진황도 秦皇島
전국시대 중산국 戰國中山國
발해 渤海
태원군 太原郡
황하 黃河
지부산 之罘山
상군 上郡
진양 晉陽
조국 趙國
역성 歷城
만리사 萬里沙
중도 中都
동래군 東萊郡
성산 成山
임치 臨淄
한단 邯鄲
동군 東郡
태산 泰山
낭야대 狼邪臺
노 魯
하양 夏陽
분음 汾陰
호자 瓠子
감천궁 甘泉宮
함곡관 函谷關
역산 嶧山
공동산 空桐山
옹 雍
낙양 洛陽
복양 濮陽
추 鄒
무릉 茂陵
패 沛
설 薛
화산 華山
형양 滎陽
숭산 嵩山
진류군 陳留郡
장안 長安
팽성彭城 (서주徐州)
회수 淮水
회음 淮陰
하남군 河南郡
네 번째 여행 루트
다섯 번째 여행 루트
여섯 번째 여행 루트

◉ 북쪽 변방 답사

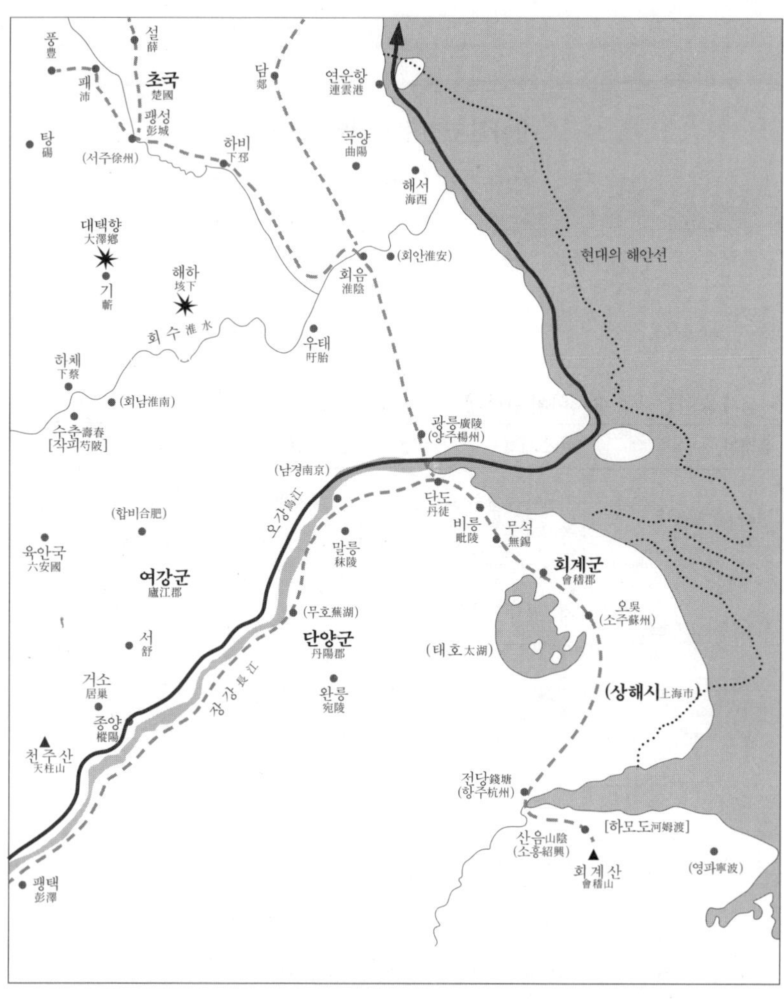
풍 豐
설 薛
패 沛
초국 楚國
팽성 彭城
담 郯
연운항 連雲港
탕 碭
(서주徐州)
하비 下邳
곡양 曲陽
해서 海西
대택향 大澤鄉
해하 垓下
기 蘄
회음 淮陰
(회안淮安)
현대의 해안선
회수 淮水
우태 盱眙
하채 下蔡
(회남淮南)
수춘壽春
[작피芍陂]
광릉廣陵
(양주揚州)
(남경南京)
오강烏江
(합비合肥)
단도 丹徒
비릉 毗陵
무석 無錫
육안국 六安國
말릉 秣陵
여강군 廬江郡
회계군 會稽郡
(무호蕪湖)
오 吳
(소주蘇州)
단양군 丹陽郡
(태호太湖)
서 舒
거소 居巢
장강長江
완릉 宛陵
(상해시上海市)
종양 樅陽
천주산 天柱山
전당錢塘
(항주杭州)
[하모도河姆渡]
산음山陰
(소흥紹興)
회계산 會稽山
(영파寧波)
팽택 彭澤
스무 살 때의 여행 루트
일곱 번째 여행 루트
전투지

◉ 강남과 강회 답사

사마천 관련 유적지와 가계도

◉

◉ 섬서성 한성시 소재 사마천 관련 유적지 현황

유적지	현 소재지	내용	연대	기타 사항
협려궁挾荔宮 유지	지천진 지천촌 동쪽 1km	한 무제 당시 좌풍익 하양현의 소재지	서한 무제 (기원전 111년)	사마천 탄생지를 밝히는 중요한 단서를 제공했다.
사마천사묘司馬遷祠墓	지천진가 동남 500m	사마천의 무덤과 사당	서한, 송~명	가장 대표적인 사마천의 사당과 무덤이다(전국중점문물보호단위).
은제묘殷濟墓	외동향 보안촌	은제의 무덤	서진 (310년)	사마천의 무덤과 사당을 최초로 보살핀 인물이다.
삼의묘三義墓	외동향 보안촌	춘추시대 진晉의 충신 조무, 공손저구, 정영의 무덤.	미상	조씨 집안의 자손을 보호하기 위해 목숨을 바친 세 충신의 무덤이다(시문물보호단위).
사마조영司馬祖塋	외동향 동고문촌	사마천 조상묘	미상	비석 2좌가 현존한다(시문물보호단위).
사마근묘司馬靳墓	외동향 화지촌	사마천 6대조 사마근의 무덤	미상	비석 1좌
사마서원司馬書院	외동향 화지촌	사마천을 모신 서원	창건 미상 청대 중수	청대 비석 1좌

한태사유사漢太史遺祠	외동향 서촌	사마천 사당	창건 미상 청대 중수	구 서촌 초등학교 내 청대 비석 등(시문물보호단위)
사마고리司馬故里	외동향 동고문촌	사마천 고향(탄생지)	청대 건축	사마천의 탄생지로 유력한 곳
용문채龍門寨 유지	외동향 용문채촌	사마천 탄생 관련지	신석기, 서주, 한	사마천 탄생지의 단서를 제공하는 곳
'법왕행궁法王行宮' 패루	외동향 서촌 서북	사마천 궁형 관련 전설	청대	사마천 궁형의 비극을 함축하고 있는 곳(시문물보호단위)
서촌(徐村)	외동향 서촌 일대	사마천 후손 거주지	명대 이후	사마천 후손 집성촌(풍馮,동同)
전사마천진묘 傳司馬遷眞墓	외동향 서촌 서북	사마천의 진짜 무덤으로 전하는 곳	미상	'법왕행궁' 패루 근처 언덕. 비석 등이 있다.
사마천상과 광장	한성시 태사대가 시정부 광장	사마천 기념 광장	현대	사마천 상 건립

• 이 표는 《중국문물지도집中國文物地圖集》(陝西分册, 西安地圖出版社, 1998)과 1998년 이후 수십 차례에 걸친 역자의 사마천 고향 탐방자료를 바탕으로 작성한 것이다.

◉ 사마천 가계도

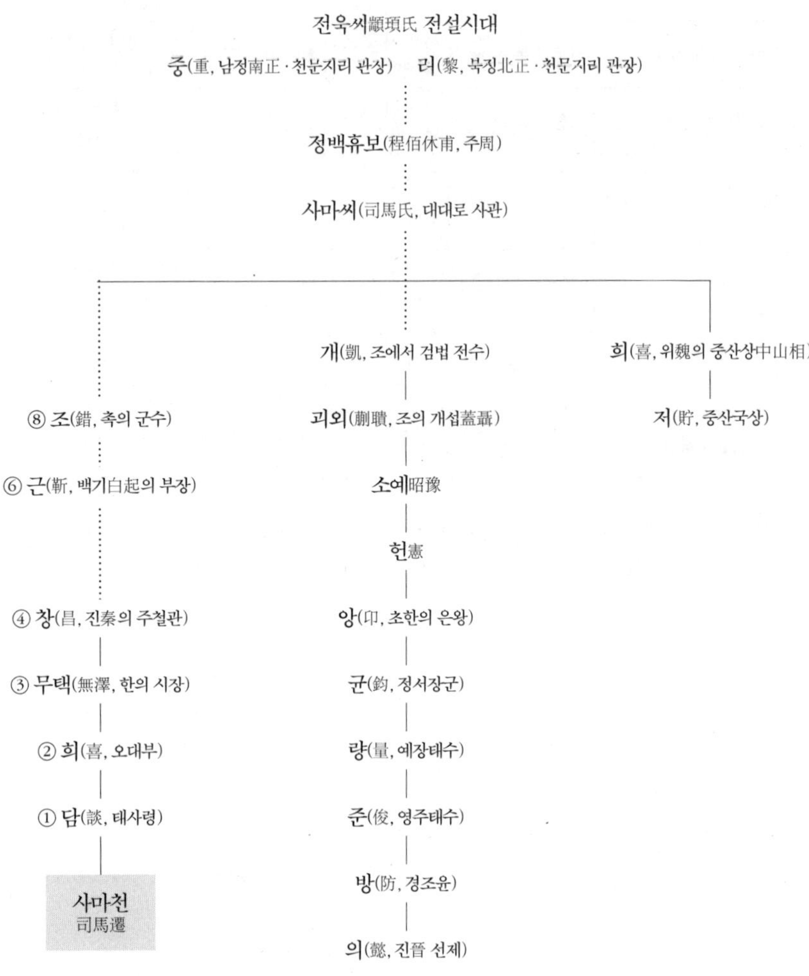

- 원 안에 들어 있는 숫자는 선조의 대수이다.
- 5, 7대 선조는 기록이 없다.
- 대수가 순차적이지 않은 경우 점선(……)으로 표시했다.

◉ 사마천 이후 사마휘까지 가계도

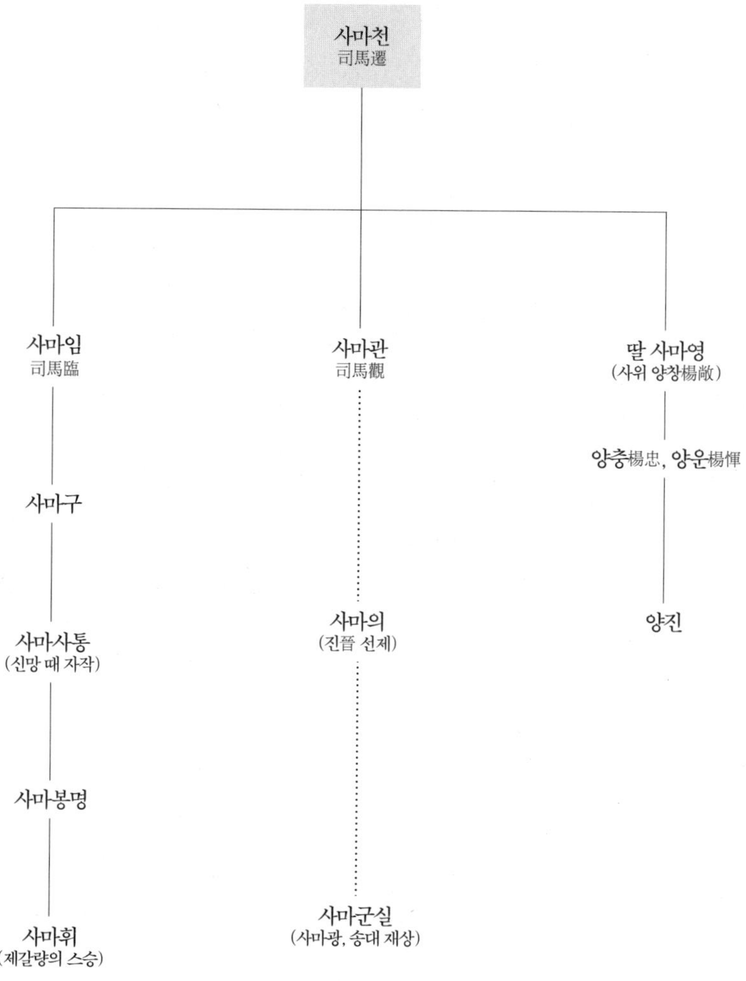

보임안서
임안에게 드리는 답장

◉

사람은 누구나 한번 죽지만
어떤 죽음은 태산보다 무겁고
어떤 죽음은 새털보다 가볍다.
죽음을 사용하는 방향이 다르기 때문이다.

人固有一死(인고유일사)
或重于泰山(혹중우태산)
或輕于鴻毛(혹경우홍모)
用之所趨異也(용지소추이야)

◉ 황하를 가로지르며 놓인 대교에서 바라본 사마천 사당과 무덤. 중국 섬서성 한성시 지천진에 있다.

◉

독서의 기술

◉

사마천의 운명을 바꾼 '이릉의 화'

기원전 99년(사마천 나이 47세) 5월, 한漢 무제武帝는 한 해 전인 기원전 100년 대완大宛정벌에서 승리한 여세를 몰아 이사장군貳師將軍 이광리李廣利에게 3만의 기병을 주어 흉노匈奴를 공격하게 했다. 그러나 결과는 3만 기병 대부분을 잃는 처참한 패배였다. 패배를 인정하기 싫었던 무제는 군사를 재결집하여 다시 흉노를 공격하게 했다. 이때 한나라 초기 명장 이광李廣의 손자인 이릉李陵은 보병 5천을 이끌고 흉노 진영 깊숙이 쳐들어갔다. 군 내부 갈등으로 인해 무리하게 적진 깊이 들어간 것이었다. 이릉의 5천 병사들은 3만이 넘는 흉노 기병에 맞서 사투에 사투를 벌여 흉노 수천을 죽였다. 당황한 흉노는 다시 군사 8만을 증원하여 이릉의 군대를 포위했다. 중과부적衆寡不敵의 막다른 골목에 몰린 이릉은 결사대를 조직하여 포위를 뚫으려 했으나 결국 포로 신세가 되었다.

이릉의 패전 소식이 조정에 전해졌다. 이릉이 승전보를 알려올 때마다 술잔을 들어 축하하던 조정 분위기는 한순간에 반전되었다. 흉노에게 번번이 당하던 때라 충격은 예상 밖으로 컸다.[1] 무제는 음식도 거부하는 등 불편한 심기를 노골적으로 드러냈다. 대신들은 안절부절못했다. 답답한 나머지 무제는 사마천司馬遷에게 의견을 물었다.

사마천은 황제의 슬픔과 번뇌를 조금이나마 가라앉히려고 충정으로 이릉을 변호했다. 이릉의 항복은 구원병조차 없는 어쩔 수 없는 상황이었고 이릉은 틀림없이 훗날을 기약하기 위해 벼르고 있을 것이라고 말했다. 그런데 이 충정어린 변호가 되려 역효과를 내고 말았다. 그렇지 않아도 패배의 책임을 물을 희생양을 찾고 있던 차에 사마천이 패장을 두둔하고, 나아가 대장군 이광리의 작전에 문제가 있는 것처럼 지적하고 나섰으니 그야말로 딱 맞는 먹잇감이 아닐 수 없었다.

성이 난 무제는 돼먹지 않은 수작으로 이광리의 공을 훼손하려 한다며 사마천을 옥에 가두어버렸다. 한순간의 화를 참지 못하고 취한 조치였기에 화가 풀리면 사마천은 옥에서 풀려날 것처럼 보였다. 그런데 흉노 공격에서 별다른 전과를 올리지 못하고 돌아온 공손오孔孫敖란 자가 이릉이 흉노의 군대에게 병법을 가르치고 있다는 뜻밖의 보고를 올렸다. 무제는 진위 파악도 하지 않은 채 이릉의 일가족을 몰살시키고 사마천에게는 역적

---

1 무제는 집권 후기에 들어와 기원전 112년부터 104년, 102년, 99년, 98년, 90년까지 모두 6차례 흉노 정벌에 나섰다. 이릉은 4차 정벌에 따라 나선 것. 이 중 기원전 102년 3차 때 포로로 잡혀간 수천 명을 되찾아오는 부분적인 승리를 거둔 것과 1, 5차 때 별다른 성과 없이 돌아온 것을 제외하고 나머지는 모두 전멸에 가까운 패배였다. 기원전 90년 이후 무제는 정벌을 중단하고 휴지기에 들어갔다. 사마천이 기원전 99년 4차 흉노 정벌 때인 47세 때 이릉의 화를 당하고 기원전 97년 풀려나 《사기》를 완성한 것으로 보이는 기원전 91년에 이르는 기간에는 별다른 전쟁은 없었다.

을 두둔했다는 죄명으로 사형을 선고했다. 사마천은 억울하기 짝이 없었지만 미처 완성하지 못한《사기》를 끝내기 위해 죽음보다 치욕스러운 궁형宮刑[2]을 자청하여 사형을 면한다. 그때가 기원전 97년, 그의 나이 49세 때였다. 이 사건을 흔히 '이릉의 화禍'라 부른다.

사마천 특유의 초인적 집념과 통찰이 담긴 명문

기원전 91년(사마천 55세), 사나천과 입사 동기인 익주자사益州刺史 임안任安이 태자 유거劉据의 무고巫蠱 사건에 연루되어 사형을 선고받고 투옥되는 사건이 발생했다. 임안은 자가 소경少卿이고, 형양滎陽의 가난한 선비였다. 대장군 위청의 문객으로 지내다 무제 때 파격적으로 기용되어 북군사자호군北郡使者護軍을 거쳐 익주자사라는 요직에까지 오른 사람이었다(제104 〈전숙열전〉에 딸린 저소손褚少孫이 보완해 넣은 〈임안전〉 참고).

임안은 익주자사 시절 사마천에게 편지를 보내 유능한 인재를 추천할 것을 권유한 바 있다. 당시 사마천은 궁형을 당한 뒤 감옥에서 나와 황제 신변에서 기밀이나 문서를 담당하는 중서령으로 지냈다. 보기에는 귀하고 높은 자리 같지만 실은 거세당한 환관이 담당하는 수치스러운 자리였다. 이런저런 사정으로 차일피일 답장을 미루던 사마천은 임안의 투옥 소식을 듣고는 한때 사형선고까지 받고 궁형을 자청하여 목숨을 부지한 자신의 처지를 회상하며 착잡한 심경으로 답장을 썼다. 그 답장이 바로 3천여 자

2 궁형宮刑은 남성의 성기를 제거하는 중국 10대 혹형 중 가장 잔인한 형벌이다. 부형腐刑이라고도 한다. 육체적 고통은 물론 극심한 정신적 고통을 동반하기 때문에 죽음보다 치욕스러운 형벌로 여겼다. 이릉을 변호하다 무제의 심기를 건드려 뜻하지 않게 사형을 선고받은 사마천은 미처 다 마치지 못한《사기》를 완성하기 위해 이 궁형을 자청하여 사형을 면제받았다(→ 자속自贖).

에 이르는 '임안에게 드리는 답장', 즉 〈보임안서〉이다.

이 편지글은 《사기》에 실린 글이 아니다. 《한서》 권62 〈사마천전〉에 실린 임안에게 보낸 편지의 내용이다. 하지만 이 글을 《사기》의 마지막 편인 제130 〈태사공자서〉와 함께 《완역 사기》의 첫머리에 싣는 것은 사마천의 삶의 여정과 정신세계를 잘 보여주는 글인 까닭이다. 이 두 편은 사마천이 궁형을 당한 불구자라는 치욕을 딛고 《사기》를 완성하는 데 결정적인 동력이 된 그 특유의 감동적인 '생사관生死觀'이 여실히 드러나는 절대적으로 중요한 자료이다. 〈보임안서〉는 죽음보다 치욕스러운 궁형을 자청할 수밖에 없었던 깊고 슬픈 사연을 축으로 《사기》 완성에 대한 사마천의 초인적 집념, 삶과 죽음에 대한 깊은 통찰이 아로새겨진 명문 중의 명문이다.

다섯 단락으로 나누어 개괄한 요지

이 편지는 대체로 다섯 단락으로 나누어져 있으며 그 전체적인 요지를 정리하면 다음과 같다.

1 답장이 늦어진 연유
2 현재 자신의 처지에 대한 해명
3 이릉사건의 전모
4 《사기》 저술의 동기와 목적
5 마무리

사마천은 이 편지에서 우선 자신이 궁형을 받게 된 억울한 심정을 비장하게 토로한다. 이와 관련하여 충직한 장수들에 대한 황제와 그 충복들의 각박한 대우와 혹리들의 잔인함을 공격하는 동시에 인정과 세태의 비정함, 특히 지배층의 삐뚤어진 기풍에 대해 울분과 절망을 깊게 표출한다. 나아가 진위도 파악되지 않고 소문만 믿고 이릉의 가족을 몰살한 한 무제의 잔혹한 면모도 고발하고 있다.

또한 자신이 옥에 갇혀 있을 때의 상황과 그때 당한 육체적·정신적 고통을 이야기한다. 인간 세상의 가장 살벌하고 음침한 면을 묘사함으로써 강압(독재) 통치의 면모를 폭로한다. 또 시류에 따라 줏대 없이 흔들리고 권력자의 심기에 좌우되는 지배층에 대한 비분과 절망을 유감없이 드러낸다.

사마천은 자신이 극형을 선고받았을 때 정치적·경제적 지원은커녕 말 한 마디 해주는 사람이 없었다는 사실에 큰 충격을 받았다. 이후 인심과 세태의 냉혹함을 고민하게 되었고, 그 결과 인간과 세상에 대해 한 차원 높게 인식하기에 이르렀다. 깊고 고통스러운 사색의 과정을 통해 새롭게 인식한 삶과 죽음에 관한 통찰은 궁극적으로 사마천의 생사관을 결정했으며, 나아가 개인의 치욕과 울분을 뛰어넘고 《사기》를 완성하게 된 원동력으로 작용했음을 알 수 있다.

문장 면에서는 구조와 순서가 앞뒤로 긴밀하게 호응되도록 잘 짜여 있으며, 논리성을 강화하고 기세를 두드러지게 하기 위해 일부러 사실과 어긋나는 과장도 구사하여 서정성을 높였다. '복수'의 감정을 깔고 있는 그의 발분, 삶에 대한 애착, 목적을 향한 불굴의 의지 등이 자신의 일에 대한 절대적 자신감과 정의감으로 승화하여 읽는 이의 심금을 울린다.

동정 없는 인심과 세태가 불러일으킨 사유의 끝

50만 전이란 돈만 있었어도 사마천은 수치스런 궁형을 당하지 않고 사형을 면할 수 있었다. 아무도 도우려 하지 않았다. 돈 있는 자에게 50만 전은 큰돈이 아니었지만, 무엇보다 어느 누구 하나 나서서 자신을 위해 변호하거나 위로의 말 한 마디 건네지 않았다. 사마천은 이렇게 냉혹한 인심과 세태를 믿을 수 없었다. 그는 지금까지 자신의 처세를 뒤돌아보면서 세상과 인심, 권력과 권력자에 대해 다시 생각했다. 깊이깊이 다시 생각하여 자신의 생사관과 역사관을 재정립했다. 그것이 《사기》에 속속들이 반영되었고, 오늘날 우리가 만나는 《사기》가 이렇게 해서 탄생한 것이다.

자신이 직접 겪은 '이릉의 화'로 《사기》의 정신세계는 크게 달라졌다. 말과 행동에 신의가 있고, 불의를 보면 자기 몸을 돌보지 않고 달려가는 유협의 존재들을 찬양할 수 있게 되었다. 반면 사소한 이익 때문에 친구를 저버리고 은혜를 갚기는커녕 복수로 되돌려주는 배은망덕한 소인배들을 강렬하게 증오한다. 또한 서로를 알아주는 참된 우정을 나눈 인물들을 칭찬하게 되었다.

사마천은 궁형을 당한 후 남은 삶의 전부를 《사기》의 완성에 두고 후세에 길이 남을 역작을 남김으로써 자신의 육체와 정신을 훼손시킨 자들에게 시위하고 복수하고자 했다. 그는 '인문人文 정신의 위대한 승리자'가 되고자 했고, 실제로 영원한 승리자가 되었다. 《사기》 완성 이후 얼마나 많은 자들이 그의 문장에 몸을 떨었으며, 부당하게 박해받았거나 박해당하는 얼마나 많은 지식인들이 그의 문장을 무기삼아 저항했던가? 《사기》는 참된 삶과 올바른 가치관을 갖고 살고자 하는 지식인의 최고 무기이자 힘이 되어 영생을 얻었다.

사마천의 소명과 자유의지가 살아 숨 쉬는 '절대 문장'

〈보임안서〉는 사마천의 개인적 감정을 가장 많이 담고 있는 글이다. 사마천은 이 글에서 영원히 풀릴 수 없고 결코 보상받을 수 없는 억울함을 하소연한다. 따라서 문장에 감정 표출이 많고 때로는 분노와 울분도 터져 나온다. 문장 전체를 흐르는 기조는 '억울함'이다. 이런 억울함은 '욕辱'자를 무려 열여덟 차례나 반복하고 있는 점에서 여실히 드러난다. 온몸과 가슴 그리고 영혼에까지 가득 찬 울분과 억울함을 격정적이지만 절제된, 처절하지만 우아한 문장으로 승화시키고 있다.

문장은 다양한 표현법을 자유자재로 구사한다. 때로는 고의로 과장법을 동원하여 사마천 자신의 심경 혹은 전달하고자 하는 뜻을 강조하는데, 뼛속들이 저미는 서늘한 문장과 그 수사는 잠들어 있는 인간의 본질과 존엄성을 일깨운다. 풍부한 감정, 알기 쉬운 표현, 변화무쌍한 문장 형식을 종횡으로 구사하면서도 주제를 끝까지 놓치지 않는다. 《사기》의 문장에 비해 격하고 침통하며 거리낌 없고 힘차다. 그러면서도 기품을 잃지 않는다. 혹자는 "힘이 넘치는 울분에 찬 문장"이라고도 하고, 또 누구는 "비바람을 일으키며 달리는 교룡蛟龍의 힘을 느끼게 하는 필력"이라고 평가한다.

〈보임안서〉는 또 명언이 많기로 유명한 문장이다. 지난 수천 년 중국을 대표하는 빼어난 산문 대열에서 단 한 번도 빠지지 않은 '절대 문장'으로 평가받는다. 편지의 내용은 고통과 비애로 가득 차 있지만, 읽는 이는 그를 통해 절망이나 소극적 감정에만 머무르지 않고 오히려 당당한 기세와 충만한 자신감 그리고 그 무엇으로도 꺾을 수 없는 강렬한 의지를 느낄 수 있다. 자신에게 주어진 시대적 소명을 기꺼이 짊어지려는 역사가이자 참된 지식인인 사마천의 자유의지가 곳곳에서 살아 숨 쉰다. 그렇기에 한 글

◉ 《사기》의 완성을 위해 혼신의 힘을 다하고 있는 사마천. 사마천 일대기 기록화의 일부이다.

자 한 글자가 구구절절 가슴을 저민다.

이 글은 《사기》의 마지막 편인 제130 〈태사공자서〉와 함께 읽으면 저간의 사정과 사마천의 삶을 좀 더 구체적으로 이해할 수 있다. 따라서 두 편의 문장은 130편으로 구성된 《사기》의 머리글에 해당한다. 임안에 대해서는 제104 〈전숙열전〉 가운데 저소손이 보충한 부분을 참고하면 된다. 여기에는 사마천의 입사 동기인 임안·전인과 사마천의 관계가 비교적 상세히 기록되어 있다. 한편 사마천의 생사관과 관련해서는 제100 〈계포난포열전〉과 제81 〈염파인상열전〉을 함께 참고하면 지형도가 손에 잡힌다.

◉

임안은 익주자사 시절 사마천에게 편지를 보내 유능한 인재를 추천할 것을 권유한 바 있다. 당시 사마천은 궁형을 당한 뒤 황제 신변에서 기밀이나 문서를 담당하는 중서령으로 지냈다. 거세당한 환관이 담당하는 수치스러운 자리였다. 이런저런 사정으로 차일피일 답장을 미루던 사마천은 임안의 투옥 소식을 듣고는 한때 사형선고까지 받고 궁형을 자청하여 목숨을 부지한 자신의 처지를 회상하며 착잡한 심경으로 답장을 썼다. 그 답장이 바로 3천여 자에 이르는 '임안에게 드리는 답장', 즉 〈보임안서〉이다.

〈보임안서〉 독서의 기술

1
답장이 늦어진 연유

◉

미천한 태사공太史公[3] 사마천司馬遷, 삼가 답장 올립니다[4]

소경少卿 귀하

지난번 보내주신 편지에서 저에게 사람들과의 관계를 원만히 하고 유능한 인재들을 밀어주는 것을 책무로 여기라는 가르침을 주셨습니다. 그 말씀의 뜻과 기운이 너무 간절했습니다. 아마도 제가 소경의 말씀에 귀를 기울이지 않고 속된 사람들의 말에 따른다고 생각하시어 나무라신 것이 아

3 태사공太史公은 서한 시기 태상太常 소속의 천문과 역법 및 조정의 기록을 담당했던 녹봉 600석의 태사령太史令에 대한 통칭이자 존칭이다. 《사기》에서 태사공은 사마천의 아버지 사마담과 사마천 자신을 가리킨다. 현재는 위대한 역사가 사마천 한 사람에게만 적용되는 용어로 정착되었다.

4 태사공우마주사마천재배언太史公牛馬走司馬遷再拜言. '우마주牛馬走'는 편지의 머리에 쓰는 말로 상대에 대해 자신을 낮추는 표현이다. 대개 '당신의 노복' 정도의 뜻이다. 비슷한 용어로 '선마주先馬走'가 있다(《회남자》). '미천한 태사공 사마천, 삼가 답장 올립니다'로 시작되는 이 편지는 사마천이 옥에 갇혀 있는 입사 동기 임안(소경少卿은 임안의 자)에게 보낸 답장으로 흔히 '보임안서報任安書'로 부른다. 이 부분은 《한서》 〈사마천전〉에는 없지만, 호각胡刻의 《소명문선昭明文選》을 참조하여 보탰다.

닌가 합니다. 하지만 저는 결코 그렇지 않습니다. 비록 제가 어리석긴 하지만 장자의 유풍이 어떤 것인지는 얻어들은 바 있습니다. 저는 비천한 처지에 빠진 불구자입니다. 무슨 행동을 하든 비난을 받고 잘하려 해도 되러 더 나빠질 뿐입니다. 그래서 저는 홀로 우울히 절망적이 되었고 함께 이야기를 나눌 사람도 없습니다.

"무엇을 할 수 있으며, 무슨 말을 할 수 있겠는가?"라는 속담이 있습니다. 종자기鍾子期가 죽자 백아伯牙는 죽을 때까지 다시는 거문고를 연주하지 않았습니다.[5] 어째서 그랬겠습니까? 선비는 자신을 알아주는 사람을 위하여 행동하고, 여자는 자기를 기쁘게 해주는 사람을 위하여 단장합니다.[6]

하지만 저는 몸이 벌써 망가졌으니 아무리 수후隨侯나 화씨和氏의 주옥과 같은 재능이 있다한들, 또 허유許由나 백이伯夷와 같이 깨끗하게 행동한다한들 영예는커녕 도리어 남의 비웃음거리가 되어 치욕을 당하는 것이 고작일 것입니다.

소경의 편지에 진작 답을 드려야 했지만 마침 황제를 좇아 동쪽 지방을 다녀온 데다 제 개인적인 일에 쫓겼습니다. 만나 뵌 지가 오래 되지는 않았지만 너무나 바빠서 저의 속마음을 털어놓을 기회가 없었습니다. 지금 소경께서는 불미스러운 죄를 지으신 지 한 달이 지났고, 이제 형을 집행하는 12월이 다가왔습니다. 하지만 저는 천자를 따라 또 옹雍 지방으로 가지

5 종신불부고금終身不復鼓琴. 춘추시대 초나라의 귀족 백아와 나무꾼 종자기는 신분을 초월하여 우정을 나누었다. 백아의 거문고 연주의 경지를 나무꾼 종자기가 알아주었기 때문이다. 여기서 '지음知音', '백아절현伯牙絶絃'이란 고사성어가 나왔다.

6 사위지기자용士爲知己者用, 여위열기자용女爲說己者容. 〈자객열전〉에서 자객 섭정의 누이 섭영도 비슷한 말을 한 것으로 보아 전국시대 지조 있는 선비들 사이에서 유행되었던 말인 것 같다.

◉ 백아와 종자기가 음악을 통해 절대 경지의 우정을 나누었다는 '고금대古琴臺'의 백아와 종자기상. 백아는 살아생전 자신의 연주 경지를 단번에 알아본 종자기를 '지음知音'으로 여기며 오로지 그만을 위해 연주했으며, 그가 죽자 거문고 줄을 끊어 다시는 연주하지 않겠다는 뜻을 보였다.

않으면 안 됩니다. 혹시라도 갑자기 소경께서 차마 말 못할 일을 당하시고, 저는 저대로 저의 불만을 끝내 가까운 사람에게 말할 수 없게 된다면 당신의 혼백은 영원히 떠돌고 저의 한은 끝이 없을 것입니다. 저의 고루한 생각을 대략이나마 말씀드리고자 하오니 오랫동안 답장 올리지 못했다고 나무라지는 말아주십시오.

2
현재 자신의 처지에 대한 해명

◉

자신의 몸을 수양하는 것은 지혜의 표지이며, 남에게 베풀기를 좋아하는 것은 어짊의 실마리이며, 주고받는 것은 의리가 드러나는 바이며, 치욕을 당하면 용기로 결단하게 되며, 뜻을 세우는 것은 행동의 목적이라 들었습니다. 선비는 이 다섯을 갖춘 다음에야 세상에 몸을 맡겨 군자의 대열에 설 수 있을 것입니다. 그러므로 남을 위해 좋은 일을 하려다 되려 벌을 받는 일보다 더 참혹한 화는 없으며, 마음을 상하는 것보다 더 고통스러운 슬픔은 없으며, 조상을 욕되게 하는 것보다 더 추한 행동은 없으며, 궁형宮刑을 받는 것보다 더 큰 치욕은 없습니다.

궁형을 받고 살아남은 사람을 비교하고 헤아린 바는 없으나, 한 세대에만 있었던 게 아니라 오래전부터 있어왔습니다. 옛날 위衛나라 영공靈公과 환관인 옹거雍渠가 수레를 함께 타자 공자孔子는 그곳을 떠나 진陳나라로 갔습니다. 상앙商鞅이 환관 경감景監의 주선으로 군주를 만나자 조량趙良은 떳떳하지 못한 일로 여겼습니다. 환관 동자同子가 황제의 수레에 함께 타자 원사袁絲의 안색이 변하였습니다.

이처럼 예부터 사람들은 환관과 관계를 가지는 것을 수치스럽게 여겼습니다. 대개 중간 정도밖에 안 되는 사람도 환관과 관련된 일이라면 기분을 잡치지 않는 경우가 없거늘 하물며 꼬장꼬장한 선비야 말해서 무엇 하겠습니까? 지금 조정에 아무리 사람이 없다고한들 저같이 궁형을 받고 살아남은 사람더러 천하의 뛰어난 인재를 추천하라고 하겠습니까.

저는 선친께서 물려주신 가업으로 인해 황제의 수레바퀴 아래에서 벼슬하면서 죄받기를 기다린 지 20여 년이 되었습니다. 그런데 스스로 이런 생각을 해봅니다. 우선 충성을 바치고 믿음을 다하며 훌륭한 계책을 세우고 뛰어난 재능이 있다는 칭송을 들으면서 현명한 군주를 모시지 못했습니다. 다음으로 정치의 모자란 것을 메우며 어질고 재능 있는 자를 추천하거나 초야에 숨은 선비를 조정에 드러나게 하지도 못했습니다. 밖으로는 전쟁에 참여하여 성을 공격하고 들에서 싸워 적장의 목을 베거나 적군의 깃발을 빼앗은 공도 없습니다. 오랫동안 공로를 쌓아서 높은 지위나 후한 녹봉을 받아 친지들에게 광영과 은총을 가져다준 적도 없습니다. 이상 넷 중 어느 하나 이루지 못했으면서 구차하게 눈치나 보면서[7] 별 다른 성과도 내지 못한 것이 이와 같습니다.

이선에 저는 외람되게 하대부의 말단 대열에 끼여 조정의 논의에 참가한 적이 있습니다. 그러나 당시 나라의 법전에 근거하여 시비를 논하지 못했고, 깊게 생각하고 살피지도 못했습니다. 그리고 지금 이지러진 몸으로 뒤치닥거리나 하는 천한 노예가 되어 비천함 속에 빠져 있는 주제에 새삼 머리를 치켜들고 눈썹을 펴서[8] 시비를 논하려 한다면 이것이야말로 조정을 업신여기고 같은 시대의 선비를 욕되게 하는 일이 아니고 무엇이겠습니까? 아아! 아아! 저 같은 인간이 새삼 무슨 말을 하겠습니까? 새삼 무슨 말을 하겠습니까?

3
이릉사건의 전모

◉

일의 시작과 끝은 쉽게 밝혀지지 않는 법입니다. 저는 젊어서 어떤 것에도 얽매이지 않는 정신세계에 자부심을 가졌지만, 자라면서 고향 마을에

7 구합취용苟合取容. 구차하게 상대의 뜻에 맞추거나 표정을 살핀다는 성어가 여기서 나왔다.
8 앙수신미仰首伸眉. 무슨 일에 대해 진지하게 달려드는 모습을 뜻한다.

서 어떤 칭찬도 들은 적 없는 둔재입니다. 그런데 요행히 주상께서 선친을 봐서 저의 보잘것없는 재주로나마 궁궐 안을 드나들 수 있게 해주셨습니다. 대야를 머리에 인 채 하늘을 볼 수[9] 없기에 빈객과의 사귐을 끊고 집안 일도 돌보지 않고 밤낮없이 미미한 재능이나마 오로지 한마음으로 직무에 최선을 다해 주상의 눈에 들고자 했습니다. 그러나 일은 저의 뜻과는 달리 크게 잘못되고 말았습니다!

저는 이릉李陵과 함께 궁궐에 들어와 벼슬살이를 시작했지만 평소 서로 잘 알고 지내는 사이는 아니었습니다. 취향이 서로 달라 함께 술을 마신 적도 없고 은근한 교제의 즐거움을 나눈 적도 없습니다. 그러나 제가 그 사람됨을 살펴보니 스스로를 지킬 줄 아는 지조 있는 선비였습니다. 부모를 모시는 것은 효성스러웠고, 신의로 선비들과 사귀며, 재물에 대해서는 깨끗하고, 주고받음에 공정함을 지키며, 사람을 대할 때는 양보할 줄 알며 공손하고 겸소하게 몸을 낮추었습니다. 또 자신을 돌보지 않고 분발하여 늘 나라의 위급함에 몸을 바칠 생각을 하고 있었습니다. 이렇듯 그가 평소 쌓아둔 바를 보면 나라의 큰 선비로서 기풍이 있다고 저는 생각했습니다.

무릇 신하된 자로서 만 번을 죽는다 해도 자신의 생명은 조금도 돌보지 않고 나라의 위급함을 구하려는 행동이야말로 갸륵한 것입니다. 그런데 그의 행동 가운데 하나가 마땅치 않다고 해서 자기 몸 하나 보전하고 처자를 보호하는 데 급급한 신하들이 우르르 달려들어 사소한 잘못을 크게 부풀리니 참으로 분통이 터지지 않을 수 없었습니다.

---

9 대분망천戴盆望天. 전심전력으로 자신이 맡은 일에 최선을 다하는 모습을 과장해서 비유하는 말이다. 오만과 편견을 갖고 사물이나 사람을 대하면 그 본질을 제대로 알 수 없다는 비판적 의미로도 쓰인다.

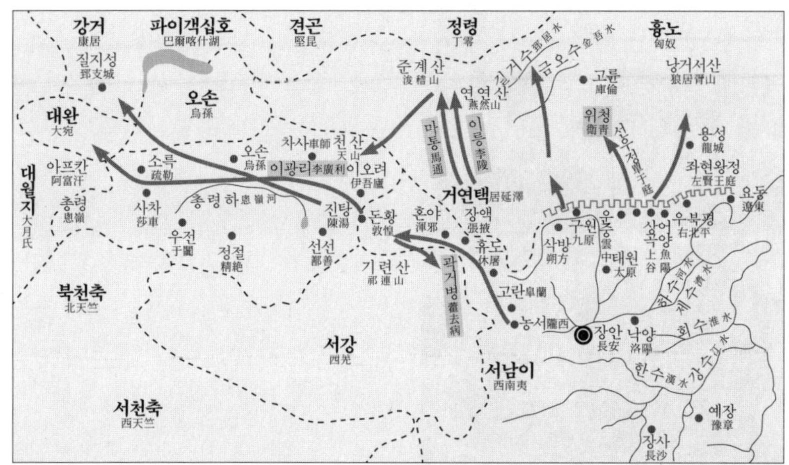

◉ 한 무제의 흉노 정벌도와 이릉사건. 기원전 99년 9월 이릉이 흉노에 항복했다. 당시 기도위 이릉은 보병 5천을 이끌고 거연(지금의 감숙성 장액 북쪽)을 나와 흉노를 공격했다. 준계산(지금의 몽고 울란바토르 서북)에서 흉노 수천을 죽였으나 중과부적으로 전군이 거의 전멸하다시피 한 끝에 항복했다.

또 이릉은 5천이 채 되지 않는 보병을 이끌고 오랑캐 땅 깊숙이 들어가 왕정을 활보하면서 마치 호랑이 입에 미끼를 들이대듯[10] 강한 오랑캐에게 마구 도전하여 수만 군대와 맞서서 선우單于[11]와 열흘 넘게 사투를 한 끝에 아군 수의 반 이상이나 되는 적을 죽였습니다. 오랑캐들은 사상자를 구조할 엄두를 못 냈고, 흉노의 군장들은 모두 두려움에 떨었습니다. 그리하여 좌·우 현왕賢王을 불러들이고 활을 쏠 줄 아는 사람은 모조리 징발하여 온 나라가 이릉을 공격하며 포위했습니다. 그렇게 싸우길 천 리를 전전했으

---

10 수이호구垂餌虎口. 열세에도 불구하고 용맹하게 적진으로 뛰어드는 모습을 표현한 말이다.

11 흉노 최고 우두머리를 일컫는 호칭으로 전체 호칭은 '탱리고선우撑犁孤單于'다. 흉노어에서 '탱리'는 '하늘', '선우'는 '넓고 크다'는 뜻이다.

◉ 이릉을 변호하기 위해 나선 사마천을 표현한 그림. 사마천 일생 기록화의 일부이다.

나 화살은 다 떨어지고 길은 막힌 데다 구원병도 오지 않으니 죽고 다치는 병사들이 쌓여갔습니다. 그러나 이릉이 큰소리로 군사들을 격려하면 모두 눈물을 흘리며 몸을 일으켜 피로 얼굴을 씻고 눈물을 삼키며 맨주먹으로[12] 칼날에 맞서 북쪽을 향해 죽음으로 적과 싸웠습니다.

이릉이 아직 적에게 항복하기 전에 사신의 보고를 접한 조정의 공경 왕후들은 모두 술잔을 들어 황제께 축하를 올렸습니다. 며칠 뒤 이릉이 패했다는 소식이 전해지자 주상께서는 식욕을 잃으셨고, 조정 회의에서도 불편한 기색이 역력했습니다. 대신들은 걱정과 두려움 때문에 어찌할 바를 몰랐습니다. 저는 제 자신의 비천함을 헤아리지 않고 주상의 슬픔과 번뇌

12 말혈음읍沫血飮泣, 갱장공권更張空拳. 비장한 각오로 전의를 다지는 모습을 빗댄 말이다.

를 보고는 정말 저의 어리석은 충정을 다하려고 가만히 이런 생각을 했습니다. 사실 이릉이 평소 사대부들에게 좋은 것은 양보하고 귀한 것은 나눠주어[13] 기꺼이 목숨을 바칠 사람을 얻은 것을 보면 옛날 명장도 따르지 못할 정도입니다. 몸은 비록 패했지만 그 마음은 적당한 기회에 나라에 보답하고자 했을 것입니다. 일은 이미 어쩔 수 없게 되었지만 그의 패배 못지않게 공로 역시 천하에 드러내기에 충분합니다. 저는 이런 생각을 갖고 아뢰고자 했으나 아뢸 길이 없었는데 마침 주상께서 하문하셔서 곧 이러한 뜻으로 이릉의 공적을 추천함으로써 주상의 생각을 넓혀드리고 평소 이릉을 고깝게 보던 다른 신하들의 비방을 막아보고자 하였습니다.

그러나 제 생각을 다 밝힐 수 없었으며 주상께서도 제 뜻을 이해 못 하시어 제가 이사 장군을 비방하고[14] 이릉을 위해 유세한다고 생각하셨고 결국 저는 법관에게 넘겨졌습니다. 간절한 저의 충정은 끝내 드러나지 못했고, 근거 없이 황제를 비방했다는 판결이 내려졌습니다. 집안이 가난하여 사형을 면할 수 있는 재물[15]이 없었고, 사귀던 벗들도 구하려 하지 않았으며, 황제의 측근들은 한 마디도 해주지 않았습니다. 몸이 목석이 아닌데

---

13 절감분소絶甘分少.

14 저이사沮貳師. 글자대로 풀이하면 '이사를 방해하거나 비방한다'는 뜻이다. '이사'는 사마천 당시 황제 무제가 총애하던 이 부인의 동생인 대장군 이광리李廣利를 가리킨다. 당시 이광리는 흉노 토벌의 총사령관이었고, 이릉은 일부 부대를 이끌고 이광리와 합류하려다가 흉노를 만나 전군이 궤멸되었다. 조정 대신들은 패배의 속죄양을 찾기 위해 일방적으로 이릉을 매도했다. 사마천은 이릉을 변호했는데, 이것이 총사령관 이광리를 비방한 것으로 몰려 결국 사형선고를 받았다. 훗날 이 용어는 '권력자의 심기를 건드리는 괘씸죄'를 범하는 말로 확대되었다(이광리에 관해서는 권123 〈대완열전〉 참고).

15 한나라 때 죄인이 돈을 내면 감면해주는 제도가 있었는데 이를 '자속自贖'이라 한다. 사마천은 돈이 없어 또 다른 감면제도인 궁형을 자청했던 것이다.

홀로 옥리와 마주한 채 깊은 감옥에 갇히는 영어囹圄[16]의 몸이 되었으니 누구에게 제 사정을 하소연할 수 있었겠습니까? 이는 정말이지 소경께서도 직접 겪으셨듯이 저의 처지 또한 다를 바 없지 않겠습니까? 이릉은 살아서 항복함으로써 그 가문의 명성을 무너뜨렸고, 저는 거세되어 잠실蠶室[17]에 내던져져 또 한 번 세상의 웃음거리가 되었습니다. 슬픕니다! 슬픕니다! 이런 일을 일일이 누구에게 말하기란 쉽지 않습니다.

4
《사기》 저술의 동기와 목적

◉

저의 선친께서는 조정으로부터 부부단서剖符丹書[18]를 받거나 하는 특별한 공적을 남기지 못했습니다. 천문과 역법에 관한 일을 관장했지만 점쟁이나 무당에 가까웠습니다. 주상께서는 악사나 배우처럼 희롱의 대상으로 여기셨고, 세상 사람들도 깔보기는 마찬가지였습니다. 그러니 제가 법에 굴복하여 죽임을 당한다 해도 아홉 마리 소에서 털 한 오라기[19]가 뽑히는 것과 같습니다. 저의 처지는 땅강아지나 개미 같은 미물과도 하등 다를 것

---

16 '감옥에 갇히다' 또는 '감옥'을 뜻하는 말로, 흔히 '영어의 몸이 되었다'는 식으로 많이 사용된다.

17 잠실蠶室은 누에를 치는 온실을 말한다. 궁형을 당한 사람은 찬바람을 쐬면 치명적일 수 있기 때문에 온실로 보내져 일정 기간 요양한다. 여기서 같은 온실인 잠실이란 용어로 궁형을 당한 처지를 비유하게 되었다. 잠실로 보내졌다거나 잠실로 내쳤다고 하면 궁형을 당했다는 뜻이다.

18 공이 있는 사람이나 집안에 내리는 조정의 증서로 표창을 의미한다. '부부'는 대나무, 나무, 금속 따위를 둘로 나누어 조정과 수상자가 각각 하나씩 나누어 가진다는 뜻이고, 이런 사실을 대개 붉은 글씨로 썼기에 '단서'라 한다.

19 구우일모九牛一毛. 아주 미미하거나 보잘것없는 존재나 일 따위를 비유하는 말이다.

이 없습니다. 게다가 세상은 절개를 위해 죽은 사람처럼 취급하기는커녕 죄가 너무 커서 어쩔 수 없이 죽었다고 여길 것입니다. 왜 그렇겠습니까? 평소에 제가 해놓은 것이 그렇게 만들기 때문입니다.

사람은 누구나 한 번 죽지만 어떤 죽음은 태산보다 무겁고 어떤 죽음은 새털보다 가볍습니다. 죽음을 사용하는 방향이 다르기 때문입니다.[20] 사람으로서 최상은 조상을 욕되게 하지 않는 것이며, 그 다음이 자신을 욕되게 하지 않는 것이며, 그 다음이 자신의 도리와 체면을 욕되이 하지 않는 것이며, 그 다음이 자신의 언행을 욕되이 하지 않는 것입니다. 그 다음은 몸이 속박되어 치욕을 당하는 것이요, 그 다음은 죄수복을 입고 치욕을 당하는 것이며, 그 다음은 손발이 묶이고 매를 맞는 치욕을 당하는 것이며, 그 다음은 머리를 삭발당하고 쇠고랑을 차는 치욕을 당하는 것이며, 그 다음은 발이 잘리고 신체를 훼손당하는 치욕이며, 가장 못한 것이 극형 중의 극형인 부형腐刑[21]을 당하는 것입니다.

"형벌은 위로는 대부에게 미치지 않는다"[22]고 했으니, 이 말은 선비가 지조를 지키기 위해 힘쓰지 않을 수 없다는 뜻입니다.

사나운 호랑이가 깊은 산중에 있을 때는 모든 짐승들이 두려워하지만, 함정에 빠지게 되면 그 호랑이도 꼬리를 흔들며 음식을 구걸할 수밖에 없습니다. 이는 갈수록 위세에 눌리기 때문입니다. 그러므로 땅에다 선을 긋

20 인고유일사人固有一死, 혹중우태산或重于泰山, 혹경우홍모或輕于鴻毛, 용지소추이야用之所趨異也. 사마천의 생사관을 잘 보여주는 대목으로 역대로 수많은 사람들에 의해 인용되었다.

21 궁형宮刑과 같은 말이다.

22 형부상대부刑不上大夫. 《예기禮記》〈곡례曲禮〉(상)에 나오는 말로, 형벌이 권력자에게는 좀처럼 적용되지 않는다는 뜻이다.

고 감옥이라면서 들어가라고 하면 기세가 있어 들어가지 않습니다. 나무 인형을 깎아 형리라고 하면서 심문을 해봤자 대답하지 않습니다. 그래서 형벌을 받기 전에 결단해야 합니다. 손발이 묶이고 맨살을 드러낸 채 매질을 당하면서 감옥 속에 갇혀 있으면 옥리만 보아도 머리를 땅에 처박게 되며, 심지어 감옥을 지키는 노예만 보아도 겁이 나서 숨이 막힐 지경이 됩니다. 왜 그렇겠습니까? 기세가 위세에 눌리기 때문입니다. 이러고도 뻔뻔하게 치욕이 아니라고 하면 사람들이 어찌 그것을 인정하겠습니까!

서백西伯은 백작으로 유리에 갇혔습니다. 이사李斯는 재상의 몸으로 다섯 가지 형벌을 다 당했습니다. 한신韓信은 왕의 신분이었지만 진陳이란 곳에서 붙잡혔습니다. 팽월彭越·장오張傲도 한때 왕 노릇을 하였으나 감옥에 갇혀 죄를 받았습니다. 강후絳侯는 여씨들을 타도하여 권력이 오패를 능가하였으나 청실青室[23]에 갇혔습니다. 위기후魏其侯는 대장의 몸으로 붉은 죄수복을 입고 목과 손발에는 쇠고랑이 채워졌습니다. 계포季布는 주가朱家의 집에서 목에 칼을 쓴 노예가 되었습니다. 관부灌夫는 거실居室[24]에서 치욕을 당했습니다. 이 사람들은 모두 왕후장상의 몸으로 이웃 나라에까지 명성이 알려졌지만 죄를 짓고 판결이 내려졌을 때 자결이라는 결단을 내리지 못했습니다. 감옥에 갇혀 더러운 꼴을 당하는 것은 예나 지금이나 마찬가지인데, 그러한 상황에서 어찌 치욕을 당하지 않을 수 있겠습니까?

이렇게 본다면 용기와 비겁은 기세이고, 강인함과 나약함은 형세에 따

---

23 수도에 있던 고급 구치소를 일컫는 말이다. 주발은 무고로 청실에 갇힌 바 있다(권57 〈강후주발세가〉 참고).

24 귀족 범죄자를 구류하는 장소로 보궁保宮으로도 부른다.

른 것[25]임은 하나 이상할 것이 없습니다. 법에 의해 처벌되기 전에 일찌감치 스스로 결단하지 못하고 꾸물대다가 매질을 당하기에 이르러서야 절개를 지키려고 스스로 목숨을 끊어봤자 이미 늦은 일 아니겠습니까? 옛사람들이 대부에게 형벌을 함부로 내리지 못한 까닭도 이 때문입니다.

삶에 애착을 가지고 죽기를 싫어하며, 부모를 생각하고 처자를 돌보려는 것은 인지상정입니다. 그러나 의리에 자극을 받으면 그렇게 되지 않는 것은 부득이하기 때문입니다. 저는 불행히 일찍 부모님을 여의었고 가까운 형제도 없이 홀로 외로이 살아왔습니다. 소경께서는 제가 처자식을 어떻게 대하는지 보셨습니까? 진정한 용사라 해서 명분뿐인 절개 때문에 꼭 죽는 것은 아니며, 비겁한 사람이라도 의리를 위해 목숨을 가볍게 버리는 경우가 왜 없겠습니까? 제가 비록 비겁하고 나약하여 구차하게 목숨을 부지했지만 거취에 대한 분별력은 있습니다. 어떻게 몸이 속박되는 치욕 속에 스스로를 밀어 넣겠습니까?

천한 노복이나 하녀도 얼마든지 자결할 수 있습니다. 하물며 저 같은 사람이 왜 자결하지 못했겠습니까? 고통을 견디고 구차하게 목숨을 부지한 채 더러운 치욕을 마다지 않은 까닭은 제 마음속에 다 드러내지 못한 그 무엇이 남아있는데도 속절없이 세상에서 사라져 후세에 제 문장이 드러나지 않을 것이 한이 되었기 때문입니다.

예로부터 부귀했지만 이름이 사라진 경우는 헤아릴 수 없이 많았고, 오로지 남다르고 비상한 사람만이 일컬어졌습니다. 문왕文王은 갇힌 상태

25 용겁세야勇怯勢也, 강약형야强弱形也. 《손자병법孫子兵法》 〈병세兵勢〉 편에 보이는 말로, 용기와 비겁, 강인함과 나약함이 기세와 형세에 따라 표출되는 것임을 뜻한다.

◉ 명나라 때 그려진 주 문왕의 초상화. 서백(훗날 주 문왕)은 상나라 주紂임금에 의해 7년 동안 유리성에 감금되는 고통을 견디며 《주역》의 8괘를 64괘로 풀어내는 놀라운 집념을 보였다.

에서 《주역周易》을 풀이했고, 공자는 곤경에 빠져 《춘추春秋》를 지었습니다. 굴원屈原은 쫓겨나서 《이소離騷》를 썼고, 좌구명左丘明은 눈을 잃은 뒤에 《국어國語》를 지었습니다. 손빈孫臏은 발이 잘리는 빈각臏脚[26]이란 형벌을 당하고도 《병법兵法》을 남겼으며, 여불위呂不韋는 촉蜀으로 쫓겨났지만 세상에 《여람呂覽》을 남겼습니다. 한비자韓非子는 진秦나라에 갇혀서 〈세난說難〉과 〈고분孤憤〉 편을 저술했습니다. 《시경詩經》 300편의 시들도 대개 성현이 발분하여 지은 것입니다. 이 사람들은 모두 마음속에 그 무엇이 맺혀 있었지만 그것을 밝힐 길이 없었기 때문에 지난 일을 서술하여 후세 사람

26 '빈臏'은 무릎뼈를 말한다. 과거에 빈각은 무릎뼈를 발라내는 혹형이라 했으나 최근 고증에 따르면 두 발을 자르는 월형刖刑이다.

들이 자신의 뜻을 볼 수 있게 한 것[27]입니다. 좌구명과 같이 눈이 없고 손자와 같이 발이 잘린 사람은 아무런 쓸모가 없지만 물러나 책을 저술하여 자신의 분한 생각을 펼침으로써 문장으로 자신을 드러내려 한 것입니다.

저도 불손하지만 가만히 무능한 문장에 스스로를 의지하여 천하에 이리저리 흩어진 지난 이야기들을 모아 그 사건들을 대략 고찰하고, 그 처음과 끝을 정리하여 성공과 실패, 흥기와 멸망의 요점을 살폈습니다. 그 결과 위로는 황제黃帝 헌원軒轅부터 따져 지금에 이르기까지 10편의 표, 12편의 본기, 8편의 서, 30편의 세가, 70편의 열전을 아우르는 총 130편을 저술하였습니다. 이를 통해 저는 천지자연과 인류 사회의 관계를 탐구하고, 과거와 현재의 변화를 꿰뚫어 일가의 문장을 이루고자 했습니다.[28] 그러나 초고를 마치기도 전에 이런 화를 당했습니다. 하지만 저는 이를 완성하지 못한 것을 안타깝게 생각했기 때문에 극형을 받고도 부끄러운 기색을 드러내지 않았습니다. 이제 이 일을 마무리하고 명산에다 깊이 보관하여 제 뜻을 알아줄 사람에게 전해져 이 마을 저 마을로 퍼져나감으로써 지난날 치욕에 대한 보상이라도 받을 수 있다면 어떤 벌이 떨어져도 후회 없습니다. 그러나 이런 말은 지혜로운 사람에게나 할 수 있지 아무에게나 털어놓기는 어렵습니다.

---

27 술왕사述往事, 사래자思來者. 사마천이 죽음보다 치욕스러운 궁형을 감수하면서까지 《사기》를 완성한 것은 살아서는 자신의 진심을 알릴 길이 없다고 판단하고, 지난 역사 사건에다 자신의 사상을 기탁하여 후세 사람들이 알아볼 수 있게 한 것이라는 뜻이다.

28 구천인지제究天人之際, 통고금지변通古今之變, 성일가지언成一家之言. 사마천의 역사 서술 방법과 목적 그리고 사관을 가장 잘 나타내는 명구다. 시간과 공간 속에서 벌어지는 인간의 총체적 활동과 그 변화를 통찰하는 것이야말로 역사가의 책무이며, 역사가는 이를 통해 자신의 역사관을 표출한다.

◉ 궁형을 당한 뒤 극심한 정신적 고통에 방황하며 울분의 나날을 보내고 있는 사마천. 사마천 생애 기록화의 일부이다.

5
마무리

◉

지세가 낮은 곳에 살기란 쉽지 않고, 하류들은 비방이 많습니다. 제가 말을 잘못하여 이런 화를 당해 고향에서 비웃음거리가 되었고, 돌아가신 아버지를 욕되이 하였으니 무슨 면목으로 부모님 무덤에 오르겠습니까? 백대가 흐른다 해도 씻기지 않을 치욕입니다. 그러니 하루에도 아홉 번이나 장이 뒤틀리고,[29] 집에 있으면 망연자실 넋이 빠져 무엇을 잃은 듯하며, 집

29 장일일이구회腸一日而九回. 궁형을 당한 뒤에도 사마천은 극심한 육체적·심리적 고통에 시달렸다. 이런 상태를 '하루에도 아홉 번이나 장이 뒤틀린다'고 표현한 것이다.

을 나서도 어디로 가야 할지 모릅니다. 이 치욕을 생각할 때마다 식은땀이 등줄기를 흘러 옷을 적시지 않은 적이 없습니다. 중서령中書令에 불과한 몸이지만 어떻게 자신을 깊은 동굴 속에 숨길 수 있겠습니까? 그러니 세속을 좇아 부침하고 때에 따라 처신하면서 그럭저럭 어리석게 살아가고 있을 뿐입니다.

그러던 상황인데 소경께서 저더러 훌륭한 인물을 밀어주라고 충고하시니 어찌 제 뜻과 어긋나지 않겠습니까? 이제 와서 새삼 제 자신을 꾸미고 미사여구로 변명해봤자 세상에 무익하고 믿지도 않을뿐더러 부끄러움만 더할 따름입니다. 제가 죽고 나야 시비가 가려지겠지요. 이 글로 제 생각을 다 전할 수는 없지만 그래도 대충 저의 못난 생각을 말씀드렸습니다. 삼가 인사 올리는 바입니다.

◉

정리의 기술

◉

◉ 〈보임안서〉에 등장하는 명언·명구의 재발견

• **종신불부고금**終身不復鼓琴 "죽을 때까지 다시는 거문고를 연주하지 않았습니다." 춘추시대 초나라의 귀족 백아와 나무꾼 종자기는 신분을 초월하여 우정을 나누었다. 백아의 거문고 연주의 경지를 나무꾼 종자기가 알아주었기 때문이다. 여기서 '지음知音'이라는 우정의 최고 경지를 뜻하는 성어가 나왔다. 또 종자기가 먼저 죽자 백아는 거문고를 줄을 끊어 다시는 연주하지 않았다고 하여 '백아절현伯牙絶絃'이란 고사성어도 파생되었다.

• **사위지기자용**士爲知己者用, **여위열기자용**女爲說己者容 "선비는 자신을 알아주는 사람을 위하여 행동하고, 여자는 자기를 기쁘게 해주는 사람을 위하여 단장합니다." 이 명언은 권86 〈자객열전〉에 자객 예양의 입을 통해 똑같이 반복되고, 자객 섭정의 누이 섭영도 비슷한 말을 했다. 아마 춘추전국시대 지조 있는 선비들 사이에 유행했던 말인 것 같다.

• **구합취용**苟合取容 "구차하게 눈치나 보면서." 구차하게 상대의 뜻에 맞추거나

표정을 살핀다는 뜻의 성어다.

• **앙수신미**仰首伸眉 "머리를 치켜들고 눈썹을 펴서." 무슨 일에 대해 진지하게 달려드는 모습을 비유한 성어다.

• **대분망천**戴盆望天 "대야를 머리에 인 채 하늘을 볼 수." 전심전력을 다해 자신이 맡은 바 일에 최선을 다하는 모습을 과장해서 비유하는 성어다. 그러나 대야를 인 채 하늘을 바라보았자 하늘이 보일 리 없기 때문에 왕왕 오만과 편견을 갖고 사물이나 사람을 대해서는 그 본질을 제대로 알 수 없다는 비판적 의미로도 쓰인다.

• **수이호구**垂餌虎口 "호랑이 입에 미끼를 들이대듯." 열세에도 불구하고 용감하게 적진으로 뛰어드는 모습을 비유한 성어다.

• **말혈음읍**沫血飮泣, **갱장공권**更張空拳 "피로 얼굴을 씻고 눈물을 삼키며 맨주먹을 불끈 쥐다." 비장한 각오로 전의를 다지는 것을 비유한 성어다.

• **절감분소**絶甘分少 "좋은 것은 양보하고 귀한 것은 나눠준다"는 뜻으로 자기보다는 주위나 부하들을 챙기는 모습이나 성품을 비유하는 성어다.

• **저이사**沮貳師 "이사 장군을 비방하고." '이사'는 사마천 당시의 황제 무제가 총애하던 이 부인의 동생인 대장군 이광리를 가리킨다. 훗날 이 용어는 '권력자의 심기를 건드리는 괘씸죄'를 범하는 뜻으로 확대되었다.

• **부부단서**剖符丹書 공이 있는 사람이나 집안에 내리는 조정의 증서로 표창을 의미하는 용어다. '부부'는 대나무, 나무, 금속 따위를 둘로 나누어 조정과 수상자가 각각 하나씩 나누어 가진다는 뜻이고, 이런 사실을 대개 붉은 글씨로 썼기 때문에 '단서'라 한다.

• **구우일모**九牛一毛 "아홉 마리 소에서 털 한 오라기." 아주 미미하거나 보잘것없는 존재나 일 따위를 비유하는 유명한 성어다.

• **인고유일사**人固有一死, **혹중우태산**或重于泰山, **혹경우홍모**或輕于鴻毛, **용지소추이야**用之所趨異也 "사람은 누구나 한 번 죽지만 어떤 죽음은 태산보다 무겁고 어떤 죽음은 새털보다 가볍습니다. 이는 죽음을 사용하는 방향이 다르기 때문입니다." 사

마천의 생사관을 잘 보여주는 대목으로 역대로 수많은 사람들에 의해 인용되었다.

• **형부상대부**刑不上大夫 "형벌은 위로는 대부에게 미치지 않는다." 이 대목은《예기禮記》〈곡례曲禮〉(상)에 나오는데 형벌이 권력자에게는 좀처럼 적용되지 않는다는 뜻이다.

• **용겁세야**勇怯勢也, **강약형야**强弱形也 "용기와 비겁은 기세이고, 강인함과 나약함은 형세에 따른 것." 용기와 비겁, 강인함과 나약함이 기세와 형세에 따라 표출되는 것임을 말한다.《손자병법孫子兵法》〈병세兵勢〉 편에 보이는 말이다.

• **술왕사**述往事, **사래자**思來者 "지난 일을 서술하여 후세 사람들이 자신의 뜻을 볼 수 있게 한 것." 사마천이 죽음보다 치욕스러운 궁형을 감수하면서까지《사기》를 완성한 것은 살아서는 자신의 진심을 알릴 길이 없다고 판단하고, 지난 역사 사건에다 자신의 생각과 처지를 기탁하여 후세 사람들이 알아볼 수 있게 한 것이다.

• **구천인지제**究天人之際, **통고금지변**通古今之變, **성일가지언**成一家之言 "천지자연과 인류 사회의 관계를 탐구하고, 과거와 현재의 변화를 꿰뚫어 일가의 문장을 이루고자 했습니다." 사마천의 역사 서술 방법과 목적 그리고 사관을 가상 잘 나타내는 명구다. 시간과 공간 속에서 벌어지는 인간의 총체적 활동과 그 변화를 통찰하는 것이야말로 역사가의 책무이며, 역사가는 이를 통해 자신의 역사관을 표출하는 것이다.

• **장일일이구회**腸一日而九回 "하루에도 아홉 번이나 장이 뒤틀리고." 궁형을 당한 뒤 사마천은 극심한 육체적 심리적 고통에 시달렸다. 이런 상태를 표현한 말이다.

◉ 〈보임안서〉에 등장하는 인물 정보

이름	시대	내용	출전
임안(任安, ?~91)	서한	무제 때 익주자사를 지냈고, 훗날 려(戾, 유거) 태자 사건에 연루되어 처형당했다. 자는 소경少卿이다.	〈전숙열전〉(저소손의 보충 문장 참고)
종자기鍾子期	춘추(초楚)	귀족 출신의 백아와 거문고 연주에서 인연이 되어 지음知音의 우정을 나누었다.	《여씨춘추》〈보임안서〉
백아伯牙	춘추(초)	나무꾼 종자기와 지음의 우정을 나눈 거문고 연주의 명인이다.	《여씨춘추》《순자》〈보임안서〉
수후隨侯	미상	수주隨珠라는 천하의 귀한 보석을 가진 사람으로 알려졌다.	《장자》
화씨和氏	초?	화씨벽和氏璧이라는 천하의 귀한 보석을 가진 사람으로 알려졌다.	
허유許由	전설시대	요임금이 천하를 양보하겠다고 하자 귀가 더러워졌다며 물가로 가서 귀를 씻었다는 은자이다.	《장자》〈백이열전〉
백이伯夷	상말주초(고죽孤竹)	동생 숙제와 함께 지조를 위해 수양산에서 굶어죽은 지사이다.	〈백이열전〉
무제(武帝, 154~87)	서한	5대 황제. 사마천에게 궁형이란 치욕을 안겨주었다.	〈효무본기〉
영공(靈公, ?~93)	춘추(위衛)	위나라 국군. 공자가 두 차례 방문했으나 기용하지 않았다.	〈공자세가〉
옹거雍渠	춘추(위衛)	위 영공이 총애하여 수레에 함께 태우고 다닌 환관이다.	〈공자세가〉
공자(孔子, 551~479)	춘추(노魯)	춘추시대 유가의 창시자이자 교육가다.	〈공자세가〉
상앙(商鞅, 약395~338)	전국(위衛)	전국시대 최고의 개혁가. 효공을 도와 진의 천하통일에 기틀을 놓았다.	〈상군열전〉
효공(孝公, 381~338)	전국(진秦)	상앙을 기용하여 각종 제도와 법을 개혁함으로써 통일의 기반을 다졌다.	〈상군열전〉〈진본기〉
경감景監	전국(진)	상앙과 진 효공의 만남을 주선한 진의 환관이다.	〈상군열전〉
조량趙良	전국(진)	상앙에게 변법을 폐지하고 봉지를 돌려줄 것 등을 충고한 인물. 상앙은 듣지 않았다.	〈상군열전〉
문제(文帝, 202~157)	서한	3대 황제. 정권 초기 병목 위기를 넘기고 전성기로 향한 기반을 다졌다.	〈효문본기〉
조담趙談(동자同子)	서한	황제가 타는 수레에 함께 탈 정도로 문제의 총애를 받았다. 사마천은 자신의 아버지 이름인 '담'자를 피해 동자同子라 했다.	〈원앙조조열전〉

원앙(袁盎 원사袁絲, ?~148)	서한	문제와 경제 때 제후 왕들의 세력을 축소할 것을 건의하다 양 효왕이 보낸 자객에게 살해되었다.	〈원앙조조열전〉
사마담 (司馬談, ?~110)	서한	사마천의 아버지. 사마천에게 절대적인 영향을 미친 역사가이다.	〈대사공자서〉
이릉(李陵, ?~74)	서한	명장 이광의 손자로 흉노와의 전쟁에 투입되었다가 항복했다. 사마천의 삶에 결정적인 전기가 된 '이릉의 화'를 제공한 장본인이다.	〈태사공자서〉
이광리 (李廣利, ?~약88)	서한	무제의 총비 이 부인의 오빠. 장군이 되어 흉노 정벌에 나섰으나 흉노에 항복했다가 살해되었다.	〈대완열전〉
문왕文王(서백 西伯)	상 말기	상 말기 서백으로 제후들의 신임을 얻어 아들 무왕이 주 왕조를 창건할 수 있는 기반을 마련했다.	〈은본기〉 〈주본기〉
이사(李斯, ?~208)	전국 (초) 진	진의 천하통일에 크게 기여했으나 조고의 정변에 가담했다가 허리가 잘리는 요참형을 당해 죽는다.	〈이사열전〉
한신(韓信, ?~196)	서한	서한 왕조의 개국공신. '서한삼걸'의 한 사람이자 토사구팽의 주인공이다.	〈회음후열전〉
팽월(彭越, ?~196)	서한	초한쟁패 때 유방을 도와 양왕에 봉해졌으나 개국 후 폐출되었다.	〈위표팽월열전〉
장오(張傲, ?~182)	서한	장이의 아들로 유방의 사위가 되어 조왕에 봉해졌다. 그의 부하들이 유방을 암살하려는 사건에 연루되어 곤욕을 치렀다.	〈장이진여열전〉
주발周勃 (강후絳侯, ?~169)	서한	서한의 개국공신. 유방 사후에 여씨 집권을 분쇄하고 승상까지 올랐다.	〈강후주발세가〉
두영(竇嬰, ?~131)	서한	경제의 어머니인 두태후의 조카. '오초 7국의 난'을 평정하는 등 무제 때까지 활동하다 전분의 모함으로 피살되었다.	〈위기무안후열전〉
계포季布	서한	신의로 유명한 인물. '황금 백 근을 얻는 것보다 계포의 한 번 약속이 낫다'는 말의 주인공이다.	〈계포난포열전〉
주가朱家	서한	노魯 출신의 서한 초기 유협으로 이름을 떨쳤다. 계포의 목숨을 살리는 데 결정적인 역할을 했다.	〈계포난포열전〉
관부(灌夫, ?~132)	서한	'오초 7국의 난'을 평정할 때 공을 세워 요직에 올랐으나 전분의 모함으로 사형되었다. 두영과 우정으로 유명한 인물이다.	〈위기무안후열전〉

굴원 (屈原, 339~약278)	전국 (초)	초나라의 애국시인. 간신들의 모함으로 조정에서 쫓겨나 멱라수에 몸을 가라앉혀 자살했다.	〈굴원가생열전〉
좌구명左丘明	춘추 (노)	노나라 태사로 《국어》, 《좌씨춘추》(《좌전》)를 저술했다.	〈태사공자서〉
손빈 (孫臏, 약378~310)	전국 (제齊)	친구 방연의 모함으로 두 발을 잃는 비극을 겪었으나 이를 극복하고 최고의 군사 전문가로서 명성을 날렸다.	〈손자오기열전〉
여불위 (呂不韋, ?~235)	전국 (위衛)	진시황의 아버지 자초를 도와 왕으로 즉위시킨 인물. 진시황 즉위 이후에는 실권자로 등극해 천하통일에 기여했다.	〈여불위열전〉
한비자 (韓非子, 280~233)	전국 (한韓)	법가사상을 집대성했으며, 한의 공자로 불린 사상가. 동문 이사의 모함으로 진나라 감옥에서 죽는다.	〈노자한비열전〉
헌원軒轅	전설시대	중국인의 시조로 추앙받는 황제黃帝의 이름이다.	〈오제본기〉

- 〈보임안서〉에 거론된 인물들은 모두 37명이다. 공자와 주 문왕이 두 번 거론되었다. 사마천과 직접 관련된 인물은 임안, 사마담, 무제, 이릉, 이광리 5명이며 나머지는 사마천 자신의 삶과 사상 및 생사관을 효과적이고 강하게 전달하기 위해 언급한 과거의 인물들이다.
- 진한 글자는 사마천과 직접 관련이 있는 인물을 표시한 것이다.
- 이름 항목의 연도 표시는 생몰 연도이다.
- 연도는 모두 기원전이다.

◉ 〈보임안서〉에 등장하는 지역·지리 정보

지명	당시 현황	현재의 지리 정보	관련 역사
옹雍	서한의 현	섬서성 봉상현鳳翔縣 남쪽	오치五畤에 황제들이 와서 상제에 제사 지냈다.
위衛	춘추시대 제후국. 당시 도읍은 제구帝丘	도읍 제구는 지금의 하남성 복양시濮陽市 서남	공자 당시 이미 소국으로 전락했다.
진陳	춘추시대 제후국. 당시 도읍은 완구宛丘	도읍 완구는 지금의 하남성 회양淮陽	공자가 위나라를 떠나 다음으로 간 나라이다.
진陳	춘추시대 진의 소재지		한신이 소하의 계책에 걸려 체포당한 곳이다.
촉蜀	진한시대 서남 지역에 대한 통칭	사천성	여불위가 노애의 반란에 연루되어 쫓겨난 곳이다.
진秦	최초의 통일 왕조	도읍은 함양으로 지금의 섬서성 함양咸陽	진시황의 협박으로 한비자가 방문했다가 옥에 갇혀 죽었다.

◉ 〈보임안서〉에 등장하는 문헌 · 문장 정보

서명	저자	내용
《주역周易》	주 문왕	유리에 갇힌 문왕이 복희씨의 8괘 형상을 64괘로 확대 풀이한 철학적 정치서. 자연과 인간사의 변화를 추측하고, 천변만화하는 사물을 음양의 교감이라는 추상적 개념으로 개괄했다.
《춘추春秋》	공자 (정리)	현존하는 가장 오랜 편년사. 기원전 722년에서 기원전 481년까지 주 왕실 및 각 제후국의 정치 · 군사 활동 등을 기록했다. 서한 이후 유가에 의해 경전으로 받들어져 5경에 들었다.
〈이소離騷〉	굴원	굴원이 조정과 회왕으로부터 배척당한 뒤 울적한 마음에서 쓴 글. 지배층의 무능과 부패를 폭로하는 등 나라를 사랑하는 마음과 굴원의 헌신적 사상이 잘 드러나 있는 명문이다.
《국어國語》	좌구명	춘추시대 8국의 주요 인물의 언행을 나라별로 기술한 역사서. 《좌전》과 함께 후대 역사체제에 큰 영향을 주었다.
《병법兵法》	손빈	《손자병법》 같은 병법서를 기초로 하여 군사사상으로 더욱 확장시킨 전국시대의 대표적인 병법서. 《손빈병법》으로도 불린다.
《여람呂覽》	여불위	잡가의 대표적인 백과전서식 저술. 선진시대 각 유파의 학설과 사료를 보존하고 있다. 흔히 《여씨춘추》로 불린다.
〈세난說難〉	한비자	권력자에 대한 유세의 어려움을 적나라하게 기술한 《한비자》의 한 편. 한비자 사상의 핵심을 담고 있다.
〈고분孤憤〉	한비자	《한비자》의 한 편. 유능한 인재가 권신들의 방해로 배척당하는 것을 한비자 자신의 처지를 빗대어 토로한다.
《시경詩經》	공자 (정리)	중국 최초의 시가 모음집. 서주에서 춘추 중엽에 이르는 시기 북방 지역의 사회상을 잘 전하는 귀중한 자료다.

권130 태사공자서
태사공 사마천의 총 서문

◉

천하에 흩어진 오랜 이야기들을 두루 모아

제왕들이 일어나게 된 자취를 살폈는데,

그 처음과 끝을 탐구하고

그 흥망성쇠를 보되 사실에 근거하여 결론을 지었다.

罔羅天下放失舊聞(망라천하방실구문)

王迹所興(왕적소흥)

原始察終(원시찰종)

見盛觀衰(견성관쇠)

論考之行事(논고지행사)

◉ 영원한 생명을 얻어 잠들어 있는 용문의 사성史聖 사마천의 무덤.

◉

독서의 기술

◉

기전체 《사기》를 읽기 위한 서문 체제의 글

《사기》의 맨 마지막 편인 7,812자의 〈태사공자서〉는 흔히 〈자서〉로 줄여서 부른다. 순서로는 총 130편의 마지막에 배치되어 있지만 실제로는 《사기》 전체의 서문에 해당한다. 따라서 《사기》 본문을 읽기에 앞서 〈태사공자서〉를 먼저 읽는 쪽이 전체를 이해하는 데 효과적이다. 여기에 사마천이 임안에게 보낸 편지글인 〈보임안서〉와 함께 읽으면 사마천의 인생관과 정신세계 및 《사기》의 저술 동기 등을 더 잘 이해할 수 있다. 이런 이유로 《완역 사기》에서는 이 두 편의 글을 서문으로 삼아 책의 앞에 배치했다.

《사기》는 12편의 '본기', 10편의 '표', 8편의 '서', 30편의 '세가', 70편의 '열전' 모두 5체제 130편으로 이루어져 있다(역자는 마지막 편인 〈태사공자서〉를 따로 떼어 6체제로 분류한다. 이 완역본에서는 이를 적용한다). 이렇게 다섯 체제로 구성된 역사 서술체제를 '기전체紀傳體'라 한다. 이는 말하자면 《사기》의 형식이다. 기전체라고 하는《사기》의 형식은 사마천이 이전 학술서들을 종합적으로 참작하여 창조해낸 역사 기술방식으로, 이후 수천 년 동안 중국과 동양의 역사 서술에 지대한 영향을 미쳤다.《사기》형식에 대한 언급에 앞서《사기》체제의 특징과 내용을 표로 개관해둔다.

◉《사기》의 여섯 체제별 취지와 내용

체제	취지	내용	비고
전체 (130편, 52만 6,500자)	"천하에 이리저리 흩어진 지난 이야기들을 모아 그 사건들을 대략 고찰하고, 그 처음과 끝을 정리하여 성공과 실패, 흥기와 멸망의 요점을 살폈습니다. 그 결과 위로는 황제黃帝 헌원軒轅부터 따져 지금에 이르기까지 10편의 표, 12편의 본기, 8편의 서, 30편의 세가, 70편의 열전을 아우르는 총 130편을 저술하였습니다. 이를 통해 저는 천지자연과 인류 사회의 관계를 탐구하고, 과거와 현재의 변화를 꿰뚫어 일가의 문장을 이루고자 하였습니다."(〈보임안서〉)	'본기'(12편), '표'(10편), '서'(8편), '세가'(30편), '열전'(69편), '자서'(1편)를 유기적으로 결합한 기전체 역사서의 효시. 진보적 사관에 투철한 3,000년 중국 통사이자 당시로서는 세계사로 평가된다. 철두철미 인간을 주체로 한 역사관을 체계화한 참신하고 혁신적인 역사서로, 지배층 위주가 아닌 다수의 보통 사람들의 역사적 역할을 긍정한 민중사로서의 가치도 지닌다.	전체 체제는 과거 학술성과의 종합이지만 결과는 사마천의 창조물로 재탄생했다.
본기 (권1~권12, 12편)	"천하에 흩어진 오랜 이야기들을 두루 모아 제왕들이 일어나게 된 자취를 살폈는데, 그 처음과 끝을 탐구하고 그 흥망성쇠를 보되 사실에 근거하여 결론을 지었다. 삼대 이상은 간략하게 추정하고, 진·한은 상세하게 기록하되, 위로는 황제 헌원으로부터 아래로는 지금에 이르기까지 12편의 본기로 저술되었는데 모두 나름대로의 조항을 갖추고 있다."(〈태사공자서〉)	제왕을 중심으로 연·월에 따라 치적과 각 방면의 중요 사건을 기록하되, 유명무실한 제왕(한 혜제)은 본기에 편입시키지 않고, 한 시대를 풍미한 항우와 황제를 대신하여 실질적인 권력을 행사했던 여후를 본기에 편입시키는 등 계기적·합리적·진보적·파격적·거시적 역사관을 보여준다.	'본기'는《우본기禹本紀》라는 고서에서 유래된 것으로, '기'는 제왕의 책, 기전체와 편년체의 결합을 말한다.

표 (권13~권22, 10편)	"사건은 많은데 발생한 시간이 달라 연대가 분명치 않은 사건들이 있다. 그래서 10편의 표를 지었다." (〈태사공자서〉)	시간을 축으로 삼아 표 형식으로 세계·인물·사실을 나열하여 맥락을 밝혔다. 사료의 많고 적음, 사실의 신뢰도, 대상의 비중에 따라 연·월표로 나누었다. '본기'와 더불어 역사를 시·공간적으로 파악할 수 있게 한 세심한 배려다. 크게 대사표와 인물표로 구분된다.	'표'는 《주보周譜》 등 가계도와 족보에서 유래한 것으로, 역사적 사실 또는 인물의 시간성을 정리한 체제다. 《사기》의 부록 격이다.
서 (권23~권30, 8편)	"예악의 증감, 율력의 개역, 병가의 지혜와 모략, 산천 지리의 형세, 귀신에 대한 제사, 하늘과 인간의 관계, 각종 사물의 발전과 변화를 살피기 위해 8편의 서를 지었다." (〈태사공자서〉)	인물 중심의 기전체 역사서에서 부족하거나 없는 사회·문물제도에 대한 발전적 내용을 보완하기 위한 배려다. 사회경제적 기초(평준·하거), 정치제도(예악·율·역), 천문(천관), 종교(봉선)의 변화과정이 일목요연하게 제시된다.	'서'는 《상서》에 연원을 둔 것으로, 8서는 《사기》의 총론 격이다.
세가 (권31~권60, 30편)	"28수의 별자리가 북극성을 중심으로 돌고, 수레바퀴살 30개가 바퀴 안에 모여 끊임없이 돌고 도는 것처럼 제왕의 팔다리와 같은 신하들의 충성스러운 행동과 주상을 받드는 모습을 30편의 세가에 담았다." (〈태사공자서〉)	역사를 움직인 주체적 인물들에 대한 기록. 그들은 당시 역사의 중심이었으며, 어느 한 공간만을 지배한 것이 아니라 그 시간을 지배한 역사의 동력들이었다. 따라서 대부분이 국가별 역사에 해당한다. 농민봉기군 진섭, 유가의 창시자 공자를 '세가'에 편입한 것은 돋보이는 파격이다.	'세가'는 과거의 세가에 연원을 둔 것으로, 혁명과 문화의 역사적 의의를 인식한 《사기》의 축을 이룬다. 중국 역사상 가장 활기찼던 춘추전국시대를 이해하기 위한 필수 자료다.
열전 (권61~권129, 69편)	"정의롭게 행동하고 자잘한 일에 매이지 않으면서 시기를 놓치지 않고 세상에 공명을 세운 사람들을 위해 70편의 열전을 남긴다." (〈태사공자서〉)	다양한 인간상, 각계각층의 활약상, 주위 세계에 대한 인식 등을 합리적 분류와 의미심장한 배열·대비로 총망라한 전기문학의 백미다. 역사의 여러 측면을 생동감 넘치게 파노라마처럼 펼친 장쾌한 스펙터클 서사시로, 외국 또는 소수민족의 상황을 기록한 대외 관계사 및 민족 관계사도 빠뜨리지 않았다.	'열전'은 과거의 사전史傳과 이야기 및 현장 답사로 이루어졌다. 《사기》의 피와 살이라 할, 그 자체로 역사의 설명이다.

태사공자서 (권130, 1편)	"간략한 서문을 통해 여기저기 흩어져 있는 자료들을 모으고 빠진 곳을 보충하여 나름의 견해를 밝혔다. 아울러 6경의 다양한 해석을 취하고, 제자백가의 서로 다른 학설도 절충했다. 그리하여 정본은 명산에 감추어 두고, 부본은 서울에 남겨 나중에 성인군자들이 참고할 수 있게 했다."(〈태사공자서〉)	《사기》를 서술하게 된 경위와 129편의 취지, 개략적 내용을 소개함과 동시에 사마천 자신의 역경을 비교적 상세히 소개한 기록. 울분과 비장함으로 가득 찬 《사기》 이해를 위해 없어서는 안 될 가장 중요한 안내문이다.	역사가의 자기 고백이자 전무후무한 《사기》의 지침. 〈보임안서〉와 함께 읽으면 보다 생동감 넘치는 독서의 즐거움을 느낄 수 있다.

• 〈태사공자서〉를 독립시켜서 이해해야 할 필요가 있으므로 별도의 체제로 다루었다.

사마천의 창조적 걸작, 중국사 정사 형식의 모범

서양의 대표적인 《사기》 연구자인 버튼 왓슨Burton Watson은 《사기》의 형식으로 미국사를 쓸 경우 어떻게 기술될 것인가를 보여주면서, 《사기》의 서술체제가 역사가에게 대단히 매력적인 형식이라고 평가했다. 왓슨의 지적이 아니더라도 《사기》 이후 이른바 '정사正史'로 분류된 중국의 관찬 역사서들은 물론 그 밖의 중국과 동양의 많은 역사서들이 2,000년 넘게 《사기》의 기전체를 답습한 사실만 보아도 《사기》의 형식이 얼마나 큰 장점을 갖고 있는지 알 수 있다.

역사서술의 형식은 동서양을 막론하고 처음에는 단순한 연대기적 서술 위주였다. 헤로도토스의 《역사》가 그랬고, 중국의 《춘추》도 그랬다. 그러나 중국에는 편년사인 《춘추》와는 달리 단순한 연대순 기술에서 벗어나 봉건국의 개별사를 연대순으로 편제한 《국어》와 《전국책》도 있었다. 이는 다수의 정치적 단위, 즉 여러 나라가 특정한 시기에 공존할 경우 그들 사이에서 전개되는 복잡한 사건들을 단일한 연대기적 순서의 틀에 넣어 기술한다는 것이 여의치 않음을 잘 보여준다.

사마천은 넓고 복잡하고 통일되어 있지 않은 중국 역사를 다루기 위해서는 무엇인가 남다른 형식을 만들어내지 않으면 안 된다는 사실을 인식했고, 그 결과가 바로 기전체다. 사마천은 그 전까지의 각종 기록들을 두루 섭렵한 다음 이를 면밀하게 분석하고 종합한 끝에 본기, 표, 서, 세가, 열전으로 이루어진 기전체 역사서를 창조해내기에 이른 것이다. 왓슨의 표현대로 사마천의 이런 해결책은 창조적 걸작으로 환영받았고, 이어서 후대 중국사 서술에 있어 정사의 모범이 되었다.

높은 학술적 가치를 지닌 자전체 논문

열전에 포함되어 있으면서 《사기》 130편의 마지막을 장식하고 있는 〈태사공자서〉는 《사기》 전체를 제대로 읽고 이해하기 위한 안내 역할을 하고 있다. 실질적인 총 서문이지만 사마천 자신의 집안 내력과 간략한 이력 등이 첨부된 열전 형식이기도 해서 마지막에 배치한 것으로 보인다. 물론 자신과 집안의 내력을 맨 처음에 배치할 수 없었던 사마천의 겸손함도 작용했을 것이다. 그러나 오늘날 독자들을 고려한다면 앞으로 옮겨 실질적인 서문 역할을 하게 하는 것이 합리적이라 판단했다.

〈태사공자서〉라고 한 까닭은 《사기》의 원래 이름인 《태사공서》에서 비롯되었다. 사마천이 당초 《사기》를 《태사공서》라 이름 붙인 까닭은 아버지 사마담을 높여 부르던 호칭인 '태사공'을 염두에 두었기 때문이다. 또한 서문 격인 〈태사공자서〉에는 아버지 사마담의 논문인 〈논육가요지〉가 실리는 등 사마담의 문장이 결합된 것으로 보인다. 그 내용은 사마씨 집안의 내력, 가학家學의 연원, 《사기》의 저술 과정과 동기, 130편 전체의 취지, 130편 각 편의 취지 등으로 이루어져 있다. 특히 저술 과정과 동기는

〈보임안서〉와 함께 사마천의 사상과 정신세계를 이해하는 데 절대적인 자료이며, 풍부한 내용과 높은 학술적 가치를 지닌 자전체 논문이라고 할 수 있다.

〈자서〉는 대체로 다음과 같이 열 단락으로 나누어볼 수 있다.

1 아버지 사마담에 이르는 집안 내력

2 사마담의 학문과 〈논육가요지〉

3 사마천의 출생과 성장 그리고 아버지의 죽음

4 《사기》의 저술 동기

5 '본기' 12편의 요지

6 '표' 10편의 요지

7 '서' 8편의 요지

8 '세가' 30편의 요지

9 '열전' 69편의 요지

10 《사기》 저술의 시대적 배경과 체제 및 〈자서〉의 요지

집안 내력과 아버지 사마담의 〈논육가요지〉 소개

첫 단락은 아버지 사마담에 이르는 집안의 내력으로, 가보家譜 내지 족보族譜의 성격이다. 상고시대의 가보 중 일부는 전설에 속하지만, 사마천에 가까워질수록 일부 선조는 사마천과 중요한 관계를 갖는다. 우선 사마천은 먼 조상들이 여러 대에 걸쳐 천문과 지리를 관장하고 사관을 지냈다는 내력에 자부심을 갖고 스스로 사관으로서 긍지를 부여하고 있다. 특히 촉의 군수를 지낸 8대조 사마조와 진秦의 명장 백기白起의 부장을 지낸 6대조 사

마근으로부터는 군사 방면의 풍부한 지식을 습득할 수 있었으며, 진秦나라의 주철관을 지낸 4대조 사마창과 한나라 때 시장을 지낸 3대조 사마무창으로부터는 경제와 관련한 자질과 자료를 물려받아 〈화식열전〉과 〈평준서〉를 서술하는 데 큰 도움을 받은 것으로 보인다(34쪽 '사마천 가계도' 참고).

두 번째 단락은 아버지 사마담의 학문적 연원을 소개하고 〈논육가요지論六家要旨〉라는 논문을 인용하고 있다. 아버지 사마담은 역사가 사마천에게 가장 큰 영향을 미친 인물이다. 특히 스무 살 사마천에게 역사 현장을 일일이 다니며 역사가로서의 자질을 기를 수 있게 자극했고, 죽음을 앞두고는 자신이 못 다한 역사 저술을 완성하라고 유언을 남김으로써 사마천의 《사기》 저술에 강력한 동기를 부여했다. 사마담의 대표적인 논문이자 〈자서〉에 유일하게 인용된 〈논육가요지〉는 중국 학술사에서 중요한 위치를 차지한다. 선진시대 학술 사상을 대표하는 유가·묵가·도가·법가·명가·음양가에 대한 간결하면서 요령 있는 논평과 분석이다.

◉ 〈논육가요지〉의 논평 요지

요지와 주요 학파	특징 및 장점	단점
전체 요지	6가는 모두 세상을 다스리는 것을 목적으로 하고 있지만 추구하는 이론이 서로 달라 잘 살핀 것도 있고 그렇지 못한 것도 있다. 정신은 생명의 근본이고 육체는 생명의 도구다. 이 둘의 조화만이 천하를 다스리는 길이다.	
유가 儒家	군신·부자·부부·장유의 구별이 분명한 점은 바꿀 수 없는 점이다.	학설이 너무 광범위해서 요점이 모자라 애를 써도 효과가 적다.
묵가 墨家	경제에 대한 관심과 비용 절감을 주장한 점은 버릴 수 없다.	지나치게 검약을 강조하여 지키기가 어렵고 다 실천할 수 없다.
도가 道家	여러 학파의 장점을 취하여 시세와 더불어 순응·발전하며, 요지는 간명하면서도 쉬워 적은 노력으로도 큰 효과를 거둘 수 있다.	

법가 法家	군신 상하의 직분을 정확하게 규정한 점은 고칠 수 없는 장점이다.	엄하기만 하고 은혜와 인정이 모자란다.
명가 名家	명분과 실질의 관계를 바로잡은 점은 잘 살펴야 할 부분이다.	명분에 얽매여 실질을 잃기 쉽다.
음양가 陰陽家	사시 운행의 큰 순서에 맞춰 일을 해야 한다는 점은 놓칠 수 없는 점이다.	금기와 구속이 많고 사람들을 두렵게 하는 요소가 많다.

사마천이 아버지 논문의 전문을 인용한 것은 아버지의 학문과 사상의 뿌리가 도가에 닿아 있음을 알리려는 것이었다. 이와 함께 당시 무제武帝가 다른 사상과 학술들을 모두 내치고 유가만을 받드는 이른바 '존유尊儒' 내지 '유가독존儒家獨尊'이라는 경도된 사상 정책을 펼치는 것에 대한 불만을 우회적으로 드러내려 했다는 지적도 있다.

스무 살 시절 역사 현장 대장정과 소명 인식

세 번째 단락은 사마천의 출생과 성장 과정, 스무 살 때의 천하유력, 입사, 아버지의 죽음과 유언을 기록하고 있다. 스무 살 때 역사 현장을 확인하는 대장정의 여정은 사마천 여행 경로와 여행의 주안점을 파악하는 데 중요한 자료가 된다. 이때의 여행 경험은 사마천이 벼슬에 있으면서 황제를 수행하여 지방을 순시할 때도 빠짐없이 각지의 자료를 수집하고 현장을 찾게 만들었다.

천자가 하늘과 땅에 제사를 드리는 의식인 봉선封禪이 사마천이 36세 되던 기원전 110년 거행되었다. 무제는 사전에 의식의 순서 등을 놓고 조정 내 유생들이 일 처리를 제대로 못한 것을 탓하여 관련 유생들을 모조리 파면시키고 몇몇 측근만 데리고 태산泰山으로 갔다. 태사령으로서 당연히 의

◉ 사마천 아버지 사마담의 무덤. 오늘날 섬서성 한성시 외동향 동고문촌에 있다.

식을 준비해야 할 사마담도 배제된 것이다. 이 충격으로 울화병이 터진 사마담은 쓰러져 일어나지 못했다. 서남이 정벌에서 돌아오던 중 아버지가 위독하다는 전갈을 받은 사마천은 급히 달려가 아버지의 임종을 지켰다. 사마담은 아들에게 태사가 되어 집안의 가업을 이을 것과 자신이 하고 싶었던 역사 저술을 이루어달라는 유언을 남겼다. 아버지의 유언은 사마천이 《사기》를 저술하는 데 중요한 동기로 작용했다는 평이 일반적이다. 그러나 그 본질은 사마천에게 주어진 시대의 요구와 시대의 부름과 시대의 필요성을 아버지의 유언을 빌려 표출한 데 있다. 사마천은 자신에게 주어진 소명을 아버지의 절박한 유언으로 치환시켜 전달한다. 특히 사마담이 사마천에게 '태사'가 되라는 당부를 세 번이나 반복한다는 점에서 그 간절함이 더 절박하게 다가온다.

네 번째 단락은 《사기》의 저술 동기를 비교적 상세히 기록한 부분인데 사마천과 친했던 상대부 호수와 나눈 대화체로 기록된 점이 흥미롭다. 여기서 사마천은 자신에게 주어진 역사 저술에 대해 강한 소명의식으로 화답하면서 공자가 정리한 역사서 《춘추》와 자신의 작업을 비교하고 있다. 그러자 호수는 공자가 《춘추》를 지은 것은 시대가 어지러웠기 때문인데, 태평성대인 지금 굳이 역사를 저술하려는 의도가 무엇이냐고 날카롭게 묻는다. 이에 사마천은 지금 황제의 성스러운 덕과 훌륭한 대신들의 공업이 전해지지 못할 것, 그리고 아버지의 유언 때문이라며 에둘러 대답한다. 이어 사마천은 자신에게 닥쳤던 죽음보다 치욕스러운 '이릉의 화'를 짤막하게 언급한 다음, 지난날 극한 곤경에 처했던 인물들이 그것을 극복하고 기록을 남긴 사실에 대해 깊게 생각했다고 고백한다.

사마천이 말할 수 없는 개인적 고통에도 불구하고 끝내 《사기》를 완성해야만 했던 것은 마음속에 맺혀 있는 그 무엇을 차마 밝힐 길이 없기에 과거의 역사 서술을 통해 자신의 뜻을 알리고 싶었기 때문이다. 이른바 자신의 울분을 저술에 쏟아 부은 '발분저술發憤著述'이다.

'본기' 12편의 요지—3천 년 시간 속 역대 제왕들의 기록

다섯째 단락은 '본기' 12편에 대한 요지다. 본기는 전설시대 제왕들로부터 사마천 당대 무제까지 무려 3,000년이 넘는 시간 속 역대 제왕들의 기록이다. 다만 하·은(상)·주는 사료가 부족하여 제왕별로 나누어 기록하지 못하고 왕조를 앞세워 기록했다. 따라서 역대 왕조와 제왕의 흥망성쇠 그리고 중대한 정치적 사건을 기록하되, 역대 제왕들을 역사 사건의 중심인물로 삼아 거기에 논술을 덧붙이고 그들의 전후 계승 관계로 역사의 발전을 드러냄으로써 전체 역사를 종합했다. 거시적이고 진보적이며, 합리적이면서도 파격적인 역사관을 동시에 그리고 종합적으로 보여주는 체제가 12편 '본기'다. 역사를 거시적으로 바라볼 수 있게 한 탁월한 안목에서 비롯된 체제라 할 수 있다. 특히 정통을 중시하는 보수적인 유가의 관점에서 볼 때 결코 제왕으로 인정받을 수 없는 항우나 여태후(왕왕 진시황도 포함됨)를 본기에 편입시키는 파격적인 관점은 2,000년 동안 두고두고 논란거리가 되었다.(《사기》의 체제를 그대로 모방하여 제2의 정사正史인 《한서》를 편찬한 반고는 항우를 세가도 아닌 바로 열전으로 강등시켰다.)

사마천은 누가 되었건 대세를 단절시키지 않고 천하 형세를 장악했다면 '본기'에 편입시키는 것이 당연하다는 사관을 보여준다. 〈진본기〉와 〈진시황본기〉를 따로 마련한 것도 같은 맥락이다. 요컨대 시세와 대세를 주도한 자의 기록, 이것이 바로 '본기'다. 《사기》의 첫 체제인 '본기'는 전통적인 역사 서술 체제와 방식을 계승하되, 사마천 나름의 창의성과 사관을 유감없이 표출한 탁월한 체제로 승화되었다. 후대의 모든 정사들은 형식상으로는 《사기》의 체제를 기준으로 삼았으면서도 그 정신은 물려받지 못했다. 이런 점에서 중국 역사학은 《사기》와 사마천을 기점으로 후퇴했다는 비판을 감수하지 않을 수 없다.

'표' 10편의 요지―전체 사건 서술의 연결과 보충

여섯째 단락은 10편의 '표'에 관한 요지다. '표'란 복잡다단하고 파악하기 힘든 역사상 인물들과 사건을 도표 형식으로 한눈에 알아볼 수 있게 한 것이다. 사마천의 말대로 "사건은 많은데 발생한 시간이 달라 연대가 분명치 않은 사건들"을 일목요연하게 처리하기 위한 안배다. 이 표에는 '본기', '세가', '열전'에서는 언급할 수 없었거나 미처 언급하지 못한 인물이나 사건까지 간단하게 기록되어 있어 애매했던 역사 사건의 맥락을 이해할 수 있다. 사실 표는 청나라 이후에야 비로소 그 중요성을 인정받기 시작했다. 그 결과 《사기》의 두 번째 체제인 표는 단순한 연표가 아니라 역사 발전의 단계성을 제시한 탁월한 역사적 안목으로 평가되기에 이르렀다. 표를 세표, 연표, 월표로 세분한 것도 먼저 왕조의 순서에 따라 역사를 단계별로 나누고 이를 다시 세대, 연, 월로 나누어 기록함으로써 역사 사건을 크고 간명하게 기록하여 한눈에 사건과 주요 인물을 알아볼 수 있게 하려는 의도다. 요컨대 《사기》 전체에 대한 사건 서술의 연결과 보충인 셈이다. 단순해 보이는 '표' 안에 사마천은 많은 의미를 담았다. 그 의미들은 서로 유기적 관계를 맺으며 역사 발전 과정에서의 숱한 변화와 흐름을 일목요연하게 전달한다. 사마천이 말하는 '천하의 대세'가 바로 이것이다. 이런 점에서 '표'는 '본기'와 절묘하게 조우한다. 사마천의 천재성이 번득이는 체제라 할 수 있다.

'서' 8편의 요지—역사와 현실의 결합

일곱째 단락은 8편의 '서'에 관한 요지다. 사마천은 '서'를 마련한 이유에 대해 "예악의 증감, 율력의 개역, 병가의 지혜와 모략, 산천 지리의 형세, 귀신에 대한 제사, 하늘과 인간의 관계, 각종 사물의 발전과 변화를 살피기 위해"서라고 했다. 말하자면 예의, 음악, 군사, 역법, 천문, 종교, 수리, 경제 방면에 관한 역대 전장제도를 전문적으로 기술한 논문이다. 국가의

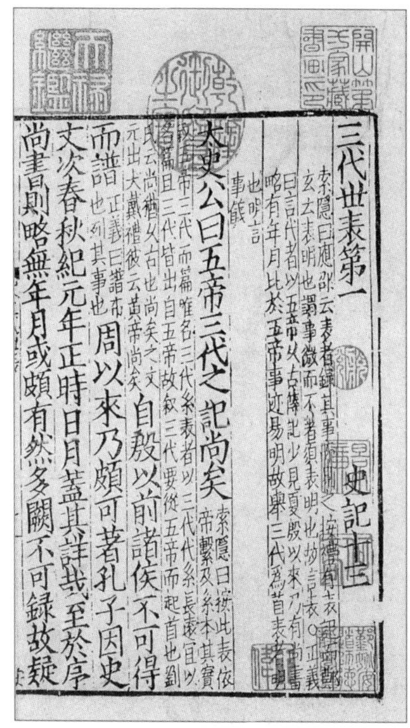

◉ (왼쪽)제13 〈삼대세표〉 부분. 송나라 때 판본이다. (오른쪽)제97 〈역생육고열전〉의 부분. 송나라 때 판본이다. 현존하는 판본 가운데 활자가 가장 우아하고 훌륭하다고 평가된다.

대체, 즉 국가를 운용하는 각종 시스템에 비유할 수 있다. 역사 발전에 제도(시스템)가 일으키는 작용에 초점을 맞추어 문물제도의 작동원리와 운영철학까지 언급한다. 따라서 폭넓은 지식과 깊이 있는 내용을 갖춘 백과전서의 성격이 강하다. 사마천은 '본기'에서 역사 발전의 전체적 추세를 주의 깊게 살피고, '표'를 통해 후국들을 주요 내용으로 하는 역사 발전의 단계성을 검토한 다음, 정치를 비롯한 국가운영 체계로 관심을 돌렸다. 이렇게 본다면 여덟 편의 '서'는 역사와 현실의 결합이라 할 수 있다.

'세가' 30편의 요지—제후국의 흥망성쇠 기록

여덟째 단락은 '세가' 30편에 관한 요지다. '세가'는 흔히 제후(국)의 기록이라 한다. 그러나 제후의 반열에 들지 못하는 공자와 진승에 대한 기록인 〈공자세가〉와 〈진섭세가〉는 예외다. 이 두 편을 제외한다면 모두 춘추전국 이래 주요 제후국과 한나라 때 봉해진 제후국의 발전과 쇠퇴의 역사를 기록한 것이다. 그러나 좀 더 치밀하게 살펴보면 30편의 '세가'는 그 성격에 따라 더 잘게 분류할 수 있다. 사마천의 의도가 읽히는 대목이다. 특히 비천한 출신으로 농민 봉기군을 이끌며 진의 멸망에 결정적인 역할을 한 진승을 기본적으로 제후(국)의 기록인 '세가'에 편입한 것은 파격이고 충격이었다. 이 부분은 2,000년 넘는 논란의 진원지가 되기도 했다. 그러나 사마천은 진승이 갖는 역사적 지위와 작용을 충분히 인정하여, 진승의 봉기와 진나라의 멸망이 갖는 상관관계를 상나라 탕왕이 하나라 걸왕을 정벌하고, 주나라 무왕이 은나라 주왕을 토벌한 것과 연계시키고 있다. 뿐만 아니라 공자가 《춘추》를 지은 것과 연계시켜 진승의 봉기에 '혁명'이란 의미를 부여한다. 이는 '시대의 흐름을 꿰뚫고 그 과정에서 변화를 읽어내려' 했던 사마천의 통변通變 사상을 잘 반영하는 것이다. 아울러 30편 가운데 절반이 넘는 16편을 차지하는 춘추전국시대 열국의 역사는 그 자체로 작은 통사로서의 역할을 다하고 있어, 상고시대에서 춘추전국 열국으로 이어지는 시대사를 연구하는 데 없어서는 안 될 중대한 자료로 평가된다.

'열전' 69편의 요지—시공간 속 인간 군상 드라마

아홉째 단락은 〈자서〉를 제외한 69편의 '열전'에 대한 요지다. 130편 전체의 절반이 넘는 비중일 뿐만 아니라 《사기》의 백미로 꼽힌다. 사마천은 '열전'을 마련한 이유에 대해 "정의롭게 행동하고 자잘한 일에 매이지 않으면서 시기를 놓치지 않고 세상에 공명을 세운 사람들 위해"라고 했다. '열전'에는 수많은 인간 군상이 포함되어 있다. 특정한 시대나 시기에 나름대로 역사적 역할을 능동적으로 수행한 사람은 누구나 포함시켰다. 정치가, 학자, 군사가, 문학가, 관리 등 주류 계층은 물론 유협, 자객, 연예인, 장사꾼, 점쟁이 등 비주류 계층이나 천민들까지 두루 망라하는 말 그대로 적나라한 인간 시장이 펼쳐진다. 여기에 주변국에 대한 비교적 상세한 기록도 포함시켜 명실상부 세계사로서의 면모까지 갖추었다. 요컨대 '열전'은 역사라는 시·공간 속에서 다양한 인간들의 역할을 추적하되, 그 역할이 시대적 요구와 변화의 흐름 속에서 얼마나 주동적이고 주체적이었는가에 처음부터 끝까지 초점을 맞추어 펼쳐나간 대하 사극이라 할 수 있다. 명나라 때 문학가 하량준(何良俊, 1506~1573)은 '열전'의 인물들과 관련해 다음과 같은 논평을 남겼다.

> '서'에 등장하는 제후들 중 한 사람을 빼거나 '열전'에 나오는 인물들의 기록에서 사건을 빼거나 하면 《사기》는 제대로 읽을 수 없다. 정말 하나가 들어가고 나오는 데 있어서 글자 하나가 천금과 같다.

마지막 열 번째 단락은 《사기》의 마지막 편인 〈자서〉에 포함된 내용으로서의 《사기》 저술의 시대적 배경과 다섯 체제에 대한 간략한 요약 및 〈자서〉의 요지와 마무리다. 청나라 때의 역사평론가 조익(趙翼, 1727~1814)은 《사기》의 체제와 그 가치를 이렇게 평했다.

사마천은 고금을 참작해 범례를 정하고 통사를 저술했다. '본기'로 제왕을 기록하고, '세가'로 제후국을 기록하고, '10표'로 연대기를 작성했으며, '8서'로 제도를 밝히고, '열전'으로 인물을 기록했다. 이렇게 구성함으로써 한 시대의 군주와 신하 그리고 정치의 좋고 나쁨과 득실이 한 권에 결합되었다. 이런 형식이 세상에 나오자 역대 사관들은 《사기》의 범위를 벗어날 수 없었으니 진실로 역사책의 완결판이다.

유기적 독서를 요구하는 수십만 개의 퍼즐 조각 구조

《사기》의 다섯 체제는 긴밀하게 얽혀 있다. 마치 수십만 개의 퍼즐 조각을 맞추듯 정교하게 곳곳에다 서로 관련된 사건이나 인물들의 행적을 배치했기 때문에 한눈팔 수가 없다. 이는 인물과 상황을 고려한 사마천의 의도적 배려이지만 그것을 읽는 독자들에게는 깊은 사색과 세밀한 관찰을 결합하는 유기적 독서법을 요구한다. 그것이 《사기》의 무한한 매력이기도 하다.

《사기》는 개인의 울분을 불세출의 역사서로 화답한 사마천의 숭고한 정신이 아로새겨져 있는 영원한 고전이다. 옥에 갇히고 사형을 선고받고 궁형을 자청하고 풀려나기까지 약 3년 동안 사마천은 자신의 말대로 깊이 생각하고 또 생각했다. 그 결과 《사기》의 내용이 180도 바뀌었다. 대놓고 말하지는 않았지만 사마천의 비극과 속마음은 아랑곳하지 않고 태평성세에 무슨 역사서냐고 힐문하는 호수의 질문에 사마천은 몹시 당황한 듯 더듬거리다 끝내는 자신의 속마음을 털어놓는 형식도 눈여겨볼 만하다. 궁형은 사마천 개인에게는 말할 수 없는 수치요 고통이었지만, 그 덕분에 인류는 값으로 따질 수 없는 귀중한 선물을 받게 되었다. 역사의 아이러니다.

〈자서〉는 《사기》의 총 서문이며 〈자서〉를 제외한 나머지 129편에 대한 간결하고 명쾌한 요점 정리다. 여기에 사마씨 가문의 내력과 가학에 대한 자부심, 그리고 《사기》를 저술하게 된 동기와 목적 등이 어우러져 있다. 〈자서〉는 저술 동기 부분에 비춰진 약간의 감정적 분위기를 제외하면 《사기》의 해당 본문 분위기와는 달리 아주 담담한 서술이 눈에 띈다. 감정을 최대한 자제한 듯한 이런 문장 분위기는 사마천과 《사기》에 대해 어느 정도 알고 있는 독자들에게는 호흡을 가다듬게 하는 작용을 한다. 여기에 앞뒤로 전체적인 저술 동기를 비교적 상세히 소개하여 자신의 감정을 보완하는 묘를 살리고 있다.

그럼에도 불구하고 〈자서〉의 문장은 그 기세가 바다와 같아 모든 물줄기를 빨아들이고 모든 학파를 아우르는 대서사시로서의 면모를 유감없이 드러낸다. 여기에 〈보임안서〉를 함께 놓고 읽으면 《사기》를 저술하는 과정에서 사마천이 당한 역경과 그 극복 과정을 생생히 목격하고, 나아가 사마천의 삶과 인생관(생사관)을 격한 감정으로 감상할 수 있다.

끝으로 한 가지 덧붙이고 싶은 것은 〈자서〉의 연원과 사마천이 〈자서〉에서 밝힌 《사기》의 글자 수, 그리고 "정본은 명산에 감추어 두고, 부본은 경사에 남겨 나중에 성인군자들이 참고할 수 있게 하였다"라는 대목에 대한 해설이다.

우선 〈자서〉는 아마 역사상 처음으로 저자가 스스로 쓴 서문일 것이라는 점에서 그 의미가 남다르다. 다음으로 52만 6,500자라고 글자 수를 밝힌 까닭은 훗날 누군가 자신의 책에 손을 댈지도 모른다는 예감 때문이었을 것으로 추측된다. 실제로 현행 판본의 글자는 55만 자가 넘는다. 전문가들의 연구에 따르면 51만 자 조금 넘는 글자가 《사기》의 원문이라고 한다. 52만 6,500자에서 약 1만 5천 자가량이 없어졌고, 4만 자 이상이 후세에 보태졌다. 사마천이 글자 수를 밝히지 않았더라면 알아낼 수 없었을 것이다.

정본과 부본 역시 《사기》가 훼손당하거나 폐기될 경우를 염두에 둔 사마천의 깊은 고뇌의 산물로 추정된다. 어느 쪽이든 《사기》가 훗날 적지 않은 오해와 논쟁거리가 될 것으로 예견한 결과였고, 그만큼 《사기》의 내용이 권력자와 그 추종자들의 심기를 불편하게 만들기에 충분하기 때문이다. 이는 역으로 《사기》의 가치를 입증하는 것이기도 하다.

◉

이렇게 해서 총 130편 52만 6,500자에 《태사공서》라는 이름을 붙였다. 간략한 서문을 통해 여기저기 흩어져 있는 자료들을 모으고 빠진 곳을 보충하여 나름의 견해를 밝혔다. 아울러 6경의 다양한 해석을 취하고, 제자백가의 서로 다른 학설도 절충했다. 그리하여 정본은 명산에 감추어 두고, 부본은 서울에 남겨 나중에 성인군자들이 참고할 수 있게 했다. 이것이 열전의 마지막 편인 제70 〈태사공자서〉다.

권130 〈태사공자서〉

1
아버지 사마담에 이르는 집안 내력

◉

옛날 전욱顓頊은 남정南正[1] 중重에게 천문에 관한 일을, 북정北正[2] 여黎에게는 지리에 관한 일을 맡겼다. 당요唐堯와 우순虞舜 시대에 와서도 중과 여의 후손들로 하여금 계속해서 그 일을 맡겨 하夏·상商에까지 이르렀다. 이렇게 중과 여 가문은 대대로 천문과 지리에 관한 일을 맡아왔다. 주周에 이르러 정백程伯에 봉해졌던 휴보休甫 또한 여의 후손이었다. 그러다가 주 선왕宣王 때에 와서 여의 후손들은 그 자리에서 물러나 군사軍事 일을 담당하는 사마씨司馬氏[3]가 되었다. 그 뒤 사마씨는 대대로 주나라의 역사를 주관하게 되었다. 주나라의 혜왕惠王에서 양왕襄王에 이르는 기간에 사마씨는 주나라

---

1 전설시대 천문을 관장했던 관직 이름으로 지리를 관장한 북정北正과 함께 거론된다. 사마천의 시조인 중重과 여黎가 각각 남정과 북정을 맡았다고 하나 더 이상의 자료는 없다(〈초세가〉에서는 중·여를 한 사람으로 보았다).

2 화정火正이라고도 하는 전설시대 지리를 관장했던 관직 이름이다.

3 '사마'는 군사를 주관하는 관직 이름이다. 사마천의 선조들이 천문과 지리를 관장하던 일을 그만두고 군사를 담당하면서 성을 사마로 바꾼 것으로 보인다.

◉ 사마천 선조들의 무덤인 사마조영司馬祖塋. 섬서성 한성시 외동향 동문촌에 있다.

를 떠나 진晉나라로 갔다. 진나라의 중군中軍[4] 수회隨會가 진秦나라로 달아났을 때 사마씨는 소량少梁으로 들어가 살았다.

사마씨는 주나라를 떠나 진晉나라로 간 뒤로 위衛·조趙·신秦 등지로 흩어져 살았다. 위나라로 간 일족 중에는 중산中山의 재상을 지낸 사람(사마희司馬喜)이 있었고, 조나라로 간 일족 중에는 검술 이론을 전수하여 이름을 날린 사람도 있었는데, 괴외蒯聵가 그 후손이다. 진秦나라로 간 사마조司馬錯는 진 혜왕惠王 앞에서 장의張儀와 논쟁을 벌였다. 혜왕은 사마조로 하여금 군사를 이끌고 촉蜀을 공격하게 했다. 사마조는 촉의 땅을 빼앗았고 그곳 군수로 임명되었다. 사마조의 손자 사마근司馬靳은 무안군武安君 백기白起를 섬겼다. 이 무렵 소량은 이름을 하양夏陽으로 바꾸었다. 사마근과 무

4 좌·우·중 삼군에서 중군의 원수를 줄여서 부르는 이름으로 군사에 관한 한 최고 직위였다.

안군 백기는 장평長平에서 조나라 군대를 파묻고 돌아왔지만 두 사람 모두 두우杜郵에서 죽임을 당했다. 사마근은 화지華池에 매장되었다.

사마근의 손자 사마창司馬昌은 진秦나라 진시황秦始皇 때 주철관主鐵官[5]을 지냈다. 괴외의 현손 사마앙司馬卬은 무신군武信君의 부장이 되어 조가朝歌를 공략했다. 제후들이 서로 왕을 자처하고 나섰을 때 사마앙은 은殷의 왕이 되었다. 한漢이 초楚를 정벌하자 사마앙은 한에 귀순했고, 그 땅은 하내군河內郡이 되었다. 사마창은 무택無澤을 낳았고, 무택은 한나라의 시장市長[6]을 지냈다. 무택은 희喜를 낳았고, 희는 오대부五大夫[7]를 지냈다. 죽은 뒤 모두 고문高門에 안장되었다. 사마희는 사마담司馬談을 낳았는데, 담은 태사공太史公이 되었다.

2
사마담의 학문과 〈논육가요지〉

◉

내 아버지 태사공은 당도唐都에게서 천문학을 배웠고, 양하楊何로부터 《역易》을 전수받았으며, 황자黃子로부터 도가의 이론을 익혔다. 태사공은 건원建元에서 원봉元封에 이르는 기간(기원전 140~105년)에 벼슬을 했다. 그는 학

---

5 철기의 주조나 야련 등과 관련된 업무를 담당한 자리로서, 경제 각 분야를 고루 중시했던 사마천의 경제사상에 영향을 준 선조로 보인다.

6 한나라 때 도성 안에 두었던 시장을 책임지고 관리하던 직위 이름. 당시 장안에는 네 개의 시장이 있었고, 따라서 시장市長도 네 명 있었다. 한 초기에 장안 시장을 지냈던 증조부 무택은 상업의 역할을 높이 평가했던 사마천의 사상에 적지 않은 영향을 준 것으로 보인다.

7 작위 이름으로, 원래는 진나라 제도였다가 한나라가 이를 이어받았다. 오대부는 20등급 작위 중 밑에서 위로 9등급에 해당한다(〈상군열전〉과 〈백기왕전열전〉 참고).

자들이 각파 학설의 진정한 뜻을 이해하지 못하고 엉뚱하고 그릇된 것만 배우고 있는 것을 걱정하여 6가의 요지를 다음과 같이 논평했다.[8]

《역》의 〈대전大傳〉에 "천하는 하나인데 생각은 각양각색이고, 귀착점은 같은데 가는 길은 다 다르다"[9]고 했듯이, 음양가陰陽家 · 유가儒家 · 묵가墨家 · 명가名家 · 법가法家 · 도덕가道德家 들은 다 같이 세상을 잘 다스리는 일에 힘을 쓰지만 그들이 따르는 논리는 길이 달라 이해가 되는 것도 있고 그렇지 않은 것도 있다.

일찍이 음양가陰陽家의 학술을 가만히 살펴본 적이 있는데, 길흉의 징조에 너무 집착하여 금하고 피하라는 것이 많기 때문에 사람을 구속하고 겁을 먹게 하는 일이 많았다. 그러나 사계절의 변화에 맞추어 일해야 한다는 것은 놓칠 수 없는 점이다.

유가儒家의 학설은 너무 넓어 요점을 파악하기 힘들다. 애는 쓰지만 얻는 것이 적기 때문에 학설을 다 추종하기란 어렵다. 그러나 군주와 신하 사이의 예를 세우고, 부부와 장유의 구별을 가지런히 한 점은 바꾸어서는 안 된다.

묵가墨家의 지나친 근검절약은 따르기가 어렵다. 그것을 일일이 그대로 할

8 〈논육가지요지論六家之要旨〉. 흔히 〈논육가요지〉로 부르는 사마담의 유명한 논문을 말한다. 기원전 139년 사마담은 다른 학파의 사상을 왜곡하면서 1가 독주체제로 나아가려는 유가사상에 맞서 황로사상을 변호하고 그 밖에 다른 학파들의 요지를 설파했다. 이것이 〈논육가요지〉이며, 사마천은 그 전문을 〈태사공자서〉에 실어 사상가로서 아버지의 면모를 소개했다.

9 동귀이수도同歸而殊途. 이 대목은 바로 앞의 '천하는 하나인데 생각은 각양각색이고'라는 뜻의 '천하일치이백려天下一致而百慮'와 함께 어울려 6가가 추구하는 궁극적인 목적은 같은데 그 방법이 다르다는 것을 지적한 말이다.

수는 없지만 생산의 근본을 강조하고 비용을 절약해야 한다는 주장은 없애서는 안 된다.

법가法家는 너무 근엄하고 각박하지만 군주와 신하의 상하 구분을 명확하게 한 것은 바꿀 수 없다.

명가名家는 명분에 얽매여 진실성을 잃는 점이 있지만 명분과 실질의 관계를 바로 잡은 것은 눈여겨보지 않을 수 없다.

도가道家는 정신을 하나로 모아 인간 모든 활동의 보이지 않는 객관적 규율에 합치하게 하고 만물을 만족시킨다. 그 학술은 음양가의 사계절의 큰 운행이란 질서를 흡수하고 유가와 묵가의 좋은 점을 취하고 명가와 법가의 요점을 모으니, 시대의 변화에 맞추어 변화하고 사물의 변화에 따라 변하고 풍속을 세워 일을 시행하여 적절하지 않은 것이 없다. 따라서 그 이치는 간명하면서 파악하기가 쉽고, 힘은 적게 들지만 효과는 크다.

유가는 그렇지 않다. 군주를 천하의 모범이라 여기기 때문에 군주가 외치면 신하는 답하고, 군주가 앞장서면 신하는 따라야 한다. 이렇게 하면 군주는 힘들고 신하는 편하다.

도가의 기본 원칙은 그저 강하기만 한 것을 버리고 탐욕을 없애며 총명을 물리치는 것이다. 말하자면 인위적인 노력을 포기하고 객관적 형세에 순응하는 것이다.

인간의 정신이란 너무 많이 사용하면 말라버리고, 육체 또한 지나치게 혹사시키면 지쳐서 병이 나는 법이다. 육체와 정신을 못살게 굴면서 천지와 더불어 오래도록 함께하기를 바라는 경우는 들어본 적이 없다.

무릇 음양가는 사계절, 팔방, 십이차, 이십사절기마다 거기에 해당하는 규정을 만들어놓고 그에 따라 잘 행하면 번창하고 거스르면 죽거나 망한다고 한다. 그러나 꼭 그렇지는 않다. 그래서 "사람을 구속하고 겁을 먹게 하는 일이 많다"고 했던 것이다. 봄에 태어나고 여름에 자라고 가을에 거두어들이고 겨울에 저장한다는 이 자연계의 큰 법칙에 따르지 않으면 천하 모든 일의 앞뒤가 없어질 것이다. 그래서 "사계절의 변화에 맞추어 일해야 한다는 것은 놓칠 수 없는 점이다"라 했던 것이다.

유가는 육예六藝를 법도로 삼는다. 육예와 관련된 경전은 헤아릴 수 없을 만큼 많아 몇 대를 배워도 그 학문에 통달할 수 없으며, 늙을 때까지 배워도 그 번잡한 예절은 제대로 배울 수 없다. 그래서 "너무 넓어 요점을 파악하기 힘들다. 애는 쓰지만 얻는 것은 적다"라 했던 것이다. 그러나 군주와 신하·아비와 자식들 사이의 예절, 남편과 아내·늙은이와 젊은이 사이의 규범을 정한 것은 어떤 학파도 바꿀 수 없다. 묵가도 요堯·순舜의 도덕을 숭상하여 그들의 덕행에 대해 "집의 높이는 겨우 세 자, 흙으로 만든 계단은 세 개뿐, 풀로 이은 지붕은 제대로 정돈도 하지 않았고, 통나무 서까래는 다듬지도 않았다. 흙으로 만든 그릇에 밥과 국을 담아 마셨는데, 현미나 기장쌀로 만든 밥에 명아주잎과 콩잎으로 끓인 국을 먹었다. 여름에는 갈포로 만든 옷을 입고, 겨울에는 사슴 가죽으로 만든 옷을 입고 지냈다"라 말한다.

죽은 사람의 장례에서 오동나무 관의 두께는 세 치를 넘지 않으며, 곡소리도 그 슬픔을 다 드러내지 않게 했다. 천하 사람들에게 이를 표준으로 삼아 장례를 치르라고 한다면 존비의 구별이 없어질 것이다. 세상이 달라지고 시대가 바뀌면 모든 일이 꼭 같아야 할 필요는 없다. 그래서 "지나친 근검절약은 따르기가 어렵다"고 한 것이다. 그러나 생산의 근본을 강조하고 비용을 절약해야 한다는 주장은 가정을 풍족하게 하는 방법이다. 이는 묵가의 장점으로 어떤 학파라도 없애서는 안 된다.

법가는 가까움과 먼 관계를 구별하지 않고, 귀한 신분과 천한 신분을 구분하지 않는다. 오로지 법에 따라 단죄하기 때문에 가까운 사람을 가깝게 대하고 존귀한 사람을 존귀하게 대하는 감정이 단절되고 만다. 한때의 계책은 될 수 있을지 몰라도 오래 사용할 수 없다. 그래서 "지나치게 근엄하고 각박하다"라 한 것이다. 다만 군주를 높이고 신하를 낮추며, 직분을 분명히 구분하여 서로가 그 권한을 침범하지 못하게 한 점은 다른 학파라도 고칠 수 없다.

명가는 너무 꼼꼼하게 따지다가 다 뒤엉켜버림으로써 각자의 진실 된 본성으로 돌아가지 못하게 한다. 오로지 명분에만 집착하여 모든 것을 결정하기 때문에 인정을 잃는다. 그래서 "명분에 얽매여 진실성을 잃는다"라 한 것이다. 그러나 명가가 명분과 실질의 관계를 서로 비교한 것은 중시하지 않을 수 없다.

도가는 '억지로 일삼지 않는' 무위無爲를 말하면서 '하지 않는 것도 없는' 무불위無不爲도 말한다. 실제로 행동하기는 쉬운데 그 말이 이해하기 어렵다. 도가의 학술은 '허무'를 근본으로 삼고, 행동상 '순응'이란 객관적 형세를 강구한다. 그 자체로 이미 만들어진 세태도, 고정불변의 형상도 없기 때문에 만물에 순응하여 만물의 정상을 추구할 수 있다. 만물에 앞서지도 않고 뒤처지지도 않으면서 순응하기 때문에 만물을 주재할 수 있는 것이다. 법이 있지만 법에 맡기지 않는 것을 법으로 여기고 때에 맞추어 일을 이루며, 법도가 있지만 고집하지 않고 만물과 서로 어울린다. 그렇기에 "성인은 기교를 부리지 않고 시세의 변화에 맞추어 변한다는 원칙을 지킨다. 허무는 도의 본질이며, 순응은 군주가 파악해야 할 강령이다"라고 말하는 것이다.

군주는 여러 신하들을 모두 소집하여 각자에게 맞는 일을 주어 능력을 발휘하게 한다. 실제 행동과 말이 일치하는 것을 '바르다'라는 뜻에서 '단端'이라 하고, 실질과 말이 일치하지 않는 것을 '비어 있다'라는 뜻에서 '관窾'이라 한다. 빈말을 듣지 않으면 간사한 자가 생기지 않고, 어진 이와 불초한 자가 절로 가려지며, 흑백이 절로 모습을 드러낸다. 그런 다음 군주가 현명한 자를 기용하면 무슨 일인들 못 이루겠는가? 이렇게 하면 큰 도에 부합하게 되고 원기가 두루 충만해져 온 천하를 환하게 비추게 되지만 결국은 다시 청정무위의 경지로 되돌아간다.

인간의 삶은 정신에 의탁하며, 정신은 육신에 의탁한다. 정신을 지나치게 사용하면 고갈되고, 육신을 너무 혹사하면 병이 난다. 정신과 육체가 일단 분리되면 사람은 죽는다. 죽은 사람은 다시 살아날 수 없고, 정신과 육체가 분리된 사람 역시 다시 합칠 수 없다. 때문에 성인이 정신과 육체를 모두 중시하는 것이다. 이렇게 볼 때 정신은 생명의 근본이요, 육체는 생명의 기초다. 정신과 육체를 편안하게 만들어놓지도 않고 "내가 천하를 다스릴 수 있다"라 하니 대체 무엇을 믿고 큰소리를 치는 것인가.

3
사마천의 출생과 성장 그리고 아버지의 죽음

◉

태사공 담은 천문을 관장했을 뿐 백성을 다스리지는 않았다. 천遷이라는 이름의 아들이 있었다. 천은 용문龍門에서 태어났다. 황하의 북쪽, 용문산龍門山의 남쪽에서 농사를 짓고 가축을 키우며 자랐다. 열 살 때 고문古文을 배웠다. 스물 살에는 남쪽으로 장강長江과 회하淮河로 여행하며 회계산會稽山에 올라 우혈禹穴을 탐방한 다음 구의산九疑山을 살피고, 원강沅江과 상강湘江 두 강은 배를 타고 돌았다. 북으로 올라가 문수汶水와 사수泗水를 건너 제나라와 노나라의 수도에서 유가의 학술을 배우며 공자의 유풍을 살폈다. 추鄒와 역嶧 지방에서는 향사鄕射[10]를 참관했다. 파鄱·설薛·팽성彭城에서는 곤욕을 치렀고, 양梁·초楚를 거쳐 돌아왔다.

얼마 뒤 천은 낭중郎中[11]이 되어 조정의 명에 따라 서쪽으로는 파촉巴蜀 이남 방면을, 남쪽으로는 공邛·작筰·곤명昆明을 공략하고 돌아와 보고했다.

이해(기원전 110년, 사마천 36세)에 천자가 처음으로 한 황실의 봉선封禪[12] 의식을 거행했는데, 주남周南에 머무르고 있던 태사공은 이 행사를 수행할 수 없게 되자 홧병이 나서 그만 쓰러져 일어나지 못하게 되었다. 당시 아들 천은 출장을 갔다 돌아오는 중이었으며, 마침 황하黃河와 낙수洛水 사이에서 아버지를 볼 수 있었다. 태사공은 아들 천의 손을 잡고 눈물을 흘리며 이렇게 당부했다.

"우리 선조는 주나라 왕실의 태사太史를 지냈다. 그 위 세대는 일찍이 하나라 때 천문에 관한 일을 맡아 공업을 크게 떨쳤다. 그 뒤로 쇠퇴했는데, 내 세대에 와서 끊어지는 것이 아닌지 모르겠다. 하지만 네가 다시 태사가

---

10 유학자로서 갖추어야 할 필수 활동의 하나로 주나 향의 관리가 봄가을로 향학에 향민들을 모아 놓고 음주와 활쏘기 의식을 거행하는 것을 말한다.

11 낭중郎中은 황제를 수행하는 인원으로 낭중령에 소속되어 있었다. 젊고 능력 있는 예비 관료군이라 할 수 있다.

12 태산에 올라 하늘에 제사를 올리는 제천의식을 '봉封'이라 하며, 태산 아래 작은 봉우리를 골라 땅에 제사를 드리는 의식을 '선禪'이라 한다. 역대 제왕들은 자신의 권위를 과시하기 위한 방법의 하나로 이 의식을 끊임없이 시행했고 백성들은 이로 인해 막대한 피해를 입었다.

된다면 우리 선조의 유업을 이을 수 있을 것이다. 지금 천자께서 1,000년 동안 끊어졌던 대통을 이어받아 태산에서 봉선의식을 거행하게 되었는데, 내가 수행하지 못하다니 운명이로다, 운명이로다! 내가 죽더라도 너는 틀림없이 태사가 되어야 한다. 태사가 되거든 내가 하고자 했던 논저를 잊지 않도록 해라.

효도란 어버이를 섬기는 것에서 시작하여 군주를 섬기는 것을 거쳐 입신양명하는 것으로 끝난다. 후세에 이름을 날려 부모를 드러내는 것이야 말로 가장 큰 효도니라. 세상이 주공周公을 칭송하는 것은 그가 문왕文王과 무왕武王의 덕을 노래하고, 자신과 소공邵公의 기풍을 선양하고, 태왕太王과 왕계王季의 사상을 드러냄으로써 공유公劉에 미치고 나아가서 후직后稷까지 받들었기 때문이다.

유왕幽王과 여왕厲王 이후 왕도가 사라지고 예악이 쇠퇴해지자 공자께서 예로부터 전해 내려오던 전적을 정리하고 폐기되었던 예악을 다시 일으켜 《시詩》와 《서書》를 논술하고 《춘추春秋》를 엮으니 학자들이 지금까지도 준칙으로 삼고 있다. 획린獲麟[13](기원전 481년) 이래 지금까지 400년 넘게 제후들은 서로를 집어삼키려는 싸움에만 몰두해온 탓에 역사 기록은 끊어지고 말았다. 이제 한나라가 일어나니 천하는 통일되었다. 그동안 역사적으로 많은 명군·현군·충신·지사들이 있었다. 그런데 내가 태사령이란 자리에 있으면서도 그것을 기록으로 남기지 못해 천하의 역사를 폐기하기에

13 노나라 애공 14년인 기원전 481년 서쪽으로 사냥 나갔다가 기린이란 동물을 잡았다. 이에 상심한 공자는 탄식하며 이해를 끝으로 《춘추》 집필을 중단했다고 한다. 공자는 기린이 어진 동물이자 성스러운 제왕의 상서로운 조짐인데, 당시 현명한 군주가 없는데도 기린이 잡힌 것은 불길한 징조라고 여긴 것이다.

이르렀구나. 나는 이것이 너무나 두렵다. 그러니 너는 이런 내 심정을 잘 헤아리도록 해라!"

천은 머리를 떨구고 눈물을 흘리면서 "소자가 비록 못났지만 아버님께서 정리하고 보존해온 중요한 기록들을 빠짐없이 다 편찬하도록 하겠습니다"라고 대답했다.

태사공이 세상을 떠난 지 3년 뒤(기원전 108년) 천은 태사령이 되어서 사관의 기록과 석실石室·금궤金匱[14]에 소장된 서적들을 읽기 시작했다. 그리고 5년 뒤인 태초太初 원년(기원전 106년) 11월 갑자일(초하루 동지), 새로운 달력인 태초력太初曆을 반포하면서 명당明堂[15]에서 의례를 거행하고 제후들에게 새로운 달력을 받들게 했다.

4

《사기》의 저술 동기

◉

나 태사공 사마천은 말한다.

> 선친께서는 "주공이 세상을 뜨고 500년 만에 공자가 태어나셨다. 그리고 공자가 세상을 뜨고 오늘에 이르기까지 다시 500년이 지났다. 이제 누가 성인의 사업을 이어받아 《역전易傳》을 정확하게 이해하고, 《춘추》를 잇고, 《시詩》·《서書》·《예禮》·《악樂》의 본질을 밝힐 수 있을까?"라고 하셨다. 바

14 국가 문서를 보관하는 도서관을 가리키는 표현이다.

15 고대 천자가 정교를 밝히는 장소. 조회와 제사, 포상, 교육 등 중요한 행사가 모두 이곳에서 거행되었다.

◉ (왼쪽)학업에 열중하고 있는 어린 사마천.
◉ (오른쪽)아버지의 유지를 받들어 역사서 저술에 전념하고 있는 사마천.

로 지금이란 뜻이구나! 바로 지금이란 뜻이구나! 그러니 내 어찌 감히 이 일을 마다할 수 있겠는가?

상대부上大夫 호수壺遂가 물었다.

이전에 공자께서는 왜《춘추》를 지었습니까?

나 태사공은 다음과 같이 대답했다.

내가 듣기에 동중서董仲舒 선생께서 "주나라의 왕도가 쇠퇴하자 공자는 노나라의 사구司寇가 되었다. 그러자 제후들은 공자를 시기하고 대부들은 공자를 방해하고 나섰다. 이에 공자는 자신의 말과 주장이 통하지 않는다는 것을 알고는 242년에 이르는 여러 나라의 역사에 대해 옳고 그름을 따져서 천하의 본보기로 삼았다. 천자라도 어질지 못하면 비판하고, 무도한 제후는 깎아내리고, 간악한 대부는 성토함으로써 왕도의 이상을 나타내려 했을 따름이다"라고 하셨습니다. 공자께서도 "내가 본래 추상적인 이론으로 기록하려 했으나 구체적인 역사적 사실을 일목요연하게 보여주는 것이 훨씬 분명하고 절실하다"고 말씀하셨습니다.

《춘추》는 위로는 삼왕의 도를 밝히고, 아래로는 인간사의 기강을 가리고, 의심스러운 바를 구별하고, 시비를 밝히며, 결정하지 못하고 있는 것을 결정하게 하고, 선은 장려하고 악은 미워하게 하며, 유능한 사람은 존중하고 못난 자는 물리치게 하고, 망한 나라의 이름을 보존하게 하며, 끊어진 세대의 후손을 찾아 잇게 하며, 모자란 곳은 메워주고 못쓰게 된 것은 다시 일으켜 세우는 바 이것이야말로 큰 왕도입니다.

《역》은 천지·음양·사시·오행의 원리를 밝히는 것이기 때문에 변화의 이치를 논하는 데 장점이 있습니다. 《예》는 인간관계를 조정하는 것이기 때문에 실제 행동에 좋습니다. 《서》는 선왕의 사적을 기록한 것이므로 나라를 어떻게 다스릴 것인가에 도움을 줍니다. 《시》는 산과 내, 골짜기, 날짐승과 들짐승, 풀과 나무, 암컷과 수컷에 관한 기록이라 풍토와 인정에 대한 서술이 뛰어납니다. 《악》은 사람을 즐겁게 하는 것이라 사람의 마음을 평화롭게 만들고 인간관계를 조화롭게 하는 장점이 있습니다. 《춘추》는 옳고 그른 것을 가려놓은 것이기 때문에 인간사를 처리하는 방법을 배웁니다.

따라서 《예》는 사람의 행동을 절제시키고, 《악》은 평화로운 마음을 이끌어 내며, 《서》는 정치를 말하고, 《시》는 감정을 표현하며, 《역》은 변화를 말하고, 《춘추》는 정의를 말합니다. 그래서 어지러운 세상을 수습하고 바로 돌려놓는 데는 《춘추》만 한 것이 없습니다.

《춘추》는 글자로 수만 자나 되고 거기에 나타나 있는 대의도 수천 가지나 됩니다. 만사의 성공과 실패, 흥망과 성쇠가 모두 《춘추》에 응집되어 있습니다. 《춘추》에는 시해당한 군주가 36명에 멸망한 나라가 52개나 되며, 사직을 보존하지 못하고 여러 나라를 떠돈 제후들은 수를 헤아릴 수 없을 정도입니다. 그 까닭을 살펴보면 모두가 다스림의 근본을 잃었기 때문입니다. 그래서 《역》에서는 "터럭만큼의 실수가 천 리나 되는 엄청난 잘못을 초래한다"[16]고 하였고, 또 "신하가 군주를 시해하고, 아들이 아비를 살해하는 일은 결코 하루아침에 일어난 것이 아니라 오랫동안 쌓인 결과다"라고 했던 것입니다.

이렇기 때문에 나라를 다스리는 자라면 《춘추》를 몰라서는 안 됩니다. 《춘추》를 모르면 바로 코앞에 나쁜 말만 일삼는 소인배가 있어도 못 보고, 등 뒤에 음흉한 간신이 있어도 알지 못합니다. 신하 된 자도 《춘추》를 몰라서는 안 됩니다. 《춘추》를 모르면 평범한 사무인데도 전례에 집착하여 적절하게 처리하지 못하고, 긴급한 일을 당해도 상황에 맞추어 대처할 줄 모릅니다. 군주나 아비가 되어 《춘추》의 큰 뜻을 제대로 통찰하지 못하면 최악의 오명을 뒤집어쓰게 됩니다. 신하나 자식 된 자로서 《춘추》의 큰 뜻을 통

---

16 실지호리失之毫釐, 차이천리差以千里. 《역》에서 나온 대목이라고 했지만 현재 통용되는 《역》에는 없고 《역위易緯》에 보인다. 아주 작아 보이는 실수가 엄청난 잘못이나 차이를 가져온다는 뜻이다.

찰하지 못하면 틀림없이 찬탈이나 군주 시해와 같은 죽을죄에 빠집니다. 나름대로 해야 할 일을 한다고 생가하고 했겠지만 큰 뜻이 어디에 있는지 모르고 행동한 것이기 때문에 여론의 질책을 받아도 감히 반박하지 못하는 것입니다.

예의의 요지를 잘 모르면 군주는 군주답지 못하고 신하는 신하답지 못하며, 아비는 아비답지 못하고 자식은 자식답지 못하게 됩니다. 군주가 군주답지 못하면 신하에게 농락당하고, 신하가 신하답지 못하면 죽음을 면키 어렵습니다. 아비가 아비답지 못하면 무도한 아비가 되고, 자식이 자식답지 못하면 불효자식이 됩니다. 이 네 가지는 천하의 큰 잘못입니다. '천하의 큰 잘못'이라는 죄명을 갖다 붙여도 감히 변명하지 못하는 것입니다. 이렇듯 《춘추》는 예의의 커다란 근본입니다. 예의란 어떤 일이 발생하기 전에 막는 것이고, 법이란 사건이 발생한 다음에 적용하는 것입니다. 그래서 법의 적용 효과는 쉽게 보이는 반면, 예의 예방 효력은 알기가 어려운 것입니다.[17]

호수가 또 물었다.

공자 때는 위로 영명한 군주가 없고 아래로는 유능한 인재가 기용되지 못했습니다. 그래서 공자께서는 《춘추》를 지어 예의의 득실을 논단하고 제왕

17 예금미연지전禮禁未然之前 법시이연지후法施已然之後, 법지소위용자이견法之所爲用者易見이예지소위금자난지而禮之所爲禁者難知. 예덕과 법의 작용과 그 효과에 관해 이처럼 명쾌하게 정의를 내린 명언도 찾기 어려울 것이다. 예로부터 전해 내려오는 말을 사마천이 인용한 것으로 보인다.

의 법전으로 만들고자 한 것입니다. 그대는 위로 영명한 천자를 만났고 아래로 벼슬을 받아 자리를 지키고 있으며, 모든 일이 알맞게 순서를 찾아 다 갖추어져 있습니다. 책을 써서 그대가 밝히려고 하는 것이 대체 무엇입니까?

태사공이 다음과 같이 대답하였다.

에, 에. 아니지요, 아니지요, 그런 뜻이 아니지요. 저는 일찍이 돌아가신 아버지로부터 "가장 온화하고 후덕했던 복희伏羲는《역》의 팔괘를 만들었다. 요·순의 넘치는 덕은《상서》에 기재되어 있고 예악이 바로 여기에서 만들어졌다. 탕왕湯王과 무왕 시대의 융성함에 대해서는 시인들의 노래가 있다. 《춘추》는 선을 취하고 악을 물리치며, 삼대의 성덕을 칭송하고, 주나라 왕실을 칭찬하고 있는바 풍자나 비방에만 그친 것이 아니다"라는 말씀을 들은 바 있습니다.
한나라가 개국한 이래 현명하신 지금의 천자에 이르러 상서로운 징조가 나타나 봉선의식을 거행하고, 달력을 개정하고, 의복의 색깔을 바꾸는 등 하늘로부터 천명을 받아 황제의 은택이 한없이 뻗어나가고 있습니다. 풍속이 우리와 다른 해외의 나라들도 몇 번 통역을 거쳐 변경에 와서는 공물을 바치고 황제께 인사드리겠다며 줄을 섰습니다. 조정의 백관들이 황제의 성스러운 덕을 열심히 칭송하고는 있지만 그 뜻을 다 나타낼 수는 없습니다. 유능한 인재가 기용되지 못하는 것을 군주는 치욕으로 여깁니다. 지금 주상께서는 확실히 영명하십니다. 그런데도 그 성덕이 온 나라에 널리 퍼져 백성들에게 알려지지 못한다면 이는 담당 관리의 잘못입니다. 마찬가지로 제

◉ (왼쪽) 이릉의 화를 당해 옥에 갇히는 사마천.
◉ (오른쪽)궁형을 당한 뒤 깊은 사색에 빠져 있는 사마천. 《사기》가 이렇게 해서 방향을 바꾸고 내용이 달라졌다.

가 그 자리를 관장하면서 영명하고 성스러운 황제의 덕을 기록하지 않거나 공신, 세가, 어진 대부들의 공업을 서술하지 않고 없앰으로써 아버지의 유언을 실추시킨다면 그보다 더 큰 죄는 없을 것입니다. 제가 옛 사건들을 서술하는 것은 지난 인물들의 행적을 정리하려는 것이지 창작을 하려는 것이 아닙니다. 그런데도 선생께서 《춘추》와 그렇게 비교하시려는 것은 잘못입니다.

이리하여 《사기》를 저술하기 시작했다. 그리고 7년 뒤 태사공은 이릉李陵의 화[18]를 당하여 감옥에 갇혔다. 나는 "이것이 내 죄란 말인가! 이것이 내

죄란 말인가! 몸은 망가져 더 이상 쓸모가 없어졌구나!"라며 깊이깊이 탄식했다. 그러나 물러나와 다음과 같은 사실을 깊이 생각해보았다.

> 《시》나 《서》의 뜻이 함축적인 것은 마음속에 있는 생각을 표출하고 싶어서였다. 문왕은 갇힌 상태에서 《주역》을 풀이했고, 공자는 곤경에 빠져 《춘추》를 지었다. 굴원은 쫓겨나서 《이소》를 썼고, 좌구명은 눈을 잃은 뒤에 《국어》를 지었다. 손빈은 빈각이란 형벌을 당하고도 《병법》을 남겼으며, 여불위는 촉으로 쫓겨났지만 세상에 《여람》을 남겼다. 한비자는 진나라에 갇혀서 〈세난〉과 〈고분〉 편을 저술했다. 《시경》 300편의 시들도 대개 성현이 발분하여 지은 것이다. 이 사람들은 모두 마음속에 그 무엇이 맺혀 있었지만 그것을 밝힐 길이 없었기 때문에 지난 일을 서술하여 후세 사람들이 자신의 뜻을 알아볼 수 있게 한 것이다.

그리하여 드디어 요임금에서 '획린'에 이르는 긴 역사를 서술하게 되었다. 그 시작은 황제부터다.

5
'본기' 12편의 요지

◉

그 옛날 황제는 하늘과 땅을 법칙으로 삼았고, 전욱·제곡·요·순에 이르

---

18 '이릉의 화'란 사마천이 장수 이릉을 위해 변호하다가 뜻하지 않게 궁형을 당하게 된 사건을 말한다. 이 사건으로 사마천의 인생과 《사기》의 내용이 완전히 다른 국면을 맞이하게 되었다.

◉ 《사기》의 완성을 위해 저술에 몰두하고 있는 사마천.

는 네 성인은 황제의 질서를 준수함으로써 각각 법도를 세웠다. 요임금이 제왕의 자리를 물려주었으나, 순은 자신의 공업을 자랑하지 않고 근신하였다. 이들 제왕의 공덕은 만고에 길이길이 전할 것이다. 이에 '본기' 첫 편인 〈오제본기〉를 지었다.

우의 공적으로 구주가 두루 혜택을 입었으며, 요·순 시대를 빛내고 그 공덕이 후손에까지 이르렀다. 하의 걸은 음란하고 교만하여 명조로 쫓겨났다. 이에 권2 〈하본기〉를 지었다.

설이 상을 일으켜 성탕에 와서 나라를 세웠다. 태갑은 동으로 쫓겨났으나 개과천선하고 아형 이윤의 도움으로 공덕이 빛나게 되었다. 무정은 부열을 얻음으로써 고종으로 일컬어졌다. 제신은 술과 여자에 빠져 제후들로부터 공납을 받지 못함으로써 나라가 끊겼다. 이에 권3 〈은본기〉를 마련했다.

기는 농업을 창시하여 후직이 되었고 서백 문왕 때 공덕이 융성하였다. 무왕이 목야에서 승리함으로써 천하를 다스리게 되었다. 유왕과 여왕이 어리석고 난폭하여 풍과 호를 잃었다. 이후 점점 쇠락하더니 난왕에 이르러 낙읍의 제사가 끊어졌다. 이에 권4 〈주본기〉를 지었다.

진나라의 선조 백예는 우임금을 보좌하였다. 목공은 뉘우칠 줄 알아 효계곡에서 전사한 병사들을 애도했다. 목공이 죽자 산 사람을 함께 묻었고, 《시》의 '황조'가 이에 대한 노래다. 소왕과 양왕은 통일과 황제를 위한 터를 닦았다. 이에 권5 〈진본기〉를 지었다.

시황이 즉위하여 6국을 합병했고, 더 이상의 전쟁은 없다는 표지로 무기를 녹여 종을 만들었으며, 스스로를 높여 황제라 불렀지만 무력에만 의존하여 폭력을 마구 휘둘렀다. 2세가 자리를 이어받았으나 자영은 항복하여 망국의 포로가 되었다. 이에 권6 〈진시황본기〉를 남겼다.

진이 도를 상실하자 영웅호걸들이 일제히 일어났다. 항량이 맨 먼저 창업했고 항우가 그 뒤를 이어 일어나 송의를 죽이고 조를 구하니 제후들이 그를 추대했다. 항우가 자영을 죽이고 회왕을 저버리자 천하가 그를 비난했다. 이에 권7 〈항우본기〉를 지었다.

항우는 포악하였으나, 한왕 유방은 공덕을 베풀었다. 한왕은 촉·한에서 분발하여 돌아와서 삼진을 평정하였다. 항우를 죽이고 제왕의 업을 이루어 천하를 안정시키고 제도와 풍속을 개혁했다. 이에 권8 〈고조본기〉를 지었다.

혜제는 일찍 세상을 떴고 여씨 일족들은 민심을 얻지 못했다. 여록과 여산의 권력이 커지자 제후들이 이를 걱정했다. 여후가 조왕 여의를 죽이고 그 아들 유우를 감금하자 대신들이 두려움과 의심을 품었고, 마침내 여씨는 멸족의 화를 당했다. 이에 권9 〈여태후본기〉를 남겼다.

한이 초창기에 후계자가 분명치 않았으나 대왕을 맞이하여 천자로 세우니 천하의 인심이 제대로 돌아왔다. 육형을 없애고, 관문과 다리를 활짝 열어 소통하고, 널리 은덕을 베푸니 태종이라 불렀다. 이에 권10 〈효문본기〉를 지었다.

제후들이 교만 방자해지더니 오왕이 앞장서 반란을 일으켰다. 조정에서 정벌에 나서 7국을 모두 굴복시키니 천하는 다시 평화와 안정을 찾고 크게 풍요로워졌다. 이에 제11 〈효경본기〉를 남겼다.

한이 건국되어 5대를 지나면서 건원 연간(기원전 140~135년)에 융성을 누렸다. 밖으로는 이적을 물리치고 안으로는 법도를 정비하였다. 하늘에 제사 드리는 봉선을 행했고, 달력과 복장의 색을 바꾸었다. 이에 권12 〈금상본기〉를 지었다.

6
'표' 10편의 요지

◉

하·은·주 삼대는 연대가 너무 오래되어 구체적인 날짜를 고찰할 수 없다. 대개 족보나 연보와 같은 옛 기록들을 얻어 그것에 근거하여 대략 추정하였다. 이렇게 해서 표의 첫 편인 〈삼대세표〉를 지었다.

주 유왕과 여왕 이후 왕실이 약해지자 제후들이 천하를 호령하며 정치를 휘두르니 《춘추》에도 기록되지 못하는 것이 생겼고, 족보나 연보에도 대강만 기록되어 있으며, 5패가 번갈아가며 번성했다가 쇠퇴했다. 이에 주대의 전후 사정을 밝히려는 뜻에서 제2 〈십이제후연표〉를 남겼다.

춘추 이후 제후 아래의 배신들이 정권을 장악했고, 강한 나라들이 서로 왕을 자처하고 나섰다. 진에 이르러 마침내 중원 제후들을 합병하여 그들의 땅을 없애고 스스로 황제로 높여 불렀다. 이에 제3 〈육국연표〉를 지었다.

진의 폭정으로 초나라 사람들이 들고 일어났으나 항우가 다시 어지럽히고, 한이 정의를 내걸고 이를 정벌했다. 8년 동안 천하가 세 번이나 주인을 바꾸니 사건은 복잡하고 변화는 많았다. 이에 상세한 제4 〈진초지제월표〉를 남겼다.

한이 흥기하여 태초 연간에 이르는 100년 동안 제후들이 부침을 거듭했건만 과거 족보나 연보의 기록이 부실하여 담당 관리들이 계속해서 기록할 수가 없었다. 제후들이 강하고 약했던 그 원인 정도만 언급했다. 이렇게 해서 제5 〈한흥이래제후연표〉를 지었다.

고조가 개국했을 때 팔다리처럼 보필한 공신들은 신임을 얻어 땅과 작위를 받아 그 은택이 후손에까지 미쳤다. 그러나 선조의 유지를 망각하다 죽거나 나라를 망친 자도 있다. 이에 제6 〈고조공신후자연표〉를 지었다.

혜제에서 경제에 이르는 동안 공신의 후손들에게 땅과 작위를 내려주었다. 이에 제7 〈혜경간후자연표〉를 지었다.

북으로 강력한 흉노를 토벌하고, 남으로 굳센 월을 무찌르는 등 오랑캐를 정벌했다. 그 무공에 따라 제후로 봉해진 자들이 많았다. 이에 제8 〈건원이래후자연표〉를 지었다.

제후들이 지나치게 강해져 7국이 연합하여 반란을 일으켰다. 제후의 자손들이 늘어나면서 땅과 작위를 받지 못하게 되었다. 조정에서 은혜를 베풀어 땅과 작위를 내려주니 제후국의 힘은 서서히 약해지고 조정의 은혜에 감사하기에 이르렀다. 이에 제9 〈왕자후자연표〉를 마련했다.

나라의 유능한 재상과 뛰어난 장수는 백성들의 사표이다. 한이 개국한 이래 장수와 재상 그리고 이름난 신하들의 행적을 살펴 잘한 사람은 그 치적을 기록하고 그렇지 못한 자라도 그 사실을 분명히 밝혔다. 이를 근거로 제10 〈한흥이래장상명신연표〉를 지었다.

7
'서' 8편의 요지

◉

하·은·주 삼대의 예제는 나름대로 늘었다 줄었다 하면서 그 운용이 달랐다. 그러나 그 요지는 인정에 가깝고 왕도와 부합하느냐에 있다. 그러므로 예제란 사람의 실제적인 생활에 근거하여 절제하고, 과거와 현재의 변화에 적응해야 하는 것이다. 이에 서의 첫 편인 〈예서〉를 지었다.

음악이란 풍속을 바꾸는 기능을 한다. 《시》의 '아'와 '송'이 유행하자 정과 위의 음악을 좋아했다. 그래서 정과 위의 음악이 오래도록 전해졌다. 사람이 마음으로 느끼는 것은 같아서 풍속이 다른 멀리 있는 사람도 품을 수 있다. 《악서》를 정리하여 음악의 변천사를 서술하기 위해 제2 〈악서〉를 지었다.

병력이 없으면 강해질 수 없고, 덕이 없으면 번창할 수 없다. 황제·성탕·무왕은 이것 때문에 일어났고, 걸·주·진 2세는 이로 인해 무너졌다. 어찌 깊이 생각할 문제가 아니겠는가? 《사마법》은 오래 전부터 있었고, 강태공·손자·오기·왕자 성보가 뒤를 이어 그 의미를 더 밝혔는데 요즘 사회상과 맞아떨어지고 인간사 변화를 제대로 짚어냈다. 이에 제3 〈율서〉를 지었다.

음율은 음에 깃들어 있으면서 양을 끌어당기고, 역법은 양에 깃들어 있으면서 음을 끌어당긴다. 음율과 역법이 서로를 끌어당기기 때문에 터럭만큼의 오차나 틈을 용납하지 않는다. 황제력 · 전욱력 · 하력 · 은력 · 주력은 서로 다 달랐고, 태초 원년(기원전 104년)에 제정한 역법이 가장 정확하다. 이에 제4 〈역서〉를 지었다.

별과 기상으로 점을 치는 책에는 황당하고 근거 없는 길흉화복의 내용이 복잡하게 섞여 있다. 그 문장과 효험을 따져보아도 별 다를 것이 없다. 이와 관련된 일들을 모아 해와 달 그리고 별들의 운행 · 궤도와 맞추어보고 그것을 기록해놓은 것이 제5 〈천관서〉다.

천명을 받아 제왕이 되지만 봉선 대제를 거행하는 제왕은 아주 드물었다. 봉선을 거행하게 되면 모든 신령이 제사를 받게 된다. 여러 신과 명산 그리고 큰 물에 대한 제사 의례의 근본을 추구하여 제6 〈봉선서〉를 지었다.

대우가 하천의 물길을 터서 구주의 백성들이 안녕을 누리게 되었다. 이제 선방궁을 짓고 물길을 터서 서로 통하게 했다. 이에 제7 〈하거서〉를 지었다.

화폐는 농업과 상업의 교역을 위해 발행한다. 그런데 그 폐단이 극에 이르면 교묘한 수단으로 투기하고 재산을 늘리기 위해 남의 것을 빼앗는다. 투기와 이익 때문에 싸우다 보면 농사는 팽개치고 돈 버는 쪽으로만 달려간다. 이에 제8 〈평준서〉를 지어 그 상황의 변화를 관찰했다.

8
'세가' 30편의 요지

◉

오 태백은 막내동생 계력의 즉위를 위해서 멀리 강남 야만족 땅으로 피해 가서 살았다. 그 후 문왕과 무왕이 주 왕조를 일으킨 것은 일찍이 고공단보 때 왕이 될 만한 흔적이 나타났기 때문이다. 합려는 요를 시해하고 형초를 굴복시켰다. 부차는 제나라와 싸워 이기고, 오자서가 자살하니 시체를 말가죽에 싸서 물에 던졌다. 부차는 간신 백비를 신임하여 월나라와 가까이 지내더니 결국 망했다. 태백의 양보를 칭송하는 뜻에서 '세가' 첫 편으로 〈오태백세가〉를 남긴다.

신·여 두 나라가 쇠약해지자 상보 강태공은 미천한 신분이 되었다. 마지막에는 서백(문왕)에게 귀의했고, 무왕은 태사로 모셨다. 은밀하고 치밀한 권모술수로 상을 멸망시키니 상보의 공은 신하들 중 으뜸이었다. 머리카락이 황백색으로 변한 노년에 영구를 봉지로 받았다. 가에서 약속한 맹약을 배신하지 않았기에 환공은 번창했고, 아홉 차례나 제후들을 불러 모으니 패자로서의 공적이 두드러졌다. 전상과 감지 두 권신이 권력을 다투었고, 강씨 성의 정권은 망했다. 상보의 모략을 높이 평가하여 제2 〈제태공세가〉를 지었다.

주 무왕이 죽고 어린 성왕이 즉위하여 주공이 섭정하자 이에 따르는 제후도 있고 반대하는 제후도 있어 정국이 어지러웠지만 주공이 이를 안정시켰다. 예악으로 힘껏 교화하자 천하가 화답했다. 이렇게 성왕을 보필하니 제후들은 주 왕실을 종주로 떠받들었다. 노나라 은공과 환공에 이르러 어쩌다 그렇게 나라가 혼란스러워졌을까? 삼환의 무력 다툼으로 노나라는

◉ 죽음의 의미를 깨달은 사마천. 이로써《사기》에는 그의 감동적인 생사관이 짙에 투영된다.

끝내 번창하지 못했다. 주공 단의 〈금등〉을 칭송하여 제3 〈노주공세가〉를 지었다.

무왕이 주왕을 무찔렀으나 천하의 화합이 이루어지기 전에 세상을 떴다. 어린 성왕이 즉위하고 주공이 섭정하자 관숙과 채숙이 의심하여 회이와 함께 반란을 일으켰다. 그러나 소공은 앞장서서 협력하여 왕실을 편안하게 하고 동방도 안녕을 되찾았다. 연왕 쾌의 선부른 선양이 재앙과 난리를 불러일으켰다. 〈감당〉이란 시를 칭송하며 제4 〈연소공세가〉를 지었다.

관숙과 채숙을 보내 무경을 감시하고 옛 상의 유민을 다독이게 했다. 그러나 주공 단이 섭정하자 관숙과 채숙은 복종하지 않았다. 주공은 관숙을 죽이고 채숙을 추방하고는 충성을 맹약케 했다. 문왕 비 태사에게는 열 명의 아들이 있어 주 종실이 강성해졌다. 잘못을 뉘우친 채숙의 아들 중을 평가하여 제5 〈관채세가〉를 남겼다.

덕 있는 제왕은 제사가 끊어지지 않으니 순·우의 혼령이 기뻐할 것이다. 그들의 아름답고 밝은 덕 덕분에 후손이 혜택을 입어 백세가 지나도록 제사를 누리니 주 왕실의 진·기와 같은 제후국이 그랬다. 초에게 망했지만 그 후손이 다시 제나라에서 전씨로 일어났으니 순이란 분이 얼마나 대단한가! 이에 제6 〈진기세가〉를 지었다.

주공이 은의 유민들을 거두어 강숙을 위에 봉했다. 상의 혼란했던 상황을 일깨우기 위해 《상서》의 〈주고〉와 〈자새〉를 예로 들어 일러주었다. 혜공 삭이 태어날 무렵 위나라는 편치 못했다. 남자가 태자 괴외를 미워하여 내쫓으니, 아들과 아비가 싸우고 자리가 뒤바뀌는 명분없는 일이 벌어졌다. 주 왕실의 덕이 미미해지고, 전국의 열강들이 강해졌다. 위나라는 약했지만 각왕 때까지 버티다 마지막에 망했다. 저 〈강고〉를 찬미하여 제7 〈위강숙세가〉를 지었다.

안타깝도다, 기자여! 안타깝도다, 기자여! 바른말이 받아들여지지 않자 미치광이 행세를 하며 노예가 되었구나. 무경이 죽자 주 왕실은 미자를 송에 봉했다. 양공이 홍에서 초와 싸우다 부상을 입고 패했지만 의리라는 명분을 앞세운 덕에 군자라는 칭송을 얻기도 했다. 경공이 겸양의 덕을 쌓으니 좋지 않은 징조인 화성이 자리를 바꾸어 물러났다. 천성이 포악하여 마침내 멸망했다. 미자가 태사에게 가르침을 청한 뒤 떠난 일을 칭찬하는 의미에서 제8 〈송미자세가〉를 지었다.

무왕이 세상을 떠나고, 그 아들 숙우는 당에 도읍을 정했다. 진 목공이 아들 이름을 잘못 지은 것에 말들이 많았고, 이 때문에 난이 일어나 과연 무공이 진을 멸망시켰다. 헌공이 여희에게 홀리니 진은 5대에 걸쳐 혼란스러웠다. 진 문공 중이가 처음에는 뜻을 얻지 못했으나 결국에는 패업을 이루었다. 육경이 권력을 좌우하니 진나라의 국력이 소모되었다. 문공이 천자로부터 패자를 위한 예물을 받은 일을 칭송하여 제9 〈진세가〉를 지었다.

중려가 창업하고 오회가 이어받았다. 은 말년에 육웅이 족보를 기록하기 시작했다. 주 성왕이 웅역을 기용하고 웅거가 그 일을 이었다. 현명한 장왕은 진의 사직을 다시 복구시키고, 정백의 죄를 용서했으며, 송을 포위했다가 화원의 말을 듣고 군대를 돌렸다. 회왕은 진나라에서 객사했고, 자란은 굴원을 박해했다. 초나라는 아부꾼을 좋아하고 모함하는 자를 믿는 바람에 결국 진에 합병되었다. 장왕의 대의를 높이 평가하는 뜻에서 제10 〈초세가〉를 마련했다.

소강의 아들 무여는 남해로 가서 몸에 문신을 하고 머리는 짧게 잘랐으며, 물가에서 자라나 큰 거북 등과 더불어 살았다. 봉산과 우산을 지키며 우임금의 제사를 받들었다. 구천은 부차에게 치욕을 당한 뒤 문종과 범려를 중용했다. 구천이 오랑캐였지만 적극적으로 덕과 의리를 닦아 강력한 오나라를 멸망시키고 주 왕실을 존중한 것을 칭찬하여 제11 〈월왕구천세가〉를 지었다.

정 환공은 주 태사의 건의를 듣고 동쪽을 경영했다. 장공이 주의 화라는 곳을 공격하자 주의 군신과 백성들이 이를 비방했다. 제중이 송의 강요로 강제로 맹약을 맺은 이후 줄곧 발전하지 못했다. 자산의 어진 정치는 여러 대에 걸쳐 칭찬을 받았다. 삼진이 침략하자 한에게 합병되었다. 여공이 주 혜왕을 돌려보낸 일을 기리며 제12 〈정세가〉를 지었다.

조보가 길러서 바친 명마 기와 녹이가 조보의 이름을 널리 알렸다. 조숙은 진 헌공을 섬겼고, 아들 조최가 유업을 계승했다. 조최는 진 문공이 패주가 되도록 도와 진의 대신이 되었다. 조양자는 지백에게 곤욕을 치른 뒤

한·위와 함께 지씨를 멸망시켰다. 주보 무령왕은 사구궁에 갇혀 새알로 배고픔을 때우다 굶어죽었다. 조왕 천은 속 좁고 음탕하여 좋은 장수를 배척했다. 조앙이 주 왕실의 난을 토벌한 공을 기리며 제13 〈조세가〉를 지었다.

필만이 위에 봉해졌고, 점쟁이는 이를 예언한 바 있다. 위강이 양간의 마부를 죽이고, 융적과 진의 우호관계를 주선했다. 문후는 인의를 귀하게 여겨 자하를 스승으로 모셨다. 혜왕이 교만에 빠져 자신을 과시하다가 제·진의 공격을 받았다. 안희왕이 신릉군을 의심하자 제후들이 위를 돕지 않았다. 그러다 끝내 수도 대량이 점령당하고 왕 가는 포로로 잡혀 노복이 되었다. 진 문공의 패업 성취를 도운 무자를 칭송하며 제14 〈위세가〉를 지었다.

한궐의 음덕으로 조무가 조씨 집안을 부흥시켜 끊어진 대를 잇게 하고 폐지된 제사를 회복케 하니 진나라 사람들이 그를 존경했다. 소후가 열후들 사이에서 이름을 날린 것은 신불해를 중용하였기 때문이다. 안왕이 한비자를 의심하여 믿지 않으니 진나라가 공격해왔다. 한궐이 진을 돕고 주 천자를 수호한 일을 칭송하여 제15 〈한세가〉를 지었다.

전완이 난리를 피해 제나라로 가서 도움을 청했다. 이후 5대에 걸쳐 은밀히 은혜를 베푸니 제나라 사람들이 칭찬했다. 전성자 때 제나라 정권을 독점했고, 전화 때는 제후에 봉해졌다. 제왕 건이 간계에 빠져 진에 항복하니 진은 그를 공으로 옮겨 살게 했다. 선왕과 위왕이 난세임에도 홀로 주 왕실을 받든 것을 높이 평가하여 제16 〈전경중완세가〉를 지었다.

주 왕실은 쇠퇴해졌고, 제후들은 제멋대로 날뛰었다. 예악이 무너지는 것을 슬퍼한 공자는 고대 전적들을 연구하고 왕도를 선전하고 고취하여 어지러운 세상을 바로잡고자 했다. 이에 자신의 사상을 글로 나타내어, 천하를 위한 규범을 만들고 육예의 강령을 후세에 남겼다. 이에 제17 〈공자세가〉를 지었다.

걸과 주가 왕도를 잃자 탕과 무왕이 일어났고, 주 왕실이 왕도를 잃자 《춘추》가 나왔다. 진이 바른 정치를 잃어 진섭이 들고 일어났다. 제후들도 따라서 난을 일으키니 바람과 구름이 몰아치듯 마침내 진을 멸망시켰다. 천하의 봉기는 진섭의 난으로부터 발단되었으므로 제18 〈진섭세가〉를 지었다.

하남궁 성고대에서 박씨가 황제의 총애를 처음 받았다. 두씨는 뜻을 꺾고 마지못해 대나라로 갔지만 대왕이 황제가 되는 통에 두씨 일족 모두가 귀한 몸이 되었다. 율희는 존귀한 자리만 믿고 교만하게 굴다가 그 틈을 탄 왕씨가 뜻을 얻었다. 진 황후가 너무 교만하게 군 탓에 위자부가 귀한 몸이 되었다. 위자부의 이같은 덕을 칭찬하는 의미에서 제19 〈외척세가〉를 지었다.

한 고조는 속임수로 한신을 진에서 사로잡았다. 월과 초 사람들은 사납고 호전적이어서 고조의 동생 교를 초왕으로 봉하고 팽성에 도읍하여 회수와 사수 유역의 통치를 강화하니 한 종실의 울타리가 되었다. 유무가 사악함에 빠졌으나 유예로 하여금 유교의 제사를 다시 잇게 했다. 유교가 고조를 보필한 공을 높이 평가하여 제20 〈초원왕세가〉를 지었다.

고조가 군사를 일으켰을 때 유고가 동참했다. 영포의 공격을 받아 형·오를 잃었다. 영릉후 유택이 여태후를 감격시켜 낭야왕에 봉해졌다. 축오에게 속아 제나라로 갔다가 돌아올 수 없게 되자 꾀를 내어 서쪽 관문을 넘어 장안으로 돌아왔다. 효문제를 옹립한 공으로 다시 연왕에 봉해졌다. 천하가 미처 평정되지 못한 때 유고와 유택은 친족의 신분으로 한 고조를 보좌하여 울타리가 되었으므로 제21 〈형연세가〉를 지었다.

천하는 평정되었으나 친족들이 적었다. 도혜왕 유비가 먼저 장성하여 동쪽 제나라 땅을 단단히 다스렸다. 애왕은 스스로 군대를 일으켜 여씨 일족을 토벌했으나 난폭한 그의 외삼촌 사균 때문에 황제 자리에 오르지 못했다. 여왕은 누이와 간통하다가 주보언의 조사를 받고 자살하는 화를 당했다. 황제의 손발과 같았던 유비를 기리며 제22 〈제도혜왕세가〉를 남겼다.

초 패왕의 군대가 한왕을 형양에서 포위하여 3년 동안 서로 대치했다. 소하는 산서(관중)를 잘 지키고 호적에 따라 군사를 보충하고 양식이 끊어지지 않게 했다. 백성들로 하여금 한을 사랑하고 초를 못마땅하게 여기게 만들었다. 이에 제23 〈소상국세가〉를 지었다.

한신과 함께 위를 평정하고, 조를 격파하고, 제를 함락시킴으로써 마침내 초를 약하게 만들었다. 소하를 이어 상국이 되었으나 바꾸지도 개혁하지도 않으니 백성이 편안했다. 자기 공과 능력을 자랑하지 않은 조참을 가상히 여겨 제24 〈조상국세가〉를 기록했다.

군대의 장막 안에서 책략을 구사하여 귀신도 모르게 승리를 거둔 것은 장량이 그 일을 꾸몄기 때문이다. 이름을 떨칠 만한 큰일을 하지도 않았고 용감한 공적을 세운 적도 없지만 어려운 문제는 쉽게 해결하고 큰일은 작은 곳부터 처리했다. 이에 제25 〈유후세가〉를 지었다.

여섯 가지 기발한 계책을 사용하니 제후들이 모두 한에 복종했다. 여씨의 일도 진평이 주모한 것으로, 끝내는 종묘사직을 안정시켰다. 이에 제26 〈진승상세가〉를 지었다.

여씨 일족이 결탁하여 황실을 약화시키려는 음모를 꾸몄다. 주발이 바른 방법은 아니었지만 잘 대처하여 여씨 일족을 제거했다. 오·초의 반란

때 주아부는 창읍에 주둔하며 제와 조의 진출을 막았고, 양이 초의 힘을 빼도록 고의로 구원하지 않았다. 이에 제27 〈강후주발세가〉를 지었다.

오·초 등 7국이 반란을 일으켰을 때 울타리가 되어 황실을 지켜준 것은 양나라뿐이었다. 훗날 총애를 믿고 공로를 뽐내다가 목숨을 잃을 뻔했다. 오·초를 막은 공을 가상하게 여겨 제28 〈양효왕세가〉를 지었다.

다섯 후비의 자식들인 오종이 왕이 되어 친족이 화목을 이루고, 크고 작은 제후들이 울타리가 되어 각자 자기 직분을 다하니 분수를 모르고 천자 행세를 하려는 일이 점점 줄어들었다. 이에 제29 〈오종세가〉를 지었다.

지금 황제의 세 아들이 왕으로 봉해졌는데 그에 관한 황제와 신하들의 책문이 볼 만하다. 이에 '세가'의 마지막 편인 제30 〈삼왕세가〉를 남긴다.

9
'열전' 69편의 요지

◉

말세에는 이익을 다투지만 오직 저들만은 의리를 추구했다. 나라를 양보하고 굶어 죽으니 세상이 이들을 칭송했다. 이에 열전 첫 편으로 〈백이열전〉을 지었다.

안자는 검소했고, 관중은 사치스러웠다. 제 환공은 패업을 이루었고, 경공은 나라를 잘 다스렸다. 이에 제2 〈관중안영열전〉를 지었다.

노자는 사람이 일부러 일삼지 않으면 만물은 절로 조화를 이루고, 맑고 깨끗하면 만물이 절로 바르게 된다고 하였다. 한비자는 사물의 발전과 변화에 근거하여 그에 상응하는 조치를 취하려고 하였다. 이제 제3 〈노자한비열전〉을 지었다.

옛날 제왕들 때부터 《사마법》이 있었는데 양저가 이를 보다 더 해설했다. 이에 제4 〈사마양저열전〉을 지었다.

믿음과 청렴, 어짊과 용기가 없이는 병법을 전수하고 검술을 논할 수 없다. 이를 갖추어야만 안으로는 자신의 몸을 닦고 밖으로는 임기응변할 수 있다. 군자는 이를 기준으로 덕을 따졌다. 이에 제5 〈손자오기열전〉을 지었다.

태자 건이 모함을 당하자 그 화가 오사에게 미쳤다. 오상은 아버지를 구하려다 잡히고 오원은 오나라로 달아났다. 이에 제6 〈오자서열전〉을 지었다.

공자가 사상과 문화를 전수하니 제자들이 이를 크게 발전시켰다. 그리하여 하나같이 인의를 숭상하는 스승의 표상이 되었다. 이에 제7 〈중니제자열전〉을 남겼다.

상앙이 위를 떠나 진으로 가서 법가의 학술을 밝히니 진의 국력은 강해지고 효공은 패주가 되었다. 후대에도 그 법을 그대로 지키며 따랐다. 이에 제8 〈상군열전〉을 지었다.

천하가 진의 연횡책과 그칠 줄 모르는 탐욕을 걱정하자 소진이 합종을 내세워 강력한 진을 억제하고 제후국들을 지켰다. 이에 제9 〈소진열전〉을 지었다.

6국이 소진의 합종을 따르자 장의는 자신의 주장 연횡을 내세워 제후국들을 다시 흩어놓았다. 이에 제10 〈장의열전〉을 지었다.

진이 동방의 제후국들을 압도한 것은 저리자와 감무의 책략이 있었기 때문이다. 이에 제11 〈저리자감무열전〉을 지었다.

황하와 화산 일대를 휘어잡고 대량을 포위하여 제후들로 하여금 두 손을 공손히 모은 채 진을 섬기게 한 것은 위염의 공이었다. 이에 제12 〈양후열전〉을 지었다.

진이 남으로 초의 언과 영을 공격하고, 북으로 조를 장평에서 무찌른 다음 수도 한단을 포위한 것은 무안군의 통솔에 의한 것이었다. 초를 격파하고 월을 멸망시킨 것은 왕전의 계책이었다. 이에 제13 〈백기왕전열전〉을 지었다.

유가와 묵가의 남겨진 저작들을 섭렵하고 예의의 체계를 천명하여, 이익을 앞세우는 혜왕을 단념시킨 맹자와 과거의 흥망성쇠를 종합한 순자를 위해 제14 〈맹자순경열전〉을 지었다.

빈객과 선비를 좋아하니 인재들이 설 땅으로 몰려들어 제나라를 위해 초와 위의 침략을 막을 수 있었다. 이에 제15 〈맹상군열전〉을 지었다.

풍정을 받아들이길 고집하다 진의 공격을 초래하여 초의 구원병으로 한단의 포위를 풀었으며, 자신의 군주를 제후들 사이에서 행세할 수 있게 했다. 이에 제16 〈평원군우경열전〉을 지었다.

부유하고 귀한 몸으로 가난하고 천한 사람들을 존중하고, 현명하고 능력이 있으면서도 자기보다 못한 사람에게 몸을 낮추었으니 이는 오직 신릉군만이 할 수 있는 것이었다. 이에 제17 〈위공자열전〉을 지었다.

군주를 위해 목숨을 걸고 강국 진에서 빼내고, 유세가들을 남쪽 초나라로 오게 만든 것은 황헐의 의로움 때문이었다. 이에 제18 〈춘신군열전〉을 지었다.

범수는 위제에게 당한 치욕을 참아내고 강국 진에서 위세를 떨치다 유능한 인재 채택에게 자리를 양보하였다. 이 두 사람을 위해 제19 〈범수채택열전〉을 지었다.

모략으로 5국의 군대를 연합하여 약한 연을 위해 강국 제를 쳐서 원수를 갚고 선조의 치욕을 씻었다. 이에 제20 〈악의열전〉을 지었다.

강한 진을 상대로 자신의 의지를 펼치고, 염파에게는 자신을 낮추었다. 나라를 위해 개인의 은원을 따지지 않으니 두 사람 모두 제후들로부터 칭찬을 받았다. 이에 제21 〈염파인상여열전〉을 지었다.

민왕이 수도 임치를 잃고 거로 달아났지만, 오로지 전단이 즉묵을 지키며 기겁을 격파하고 제의 사직을 보존하였다. 이에 제22 〈전단열전〉을 지었다.

교묘한 말로 진에게 포위된 성을 구했으나 자리와 녹봉을 가벼이 여기며 자신의 뜻대로 자유롭게 살았던 이들을 위해 제23 〈노중연추양열전〉을 지었다.

글로써 정치를 풍자·비판하고, 비유를 들어 의로움을 나타냈으니 〈이소〉가 그것이다. 이에 제24 〈굴원가생열전〉을 지었다.

자초와 친분을 맺어 제후들이 앞다투어 진을 섬기게 만들었다. 이에 제25 〈여불위열전〉을 지었다.

조말은 비수로 빼앗겼던 노나라 땅을 되찾고, 제나라는 약속을 지킨다는 것을 보여주었다. 예양은 의리를 위해 두 마음을 품지 않았다. 이에 제26 〈자객열전〉을 지었다.

큰 계획에 따라 시기적절하게 진의 세력 확대를 도움으로써 진이 천하의 뜻을 얻게 하였으니 참모로서는 이사가 으뜸이었다. 이에 제27 〈이사열전〉을 지었다.

진을 위해 땅을 개척하고 인구를 늘렸다. 북으로 흉노를 몰아내고 황하를 거점으로 요새(장성)를 만들었다. 산의 견고함을 따라 유중을 건설했다.

이에 제28 〈몽염열전〉을 지었다.

조나라를 지키고 상산을 확보하여 하내를 확장하였다. 초나라의 힘을 약하게 만들고 한왕의 신의를 천하에 밝혔다. 이에 제29 〈장이진여열전〉을 지었다.

위표는 서하와 상당의 군대를 거두어 한왕을 따라 팽성에까지 이르렀다. 팽월은 양을 침략하여 항우를 괴롭혔다. 이에 제30 〈위표팽월열전〉을 지었다.

회남에서 초를 배반하고 한에 귀의하였다. 한은 그를 이용하여 대사마 주은을 얻고 마침내 해하에서 항우를 물리쳤다. 이에 제31 〈경포열전〉을 지었다.

초가 한의 경과 삭을 압박할 때 한신이 위와 조를 공략하고 연과 제를 평정하여 천하의 3분의 2를 한이 차지함으로써 항우를 멸망시킬 수 있었다. 이에 제32 〈회음후열전〉을 지었다.

초와 한이 공과 낙양에서 대치하고 있을 때 한왕 신은 영천을 지켰고, 노관은 항우의 군량 수송로를 끊었다. 이에 제33 〈한신노관열전〉을 지었다.

제후들이 초왕 항우를 떠나갈 때도 제왕은 성양에서 항우를 견제하였다. 한왕이 그 틈에 팽성으로 들어갈 수 있었다. 이에 제34 〈전담열전〉을 지었다.

성을 공략하고 야전에서 공을 세워 승전보를 알린 것으로 말하자면 번쾌와 역상이 최고였다. 한왕을 위해 말채찍을 잡았을 뿐만 아니라 함께 어려움에서 벗어나기도 했다. 이에 제35 〈번역등관열전〉을 지었다.

한이 겨우 안정을 이루었으나 문물제도가 분명치 못했다. 장창이 재정을 맡아 도량형을 정비하고 율력을 새로 제정하였다. 이에 제36 〈장승상열전〉을 지었다.

언변으로 관계를 맺고 제후들을 회유하여 신임을 얻었다. 제후들은 모두 한과 가까워지고 한에 귀순하여 울타리와 같은 신하가 되었다. 이에 제37 〈역생육고열전〉을 지었다.

가까운 진·초 시기의 사건들을 상세히 알고 싶다면 늘 고조를 따라다니면서 제후들을 평정하는 것을 목격한 주설이 있다. 이에 제38 〈부근괴성열전〉을 지었다.

강한 호족들을 이주시키고 관중에 도읍을 정할 것과 흉노와 화친할 것을 건의하였다. 조정의 의례를 밝히고 종묘 제례의식에 관한 법을 제정하였다. 이에 제39 〈유경숙손통열전〉을 지었다.

강직한 성격을 부드럽게 바꾸어 끝내 한의 신하가 되었다. 위세에 눌리지 않고 죽은 팽월을 배신하지 않았다. 이에 제40 〈계포난포열전〉을 지었다.

감히 군주의 싫어하는 안색에도 개의치 않고 옳다고 생각하는 바를 나타냈으며, 나라를 위해 목숨을 버리면서 장기적인 계획을 세웠다. 이에 제41 〈원앙조조열전〉을 지었다.

법을 지키고 큰 이치를 잃지 않았다. 옛 현인의 덕을 말하여 군주를 더욱 현명하게 했다. 이에 제42 〈장석지풍당열전〉을 지었다.

너그럽고 넉넉하며 인자하고 효성스럽다. 말은 느리고 행동은 민첩하였다. 몸을 굽혀 조심스럽게 처신하니 군자요 장자로다. 이에 제43 〈만석장숙열전〉을 지었다.

절개는 굳고 강직하였다. 의리는 청렴이라는 말에 충분히 어울렸다. 행동은 어진 이들을 격려하기에 충분하였다. 권세가 있는 자리에 임용되었지만 무례한 수단으로는 굴복시킬 수 없었다. 이에 제43 〈전숙열전〉을 지었다.

의술을 논한 편작은 의학계의 조종이다. 그의 의술은 대단히 정교하고 분명하여 후세에도 그것을 따르며 바꾸지 못할 정도였다. 창공 정도라야 그에 접근한다 할 수 있다. 이에 제45 〈편작창공열전〉을 지었다.

유중은 작위가 깎였으나 아들 유비가 오나라 왕이 되었다. 한나라 초기 장강과 회수 사이를 진압하였다. 이에 제46 〈오왕비열전〉을 지었다.

오·초가 난을 일으켰을 때 종실과 외척들 중 오직 두영이 어질고 선비들을 좋아하였다. 선비들도 그를 따랐다. 군사를 이끌고 산동 형양에서 반란군에 맞서 싸웠다. 이에 제47 〈위기무안후열전〉을 지었다.

지혜는 최근의 변화에 대응하기에 충분하고, 너그러움은 인재를 얻어 쓰기에 충분하였다. 이에 제48 〈한장유열전〉을 지었다.

적을 만나서는 용감했으며, 사졸들에게는 어질게 사랑으로 대하였다. 군령은 번거롭지 않았으니 장수와 사병들도 그를 사랑했다. 이에 제49 〈이장군열전〉을 지었다.

삼대 이래 흉노는 늘 중국에 근심과 피해를 주었다. 그들이 언제 강하고 언제 약한가를 살펴서 군비를 갖추거나 정벌에 나서고자 했다. 이에 제50 〈흉노열전〉을 지었다.

변방 요새를 곧바로 개통하여 황하 이남의 넓은 땅을 개척했다. 기련산에서 적을 격파하고 서역의 길을 통하게 하여 적을 북으로 몰아냈다. 이에 제51 〈위장군표기열전〉을 지었다.

대신과 종친들이 서로 사치를 다툴 때 공손홍만은 먹고 입는 것을 절약하여 백관의 솔선수범이 되었다. 이에 제52 〈평진후주보열전〉을 지었다.

한이 중국을 평정하자 조타는 양월을 모아 남방을 보호하는 울타리가

◉ 흉노를 비롯한 서역에 관한 기록을 남기며 북방을 응시하고 있는 사마천.

되고 한 왕조에 조공하였다. 이에 제53 〈남월열전〉을 지었다.

오나라가 난을 일으켰을 때 동구 사람들이 오왕 유비를 죽이고 봉산과 우산을 굳게 지키면서 한의 신하가 되었다. 이에 권54 〈동월열전〉을 지었다.

연나라 태자 단이 요동 일대로 흩어지자 위만은 망명자들을 거두어 바다 동쪽에 집결시켜 진번을 안정시키고 변방을 지키면서 한의 변두리 신하인 외신이 되었다. 이에 제55 〈조선열전〉을 지었다.

당몽이 사신이 되어 야랑과의 교통로를 개척하니 공·작 지역의 우두머리들이 내신이 되고자 하여 관리들을 보내 통치하였다. 이에 제56 〈서남이열전〉을 지었다.

〈자허부〉 같은 글과 〈대인부〉는 문장이 화려하고 과장된 부분이 많지만 그 요지는 풍자를 이용하여 '무위'의 정치로 돌아가자는 뜻이다. 이에 제57 〈사마상여열전〉을 지었다.

경포가 반역하자 아들 유장이 그 나라를 받아 장강과 회수 남쪽을 다스렸다. 유안은 사납고 호전적인 초 지역의 백성들을 눌러 다독거렸다. 이에 제58 〈회남형산열전〉을 지었다.

법을 받들고 이치에 따라 일하는 관리들은 자신들의 공로와 능력을 뽐내지 않는다. 백성들이 그들을 칭찬하지도 않지만 그들 스스로도 잘못을 저지르지 않는다. 이에 제59 〈순리열전〉을 지었다.

옷매무새를 반듯하게 하고 조정에 서면 신하들이 감히 허튼소리를 못 꺼냈는데, 급암에게 그런 장중함이 있었다. 인재를 추천하길 좋아하여 장자라는 칭찬을 들었는데, 정당시에게 바로 그런 기개가 있었다. 이에 권60 〈급정열전〉을 지었다.

공자가 세상을 떠난 이후 조정에서는 학교 교육을 중시하지 않았다. 오로지 건원에서 원수에 이르는 동안 문교가 빛났다. 이에 제61 〈유림열전〉을 지었다.

순박한 본성을 버리고 간교하게 속임수나 쓰는 백성으로 변하여 죄를 범하고 법을 우롱하니 착한 사람으로는 교화할 수 없어 모든 것을 오로지 엄격한 형벌로 다스려 바로잡으려 했다. 이에 제62 〈혹리열전〉이 나오게 된 것이다.

한이 사신을 대하로 보내 교통을 트게 하니 서쪽 끝 먼 오랑캐들이 목을 길게 뺀 채 중국을 바라보게 되었다. 이에 제63 〈대완열전〉을 지었다.

곤경에 처한 사람을 구하고 빈곤한 사람을 구제하는 일은 어진 사람의 자세이다. 믿음을 잃지 않고 약속을 저버리지 않는 것은 의로운 사람이 취하는 행동이다. 이에 제64 〈유협열전〉을 지었다.

군주를 모시며 군주의 눈과 귀를 즐겁게 하고 안색을 편안하게 만들어 친근한 감정을 얻어낸다. 그저 미모만 가지고 총애를 얻은 것이 아니라 각자의 장점이 있었기 때문이다. 이에 제65 〈영행열전〉을 지었다.

세속에 흐르지 않고 권세와 이익을 다투지 않으며 위아래 어디와도 마찰을 일으키지 않는다. 세상의 큰 도를 따르니 사람들이 해를 가할 일도 없다. 이에 제66 〈골계열전〉을 지었다.

제·초·진·조의 점쟁이들은 풍속에 따라 점을 치는 방법이 달랐다. 그 상황을 전체적으로 살펴보기 위해 제67 〈일자열전〉을 지었다.

거북 껍데기로 점을 치는 방법은 삼대가 다 달랐으며, 사방의 오랑캐들도 다 다른 방법으로 점을 쳤다. 그러나 그것으로 길흉화복을 결정하기는 마찬가지였다. 대략적으로 그 요지를 엿보려고 제68 〈귀책열전〉을 지었다.

정치를 방해하지 않고 백성들의 생활에 피해를 주지 않으면서 시기를 놓치지 않고 물건을 사고팔아 재산을 늘린 벼슬 없는 보통 사람들이 있었다. 하지만 지혜롭기로 이름난 사람들도 이런 일을 한 바 있다. 이에 제69 〈화식열전〉을 지었다.

10
《사기》 저술의 시대적 배경과 체제 및 〈자서〉의 요지

◉

우리 한나라는 오제의 뒤를 이었고 삼대의 위업을 이어받았다. 주 왕조의 도가 바닥에 떨어지고, 진은 옛 문자들을 폐지하고 《시》·《서》를 불태웠다.

이 때문에 명당과 왕실 도서관인 석실과 금궤의 귀중한 도판과 전적들이 어지럽게 흩어지고 말았다. 한나라가 일어나 소하蕭何가 법령을 정비하고, 한신韓信이 군법을 확실하게 밝히고, 장창張蒼은 문물제도를 만들고, 숙손통叔孫通은 의례를 정하니 학문의 기풍이 점점 발전하고《시》와《서》도 다시 나타나기에 이르렀다. 조참曹參이 개공蓋公을 추천하여 황로黃老[19]를 말하게 하고, 가의賈誼와 조조晁錯는 신불해申不害와 상앙商鞅의 법가 학문을 알리고, 공손홍公孫弘은 유학으로 이름을 떨쳤다. 이렇게 해서 지난 100년 동안 천하에 남아있던 서적이나 고문서가 모두 태사공에게로 수집되었다.

태사공은 부자가 대를 이어 그 자리를 맡게 되었는데 일찍이 아버지께서는 "오호라! 내 선조께서 일찍부터 이 일을 주관하여 당우 때부터 이름이 났고, 주 왕조에서도 다시 그 일을 맡았으니 사마씨는 대대로 천문을 주관하게 되었던 것이다. 이제 그 일이 우리에게까지 왔으니 너는 단단히 명심해야 할 것이다! 단단히 명심해야 할 것이다!"라고 하셨다.

이에 천하에 흩어진 오랜 이야기들을 두루 모아 제왕들이 일어나게 된 자취를 살폈는데, 그 처음과 끝을 탐구하고 그 흥망성쇠를 보되 사실에 근거하여 결론을 지었다.[20] 삼대 이상은 간략하게 추정하고, 진·한은 상세하게 기록하되, 위로는 황제 헌원으로부터 아래로는 지금에 이르기까지 12편의 '본기本紀'로 저술되었는데 모두 나름대로의 뼈대를 제시했다.

---

19 한나라 초기 정국을 이끌었던 통치 사상으로 전설 속 황제와 노자의 사상을 기조로 했다. 백성들이 편하게 생업에 종사하면서 인구를 늘려나가는 '휴양생식休養生息'의 정책도 여기서 나왔다. 조정 내에서는 유가와 대립하여 몇 차례 심각한 충돌을 빚기도 했다.

20 망라천하방실구문罔羅天下放失舊聞, 왕적소흥王迹所興, 원시찰종原始察終, 견성관쇠見盛觀衰, 논고지행사論考之行事.《사기》를 저술한 방법에 관한 사마천의 입장을 잘 보여주는 대목이다.

사건은 많은데 발생한 시간이 달라 연대가 분명치 않은 사건들이 있다. 그래서 10편의 '표表'를 지었다.

예악의 증감, 율력의 개역, 병가의 지혜와 모략, 산천 지리의 형세, 귀신에 대한 제사, 하늘과 인간의 관계, 각종 사물의 발전과 변화를 살피기 위해 8편의 '서書'를 지었다.

28수의 별자리가 북극성을 중심으로 돌고, 수레바퀴살 30개가 바퀴 안에 모여 끊임없이 돌고 도는 것처럼 제왕이 팔다리와 같은 신하들의 충성스러운 행동과 주상을 받드는 모습을 30편의 '세가世家'에 담았다.

정의롭게 행동하고 자잘한 일에 매이지 않으면서 시기를 놓치지 않고 세상에 공명을 세운 사람들을 위해 70편의 '열전列傳'을 남긴다.

이렇게 해서 총 130편 52만 6,500자에 《태사공서太史公書》[21]라는 이름을 붙였다. 간략한 서문을 통해 여기 저기 흩어져 있는 자료들을 모으고 빠진 곳을 보충하여 나름의 견해를 밝혔다. 아울러 6경의 다양한 해석을 취하고, 제자백가의 서로 다른 학설도 절충하였다. 그리하여 정본은 명산에 감추어 두고, 부본은 서울에 남겨 나중에 성인군자들이 참고할 수 있게 하였다.[22] 이것이 열전의 마지막 편인 제70 〈태사공자서太史公自序〉이다.

나 태사공은 말한다.

"내가 황제黃帝로부터 태초太初 연간에 이르기까지의 역사를 편찬하고

---

21 범백삼십편凡百三十編, 오십이만육천오백자五十二萬六千五百字, 위태사공서爲太史公書. 《사기》의 규모와 원래 이름을 말하는 대목이다. 글자 수는 현재 통용되고 있는 《사기》 판본과는 차이가 난다. 후대 사람들이 손을 댔다는 방증이다. 그러나 최근 연구에 따르면 사마천의 원문은 대체로 이 글자 수에 가깝다고 한다. 《사기》는 당초 《태사공서》라는 이름으로 불렸으나 《태사공기》 《태사공》 《태사기》 등으로도 불리다가 동한 중기 이후에 《사기》로 정착했다.

◉ 마침내《사기》를 완성하고 깊은 감회에 젖어 있는 사마천.

서술하였으니 모두 130편이다."

22 장지명산藏之名山, 부재경사副在京師, 사후세성인군자俟後世聖人君子. 《사기》를 완성하고 난 다음 사마천은 자신의 희망을 이렇게 피력했다. 최근 사마천이 정본을 감추어 두었던 명산을 확인했다는 매체 보도가 있었지만 공인된 바는 없다. 《사기》는 사마천이 죽은 뒤 금서 조치가 내려졌던 것 같다. 이후 약 반세기 만에 외손자 양운楊惲이 선제宣帝의 허락을 받아 세상에 통용시키면서 사마천의 소원대로《사기》가 세상 빛을 보게 되었다.

◉

정리의 기술

◉

◉ 〈태사공자서〉에 등장하는 명언·명구의 재발견

• **동귀이수도**同歸而殊途 "귀착점은 같은데 가는 길은 다 다르다." 이 대목은 '천하는 하나인데 생각은 각양각색이고'라는 뜻의 '천하일치이백려天下一致而百慮'와 함께 어울려 6가가 추구하는 궁극적인 목적은 같은데 그 방법이 다르다는 것을 지적한 말이다.

• **실지호리**失之毫釐, **차이천리**差以千里 "터럭만큼의 실수가 천 리나 되는 엄청난 잘못을 초래한다."《역》에서 나온 대목이라고 했지만 현재 통용되는《역》에는 없고《역위易緯》에 보인다. 아주 작아 보이는 실수가 엄청난 잘못이나 차이를 가져온다는 뜻이다.

• **예금미연지전**禮禁未然之前 **법시이연지후**法施已然之後, **법지소위용자이견**法之所爲用者易見 **이예지소위금자난지**而禮之所爲禁者難知 "예의란 어떤 일이 발생하기 전에 막는 것이고, 법이란 사건이 발생한 다음에 적용하는 것이다. 그래서 법의 적용 효과는 쉽게 보이는 반면 예의 예방 효력은 알기가 어려운 것이다." 예덕와 법의

작용과 그 효과에 관해 이처럼 명쾌하게 정의를 내린 명언도 찾기 어려울 것이다. 예로부터 전해 내려오는 말을 사마천이 인용한 것으로 보인다.

• **이릉지화**李陵之禍 '이릉의 화'란 사마천이 장수 이릉을 위해 변호하다가 뜻하지 않게 궁형을 당하게 된 사건을 말한다. 이 사건으로 사마천의 인생과 《사기》의 내용이 완전히 다른 국면을 맞이하게 되었다.

• **망라천하방실구문**罔羅天下放失舊聞, **왕적소흥**王迹所興, **원시찰종**原始察終, **견성관쇠**見盛觀衰, **논고지행사**論考之行事 "천하에 흩어진 오랜 이야기들을 두루 모아 제왕들이 일어나게 된 자취를 살폈는데, 그 처음과 끝을 탐구하고 그 흥망성쇠를 보되 사실에 근거하여 결론을 지었다." 《사기》를 저술하는 방법에 관한 사마천의 입장을 잘 보여주는 대목이다. 〈보임안서〉에도 비슷한 대목이 보인다.

• **범백삼십편**凡百三十編, **오십이만육천오백자**伍十二萬六千伍百字, **위태사공서**爲太史公書 《사기》의 규모와 원래 이름을 말하는 대목이다. 글자 수는 현재 통용되고 있는 《사기》 판본과 차이가 난다. 후대 사람들이 손을 댔다는 방증이다. 그러나 최근 연구에 따르면 사마천의 원문은 대체로 이 글자 수에 가깝다고 한다. 《사기》는 당초 《태사공서》라는 이름으로 불렸으나 《태사공기》 《태사공》 《태사기》 등으로도 불리다가 동한 중기 이후에 《사기》로 정착한다.

• **장지명산**藏之名山, **부재경사**副在京師, **사후세성인군자**俟後世聖人君子 "정본은 명산에 감추어 두고, 부본은 서울에 남겨 나중에 성인군자들이 참고할 수 있게 했다." 《사기》를 완성하고 난 다음 사마천은 자신의 희망을 이렇게 피력했다. 최근 정본을 감추어 두었던 명산을 확인했다는 매체 보도가 있었지만 공인된 바는 없다. 《사기》는 사마천이 죽은 뒤 금서 조치가 내려졌던 것 같다. 이후 약 반세기 만에 외손자 양운이 선제의 허락을 받아 세상에 통용시키면서 사마천의 소원대로 《사기》가 세상의 빛을 보게 되었다.

◉ 〈태사공자서〉에 등장하는 인물 정보

이름	시대	내용	출전
전욱顓頊	전설시대	오제의 하나로 고서에 황제 다음으로 나온다. 고양씨高陽氏 부락의 수령으로 추정된다.	〈오제본기〉
중重	전설시대	전설시대 천문을 관장한 인물로 사마씨의 조상이다.	〈오제본기〉 〈초세가〉
여黎	전설시대	전설시대 지리를 관장한 인물로 사마씨의 조상이다.	
당요唐堯	전설시대	오제의 하나. 당은 도당씨陶唐氏 부락이며, 순은 이 부락의 수령으로 추정된다.	〈오제본기〉
우순虞舜	전설시대	오제의 하나. 우는 유우씨有虞氏 부락을 가리키며 순은 이 부락의 수령으로 추정된다	
휴보休甫	서주 정백국	정백국程伯國에 봉해진 사마천의 먼 조상이다. 수도는 정읍(程邑, 지금의 섬서성 함양 동쪽)이다.	《시경》 《국어》
선왕(宣王, 재위 828~782)	서주	쇠약해가던 주 왕실을 중흥시킨 왕으로 평가받고 있으나, 국력을 많이 손상시켜 그 후 서주의 몰락을 초래했다.	〈주본기〉
혜왕(惠王, 재위 676~652)	동주 (춘추)	동생 퇴頹의 반란으로 외국에 망명해 있다가 673년 정백鄭伯 등의 호송을 받으며 귀국했다.	〈주본기〉
양왕(襄王, 재위 651~619)	동주 (춘추)	즉위 3년째 계모의 동생 태숙太叔 대帶의 반란으로 정에 망명해 있다가 진 문공의 도움으로 귀국하여 태숙을 죽이고 재집권했다.	〈주본기〉
수회隨會	춘추 진晉	진의 대부로 사회士會로 많이 불렸다. 진秦과의 전투 때 진으로 도망갔다가 귀국하여 상군의 장수가 된 이후 전공을 통해 승진하여 국정을 장악했다.	《좌전》
사마희司馬喜	전국 중산中山	중산국 재상을 지낸 인물로 행적에 대해서는 기록마다 차이가 난다. 사마씨의 한 갈래다.	《전국책》 《한비자》 〈노중련추양열전〉
괴외蒯聵	전국	형가와 검술을 논한 개섭과 같은 인물로 보는 설이 있으나 확실치 않다. 사마씨의 한 갈래이다.	〈자객열전〉
사마조司馬錯	전국 진秦	사마천의 8대조. 진 혜왕 때 촉 정벌을 놓고 유명한 유세가 장의와 설전을 벌여 장의의 주장을 꺾은 인물이다.	〈장의열전〉
혜왕(惠王, 재위 337~311)	전국 진秦	효공의 아들로 진에서 왕이란 칭호를 처음 쓰기 시작했다. 촉 지역을 정벌하는 등 각국에 대한 적극적인 공략에 나섰다.	《전국책》 〈진본기〉 〈장의열전〉
장의 (張儀, ?~310)	전국 위魏	강국 진秦에서 6국 동맹을 와해시키는 연횡連橫이란 외교 책략으로 유세하여 재상이 되어 진의 천하통일에 큰 역할을 했다.	〈장의열전〉

사마근司馬靳	전국 진秦	사마천의 6대조. 진의 명장 백기를 수행한 무장으로 백기가 자살할 때 같이 자살했다.	〈백기왕전열전〉
백기 (白起, ?~257)	전국 진秦	조나라와 장평전투에서 40만을 생매장시키는 등 통일을 향한 진의 동방 확장에 큰 공을 세웠다.	
사마창司馬昌	진秦	사마천의 4대조. 진시황 때 주철관으로 일했다.	
시황(始皇, 259~210, 재위 246~210)	진秦	전국을 통일한 진 왕조의 첫 제왕. 중국 역사상 최초의 중앙집권적 봉건국가를 수립하여 2,000년 넘게 영향을 미쳤다.	〈진본기〉 〈진시황본기〉
사마앙司馬卬	진秦	사마씨의 한 갈래인 괴외의 후손. 초한쟁패 때 항우에 의해 은殷의 왕으로 봉해졌다.	《사마씨계본司馬氏系本》
무신군 (武信君, ?~208)	진秦	진 말기 농민 봉기군의 수령 진승陳勝의 부장으로 훗날 조왕으로 자립했다가 반군 장수 이량李良에게 살해되었다.	〈진섭세가〉
사마무택 司馬無澤	한漢	사마천의 증조부. 수도 장안을 관장하는 시장을 지냈다.	
사마희司馬喜	한	사마천의 조부. 한의 20등급 작위 중 밑에서 위로 9등급에 해당하는 오대부를 지냈다.	
사마담 (司馬談, ?~110)	한	사마천의 아버지. 사학자이자 사상가로 한 무제 때 태사령을 지냈다.	〈보임안서〉
당도唐都	한	무제 때 태초력 제정에 참여한 천문학자이다.	〈천관서〉
양하楊何	한	무제 때《역》전문가로 발탁되어 태중대부에까지 이르렀다.	〈유림열전〉
황자黃子	한	일찍이 경제 때 원고생과 상탕과 무왕의 혁명을 놓고 논쟁을 벌인 황생黃生과 같은 인물이다. 황로사상을 선호했다.	〈유림열전〉
주공周公	서주 西周	고대의 유명한 정치가. 주 무왕의 동생으로 형을 도와 서주 건립에 결정적인 역할을 하고, 무왕 사후 조카 성왕을 훌륭하게 보좌했다. 성명은 희단姬旦이다.	〈주본기〉 〈노주공세가〉
무왕武王	서주	문왕의 유지를 이어 상을 멸하고 주 왕조를 창건했다. 성명은 희발姬發이다.	〈주본기〉
소공召公	서주	주공의 동생으로 주공과 함께 어린 조카 성왕을 보좌했다. 이름은 석奭이다.	〈주본기〉 〈연소공세가〉
태왕太王	상商	주 문왕의 조부로 고공단보古公亶父를 가리킨다.	《시경》 〈주본기〉
왕계王季	상	태왕의 아들이자 주 문왕의 아버지로 이름은 계력季歷이다.	《시경》 〈주본기〉

공유公劉	하夏	주의 먼 선조로 농업 발전에 힘을 써서 많은 부락들이 귀순했다.	〈주본기〉
후직后稷	전설시대	주의 시조로 요·순임금 때 농업을 발전시킨 공으로 후직에 임명되었다. 이름은 기棄이다.	《시경》 〈주본기〉
유왕(幽王, 재위 781~771)	서주西周	서주의 마지막 임금으로 견융의 침입을 받고 피살되었다. '포사를 웃기기 위한 봉화 놀이'로 잘 알려져 있다.	〈주본기〉
여왕(厲王, 878~842)	서주	폭정으로 백성을 괴롭히다 국인들에 의해 쫓겨나 외지에서 생을 마쳤다.	〈주본기〉
호수壺遂	한漢	한안국에 의해 명사로 추천되어 사마천과 함께 태초력 제정에 참여했다.	〈한장유열전〉
동중서(董仲舒, 179~104)	한	경학가이자 철학가로《공양춘추公羊春秋》의 전문가. 무제 때 유가를 국교로 삼자고 가장 먼저 제창했다.	〈유림열전〉 《한서》〈동중서전〉
복희伏羲	전설시대	전설 속에서 여와女媧와 함께 인류의 시조로 나오며 팔괘를 창안한 것으로도 전한다.	《역》
탕왕湯王	상商	하를 멸망시키고 상 왕조를 창건함. 상탕商湯·성탕成湯 등으로 불렸다.	〈은본기〉
소하(蕭何, ?~193)	한漢	서한의 개국공신으로 초기 정권 안정에 크게 기여했다.	〈소상국세가〉
한신(韓信, ?~196)	한	서한의 개국공신이자 첫 재상으로 훗날 모반으로 몰려 제거되었다.	〈회음후열전〉
장창(張蒼, ?~152)	한	서한 개국 이후 율력과 법률 제정에 공이 컸다.	〈장승상열전〉
숙손통(叔孫通, ?~189)	한	진 말기 박사로 있다가 유방을 도와 초기 조정의 각종 의례 제정에 큰 역할을 했다.	〈유경숙손통열전〉 《한서》〈숙손통전〉
조참(曹參, ?~190)	한	서한 개국 공신으로 황로사상에 입각하여 소하에 이어 두 번째 재상으로 초기 정국을 안정시키는 데 큰 역할을 했다.	〈조상국세가〉
개공蓋公	한	조참이 스승으로 모신 황로사상의 전문가로 개국 초기 정치에 영향을 주었다.	〈조상국세가〉
가의 (賈誼, 200~168)	한漢	서한 초기 정치가이자 사상가로 각종 개혁을 주장하다 원로 공신들의 배척으로 불우하게 짧은 생을 마쳤다.	〈굴원가생열전〉
조조 (鼂錯, 200~154)	한漢	문제와 경제 때 대신으로 제후왕의 폐지를 골자로 하는 '삭번削藩'을 주장하여 '오초 7국의 난'을 초래했다.	〈원앙조조열전〉

신불해申不害	전국 한	법가 사상가로 한나라 개혁을 주도했으나 실패했다.	〈노자한비열전〉
상앙(商鞅, 약390~338)	전국 위衛	진秦 효공孝公을 도와 변법개혁을 시행하여 진의 천하통일에 기초를 놓은 최고의 개혁가다.	〈상군열전〉
공손홍(公孫弘, 약200~121)	한漢	무제 때 유생으로《공양춘추》전문가로 승상의 지위에까지 올랐다.	〈평진후주보열전〉

• 사마천의 가문이나 행적과 관련된 인물들 외에는 제외했다. 다른 인물들은《사기》의 해당 편에서 상세하게 소개되기 때문이다.

• 진한 글자는 사마천과 직접 관련된 인물을 표시한 것이다.

• 인물 항목의 숫자는 생몰 연도를 나타낸다. 특별히 '재위'라고 표시한 것은 재위 연도를 나타낸다.

• 연도는 모두 기원전이다.

◉ 〈태사공자서〉에 등장하는 지역 · 지리 정보

지명	당시 현황	현재의 지리 정보	관련 역사 내용
소량 少梁	서주 시기 양국梁國	섬서성 한성韓城 남쪽	춘추 때 진秦에 의해 멸망한 후 소량에서 하양夏陽으로 개명했다. 사마천의 고향이다.
진晉	춘추시대 제후국 도읍은 강	도읍 강絳은 산서성 익성翼城 서쪽	문공文公 때 패주가 되었다.
진秦	춘추시대 제후국 도읍은 옹	도읍 옹雍은 섬서성 봉상鳳翔 동남	목공穆公 때 패주가 되어 두각을 나타냈다
위衛	제후국 첫 도읍은 조가	첫 도읍 조가朝歌는 하남성 기현淇縣	전국시대에는 위魏의 부용국으로 전락했다.
조趙	전국시대 제후국 도읍은 한단	도읍 한단邯鄲은 하북성 한단시	전국 초기 진晉에서 갈라져 나왔다.
중산 中山	전국시대 제후국 도읍은 고	도읍 고顧는 하북성 정현定縣	사마씨의 일족인 사마희가 재상을 지냈다.
촉蜀	오랜 나라의 이름	도읍은 사천성 성도成都	진秦 혜문왕 때 사마조에게 멸망했다.
장평 長平	전국시대 조趙의 영역	산서성 고평현高平縣 서북	진秦의 장수 백기가 40만을 생매장한 곳이다.
두우 杜郵	전국시대 진秦의 영역	섬서성 함양시咸陽市 동북	백기가 범수와의 정쟁에서 밀려 살해된 곳이다. 이때 사마근도 함께 죽었다.
화지 華池	전국시대 진秦의 영역	섬서성 한성시 서남	사마천의 6대조 사마근의 무덤이 근처에 남아있다.
하내 河內	한漢의 군 치소는 회현	치소 회현懷縣은 하남성 무척武陟 서남	은왕 사마앙이 한에 귀순한 후 군으로 편입되었다.
고문 高門	한의 촌락	섬서성 한성시 서남	사마천의 무덤과 사당 서북쪽에 해당한다.
용문 龍門	산 이름 일명 우문禹門	섬서성 한성시 동북과 산서성 하진현 서북 12km 지점의 협곡	사마천의 고향과 출생을 상징하는 지명이다.
황하 黃河	강 이름	청해성에서 발원하는 5,464km의 중국을 대표하는 강	사마천의 사당과 무덤 앞으로 흘러 지난다.
장강 長江	강 이름	중국 대륙을 남북으로 나누는 6,300km의 가장 긴 강	사마천이 스무 살 시절 여행 때 유람한 강이다.
화하 淮河	강 이름	하남성 동백산에서 발원하는 1천km의 강. 경제적으로 중국을 남북으로 나눈다.	사마천이 스무 살 시절 여행 때 유람한 강이다.

회계산 會稽山	산 이름	절강성 소흥시紹興市 남쪽에 있는 명산	대우릉을 비롯하여 우禹의 유적이 많다.
우혈 禹穴	동굴	회계산의 동굴로 우임금이 거쳐 갔다는 전설이 있다.	우를 장례 지낸 곳이란 설도 있다.
구의산 九疑山	산 이음	호남성 노현道縣 동남쪽 산으로 아홉 봉우리가 다 비슷해서 생긴 이름이다.	순임금이 순행하다 이곳에서 죽어 묻혔다는 설이 있다.
원강 沅江	강 이름	호남성 서부에서 흘러 동쪽 동정호로 들어가는 강	사마천이 스무 살 시절 여행 때 배를 타고 지난 곳이다.
상강 湘江	강 이름	호남성 남부에서 흘러 북쪽 동정호로 들어가는 강	
문수 汶水	강 이름	산동성 경내에 있는 물길로 남쪽 제수로 흘러든다.	사마천이 스무 살 시절 여행 때 제의 수도 임치와 노의 수도이자 공자의 고향인 곡부를 집중 탐방하기 위해 건넜던 강이다.
사수 泗水	강 이름	산동성 사수현과 곡부를 지나 회수로 들어가는 강	
추鄒	한의 군	군의 치소는 산동성 추현 동남	사마천이 스무 살 시절 여행 때 맹자의 고향과 유가의 활동상을 목격한 곳이다.
역嶧	산 이름	과거에는 추현의 북쪽, 현재는 동남쪽에 있는 산	
파鄱	한의 현	산동성 등현滕縣	춘추시대 주邾나라의 도성이다.
설薛	한의 현	산동성 등현 남쪽, 강소성 비현 서남	전국시대 맹상군의 봉지이다.
팽성 彭城	한의 팽성군	강소성 서주시徐州市	초한쟁패 때 초 회왕과 항우가 도읍한 곳이다.
양梁	한의 제후국	도읍은 산동성 정도定陶와 하남성 수양睢陽	위치에 대한 이설이 많다.
초楚	춘추시대 초나라 지역	전국 말기 수도는 진(陳, 하남성 회양)과 수춘(壽春, 안휘성 수현)	이 지역에 대한 설이 많다.
파巴	한의 파군	치소는 중경시重慶市 서북	기원전 111년 사마천의 서남이 경략 범위이다. 이후 월휴군, 침려군, 익주군이 설치되었다.
촉蜀	한의 촉군	치소는 사천성 성도시	
공邛	고대 소수민족	사천성 서창시西昌市 동쪽	
작筰	고대 소수민족	사천성 한원현漢源縣 동북	
곤명 昆明	고대 소수민족 지구	운남성 곤명시昆明市 서쪽	

주남 周南	서주 때 주남 하남 섬현 이동	낙양洛陽을 가리킨다.	사마천이 서남이 정벌을 마치고 돌아오다 봉선의식 때문에 체류한 곳이다.
낙수 洛水	강 이름	섬서성 낙남현洛南縣에서 발원하여 하남으로 흘러든다.	사마천이 낙수 이북 낙양에서 아버지의 임종을 지킨다.

• 이 표에 제시된 지명들은 '사마천의 천하유력도'(28~31쪽)에서 구체적인 위치를 확인할 수 있다.

◉ 〈태사공자서〉에 등장하는 문헌 · 문장 정보

서명	저자	내용
《서書》	공자(정리)	《서경》 또는 《상서》로도 불린다. 상고시대 역사 문서로서, 특히 서주 초기의 역사를 보존하고 있는 중요한 사료이다.
《예禮》	주공(?)	《예경》으로 불리는 유가 경전의 하나로, 전국시대에 예제를 정리한 것으로 추정한다. 총 17편으로 구성되었다.
《악樂》	미상	《악경》으로도 불린다. 음악에 관한 유가 경전인 6경의 하나로, 책은 전해지지 않는다.
《역易》	복희(?)	《역경》 또는 《주역》으로 불린다. 유가 경전의 하나로, 점복을 통한 정치와 사회 변화를 논한다.
《역전易傳》	공자(정리)	《주역》의 '전傳'에 해당하는 문장으로 64괘에 대한 전반적인 설명과 해설로 후대 사상에 큰 영향을 미쳤다.
《시詩》	공자(정리)	'〈보임안서〉에 등장하는 문헌 · 문장 정보' 참고
《춘추春秋》	공자(정리)	
《이소離騷》	굴원	
《국어國語》	좌구명	
《병법兵法》	손빈	
《여람呂覽》	여불위	
〈세난說難〉	한비자	
〈고분孤憤〉	한비자	

◉ 이릉의 화李陵之禍

이릉 때문에 사마천이 치욕스러운 궁형을 당한 사건을 사마천 스스로 '이릉지화'라 부른다. 이릉(?~기원전 74년)은 농서 성기(지금의 감숙성 태안현) 출신으로 자를 자경子卿이라 했다. 흉노와의 전쟁에서 명성을 크게 떨친 명장 이광李廣의 손자이기도 하다. 기마와 활쏘기를 잘해 무제 때 기도위가 되었다. 무제 천한 2년인 기원전 99년 9월, 이릉은 흉노를 공격하기 위해 준계산(대략 지금의 몽고 내의 항애산 남쪽)에 이르렀다가 포위당해 사력을 다해 싸웠으나 중과부적으로 항복한다.

당초 이릉의 승전 소식이 전해지면 한나라 조정의 대신들은 술잔을 높이 들며 황제인 무제를 향해 축하하기에 바빴다. 며칠 뒤 이릉이 패했다는 소식이 전해지자 무제는 음식 맛도 잊고 조정에는 불편한 기색이 역력했다. 대신들은 두려워 아무 말도 못한 채 어쩔 줄 몰랐다. 대신들은 얼굴을 바꿔 이릉을 공격하기 시작했다. 이릉의 사소한 단점까지 들추어내며 비난을 가했다. 사마천은 이런 자들의 짓거리가 못마땅했다. 그러던 차에 무제가 사마천의 의견을 물어오자 사마천은 평소 이릉의 지사다운 면모와 그가 항복한 데는 필시 이유가 있을 것이라며 이릉을 적극 변호하며 무제의 불편한 심기를 풀어주려 애썼다.

그러나 무제의 반응은 전혀 뜻밖이었다. 무제는 사마천이 이사 장군 이광리를 비난하며 이릉을 위해 유세한다고 오해하여 사마천을 감옥에 가뒀다. 이후의 사태는 사마천에게 더욱 불리하게 전개되었다. 이릉이 흉노 군대에게 병법을 가르친다는 근거 없는 보고가 올라오자 무제는 앞뒤 살피지 않고 이릉의 전 가족을 몰살시켰다. 사마천에게는 사형선고가 내려졌다. 사마천은 미처 완성하지 못한 《사기》를 완성하기 위해 죽음보다 수치스럽다는 궁형을 자청하여 풀려난다. 극도의 육체적·정신적 고통으로 방황하던 사마천은 초인적 정신력으로 고통을 이겨내고 마침내 《사기》를 완성한다.

이 사건을 일컬어 사마천이 이릉을 위해 변호하다 궁형이란 화를 입은 사건이기 때문에 '이릉지화'라 부른다.

◉

본기

◉

이에 천하에 흩어진 오랜 이야기들을 두루 모아
제왕들이 일어나게 된 자취를 살폈는데,
그 처음과 끝을 탐구하고 그 흥망성쇠를 보되 사실에 근거하여
결론을 지었다. 삼대 이상은 간략하게 추정하고
진·한은 상세하게 기록하되, 위로는 황제 헌원으로부터
아래로는 지금에 이르기까지 12편의 본기로 저술되었는데
모두 나름대로의 조항을 갖추고 있다.

권130 〈태사공자서〉

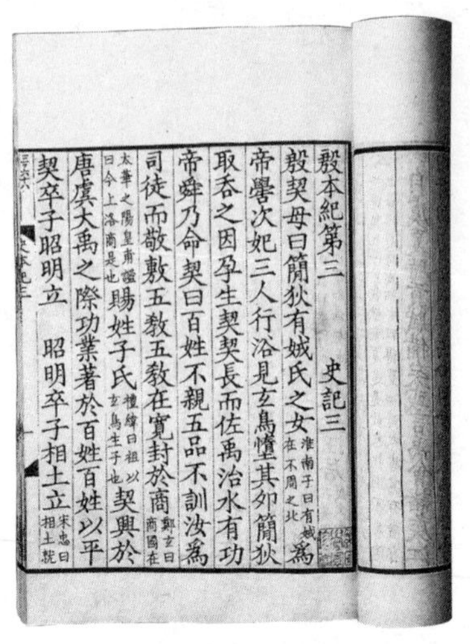
殷本紀第三　史記三

殷契母曰簡狄有娀氏之女淮南子曰有娀在不周之北爲帝嚳次妃三人行浴見玄鳥墮其卵簡狄取呑之因孕生契契長而佐禹治水有功帝舜乃命契曰百姓不親五品不訓汝爲司徒而敬敷五教五教在寬封於商鄭玄曰商國在太華之陽皇甫謐曰今上洛商是也賜姓子氏禮緯曰祖以玄鳥生子也契興於唐虞大禹之際功業著於百姓百姓以平

契卒子昭明立　昭明卒子相土立宋忠曰相土就

◉ 제3 〈은본기〉의 일부분. 본기는 《사기》 '5체제'의 첫 부분으로 형식이나 표현보다는 실질과 내용을 중시했던 사마천의 진보적 역사 인식이 돋보인다.

해제

당나라 때 학자 사마정司馬貞은 《사기》에 관한 3대 주석서의 하나인 《사기색은史記索隱》에서 "기紀란 기록한다는 뜻이다. 그 사실에 근본을 두고 기록했기 때문에 본기라 한 것이다. (……) 그리고 제왕의 책을 '기'라 한 것은 후대를 위한 벼리(강기綱紀)를 의미한다"라고 했다. (《사기》의 3대 주석서는 남조 송나라 배인裴駰의 《사기집해史記集解》, 당나라 때 사마정의 《사기색은》과 장수절張守節의 《사기정의史記正義》를 말한다.)

《사기》에 주석을 단 많은 사람들의 견해를 종합해보면 '본本'은 각 편의 전체로서 나라의 지배자와 왕실을 다루고 있음을 나타내고, '기紀'는 완벽하지는 않지만 '세가'나 '열전'에 비해 보다 연대기적 형식에 따라 사건을 기록했음을 의미한다. '본기'의 형식이나 '본기'라는 명칭은 사마천이 처음 구상해낸 체제가 아닌 것으로 보인다. 《사기》 제123 〈대완열전〉에 〈우본기〉라는 기록이 나오기 때문이다. 그러나 내용 면에서 대단히 파격적인 부분이 있다. 이 때문에 첫 편인 〈오제본기〉부터 논란의 대상이 되었다.

12편의 '본기'는 기본적으로 황제로부터 한 무제에 이르는 약 3천년 역사의 중대한 사건을 기록한 체제다. 그런 만큼 당시 사회적으로 가장 권위 있는 통치계급의 대표적 인물을 중심 가닥으로 잡아 연대순으로 기술하는 것이 합리적이었다. 이런 인물들이 통상적으로 당시의 제왕들이었다. 진시황이나 한 고조 그리고 한 문제 등이 이렇게 해서 '본기'에 편입된 것이다. 이들 제왕을 중심으로 진행된 정책의 실행과 변화, 관리의 임면, 전쟁, 자연재해, 외교 등과 같은 국가 대사가 기록되었다.

그러나 때로는 명목상 제왕은 아니지만 실제로 당시 가장 영향력이 컸던 인물들도 본기에 편입되어 있다. 사마천은 표상이 아닌 사실을 중시했기 때문이다. 항우와 여후가 본기에 들어간 것이 이 때문이다. 이에 대해서는 사마정이나 유지기劉知幾 같은 대학자조차 사마천을 비판했다. 제왕의 기록에 제왕이 아닌 인물과 자격이 없는 인물을 넣었다는 이유에서다. 하지만 이는 후대 사가들의 자의적 구분에 지나지 않는다. 사마천은 본기라는 명칭만 썼을 뿐 꼭 제왕만을 기록해야 한다는 기준을 마련한 것이 아니었다. 사마천은 본기를 통해 그 사람이 제왕이든 아니든 천하대세를 주도했다고 판단하면 그 사람을 역사 사건의 중심인물로 삼아 거기에 논술을 덧붙이고, 동시에 그들의 전후 계승 관계로 역사의 발전을 드러내어 이것으로 전체 역사를 종합하는 탁월한 안목을 보여주고 있다.

계기적 · 합리적 · 진보적 · 파격적 · 거시적 역사관을 동시에 종합적으로 보여주는 체제가 12본기다. 단순히 제왕을 역사적 사건의 중심으로 삼아 논술하는 선에서 그치지 않고 전후 계승관계를 통해 역사의 발전을 드러내고 이를 통해 역사를 거시적으로 바라보는 탁월한 안목을 보여주는 체제다. 다음은 본기 12편의 취지와 주요 내용 및 특징 등을 하나의 표로 정리한 것이다.

◉ 본기 12편의 취지와 주요 내용 및 특징

체제·권명	취지·내용·특징	비고
제1 〈오제본기〉	• 5제(황제·전욱·제곡·요·순)의 공덕을 찬미하여, 천추만대에 전할 것과 조상·도덕·인간사·제도·세계관·역사학 방법을 밝히고 있는 《사기》의 첫 편으로 제위의 선양 전통을 부각시키고 있다. • 특히 현지 답사와 여러 학설을 수집, 검토하여 합리적인 부분을 택해 서술한 본기의 총체적 서문 성격을 띠고 있다. • 실사구시 정신을 바탕으로 한 사마천의 진화론적 역사관이 돋보이는 문장으로 꼽힌다.	《상서》《오제덕》《제계성》《국어》《좌전》《세본》《장자》《맹자》《한비자》《전국책》《여씨춘추》《예기》《회남자》
제2 〈하본기〉	• 중국사 최초의 왕조로 그 실체를 인정받고 있는 하나라 시조 하우(대우)의 공덕과 하 왕조의 역사적 사건을 기록한 본기다. • 우순과 하우 때부터 공물과 조세제도가 정비되고 부자계승으로 전환한 점을 강조하고 있다. • '하'·'화하'는 중화대일통의 중요한 표지이자 이로부터 중국이란 개념이 정식으로 형성된다는 인식을 보여준다.	《오제덕》《제계성》《맹자》《상서》〈우공〉〈감서〉〈대우모〉〈고요모〉〈익직〉〈오자지가〉〈윤정〉
제3 〈은본기〉	• 상의 건국으로부터 성왕까지, 그리고 제신의 멸망까지를 흥망성쇠의 논리로 서술한 본기다. • 전편을 흥망성쇠와 덕치의 유무로 꿰뚫어 서술하는 사마천의 순환론적 사관이 엿보인다. • 은허 갑골문의 발굴로 여기에 기록된 은의 왕계 및 기록의 정확성이 증명되었다.	《제계성》《상서》《국어》《일주서》《묵자》《맹자》《시경》《여씨춘추》
제4 〈주본기〉	• 주의 흥기·발전·쇠퇴·천도와 멸망의 역사과정을 이른바 '대세'의 흐름으로 파악한 본기다. • 주나라 초기 도읍지가 종래 학자들의 주장대로 낙읍이 아니라 풍호라고 주장한 사마천의 탁월한 고증이 돋보인다. • 내용 면에서는 군주와 대신의 자질을 강조한 점도 주목된다.	《시경》《상서》《일주서》《춘추》《좌전》《국어》《전국책》《세본》《죽서기년》《예기》《제계성》《여씨춘추》《순자》《한시외전》

제5 〈진본기〉	• 천하를 통일한 진의 역사를 초기부터 비약적인 발전을 이룬 춘추전국시대의 상황까지 단계적으로 서술했다. • 복잡한 역사적 사실들 중에서 진보에 영향을 준 관건이 되는 몇 단계를 탁월한 식견과 용기로 부각시키고 있는 점이 눈길을 끈다. • 어떤 교조나 틀에 매이지 않고 자신만의 원칙으로 역사발전의 대세를 기술했다. • 〈진시황본기〉 전편의 성격을 띤다.	〈진본기〉 〈진시황본기〉 〈맹상군열전〉 〈백기왕전열전〉 〈장의열전〉 〈범저채택열전〉 〈여불위열전〉 〈이사열전〉 등과 함께 읽고 분석해야 한다.
제6 〈진시황본기〉	• 천하를 통일한 진시황의 치적과 진 제국의 몰락과정을 진시황을 중심으로 상세히 서술하고 평가하면서 진의 통일은 역사발전의 필연적 결과임을 강조했다. • 이 한 편 자체가 완전한 진 왕조 흥망사이자 인물을 중심으로 한 최초의 제왕본기로 장편에 속한다. • 진시황의 공과를 가감 없이 서술하여 한대 통치자에게 귀감으로 제공하고 있다.	〈진본기〉 〈과진론〉 〈이사열전〉 〈몽염열전〉 등과 함께 읽어야 한다.
제7 〈항우본기〉	• 비극적 영웅 항우의 시대적 역할과 그 공적 및 몰락과정을 문학적 필치로 구성한 작품으로 《사기》 전체에서 가장 중요하고 빛나는 한 편이다. • 역사적으로는 가장 생생하고 구체적으로 파란만장한 시대를 묘사했고, 문학적으로는 최초로 인물 중심의 걸작을 탄생시켰다. • 항우에 대한 무한한 애정을 표시하면서도 그의 약점과 잘못을 솔직하게 그려낸 '실록' 정신이 돋보이는 편이기도 하다.	〈회음후열전〉 〈고조본기〉 등과 함께 읽어야 제 맛이 난다.
제8 〈고조본기〉	• 천하를 다시 안정시킨 한 고조 유방의 행적을 기술하면서 역대 왕조의 폐단을 간결하게 지적하고 있다. • 이 편은 〈항우본기〉와 함께 《사기》 전체를 통해 가장 훌륭하고 중요한 편으로 꼽힌다. • 사마천은 천하를 재통일한 유방의 뛰어난 장점들을 생생한 필치로 묘사함과 동시에 잔인하고 이기적이었던 유방의 단점들도 그려냄으로써 소위 정통 역사학자들이 흔히 범했던 개국 황제에 대한 찬양 일변도의 위선적 역사의식에 반박했다.	〈항우본기〉 〈여후본기〉 〈회음후열전〉 〈유후세가〉 〈소상국세가〉 〈전담열전〉 〈팽월열전〉 등과 함께 읽어야 효과적이다.
제9 〈여후본기〉	• 혜제 이후 여씨 일족이 정권을 독단하고, 여후가 실질적인 황제 노릇을 했으나 천하는 편하고 즐거웠다고 지적한다. • 이 편은 한나라 초기 통치집단 내부의 권력투쟁 과정을 생동감 넘치게 묘사함과 동시에 박진감 넘치는 것이 한 편의 단편 소설을 방불케 한다. • 특히 황제 자리에는 오르지 못했지만 실질적으로 황제 권력을 행사한 여후를 본기에 넣은 사마천의 현실적이고 파격적인, 그러면서 뛰어난 역사관이 돋보인다.	〈고조본기〉 〈계포난포열전〉 〈흉노열전〉 등을 함께 참고.

제10 〈효문본기〉	• 한나라 초기 황실의 불안정과 황제 계승에 따른 동요를 안정시키고, 각종 악법 폐지 등 어진 정치를 베풀어 나라를 안정시킨 문제의 치적을 서술하고 있다. • 사마천은 이 편을 통해 자신의 정치적 이상형에 부합하는 문제를 찬양하고 있는데, 특별히 다른 본기에는 싣지 않았던 황제의 조서를 여러 편 상세히 소개한다. • 이밖에 황제에게 글을 올려 아버지의 목숨을 구한 소녀 제영의 행동을 조정의 정치적 조치와 연결하여 풀어냄으로써 여성에 대한 진보적 관점을 보여준다.	〈장석지풍당열전〉 〈강후주발세가〉 〈효경본기〉 등을 함께 참고.
제11 〈효경본기〉	• '오초 7국'의 난을 평정하고 천하를 안정시킨 경제 시대의 행적을 기술한 본기다. • 경제를 문제와 대비시켜 가며 평가하는 한편, 다른 편에서 경제의 '열악'한 점들을 비판하고 있다. 하지만 비판은 주로 통치계급 내부에 초점을 맞추고, 정책이나 백성에게 영향을 미친 점에 대한 비판은 많지 않은 편이다.	• 이 편의 진위 여부가 역대로 논란거리였다. 〈강후주발세가〉 〈위기문안후열전〉 〈장석지풍당열전〉 〈외척세가〉 〈오종세가〉 〈양효왕세가〉 등을 함께 참고.
제12 〈효무본기〉	• 대내외적으로 융성해진 무제 시대의 치적을 비교적 상세히 서술한 본기 마지막 편이다. • 이 편은 후대인이 〈봉선서〉 등에서 잘라내 보완한 것이라는 설이 만만치 않다. •《사기》가 무제의 심기를 건드리는 바람에 10여 편이 삭제된 채 유통되었다는 주장과도 맞물려 있는 부분이기도 하다.	• 〈봉선서〉를 반드시 참조하고, 여러 편에 흩어져 있는 사마천의 무제에 대한 인식과 평가를 함께 참고.

사마천이 결합해낸 '본기·표·서·세가·열전'의 이른바 '5체제'로 이루어진 기전체라는 역사 서술체제는 마치 유기체와 같다. 모두가 과거로부터 계승했거나 일정한 영향을 받아 창안한 체제이면서도 과거와는 전혀 다른 모습으로 탄생했다. 그 하나하나가 각자 또는 서로 결합되어 놀랍고 참신한 매력을 발산한다.

이 '5체제'의 선두에 있는 '본기' 12편은 표면적으로는 '제왕의 기록'이지만, 위 표에서도 알 수 있듯이 천자가 아닌 인물도 포함되어 있으며 후대 보수적 정통주의자들에 의해 제왕으로서의 지위를 의심받거나 부정당한 인물도 포함되어 있다. 구체적으로는 항우와 진시황이 그 주인공이다.

특히 항우는 천자에 오르지 못했음에도 본기에 편입됨으로써 많은 논란을 불러 일으켰다. 사마천과 《사기》를 비판하는 이들은 예외 없이 이 부분을 거론하지만, 그들은 사실 《사기》의 겉모습만 보았지 그 정신은 보지 못했다. 《사기》의 체제를 거의 그대로 모방한 《한서》는 항우를 바로 열전으로 격하시켰다. 반고는 사마천의 의도를 전혀 읽어내지 못했기 때문이다. 의도를 알고서도 그렇게 했다면 그것은 역사가로서의 자질을 의심받아야 할 것이다.

《사기》 이후 사가들이나 평론가들은 사마천이 본기를 수립한 진정한 의도를 제대로 파악하지 못한 채 《한서》를 기점으로 그저 제왕의 기록이 본기라는 지극히 형식화된 의미에만 집착하여 《사기》의 본기를 대했다. 그 결과 《사기》와 본기가 갖는 진정한 가치는 오래도록 제대로 평가받지 못했다. 비교적 개화된 역사평론가였던 유지기조차 사마천의 의도를 비판할 정도였고, 최근까지도 많은 사람들에 의해 답습되었다.

정도는 덜하지만 제후국 시절의 진나라와 진시황의 본기 편입조차 정통주의에 심각하게 매몰되어 있는 학자들에 의해 비난받았다. 폭군의 대명사인 진시황을 본기에 편입할 수 없다는 단선적 논리에 지배된 결과였다. 이런 불필요한 논의에 대해 사마천은 다음과 같이 일갈한다.

> 학자들은 자신들이 보고 들은 것에 얽매여 진 왕조가 오래 존속하지 못한 현상만 본다. 그 처음과 끝을 살피지 못한 채 모두들 비웃으며 칭찬 같은 것은 엄두도 못 내고 있으니, 이야말로 '귀로 음식을 먹으려는' 것과 무엇이 다른가? 서글프다! — 제15 〈육국연표〉 서문

사마천은 이념이나 기존의 관념에 얽매여서 역사상 인물이나 사건의 본질을 제대로 보지 못하는 답답한 학자들을 기리켜 '귀로 음식을 먹으려는', 즉 '이식耳食'하려는 자들이라고 꼬집는다.

이보다 더 시끄러운 논란을 불러일으킨 것은 여태후를 본기에 편입했다는 사실이다. 남성 중심의 봉건적 분위기에서 이 문제에 대한 반응은 더욱 격렬했다. '천자의 기록'이 본기라는 표면적 의미에만 매달려 본질을 전혀 외면한 결과였다. 하지만 이 모든 시비는 결국 《사기》의 독창성과 탁월한 식견을 역으로 입증하는 것에 다름 아니다.

그렇다면 본기의 진정한 의미와 본질은 무엇일까? 사마천은 왜 항우와 진나라 그리고 진시황을 본기에 편입시켰을까? 여태후를 본기에 편입한 것은 어떻게 해석해야 할까?

사마천은 본기 서술의 중점을 역사의 큰 흐름에 두었다. '본기' 12편은 상고시대사를 정리한 〈오제본기〉를 비롯한 네 편을 시작으로 천하를 통일한 진의 역사적 역할과 그 원동력 및 통일 이후의 득실을 각각 〈진본기〉와 〈진시황본기〉에서 분석하고, 진의 붕괴를 기점으로 천하의 대세를 가늠하는 데 주도적인 역할을 담당했던 항우를 본기에 편입시켜 당시 정세와 항우의 비극적 행적을 극적으로 서술하는 것으로 이어진다. 이어 천하를 재통일한 한 고조 유방의 본기를 시작으로 한나라의 역사를 서술하고 있는데, 여기서 황제 자리에는 오르지 못했지만 혜제 즉위 후 실질적으로 천하의 대권을 장악한 것은 물론 황로사상에 입각하여 백성을 쉬게 하는 정치를 효과적으로 펼쳤던 여후를 본기에 편입시켜 서술하는 대담한 발상을 보여주고 있다.

〈진본기〉도 같은 맥락이다. 당나라 때의 유명한 역사평론가 유지기는

"〈진본기〉는 제후국에 대한 서술이므로 제태공이나 노주공처럼 '세가'로 내려보내야 한다"고 주장했다. 일리가 없지는 않다. 하지만 〈진본기〉는 〈진시황본기〉의 '전기前紀'와 같다. 왜냐하면 시간도 길고 내용도 많기 때문에 〈은본기〉나 〈주본기〉처럼 개국 제왕 이전의 먼 조상들의 사적을 앞에다 서술하지 않고 독립시켜버린 것이다. 형식상 독립이지만 성질은 〈진시황본기〉의 전편에 해당한다. 그리고 진은 효공 이래 전국의 여러 나라들과는 위상이 이미 크게 달라진다. 사마천은 이런 견해를 앞서 인용한 바 있는 〈육국연표〉 서문에서 분명히 밝혔다.

유지기나 사마정 등의 주장대로 《사기》의 순서를 바꾸었더라면, 독자들이 시대 순으로 진나라의 역사를 읽고 싶을 때는 먼저 뒤에 나와 있는 '세가'를 읽고 다시 앞으로 와서 〈진시황본기〉를 읽어야 할 판이다. 이는 결국 단편적으로 형식만 추구한 결과다. 사마천은 형식보다는 실질을 중시했고, 그 결과 지금 우리가 보는 '본기'의 구성이 탄생한 것이다.

사마정은 또 유방의 장자로서 한나라 2대 황제가 된 혜제를 본기에서 없앤 것도 잘못이라며 혜제와 여후를 각각 '본기'로 분리시켜야 한다고 주장했다. 물론 그렇게 하는 것도 방법이고 명분도 충분하다. 그래서 반고는 《한서》를 편찬하면서 그렇게 해버렸다. 여기서 핵심은 혜제가 즉위 후 아예 조정의 일을 돌보지 않았다고 본 사마천의 인식에 있다. 잘 알려진 대로 혜제는 즉위 1년 만에 모후인 여태후가 척희를 참혹하게 '인체(人彘, 인간 돼지)'로 만들어 자기에게 일부러 보여준 일에 심한 충격을 받았다. 혜제는 여후에게 사람을 보내 더는 천하를 다스릴 수 없다고 했다. 그리고는 날마다 술과 놀이에 빠져 헤어나지 못하다 젊은 나이로 세상을 떴다. 대권은 물론 여후가 장악했다. '실질적인 정치권력을 행사한다'는 시각에서 보

◉ 반고의 무덤. 사마천에 관한 유일한 열전을 남긴 반고의 《한서》는 《사기》의 체제를 고스란히 물려받았다. 하지만 《사기》의 정신이란 면에서는 한참 후퇴해 있다.

자면 사마천이 혜제를 본기에서 뺀 것을 이상하게 볼 일이 아니다.(항우의 꼭두각시 노릇을 했던 초의 의제를 기록에서 뺀 것도 마찬가지다.)

사마천은 누가 되었건 시대를 단절시키지 않고 천하대세를 장악했다면 본기에 편입해야 한다는 진보적 역사관을 보여주고 있다. 다시 말해 당시 천하 정치의 중심이 어디에 있었느냐를 기준으로 삼아 본기를 수립했는데, 이것이 《사기》의 창조성이자 매력이 아니고 무엇이겠는가? 기계적 중립이나 소신 없이 답습하거나 모방하는 구태의연 따위가 《사기》에 자리 잡을 가능성은 애당초 없었던 것이다. '시세'와 '대세'를 주도한 자의 기록, 이것이 바로 '본기'다.

《사기》 '본기'는 전통적 체제를 계승하면서도 창의성을 발휘한 탁월한 체제의 출발점이었다. 후대의 수많은 정사들은 형식상으로는《사기》를 표준으로 삼으면서도 창조성과 비판정신은 잃어버렸다. 이런 점에서 중국 역사학은《사기》와 사마천을 기점으로 도리어 한참을 뒷걸음질 쳤다는 비판을 감수해야 할 것이다.

사마천이 '본기'를 마련한 의도는 〈태사공자서〉와 더불어 〈오제본기〉 '사마천의 논평'에도 비교적 명료하게 드러나 있으니 함께 참고하면 좋다.

권1 오제본기
다섯 제왕의 기록

◉

즐겨 배우고 깊이 생각해서

마음으로 그 뜻을 알다.

-사마천

好學深思(호학심사)

心知其意(심지기의)

◉ 중화대일통사상의 정점에 있는 황제는 〈오제본기〉의 첫머리에 등장하여 이른바 '5,000년 중화 문명사'의 출발을 알리고 있다. 사진은 하남성 신정시新鄭市 황제고리에 조성된 황제 사당의 모습이다.

◉

독서의 기술

◉

황제를 정점으로 하는 중화주의의 근거 마련

《사기》의 첫 편인 〈오제본기〉는 상고시대 다섯 제왕의 덕과 공적 그리고 계보를 기록하고 있다. 특히 사마천은 자신이 주로 참고했던 문헌들을 종합적으로 분석하여 황제를 정점으로 하는 중화민족의 시조를 만들어냄으로써 훗날 중화주의의 핵심으로 자리 잡는 '대일통大一統' 관념을 수립하는 데 결정적인 원인과 역사적 근거를 제공했다. 오제를 언급하고 있는 종래의 기록들에 대해 사마천은 〈오제본기〉 끝에 달린 '사마천의 논평'에서 다음과 같이 말한다.

학자들은 오래전부터 오제에 관해 많은 이야기를 해왔다. 그러나《상서》에는 요 이후의 일만 기재되어 있다. 제자백가들이 황제를 말하긴 했지만 그 문장이 매끄럽지 못하고 황당하여 학식깨나 있는 선비라면 언급하기 어렵다. 공자가 전했다는 〈재여문오제덕〉과 〈제계성〉도 유가에서는 전수하지 않는 경우가 있다.

오제에 관한 말들은 많지만 전하는 기록이 황당하거나 기록이 있음에도 이를 언급하길 꺼리는 분위기에 대해 말하고 있다. 이 때문에 사마천은 오제와 관련된 현장을 답사하기까지 했다. 이어 사마천은 다음과 같이 말한다.

내가 일찍이 서쪽으로는 공동에 이르렀고, 북쪽으로는 탁록을 지나왔으며, 동쪽으로는 바다까지 갔고, 남쪽으로는 배를 타고 장강과 회수를 건넌 적이 있다. 내가 갔던 지역의 장로들이 모두 칭송하는 황제·요·순과 관련된 장소에 가보면 풍속과 교화가 다른 곳과는 아주 달랐다. 전체적으로 고문에서 말하는 내용에서 벗어나지 않고 가까웠다.

사마천은 각종 기록과 현장 답사 그리고 깊은 사색을 통해 오제가 역사적 존재로서 믿을 만하다는 판단을 내렸다. 사마천은 황제 이전의 복희와 신농에 대해서도 분명히 알고 있었다(《사기》에도 몇 군데 언급되고 있다). 그럼에도 스치듯 언급만 하고 본기에 넣지 않은 것은 역사적 존재로 인정할 수 없었기 때문이다. 사마천은 〈오제본기〉를 앞으로 기술하게 될 3,000년 통사, 즉 《사기》의 첫 편으로 삼은 근거와 이유를 다음과 같이 깔끔하게 정리했다.

내가 《춘추》와 《국어》를 읽어보니 거기에는 〈오제덕〉과 〈제계성〉에 관한 관점이 명확했다. 문제는 사람들이 깊이 생각하고 연구하지 않았을 뿐이지 그 책들에 나타난 관점이 결코 허황된 것이 아니었다. 《상서》에는 오래전부터 빠진 부분이 많은데 그것들이 종종 다른 저작들에서 발견되곤 한다. 즐겨 배우고 깊이 생각해서 마음으로 그 뜻을 아는 사람이 아닌 이상 학식이 좁고 얕은 사람에게 이런 이야기를 한다는 것은 정말 어렵다. 내가 이를 정리하여 그중 합리적인 것만 골라 본기의 첫 편을 완성했다.

사마천의 '대일통' 역사관 구조

〈오제본기〉는 기본적으로 오제의 치적을 기록한 것이지만 시조인 황제와 요·순의 기록이 상대적으로 많은 비중을 차지하며, 특히 순의 기록이 압도적이다. 이는 사마천이 참고한 기록의 성격과 한계에서 비롯된 당연한 현상이다. 그러나 사마천은 단편적인 기록들을 면밀하게 검토하고 종합하여 황제로부터 순에 이르는 오제의 계보를 일목요연하게 정리하고, 이후 하·은·주 삼대의 시조들도 모두 황제에게서 나왔음을 강조한다. 이것이 바로 사마천의 대일통 역사관이다. 《사기》의 본기, 세가, 삼대세표, 12제후연표, 6국연표 등의 자료들을 종합하여 이 대일통大一統 역사관의 구조를 정리하면 다음의 도표와 같다(170~171쪽).

이 도표에 따르면 화하민족은 모두 황제의 자손이다. 이것이 사마천의 대일통 역사관의 근간을 이룬다. 이는 서한시대에 확립되는 '일통론'의 역사적 증거를 제공하는 것이었다(장대가張大可, 《사기문헌연구史記文獻硏究》, 228쪽에서 인용).

◉ 《사기》 대일통 역사관 구조도

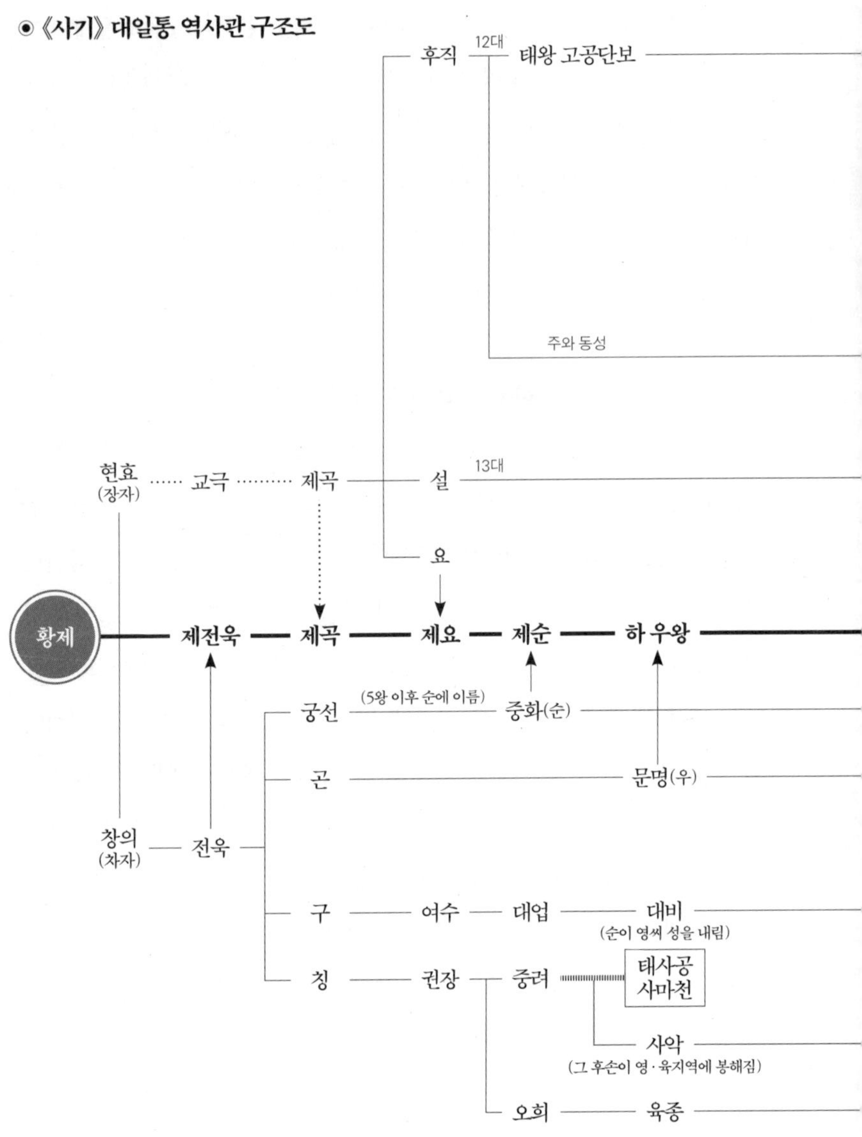

• 《사기》 대일통 역사관 구조도(장대가, 《사기문헌연구》, 228쪽)에 따르면 화하민족은 모두 황제의 자손이고, 이는 곧 사마천의 대일통 역사관의 근간이다. 이는 서한시대에 확립되는 '일통론'의 역사적 증거를 제공한다.

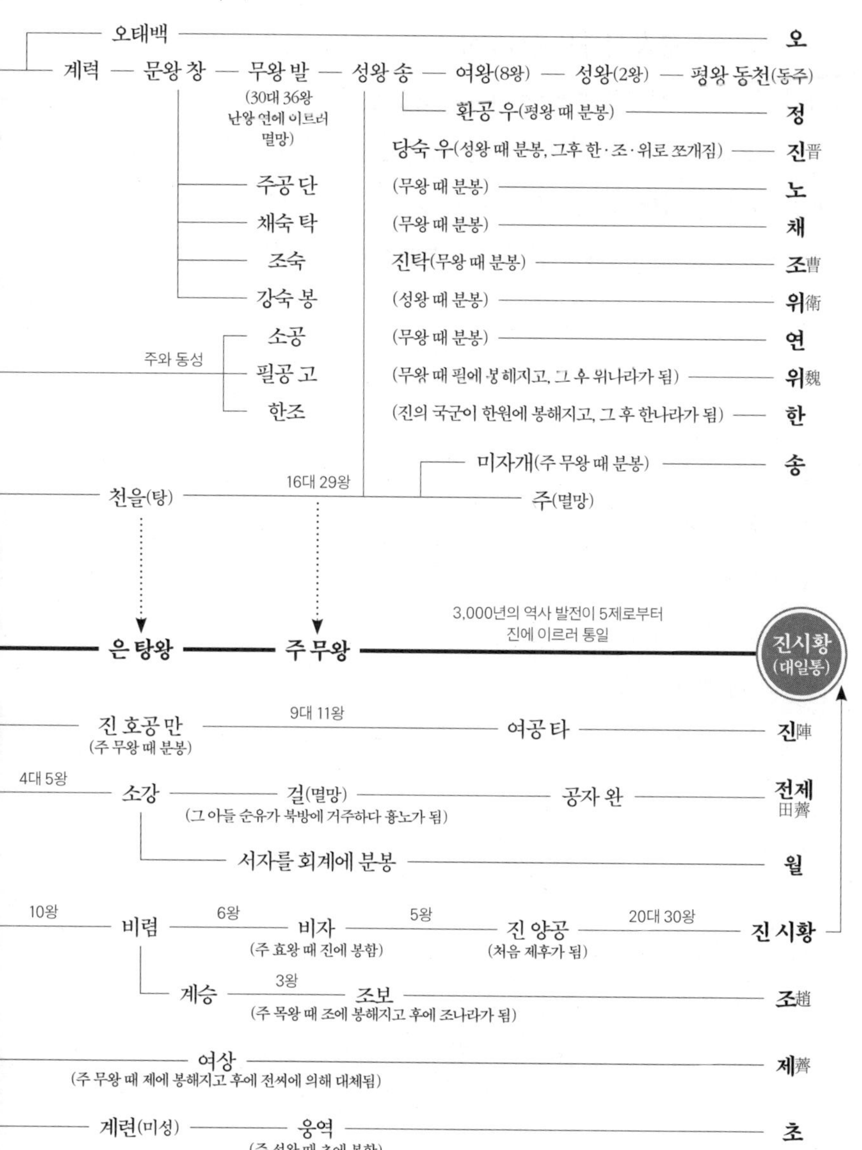

오태백
오
계력
문왕 창
무왕 발
(30대 36왕 난왕 연에 이르러 멸망)
성왕 송
여왕(8왕)
성왕(2왕)
평왕 동천(동주)
환공 우(평왕 때 분봉)
정
당숙 우(성왕 때 분봉, 그후 한·조·위로 쪼개짐)
진晉
주공 단
(무왕 때 분봉)
노
채숙 탁
(무왕 때 분봉)
채
조숙
진탁(무왕 때 분봉)
조曹
강숙 봉
(성왕 때 분봉)
위衛
소공
(무왕 때 분봉)
연
주와 동성
필공 고
(무왕 때 필에 봉해지고, 그 후 위나라가 됨)
위魏
한조
(진의 국군이 한원에 봉해지고, 그 후 한나라가 됨)
한
미자개(주 무왕 때 분봉)
송
천을(탕)
16대 29왕
주(멸망)
3,000년의 역사 발전이 5제로부터 진에 이르러 통일
은 탕왕
주 무왕
진시황 (대일통)
진 호공 만
(주 무왕 때 분봉)
9대 11왕
여공 타
진陣
4대 5왕
소강
걸(멸망)
(그 아들 순유가 북방에 거주하다 흉노가 됨)
공자 완
전제 田齊
서자를 회계에 분봉
월
10왕
비렴
6왕
비자
(주 효왕 때 진에 봉함)
5왕
진 양공
(처음 제후가 됨)
20대 30왕
진 시황
계승
3왕
조보
(주 목왕 때 조에 봉해지고 후에 조나라가 됨)
조趙
여상
(주 무왕 때 제에 봉해지고 후에 전씨에 의해 대체됨)
제齊
계련(미성)
웅역
(주 성왕 때 초에 봉함)
초

중국 역사의 출발점이자 《사기》의 총 서문 격

《사기》에서 〈오제본기〉는 중국 역사의 출발점일 뿐만 아니라 《사기》의 첫 편이기도 하다. 따라서 세계에 대한 사마천의 시각과 역사관이 함축되어 있어 〈자서〉와 함께 《사기》 전체의 총 서문 성격을 띤다. 〈오제본기〉는 그 내용에 따라 대체로 아래와 같이 열세 부분으로 나누어볼 수 있다.

1 황제의 치적
2 제전욱의 치적
3 제곡의 치적
4 제요의 치적
5 제요의 후계자 선정
6 순의 후계자 수업
7 순의 실적과 즉위
8 순의 내력과 인품
9 순의 악독한 가족들
10 순의 덕과 교화
11 제순과 22인의 인재
12 인재들의 업적과 제순의 죽음
13 사마천의 논평

이제 〈오제본기〉 전체를 관통하고 있는 주요 요지와 사상을 몇 가지 방면에서 살펴본다.

사마천은 《사기》 첫 편에 해당하는 이 편에서 먼저 중화민족의 형성과정을 이야기하는데, 황제로부터 순에 이르는 제위의 계승이 일맥상통한다. 오제의 마지막 제왕인 순은 황제의 8세손에 해당하며 이후 하·은·주 3대의 왕계, '세가'에 기록된 제후국들의 선조, 각지 소수민족의 내력을 거슬러 올라가면 모두 황제와 만나게 된다. 중화민족은 모두 동일한 선조의 후예라는 혈통론의 근거를 세운 것이다.

오제의 덕치 강조와 인간사 서술 의지 표명

다음으로 사마천은 오제의 덕을 강조한다. 이때의 덕은 상대적이다. 포악한 자에 대해서는 덕이 아닌 무력으로 응징한다. 즉 난세에는 무력에 의존하고 치세에는 덕으로 다스린다는 논리다. 오제의 덕은 후계자 계승으로까지 이어져 자식이라도 덕과 수양이 부족하면 자리를 물려주지 않고 더 훌륭한 인재에게 물려주는 이른바 '선양禪讓'의 단계로까지 발전한다. 요가 순에게 선양하면서 아들 단주는 천하를 물려받기에 부족하다며 한 사람을 이롭게 하자고 천하가 손해볼 수는 없지 않느냐고 한 것은 선양을 강조하기 위한 극적인 장치라 할 것이다. 이 선양 정신은 순이 우에게 임금 자리를 양보하는 것으로 이어진다. 물론 《죽서기년竹書紀年》, 《한비자韓非子》 등과 같은 문헌에는 선양이 아닌 비정한 권력투쟁으로 묘사되어 있어 역대로 많은 논란이 있었던 것도 사실이다. 하지만 사마천은 덕 있는 통치자를 갈망하는 백성들의 염원을 담아 선양을 부각시켰다.

사마천은 《사기》를 통해 하늘과 인간의 관계를 탐구하고자 했다. 천인감응天人感應 따위와 같은 미신적 신학이 기승을 부리던 시대에 사마천은 황제를 중국사의 출발점으로 삼는 한편, 황제를 신격화하는 황당무계한 설들을 과감하게 버리고 황제를 인간 세상으로 끌어내렸다. 이로써 중국사는 황제로부터 진정한 인류 사회의 역사가 되었다. 사마천이 〈오제본기〉의 시작으로 황제를 선택한 것은 신선을 찾아다니고 방사를 우대하면서 불로장생을 갈망한 무제의 말도 안 되는 행위에 대한 날카로운 풍자로도 읽힌다(이런 비판적 인식은 〈봉선서〉에 특히 잘 나타나 있다). 즉 무제 개인의 욕망을 충족시키기 위해 동원된 황로술이나 일신의 부귀영화를 위해 권력자에게 아부를 떠는 방사들에 의해 동원된 황제를 당당히 인간 세상으로 환원시켜 인간사와 연계시킴으로써 이들의 짓거리를 통렬하게 공격한 것이다. 요컨대 《사기》는 철두철미 인간의 일을 다루겠다는 의지의 표명이다.

진화론적 역사관 체현

〈오제본기〉의 오제들은 인간 세상의 모든 제도와 법규의 창시자로 기술되어 있다. 사마천은 이들에 의해 중화문명의 기초가 다져진 것으로 본다. 사계절의 변화와 지리에 맞추어 백성들의 생산 활동과 제사 활동을 안배하고, 군대를 조직하고, 관직을 두고, 천문·역법을 제정하는 등 각종 정치·경제·문화 제도가 초보적으로 완비된 것이 오제 때의 일이라는 것이다. 이 같은 제도 완비의 발전과정은 사마천의 진화론적 사회·역사관을 체현한 것이란 점에서 의미가 있다.

앞에서도 몇 차례 언급했듯이 〈오제본기〉의 핵심은 '대일통' 사상의 확립이다. 강역에 대한 확대된 시야, 즉 당시 사마천이 알고 있던 세계의 범위는 이러한 '대일통' 관념의 형성을 촉진했다. 달리 말하자면 사마천이 살았던 서한의 시대정신이자 민족적 자신감의 발로였다. 이를 위해 사마천은 황제로부터 무제에 이르는 역사를 기술하되, 씨족 부락연맹으로부터

◉ 사마천은 복희와 신농의 존재를 알고 있었지만 사료상의 문제점을 들어 본기에 편입시키지 않는 합리적인 학문 자세를 보였다. 왼쪽은 타이페이 고궁박물관 소장 복희 초상화, 오른쪽은 명대 《삼재도회》에 실린 신농 초상화다.

점점 대일통을 향해 가는 역정을 계통적으로 되돌아보고 있다. 이로써 중화사상의 원형이 정착하기에 이르렀다.

끝으로 〈오제본기〉에는 《사기》를 저술하는 방법과 의례 및 옛 사료에 대한 취사와 관련된 사마천의 기본 입장이 나타난다. 이는 〈삼대세표〉의 서문, 〈공자세가〉의 논평, 〈백이열전〉에 깔려 있는 사마천의 논조와 함께 역사 기술과 관련한 사마천의 이론체계와 큰 원칙을 구성한다. 복희와 신농의 존재를 엄연히 알고 있었으면서도 이를 편입하지 않은 것이 이러한 사마천의 자세를 가장 잘 보여준다. 사마천은 의심이 가는 것은 그대로 남겨두고, 여러 사료들 중 합리적인 것만 취하는 비교적 엄격한 실사구시의 태도를 견지했다. 특히 실제 현장을 답사하고 직접 탐문하여 문헌 자료를 검증하거나 부족한 것을 보완하는 진정한 역사가로서의 면모를 유감없이 보여준다.

상제 마음으로 백성의 희망 표출

〈오제본기〉를 필두로 '본기'의 전반부 몇 편은 사마천이 상제(上帝, 하늘)의 마음을 빌려 서민 백성의 희망을 대신 표출한 것이다. 어질고 덕 있는 통치자를 추대하려는 백성들의 마음을 사마천은 붓을 들어 대신 표현했다. 반면 백성에게 고통을 주는 나쁜 통치자에 대해서는 붓으로 매질을 가했다. 백성들이 마음으로 그리는 유토피아에 대한 추구를 대신 그린 것이고, 그것은 또한 사마천 자신의 염원이기도 했다.

자신의 입으로 직접 왕조 교체나 나쁜 통치자를 내쫓자고 할 수 없는 상황에서 사마천이 백성의 희망을 빌려 《사기》의 첫 시작으로 삼은 것은 대단히 의미심장하다. 백성의 희망과 의지를 상제의 그것으로 치환시키는 절묘한 안배도 간과해서는 안 된다. 특히 '선양' 고사는 바로 이러한 의지의 극적인 표현으로 읽어야 한다. 사마천은 《사기》 첫 권에서 제왕의 교체를 아름답고 이상적으로 묘사했을 뿐만 아니라 이 선양을 제후의 기록인 '세가' 첫 권 〈오태백세가〉에서 재연하고 있다. 나아가서 '열전'의 첫 권인 〈백이열전〉으로까지 연장시키는 강한 집착을 보인다.

사마천이 그리는 전설시대 제왕의 교체, 즉 선양은 덕 있는 통치자에게 권력을 이양한다는 기본적인 사실관계를 따른다. 하지만 그 붓끝 아래에 흐르고 있는 것은 권력과 통치 그리고 통치자의 본질을 통찰한 생명력 넘치는 감동적인 인식이다. 또한 그 출발점에는 서민 백성이 진심으로 갈망하는 희망의 불꽃이 반짝이고 있다.

〈오제본기〉는 《상서》를 비롯해 지금은 이름만 남은 〈오제덕〉과 〈제계성〉

을 기본 사료로 삼고, 여기에 《국어》《좌전》《세본》《장자》《맹자》《한비자》《전국책》《여씨춘추》《예기》《회남자》 등의 자료를 한데 녹여 완성했다. 그 규모가 대단히 방대한 3,000년 중국사의 서막이다.

주요 사건 스토리텔링

〈오제본기〉에 나오는 주요 사건으로는 황제와 염제 신농씨가 부락 연맹의 우두머리를 놓고 벌인 판천阪泉전투를 비롯하여, 황제와 동이족의 수령 치우와의 선투인 탁록전투, 천자로 등극한 황제가 자신의 권위를 과시하기 위해 제후들을 소집하여 신표(부절)를 확인한 '합부부산' 등을 들 수 있다. 이 사건들은 모두 황제가 부락 연맹의 확실한 수령으로 부상하는 과정을 전한다. 치우와의 전투는 여러 기록에 신화적 색채가 강하게 가미되어 전해지는데, 황제가 고전을 면치 못한 것으로 나타난다.

〈오제본기〉에서 특별히 강조한 선양도 주요한 사건으로 볼 수 있으며, 백성들을 못살게 굴던 사흉을 추방한 순의 행적도 중요하다. 이 사건은 순이 요를 대신하여 섭정하던 시기의 중대한 공적이다. 이밖에 순의 '삼묘추방'도 주요한 사건으로 꼽을 수 있는데, 삼묘에 대한 추방은 순임금뿐만 아니라 요와 우임금 때도 있었던 것으로 전한다.

◉ 황제 이하 오제의 세계표

제1대	제2대	제3대	제4대	제5대	제6대 제7대 제8대	제9대
①**황제** **희헌원**	현효玄囂	교극蟜極	④**곡제** **희준**	⑤희지		
				⑥**요제** **이기방훈**		
	창의昌意	③**현제** **희전욱**	궁선窮蟬	경강敬康	구망句望 교우橋牛 고수瞽叟	⑦**순제** **요중화**
	②기지己摯					

- 번호는 실제로 제위를 계승한 순서, 즉 세대를 나타낸다.
- 진한 글자는 오제를 표시한 것이다.

◉

그 옛날 황제는 하늘과 땅을 법칙으로 삼았고,
전욱·제곡·요·순에 이르는 네 성인은
황제의 질서를 준수함으로써 각각 법도를 세웠다.
요임금이 제왕의 자리를 물려주었으나,
순은 자신의 공업을 자랑하지 않고 근신했다.
이들 제왕의 공덕은 만고에 길이길이 전할 것이다.
이에 본기 첫 편인 〈오제본기〉를 지었다.

권130 〈태사공자서〉

1
황제의 치적

◉

황제黃帝는 소전少典의 자손으로 성은 공손公孫, 이름은 헌원軒轅이라 불렀다. 출생은 신령스러웠고 태어난 지 얼마 되지 않아 말을 했다. 어려서는 영리했고 성장하면서는 성실하고 민첩했으며 장성해서는 총명했다. 헌원 때는 염제炎帝 신농씨神農氏의 세상이 쇠퇴했다. 제후들이 서로를 침략하고 정벌하며 백성들을 포악하게 다루었으나 신농씨에게는 이들을 징벌할 힘이 없었다. 이에 헌원은 창과 방패를 사용하는 방법을 익혀 조공하지 않는 제후들을 정벌하니 모두 신하로 복종했다. 그러나 가장 포악한 치우蚩尤는 토벌할 수 없었다. 염제가 제후들을 침범하려고 하자 제후들이 모두 헌원에게로 귀의했다.

헌원은 덕을 닦고 군대를 정비했다. 다섯 가지 기운인 '오기五氣'[1]를 다스리고 다섯 가지 곡식인 '오곡五穀'[2]을 심었으며, 백성을 어루만지고 사방의

1 금金, 목木, 수水, 화火, 토土 오행의 기를 가리킨다.

2 도(稻, 벼), 서(黍, 기장), 맥(麥, 보리), 숙(菽, 콩), 직(稷, 기장).

◉ 염제 신농씨와 황제의 막강한 상대였던 치우는 흔히 동이족의 수장으로 전한다. 사진은 하북성 탁록현涿鹿縣의 황제·염제·치우를 함께 기념하는 '중화삼조당中華三祖堂' 내 치우상(왼쪽)이다.

경계를 조사하고 측량했다. 웅비熊羆·비휴貔貅·추호貙虎[3]와 같은 맹수들을 훈련시켜 판천阪泉 들에서 염제와 세 번 싸운 끝에 뜻을 이루었다. 치우가 황제의 명을 듣지 않고 다시 난을 일으켰다. 황제는 제후들의 군대를 징집하여 탁록涿鹿 들에서 치우와 싸워 마침내 치우를 잡아 죽였다. 그러자 제후들은 모두 신농씨를 대신하여 헌원을 천자로 받드니 그가 바로 황제이다. 천하에 따르지 않는 자가 있으면 황제가 나서 정벌했는데 평정하면 바로 떠났다. 산을 개척하여 길을 내느라 편하게 쉬어본 적이 없었다.

동쪽으로는 바닷가까지 이르러 환산丸山과 대종岱宗에까지 올랐다. 서쪽

---

3 훈련시켜 전쟁에 이용했다고 전해지는 여섯 종류의 맹수. 이 여섯 가지 맹수의 이름을 딴 군대를 가리킨다는 설도 있다.

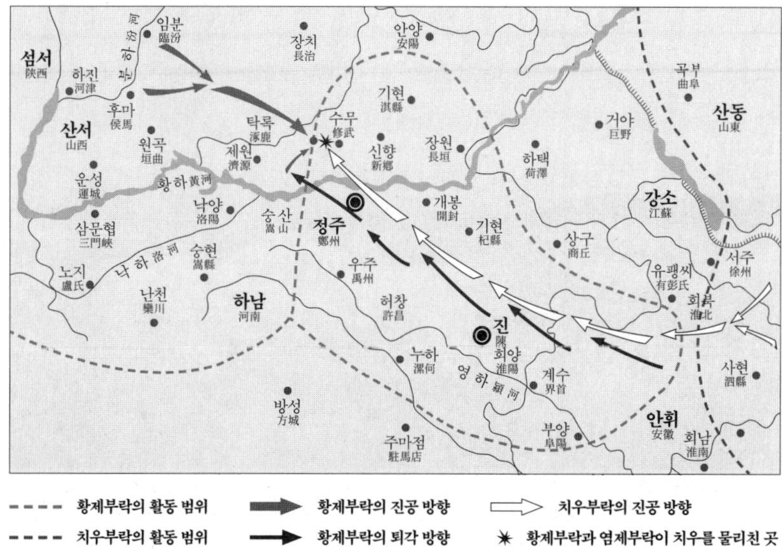

◉ 상고시대 부락 연맹 간 투쟁을 보여주는 전투도. 탁록전투도. 그 위치를 두고 아직도 논쟁 중이나 이 책에서는 하남과 산서의 경계 지점을 탁록으로 인정한 설을 채용했다. 현재 중국은 하북성 탁록을 그 지점으로 보고 대대적인 성역화 사업을 벌이고 있다.

으로는 공동空桐에 이르러 계두산鷄頭山에 올랐다. 남쪽으로는 장강長江에 이르러 웅산熊山과 상산湘山에 올랐다. 북쪽으로는 훈육葷粥을 내쫓고 부산釜山에서 제후들을 소집하여 신표를 검증했다.[4] 그리고 탁록산 아래 평원에 도읍을 정했다. 일정한 거처 없이 여기저기를 옮겨 다녔기 때문에 군영을 치고 군대로 하여금 호위하게 했다. 관직 이름은 모두 구름 '운雲'자를

4 합부부산合符釜山. 황제가 제후들을 실질적으로 거느린 사건을 말한다. 훗날 하나라 시조 우가 도산에서 제후들을 소집한 것도 같은 맥락이다. 부산의 위치에 관해서는 여러 설이 있다.

◉ (위) 황제의 무덤으로 전하는 교산 황제릉. 섬서성 황릉현黃陵縣에 조성되어 있다.

◉ (아래) 황제가 부산에서 제후들을 소집하여 신표를 검증한 '부산합부釜山合符' 사건을 기념하는 '중화합부림中華合符林' 비석과 황제상. 하북성 탁록현의 황제성 유지 내에 조성되어 있다.

넣어 불렀는데, 군대도 '운사雲師'[5]라 했다. 좌우 '대감大監'[6]을 두어 온 나라를 감독하게 했다.

온 나라가 화목해지자 귀신과 산천, 하늘과 땅에 제사 드리는 일이 많아졌다. '보정寶鼎'[7]과 '추책推筴'[8]도 얻었다. 풍후風后·역목力牧·상선常先·대홍大鴻을 천거하여 백성을 다스리게 했다. 하늘과 땅이 운행하는 법칙에 순응하면서 음과 양의 상호작용에 따른 이치를 알았고, 사물의 삶과 죽음에 관한 설들을 탐구하면서 존재와 멸망의 변론을 통찰했다. 때에 맞추어 온갖 곡식과 풀 그리고 나무를 심고, 새와 짐승 그리고 곤충류까지 길들였다. 해와 달과 별을 살피고, 물과 흙과 돌 그리고 쇠와 옥을 이용했다. 몸과 마음을 다하여 부지런히 일하며 잘 듣고 보았다. 물과 불과 재물은 아껴 썼다. 황제로 불렸던 것은 '토덕土德'[9]의 상서로운 징조가 있었기 때문이다.

황제에게는 스물다섯 명의 아들이 있었는데, 성을 얻은 자들은 열넷이었다. 황제는 헌원의 언덕에 살면서 서릉씨西陵氏의 여자를 아내로 맞았는데 바로 누조嫘祖다. 누조는 황제의 정비로서 아들 둘을 낳았고, 그 후손들은 모두 천하를 얻었다. 하나는 현효玄囂, 즉 청양青陽인데 강수江水 지역에 봉해졌다. 하나는 창의昌意로서 약수若水 지역에 봉해졌다. 창의는 창복昌僕이라는 촉산씨蜀山氏의 여자를 아내로 얻어 고양高陽을 낳았다. 고양에게는

---

5 황제의 군대 이름을 가리킨다. 《좌전》(소공 17년조)에 관련 기록이 보인다.

6 황제 치하의 제후국들을 감독한 관직 이름.

7 전설에 따르면 황제가 하늘이 내린 보물 솥을 얻었다고 한다.

8 '책'은 점을 치는 데 사용하는 풀이나 나뭇가지를 말하며, '추'는 예측한다는 뜻이다. 신책神策이라고도 한다.

9 전국시대에 유행한 음양오행설陰陽五行說과 오덕시종설五德始終說에 따라 황제는 흙, 즉 '토土'의 기운을 타고났다고 해서 '토덕土德'이라 한다.

성스러운 덕이 있었다. 황제가 돌아가자 교산橋山에 장사 지냈다. 그 손자인 창의의 아들 고양이 뒤를 이었으니 바로 제전욱帝顓頊이다.

2
제전욱의 치적

◉

제전욱 고양은 황제의 손자이자 창의의 아들이다. 차분하고 지략이 있으며 사리에 밝았다. 알맞은 땅을 골라 작물들을 길렀고, 하늘의 운행에 근거하여 계절을 규정했다. 조종과 신령의 뜻에 따라 규범을 정했으며, 음양오행 원칙을 정해 백성을 교화했다. 제사 지낼 때는 정갈하고 경건하게 지냈다. 그리하여 북쪽으로는 유릉幽陵, 남쪽으로는 교지交阯, 서쪽으로는 유사流沙, 동쪽으로는 반목蟠木에까지 이르렀다. 모든 동식물과 크고 작은 산천의 신들 그리고 해와 달이 비추는 곳이면 어디든 복속시키지 않은 것이 없었다.

전욱은 궁선窮蟬이라는 아들을 낳았다. 전욱이 세상을 뜨자 현효의 손자인 고신高辛이 뒤를 이었으니 이가 바로 제곡帝嚳이다.

3
제곡의 치적

◉

제곡 고신은 황제의 증손자다. 고신의 아버지가 교극蟜極, 교극의 아버지가 현효, 현효의 아버지가 바로 황제다. 현효와 교극은 제위에 오르지 못했지만 고신에 와서 제위에 올랐다. 고신은 전욱에게는 집안 친척이다.

◉ '이제릉二帝陵' 내의 전욱(오른쪽)과 제곡(왼쪽) 상. 하남성 복양현濮陽縣에 위치한다.

고신은 나면서부터 신령스러워 스스로 이름을 말했다. 만물에 이익이 돌아가도록 은택을 베풀되 자신의 이익은 꾀하지 않았다. 미래의 일을 알고 미세한 곳까지 살필 수 있을 만큼 총명했다.[10] 하늘의 뜻을 따랐고, 백성이 당장 무엇을 필요로 하는가를 잘 알았다. 어질면서 위엄이 있고, 베풀기를 좋아하고 믿음이 있으면서 자신의 몸을 수양하니 천하가 마음으로 따랐다. 땅으로부터 재물을 얻되 아껴서 썼고, 백성을 다독거리며 가르치되 이롭게 이끌었다.

해와 달의 운행법칙에 맞추어 달력과 절기를 정하고, 또 그 때에 맞추어

10 총이지원聰以知遠, 명이찰미明以察微. 제곡 고신에 대한 묘사다. 훗날 유능하고 덕 있는 통치자를 표현할 때 흔히 사용되었다.

◉ 이제릉 뒤쪽에 자리 잡고 있는 전욱(위)과 제곡(아래)의 무덤. 하남성 복양현에 위치한다.

맞이하고 보내는 제사를 섬겼다. 귀신을 잘 구분하여 경건하게 섬겼다. 자태는 온화했고, 인품은 고상했다. 행동은 시의적절했고, 복장은 보통 사람과 다를 바 없었다.

제곡의 은덕은 대지에 물을 대듯 고루고루 온 천하에 두루 미쳤고, 해와 달이 비추고 바람과 비가 이르는 곳이면 모두 복종했다.

제곡은 진봉씨陳鋒氏의 여자를 아내로 맞아 방훈放勳을 낳았고, 또 추자씨娵訾氏의 여자를 맞이해서는 지摯를 낳았다. 제곡이 세상을 떠나자 지가 뒤를 이어 제위에 올랐다. 제지가 제위에 올랐으나 통치가 시원치 않아 동생 방훈이 제위를 계승하니 그가 바로 제요帝堯이다.

4
제요의 치적

◉

제요는 방훈이다. 그는 하늘처럼 인자하고 신처럼 지혜로웠다. 사람들은 태양 빛을 따르듯 그를 따랐고, 만물을 적시는 비구름을 보듯 그를 우러러보았다. 부귀하면서도 뻐기거나 멋대로 굴지 않았다.[11] 누런 모자와 검은 옷에 흰말이 끄는 붉은 마차를 타고 다녔다. 하늘과 사람에 순응하는 미덕으로 구족九族[12]을 화목하게 했다. 구족이 화목하자 백관의 직위를 안배했다. 백관이 맡은 바 직분을 다하자 만국이 화합하기에 이르렀다.

이에 희羲와 화和에게 삼가 해와 달과 별의 운행법칙에 따라 달력과 절기를

11 부이불교富而不驕, 귀이불서貴而不舒. 제요의 인품을 나타내는 표현이다.

12 구족의 범위에 대해서는 일치된 설은 없지만 대개 자신의 종족과 외척을 가리키는 것으로 본다.

정하고 그에 맞추어 백성들이 적기에 농사를 지을 수 있도록 가르치게 했다.

희중羲仲을 양곡暘谷이라 불리는 욱이郁夷로 보내 머무르게 하면서 아침에 떠오르는 태양을 공손히 맞이하고 때에 맞추어 봄 농사를 짓도록 했다. 또 낮과 밤의 길이가 같은 날 정남쪽에 조성鳥星[13]이란 별이 나타나는 시각을 잡아서 춘분을 정하게 했다. 이때가 되면 백성들은 들로 나가 농사를 짓고, 새와 짐승들은 교미하여 새끼를 치기 시작한다. 희숙羲叔에게는 남교南交에 살면서 여름 농사를 때맞추어 잘 감독하도록 명령했다. 낮이 가장 긴 날 정남쪽에 화성火星[14]이 나타나는 시각을 잡아서 하지를 정하게 했다. 이 무렵이면 백성들은 농사에 더 바쁘고, 새와 짐승들은 털갈이를 하느라 털이 줄어든다.

화중和仲에게는 매곡昧谷이라는 서쪽 변방에 살면서 지는 해를 경건히 보내고 가을 농사를 잘 감독하도록 했다. 밤과 낮의 길이가 같은 날 정남쪽 하늘에 허성虛星[15]이 나타나는 시각을 잡아서 추분을 정하게 했다. 이때가 되면 백성은 평화롭고 유쾌해지며, 새와 짐승은 새로운 털이 난다. 화숙和叔은 유도幽都라 불리는 북방에 살면서 겨울에 곡식을 거두어 저장하는 일을 감독하게 했다. 낮의 길이가 가장 짧은 날 정남쪽 하늘에 묘성昴星[16]이 출현하는 시각을 잡아서 동지를 정하게 했다. 백성은 따뜻하게 입고 겨울을 나고, 새와 짐승에게도 두텁고 따뜻한 털이 난다.

---

13 중국의 전통적인 별자리의 총칭인 28수宿 중 동방 7수의 하나로 춘분과 관계된 별자리다.

14 남방 7수의 하나로 하지와 관계된 별자리다.

15 서방 7수의 하나로 추분과 관계된 별자리다.

16 북방 7수의 하나로 동지와 관계된 별자리다.

◉ 천안문 광장보다 더 넓다는 요묘堯廟 광장. 산서성 임분臨汾시에 조성되어 있다.

1년을 366일로 정하고 윤달을 두어 사계절의 오차를 바로잡았다. 요는 백관들에게 각자의 직무에 대해 엄격할 것을 요구했다. 모든 일이 활기를 띠며 잘 돌아갔다.

5
제요의 후계자 선정

◉

요가 "장차 누가 내 일을 계승할 수 있겠는가?"라고 물었다. 방제放齊가 "적장자 단주丹朱가 사리에 밝고 명석합니다"라고 대답했다. 요는 "아니오! 그 애는 덕이 없고 다투기를 좋아해서 쓸 수가 없소"라고 말했다. 그리고는 또 "누가 좋을까?"라고 물었다. 환두驩兜가 "공공共工이 사람들을 많이 모아 여러 가지 일을 하고 있습니다. 그가 쓸만 합니다"라고 대답했다. 요는 "공공은 말은 잘 듣지만 행동이 바르지 않고, 겉으로는 공손한 것 같지만 하늘도 깔보는 자라서 쓸 수가 없소!"라고 말했다.

요는 또 "오, 사악四嶽[17]이여! 홍수가 하늘에까지 넘쳐서 거대한 물줄기가 산을 감싸고 언덕을 삼키는 통에 백성들의 걱정이 태산이오. 이를 다스릴 수 있는 사람이 없겠소?"라고 물었다. 모두들 곤鯀이라면 할 수 있다고 대답했다. 요는 "곤은 명령을 어기고 동족을 해쳤기 때문에 안 되오!"라고 했다. 사악은 "다른 사람은 없습니다. 한번 써보시고 아니면 그만두면 됩니다"라고 했다. 이에 요는 사악의 말을 듣고 곤을 등용했다. 9년이 지났지만 아무런 성과를 거두지 못했다.

요가 "오, 사악이여! 짐이 재위한 지 70년이 되었소. 그대들 중 누가 천명에 따라 짐의 자리를 계승하겠소?"라고 했다. 사악은 "덕이 없어 제위를 욕되게 할 것입니다"라고 응대했다. 요는 "귀한 사람이든 관계가 먼 은둔자든 모두 추천해주시오"라고 했다. 모두들 요에게 "민간에 우순虞舜이라는 홀아비가 있습니다"라고 대답했다. 요는 "그렇소, 나도 들은 바 있는데 어떤 사람이오?" 하고 물었다. 사악이 대답했다. "그는 장님 고수瞽叟의 아들입니다. 아비는 도의란 것을 모르는 자이고, 어미는 나쁜 말만 골라서 하는 자이며, 그 동생은 오만방자한 자입니다. 하지만 우순은 효성과 우애로 화목하게 지내며 온화하고 선량하게 그들이 간사한 길로 빠지지 않게 이끌고 있습니다." 요는 "내가 그를 한번 시험해보겠소"라고 말했다. 그리하

17 사방 제후들의 수장을 가리키는 표현으로 공안국孔安國은 희씨와 화씨의 네 아들이 사악의 제후를 나누어 맡았다고 했다.

◉ 민간에서 순을 발탁하는 요임금. 산서성 운성시運城市순제릉에 있는 기록화의 일부이다.

여 요는 두 딸을 시집보내 두 딸을 대하는 그의 덕을 살폈다.

6
순의 후계자 수업

◉

순은 두 여자를 규예嬀汭로 맞아들여 자기 집안의 예절에 따라 부녀자의 도리를 다하게 했다. 요는 이를 마음에 들어 하며 순에게 '오전五典'[18]으로 백성을 교화하게 했더니 모두가 그를 따랐다. 다시 백관을 이끌게 했더니 백관이 제자리를 찾았다. 사방에서 오는 손님을 맞이하는 일을 맡겼더니 손님들을 기쁘게 했다. 제후들이나 먼 곳에서 온 손님들이 모두 순을 공경

18 '오교五教'로서 오상五常을 가르치는 것을 말한다. 오상은 '부자유친父子有親', '군신유의君臣有義', '부부유별夫婦有別', '장유유서長幼有序', '붕우유신朋友有信'을 가리킨다.

◉ 요의 두 딸로 순에게 시집 간 아황娥皇(왼쪽)과 여영女英. 산서성 임분시 요릉堯陵에 있는 조상이다.

했다. 요는 순에게 산·하천·연못에 관한 일을 맡겼다. 폭풍이 몰아치고 천둥 번개가 치는 빗속에서도 순은 방향을 잃지 않았다. 요는 그를 성인으로 여기고 "그대는 무슨 일을 하든 다 해냈고, 한 말은 모두 성과를 냈다. 그렇게 3년이 되었으니 그대가 제위에 오르도록 하라"라고 말했다. 순은 자신의 덕이 충분치 않다고 사양하며 걱정하는 얼굴을 했다. 정월 초하루, 순은 문조文祖[19]의 사당에서 선양을 받아들였다. 문조는 요의 태조다.

이 무렵 요는 나이가 들어 순에게 천자의 정치를 섭정하게 하면서 천명을 살폈다. 순은 천문을 관측하며 '칠정七政'[20]의 위치를 바로잡았다. 이미 늙었으므로 순에게 천자의 정치를 대신하게 하고 이렇게 하는 것이 하늘

---

19 문조에 대해서는 여러 설이 있으나 사마천은 요의 태조와 그 사당을 가리키는 용어로 사용한다.
20 해와 달 그리고 다섯 행성, 즉 금성·목성·수성·화성·토성을 말한다. 고대에는 해와 달 그리고 다섯 행성의 운행을 보고 제왕의 정치가 잘 시행되고 있는지 살폈다.

의 뜻에 부합하는지를 관찰하게 했다. 이어 하늘에 유類[21] 제사를 올리고, '육종六宗'[22]에는 인禋[23] 제사를 올렸다. 산천을 멀리서 바라보며 망望[24] 제사를 드리고, 다른 신들에게도 두루 제사를 올렸다. 제후들이 쥐는 '오서五瑞'[25]를 거두어들였다가 길한 달과 날을 택해 사악과 지방관들에게 나누어 주었다.

그해 2월에 동쪽을 시찰하고 대종岱宗에 이르러 장작을 태워 하늘에 시祡[26] 제사를 올리고, 등급에 따라 산천에 망 제사를 드렸다. 동방의 군장들을 접견하여 새로운 달력을 주어 사계절과 달 그리고 날을 통일했고, 음률과 도량형도 통일했다. '오례五禮'[27]를 규정했고, 등급에 따라 '오옥五玉'·'삼백三帛'·'이생二生'·'일사一死'[28]를 가지고 상견례를 하도록 규정했다. 오옥은 상견례가 끝나면 돌려주었다. 5월에는 남쪽을 시찰했고, 8월에는 서쪽을 시찰했으며, 11월에는 북쪽을 시찰했는데 모두 처음 동쪽을 시찰할

---

21 비정기적으로 하늘에 지내는 특수한 제사의 이름이다.

22 여러 가지 설이 있지만《예기》〈제법〉에 따르면 사계절과 추위·더위, 해, 달, 별, 물, 가뭄을 가리킨다.

23 제사의 하나로 제물을 불 위에 올려놓고 그슬려 그 맛이 연기를 따라 하늘에까지 닿도록 한다는 의미에서 '인'이라 했다.

24 명산과 큰 하천에 거행하는 제사를 말한다.

25 공작·후작·백작·자작·남작 등 작위를 가진 제후들이 손에 쥐는 상서로운 신표. 위가 둥글고 아래가 네모난 다섯 종류의 옥규玉圭를 말한다.

26 천신에 드리는 제사로 제물을 장작 위에 올려놓고 굽고 태우기 때문에 이렇게 부른다.

27 다섯 종류의 예절로 길례吉禮(제사), 흉례凶禮(상장), 빈례賓禮(빈객), 군례軍禮(군사), 가례嘉禮(관혼)를 말한다.

28 오옥五玉은 오서와 같은 뜻이다. 삼백三帛은 색이 다른 세 가지 직물을 말하는데, 제후들의 등급에 따라 붉은색·검은색·누런색으로 구분된다고 한다. 이생二生은 살아 있는 두 가지 생물을 말하는데, 검은 새끼양과 기러기를 가리킨다. 일사一死는 죽은 것 하나를 가리키는데, 대개 꿩으로 본다.

때와 같았다. 돌아와서는 문조의 사당에 황소를 잡아 제물로 바쳐 제사를 올렸다.

5년에 한 번씩 시찰에 나섰고, 나머지 4년은 각지의 제후들이 올라와서 조회하였다. 제후들에게 백성을 다스리는 구체적인 방법을 일러주었고, 실적을 공개적으로 시험해서 그 공에 따라 수레와 의복을 차등 있게 나누어주었다. 십이주十二州[29]를 처음 두었고, 물길을 터서 하천을 통하게 하였다. 형법을 기물에 새겼는데, '오형五刑'[30]의 죄를 지은 자를 법에 따라 유배시킬 자는 유배시키고 용서할 자는 용서하였다. 관가에서는 채찍질로 형을 집행했고, 학교에서는 회초리로 체벌을 했으며, 일부 범죄는 돈으로 속죄할 수 있었다. 고의가 아닌 과실은 용서하고, 뉘우칠 줄 모르는 악질들은 엄하게 징벌했다. 신중하라, 신중하라! 법과 형벌의 집행은 신중하게 생각해야 한다![31]

7
순의 실적과 즉위

◉

환두가 요에게 공공을 추천했을 때 요는 안 된다고 하였다. 그래도 그를 공사工師,[32] 즉 공공共工에 임명하여 시험해보았지만 역시 교만하고 방자

---

29 원래 하우가 치수사업을 성공한 후 중원의 구주를 순이 더 늘려 12주가 되었다고 한다.

30 다섯 가지 형벌. 묵(墨, 얼굴에 글자를 새기는 형벌), 의(劓, 코를 베는 형벌), 비(剕, 발을 자르는 형벌), 궁(宮, 성기를 자르는 형벌), 대벽(大辟, 목을 베는 형벌)을 가리킨다.

31 흠재흠재欽哉欽哉, 유형지정재唯刑之靜哉. 제순이 백관들에게 법 집행의 신중함을 강조한 구절로 유명하다.

32 토목·건축을 관리하는 관직.

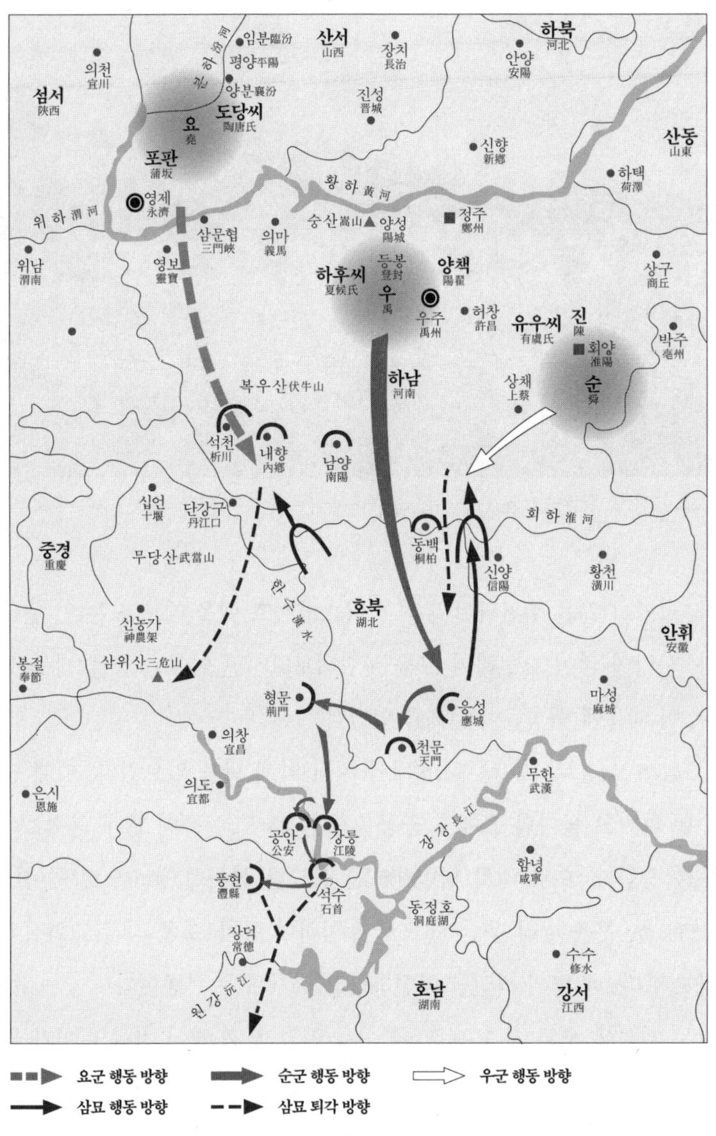

◉ 요·순·우의 삼묘정벌도. 화하 세력의 확장을 의미하지만 사실 여부에 대해서는 논란이 적지 않다.

◉ 요의 무덤으로 전하는 산서성 임분시에 있는 요릉.

했다. 사악이 곤을 추천하여 홍수를 다스리자고 했을 때도 요는 안 된다고 했다. 사악이 굳이 요청하여 그를 시험해보았지만 아무런 공을 세우지 못했다. 이 때문에 백성들이 피해를 입었다.

삼묘三苗가 강회江淮·형주荊州에서 여러 차례 난을 일으켰다. 이때 순은 순수를 마치고 돌아와 요에게 공공을 유릉幽陵으로 유배 보내 북적北狄을, 환두를 숭산崇山으로 내쳐 남만南蠻을, 삼묘를 삼위산三危山으로 쫓아내어 서융西戎을, 곤을 멀리 우산羽山으로 추방하여 동이東夷를 각각 교화시키게 하자고 했다. 네 명의 죄인을 처벌하니 천하가 모두 복종했다.

요는 제위에 오른 지 70년 만에 순을 얻었고, 20년이 지나 나이가 들자 순에게 천자의 정치를 섭정하게 하고는 하늘에 그를 추천했다. 요는 자리에서 물러난 지 28년 만에 세상을 떴다. 백성들은 부모를 잃은 듯 슬퍼했다. 삼년상을 치르는 동안 모든 사람이 음악을 중단한 채 요를 사모했다.

요는 아들 단주가 잘나지 못해 천하를 물려받기에는 부족하다는 것을 알았기 때문에 변칙이지만 순에게 넘겨주기로 했다. 순에게 넘겨주면 천하가 이롭고 단주만 손해를 보면 되지만, 단주에게 넘기면 천하가 손해를 보고 단주 한 사람만 득을 보기 때문이었다. 요는 "천하가 손해를 보면서 한 사람을 이롭게 할 수는 결코 없다"[33]며 끝내 순에게 천하를 넘겨주었다.

요가 세상을 뜨고 삼년상을 마치자 순은 단주에게 자리를 양보하고 자신은 남하南河 남쪽으로 피했다. 제후들은 단주에게 조회하지 않고 순에게로 왔다. 송사가 있는 자들도 단주에게 가지 않고 순에게로 왔으며, 찬송을 할 때도 단주를 찬송하지 않고 순을 찬송했다. 순은 "하늘의 뜻이로구나!"라며 도성으로 돌아와 천자의 자리에 올랐다. 이가 제순이다.

8
순의 내력과 인품

◉

우순은 이름이 중화重華이다. 중화의 아버지는 고수이고, 고수의 아버지는 교우橋牛이며, 교우의 아버지는 구망句望, 구망의 아버지는 경강敬康, 경강의 아버지는 궁선, 궁선의 아버지는 전욱, 전욱의 아버지는 창의이다. 순에 이르기까지 일곱 세대가 흘렀다. 궁선부터 제순에 이르기까지는 모두

33 종불이천하지병이이일인終不以天下之病而利一人. 요가 순에게 천자 자리를 선양하면서 남긴 유명한 말이다. 출신보다는 덕망과 유능함을 갖춘 인재에게 통치자 자리를 넘겨주는 전통을 선양禪讓이라 한다. 요가 순에게 순이 우에게 자리를 선양한 고사는 그 후 유가에 의해 통치에 관한 한 최상의 경지로 미화되고 추앙되었다. 사마천은《사기》의 첫 편인 〈오제본기〉와 세가의 첫 편인 〈오태백세가〉에서 선양을 소개하고 있다. 선양의 경지를 높이 평가한 사마천의 입장이 드러나는 대목이다.

서민이었다.

순의 아버지 고수는 맹인이었다. 순의 어머니가 죽자 고수는 다시 아내를 맞이해 아들 상象을 낳았다. 상은 오만했다. 고수는 후처가 낳은 자식을 편애하여 늘 순을 죽이려 했기 때문에 순은 이를 피해 다녔다. 어쩌다 작은 잘못이라도 저지르면 바로 벌을 받았다. 아버지와 계모 그리고 동생 모두를 잘 따르며 섬겼고, 하루도 게으름 피우지 않고 독실하고 부지런하게 지냈다.

순은 기주冀州 사람이다. 순은 역산歷山에서 농사를 지었고, 뇌택雷澤에서 물고기를 잡았으며, 황하 언저리에서 도자기를 구웠다. 수구壽丘에서는 각종 생활용품을 만들었고, 틈이 나면 부하負夏로 가서 장사를 했다.

순의 아비는 도의란 것을 몰랐고, 어미는 나쁜 말만 골라서 했으며, 그 동생은 오만방자하여 모두가 순을 죽이려 들었다. 순은 부모에게는 자식의 도리를 잃지 않으면서 순종했고, 동생에게는 형의 도리를 잃지 않으면서 우애 있고 너그럽게 대했다. 죽이고 싶어도 죽일 수 없었으며, 찾으면 늘 곁에 있었다.

순은 나이 스물에 지극한 효성으로 소문이 났다. 서른에 제요가 쓸 만한지 묻자 사악은 한결같이 좋다며 우순을 추천했다. 그리하여 요는 두 딸을 순에게 시집보내 집안에서의 행동을 살폈고, 아들 아홉을 보내 함께 살게 하여 바깥에서의 행동을 살폈다. 순은 규예에 살면서 가정사를 빈틈없이 처리했다. 요의 두 딸은 고귀한 신분이라 해서 순의 부모와 친척들에게 함부로 하지 않고 부녀자의 도리를 다했다. 요의 아홉 아들도 모두 전보다 더 독실해졌다.

순이 역산에서 농사를 짓자 역산 사람들이 서로 밭의 경계를 양보했

◉ 역산에서 백성들과 함께 농사짓고 뇌택에서 물고기를 잡는 순. 산서성 운성시 순제릉의 기록화 중 일부이다.

다.[34] 뇌택에서 물고기를 잡자 뇌택 사람들이 하나같이 자리를 양보했다. 황하 언저리에서 그릇을 굽자 그곳 그릇은 모두 단단한 것만 생산되었다. 순이 1년을 살자 마을이 형성되었고, 2년을 살자 읍이 생겼으며, 3년을 살자 도읍이 되었다. 요는 순에게 갈포로 만든 옷을 하사하고 거문고를 주었다. 창고를 지어주고 소와 양도 내렸다.

9
순의 악독한 가족들

◉

고수는 여전히 순을 죽이려고 순에게 창고에 올라가 벽을 바르게 하고는

34 양반讓畔. 순이 역산에서 농사짓기 전에는 농민들이 밭두둑을 놓고 서로 다투었지만, 순이 농사를 짓기 시작하자 서로 밭두둑을 양보하며 사이좋게 농사를 지었다는 고사에서 유래한 성어다.

아래에서 불을 질러 창고를 태웠다. 순은 삿갓 두 개를 들고 자신을 보호하며 아래로 뛰어내려 도망침으로써 죽음을 면했다. 그 뒤 고수는 또 순에게 우물을 파게 했다. 순은 우물을 파면서 빠져나올 수 있는 비밀통로를 함께 팠다. 순이 우물을 깊게 파자 고수는 상과 함께 흙을 퍼부어 우물을 메워버렸다. 순은 몰래 파놓은 비밀통로로 빠져나와 도망쳤다. 고수와 상은 순이 죽었다고 생각하여 아주 기뻐했다. 상이 "원래 이 일을 꾸민 사람은 저 상입니다"라고 말하고는 부모와 함께 재산을 나누려 했다. 그러면서 "순의 아내인 요의 두 딸과 거문고는 이 상이 가지고, 소와 양 그리고 창고는 부모님이 가지시오"라고 말했다. 상은 곧 순의 방으로 가서 거문고를 뜯었다. 순이 집으로 와서 그 모습을 보았다. 상은 깜짝 놀라며 당황하다가 "내가 순 형님을 생각하며 가슴 아파하고 있었어"라고 둘러댔다. 순은 "그렇구나. 이 형을 그렇게 생각하다니!"라고 말했다. 순은 여전히 고수를 섬기고 동생을 아끼며 사랑했다. 그래서 요는 순에게 오전과 백관의 일을 처리하도록 했던 것이고, 순은 모두 다 잘 다스렸다.

10
순의 덕과 교화

◉

옛날 고양씨에게는 세상에 이익을 주는 '팔개八愷'라는 여덟 명의 인재가 있었다. 고신씨에게도 세상이 '팔원八元'이라 부르는 여덟 명의 인재가 있었다. 이 16명의 후손들은 대대손손 조상 못지않은 미덕으로 그 명성을 떨어뜨리지 않았다. 요의 시대에는 기용되지 못했다. 순이 '팔개'를 발탁하여 '후토后土'[35] 일을 맡겨 온갖 일을 처리하게 했는데, 조리 있게 잘 처리하지

◉ 순이 자신과 가족을 죽이려 하는 위기에서 기지를 발휘해 빠져 나오는 장면. 산서성 운성시 순제릉 내 벽화의 일부이다.

않은 경우가 없었다. '팔원'을 발탁해서는 사방에 '오교五教'[36]를 전파하니 아버지는 의롭고, 어머니는 자애롭고, 형은 우애 있고, 동생은 공손하고, 자식은 효성스러워져 나라 안팎이 태평스러워졌다.

예전에 제홍씨帝鴻氏에게는 사람이 덜된 후손이 있었다. 남의 의로운 일은 감추고 자신의 간사한 짓은 비호하면서 흉악한 일을 잘 저질러 천하 사람들이 '혼돈渾沌'이라 불렀다. 소호씨少皞氏에게도 불량한 후손이 있었다. 믿음을 훼손하고 충직함을 미워하면서 나쁜 말을 꾸미고 다녔기에 천하 사람들이 '궁기窮奇'라 불렀다. 전욱씨의 후손 중에도 못난 자가 있었다. 가르침도 받아들이지 않고 무엇이 좋은 말인지도 몰랐기 때

35 흙 또는 대지. 상고시대에는 하늘을 황천黃天 또는 창천蒼天이라 하고, 땅을 '후토'라 했다. 우가 땅을 주관하는 사공司空을 맡았다고 한다.

36 오교五教→오전五典.

◉ 순의 덕과 교화를 보여주는 그림. 산서성 운성시 순제릉 기록화 일부다.

문에 세상에서는 그를 '도올檮杌'이라 불렀다. 이 세 집안은 세상의 걱정거리였다. 요에 와서도 이들을 제거하지 못했다. 진운씨縉雲氏에게도 질이 나쁜 후손이 있었다. 그는 음식을 탐하고 재물을 밝혀 천하 사람들이 '도철饕餮'이라 불렀다. 천하가 그를 미워하며 앞에서 말한 삼흉에 더해 사흉이라 했다. 순이 사방의 귀빈들을 접대하는 일을 맡으면서 이 사흉 집안을 저 멀리 사방 변방으로 유배시켜 악인 요괴들을 막았다. 이로부터 나라의 4대문이 열리고 나라 안에 흉악한 자들이 없어졌다고 한다. 일찍이 순이 대록大麓[37]을 맡았을 때 거센 바람과 천둥 번개를 동반한 비를 맞으면서도 길을 잃지 않자 요는 순이 천하를 충분히 물려받을 수 있다는 것을 알았다. 요는 나이가 들자 순에게 천하의 정치를 섭정하여 천하를 시찰하게 했다. 순이 기용된 지 20년이 지나자 요는 그에게 섭정하게 했고, 섭정을 시작한 지 8년이 지나 요가 세상을 떴다. 삼년상을 마친 순이 단주

37 산림을 관장하는 관리로 추정된다. 혹자는 깊은 산속으로 보기도 한다.

에게 양보했으나 천하는 순에게 귀의했다.

11

제순과 22인의 인재

◉

우禹·고요皐陶·설契·후직后稷·백이伯夷·기夔·용龍·수倕·익益·팽조彭祖는 요 때부터 모두 기용되기는 하였으나 직책을 갖지 못했다. 이에 순은 문조 사당에 가서 사악의 견해를 듣고는 사방의 문을 활짝 열어 인재들을 맞이하고 각 방면의 의견을 널리 청취했다. 12주의 장관들에게는 제요의 덕행을 논의하도록 하고 덕정을 베풀고 아첨꾼을 멀리하면 사방의 오랑캐들도 서로의 손을 이끌고 귀순할 것이라고 했다.

순이 사악에게 "노력하여 요의 사업을 크게 빛낼 수 있는 사람만 있다면 자리를 주어 내 일을 돕도록 할 것이오"라고 말했다. 그러자 일제히 "백우伯禹를 사공司空[38]으로 삼으신다면 선제의 공업을 크게 빛낼 수 있을 것입니다!"라고 대답했다. 이에 순임금은 "음, 그렇소! 우, 그대가 홍수와 땅 정리를 맡아 최선을 다해주시오!"라고 말했다. 우는 머리를 조아리며 후직과 설 그리고 고요에게 미루었다. 순은 "그것도 좋긴 하지만 그 일은 아무래도 그대가 해야 할 것이오!"라고 했다.

순은 "기, 백성들이 굶주리고 있으니 후직后稷[39]을 맡아 온갖 곡식을 제때에 심도록 하오!"라고 했다. 순은 "설, 백성이 화목하지 않고 오품이 어

---

38 토목과 수리를 주관하는 관리.

39 농사일을 관장하는 관리.

지러우니 그대는 사도司徒[40]가 되어 오교를 신중하게 전파하되 서두르지 마시오"라고 했다. 순은 "고요, 지금 오랑캐들이 우리를 침략하고 도적떼들이 법을 어기며 설치고 있소. 그대는 사士[41]가 되어 오형을 공정하게 적용하되 오형을 범한 자들은 규정된 장소에서 형벌을 가하도록 하시오.[42] 오형을 유배형으로 바꿀 때는 멀고 가까운 규정을 정하되, 형에 따라 세 군데 장소로 보내도록 하시오.[43] 법의 집행은 투명해야 신뢰를 얻을 수 있는 것이오"[44]라고 했다.

순이 "누가 공인들을 관리할 수 있겠소?"라고 물으니, 모두 "수라면 할 수 있습니다"라고 대답했다. 이에 수를 공공에 임명했다. 순이 "누가 산과 연못, 풀과 나무, 새와 짐승들을 관리할 수 있겠소?"라고 묻자, 일제히 익이 할 수 있다고 대답했다. 이에 익을 우虞[45]에 임명했다. 익은 머리를 조아리며 주호朱虎와 웅비熊羆에게 양보했다. 순은 "그럴 수도 있지만 그대가 가장 적합하오!"라고 했다. 그리고는 주호와 웅비로 하여금 익을 보좌하게 했다. 순이 "오, 사악이여! 누가 나의 '삼례三禮'[46]를 관장할 수 있겠소?"라고 묻자, 모두 백이면 가능하겠다고 했다. 순은 "오, 백이! 그대를 질종

---

40 교육과 교화를 맡은 관리.

41 사법부를 주관하는 관리.

42 오형유복五刑有服, 오복삼취五服三就. 큰죄를 지은 사람은 벌판에서, 대부는 조정에서, 사는 저잣거리에서 처벌했다고 한다.

43 오류유도五流有度, 오도삼거五度三居. 큰죄는 사방의 변경 밖으로 추방하고, 그 다음은 구주 밖으로 내치며, 그 다음은 수도 밖으로 유배시켰다고 한다.

44 유명능신維明能信. 법은 엄격하게 집행하되 투명해야만 백성들의 믿음을 얻을 수 있다는 뜻이다.

45 산림과 목축을 관장하는 관리.

46 천신天神·지지地祇·인귀人鬼에 대한 예를 말한다. 천사天事·지사地事·인사人事에 대한 예와 같은 의미다.

秩宗[47]으로 삼으니 낮과 밤을 가리지 말고 경건하고 깨끗하게 처리하도록 하시오"라고 했다. 백이 또한 기와 용에게 양보하려 했다. 순은 "좋소! 기를 전악典樂[48]으로 삼아 귀족의 자제들을 가르치게 하겠소. 강직하되 부드럽고, 너그럽되 엄하고, 강하되 난폭하지 않고, 간소하되 오만하지 않아야 할 것이오. 시는 마음에 있는 생각을 말한 것이요, 노래는 소리를 길게 늘인 말이요. 노래 소리의 장단고저는 가사의 길이에 따른 것이며, 음률은 어떤 곡이든 어떤 선율이든 본래의 시, 본래의 소리와 화음을 이루어야 하오.[49] 8음八音[50]이 서로 어긋나지 않고 잘 어울려야 신령과 사람이 기쁜 마음으로 교감할 수 있는 것이오"라고 말했다. 기는 "아! 제가 돌로 만든 악기들을 쳐서 모든 짐승들조차 따라서 춤추게 할 수 있을 것입니다"라고 했다. 순은 "용! 짐은 사람을 홀리는 교묘한 말과 도덕과 신의를 파괴하는 짓을 싫어하오. 그대를 납언納言[51]에 임명하니 밤낮으로 짐의 명령을 전달하되 신의를 지키도록 하시오"라고 했다. 순은 "아! 그대들 22인은 삼가 맡은 바 책임을 다하여 때맞추어 천하의 일을 돌보도록 하시오!"라고 말했다.

---

47 조정의 존비와 서열 및 제사를 주관하는 관리. 후대의 태상太常'에 해당한다.

48 음악을 관장하는 관리.

49 시언의詩言意, 가장언歌長言, 성의영聲依永, 율화성律和聲. 시와 노래, 소리와 화음의 상호관계를 잘 표현한 유명한 대목으로《상서》에 비슷한 구절들이 보인다.

50 여덟 종류의 악기에서 나는 소리를 말한다. 여덟 가지 악기란 쇠로 만든 종鐘, 돌로 만든 경磬, 줄로 만든 금슬琴瑟, 대로 만든 소簫, 박으로 만든 생笙, 흙을 구워 만든 훈塤, 가죽으로 만든 고鼓, 나무로 만든 축어柷圉를 말한다.

51 여론을 모아 통치자에게 전하는 관리로 상하의 신뢰가 최우선이었다.

12

인재들의 업적과 제순의 죽음

◉

3년마다 한 번씩 이들의 업적을 살폈고, 세 번 살핀 다음 승진과 강등을 결정하니 모든 관리들의 성적이 모두 올랐다. 북쪽 삼묘三苗를 나누었다.[52] 이 22인은 모두 나름대로 공을 세웠다. 고요는 법을 집행하는 대리代理[53]가 되어 공평하게 법을 집행하니 백성들이 판결에 대해 마음으로 받아들였다. 백이가 예의를 주관하자 위아래 모두가 서로 양보하게 되었으며, 수가 공인을 주관하니 모든 기술공들이 좋은 성과를 냈다. 익이 우가 되니 산림과 하천 그리고 연못이 개발되었고, 기가 식량 생산을 책임지는 직이 되자 온갖 곡식이 잘 자랐다. 설이 사도를 맡으니 백성이 화목해졌고, 용이 외교 일을 주관하자 멀리 있는 사람들이 인사를 드리러 왔다. 12주의 지방장관들이 자신들의 직책에 최선을 다하니 구주의 누구도 법을 어기거나 명령을 거역하지 않았다.

특히 우의 공적이 가장 컸다. 아홉 개의 산을 뚫고, 아홉 개 호수를 통하게 했으며, 아홉 개 강의 물길을 통하게 하여 전국 구주九州[54]의 경계를 확정했다. 각 주는 모두 규정에 따라 각자의 특산물을 가지고 와서 조공했

52 북분삼묘北分三苗. 이 대목은 삼묘에 대한 순의 정벌을 의미한다는 설을 비롯해 여러 설이 있으나 앞뒤 내용으로 보아 잘못 끼어든 것 같다.

53 형법을 주관하는 관리.

54 하우가 개척한 영역으로 전한다. 〈하본기〉 참고.

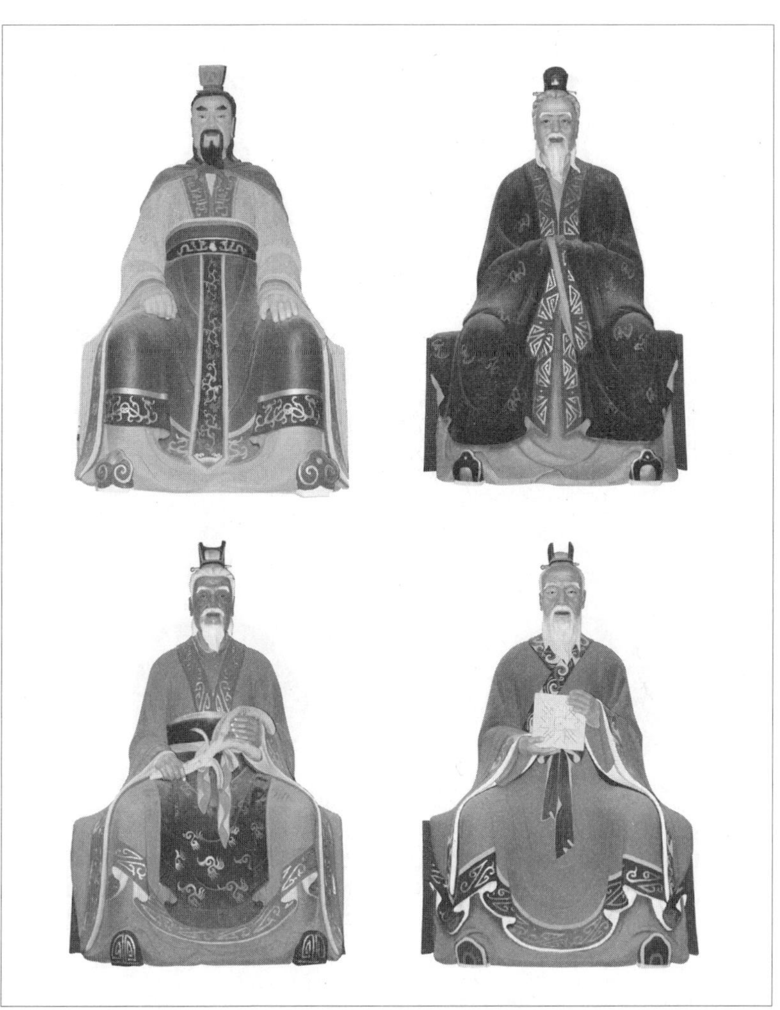

◉ 순이 기용한 인재들인 우, 설, 후직, 백이의 조상(왼쪽 위부터 시계방향). 산서성 임분시 요릉 내에 조성되어 있다.

◉ 순이 기용한 인재들인 고요, 수, 익, 용의 조상(왼쪽 위부터 시계방향). 산서성 임분시 요릉 내 조성되어 있다.

다. 국토는 사방 5,000리로 저 멀리 황복荒服[55]에까지 이르렀다. 남쪽으로는 교지·북발北發을, 서쪽으로는 융·석지析枝·거수渠廋·저氐·강羌을, 북쪽으로는 산융山戎·발發·식신息愼을, 동쪽으로는 장長·조이鳥夷를 회유하니 사해 안 모두가 순의 공적을 떠받들었다. 이에 우는 '구초九招'라는 노래를 지으니 기이한 물건들이 출현하고 봉황이 날았다. 천하의 숭고한 덕과 밝은 정치는 모두가 우제로부터 비롯되었다.

순은 스무 살 때 효성으로 명성을 얻었고, 서른에 요에 의해 발탁되었다. 오십에 천자의 일을 섭정하게 되었고, 쉰여덟에 요가 세상을 뜨자 예순하나에 요를 이어 제위에 올랐다. 제위에 있은 지 39년째 남쪽 지방을 순시하다가 창오蒼梧라는 들에서 세상을 떴다. 강남의 구의산九疑山에 장사를 지내니 바로 영릉零陵이다.

순이 제위에 오른 다음 수레에 천자의 깃발을 꽂고 아버지 고수에게 인사를 드리러 갔는데, 그 태도가 어찌나 공손한지 자식의 도리 그대로였다. 동생 상은 제후에 봉했다. 순의 아들 상균商均도 인물이 아니어서 순은 미리 우를 하늘에 추천하고 17년 뒤에 세상을 떴다. 삼년상을 마치자 우 역시 순이 요의 아들에게 양보한 것처럼 순의 아들에게 양보했다. 제후들이 모두 귀의한 다음 비로소 천자 자리에 올랐다. 요의 아들 단주와 순의 아들 상균은 모두 땅을 얻어 선조의 제사를 받들었다. 이들은 천자의 아들이 입는 옷을 입었고 예악도 마찬가지였다. 빈객의 신분으로 천자를 만났다. 천자는 그들을 신하로 대하지 않았다. 이는 우가 감히 권력을 멋대로 않겠

---

55 화하 강역의 가장 먼 곳을 가리키는 용어이나 때로는 강역 전체를 뜻한다. 500리를 단위로 전복甸服·후복侯服·수복綏服·요복要服·황복으로 구분된다. 직경으로 계산하면 모두 5,000리에 이른다.

◉ (위) 순의 여러 무덤들 중 하나로 전하는 순제릉. 산서성 운성시 염호구에 위치한다.
◉ (아래) 선양의 희생자가 된 단주의 조상. 산서성 임분시 요릉 내에 조성되어 있다.

다는 것을 나타낸 것이다.

13
사마천의 논평

◉

황제로부터 순·우에 이르기까지 모두 같은 성이었지만 국호를 달리하여 각자의 덕을 밝혔다. 따라서 황제는 유웅, 전욱은 고양, 제곡은 고신, 요는 도당, 순은 유우라 했다. 우는 국호는 하후라 하고 씨를 달리하여 성을 사라 했다. 설은 국호는 상, 성은 자씨였다. 기는 국호는 주, 성은 희씨였다.

태사공 사마천의 생각은 이렇다.

"학자들은 오래전부터 오제에 관해 많은 이야기를 해왔다. 그러나《상서尙書》에는 요 이후의 일만이 기재되어 있다. 제자백가들이 황제를 말하긴 했지만 그 문장이 매끄럽지 못하고 황당하여 학식깨나 있는 선비라면 언급하기 어렵다. 공자가 전했다는〈재여문오제덕宰予問五帝德〉과〈제계성帝繫姓〉도 유가에서는 전수하지 않는 경우가 있다. 내가 일찍이 서쪽으로는 공동에 이르렀고, 북쪽으로는 탁록을 지나왔으며, 동쪽으로는 바다까지 갔고, 남쪽으로는 배를 타고 장강과 회수를 건넌 적이 있다. 내가 갔던 지역의 장로들이 흔히 칭송하는 황제·요·순과 관련된 장소에 가보면 풍속과 교화가 다른 곳과는 아주 달랐다. 전체적으로 고문에서 말하는 내용에서 벗어나지 않고 가까웠다.

내가《춘추》와《국어》를 읽어보니 거기에는〈오제덕〉과〈제계성〉에 관한 관점이 명확했다. 문제는 사람들이 깊이 생각하고 연구하지 않았을 뿐이지 그 책들에 나타난 관점이 결코 허황된 것이 아니었다.《상서》에는 오래

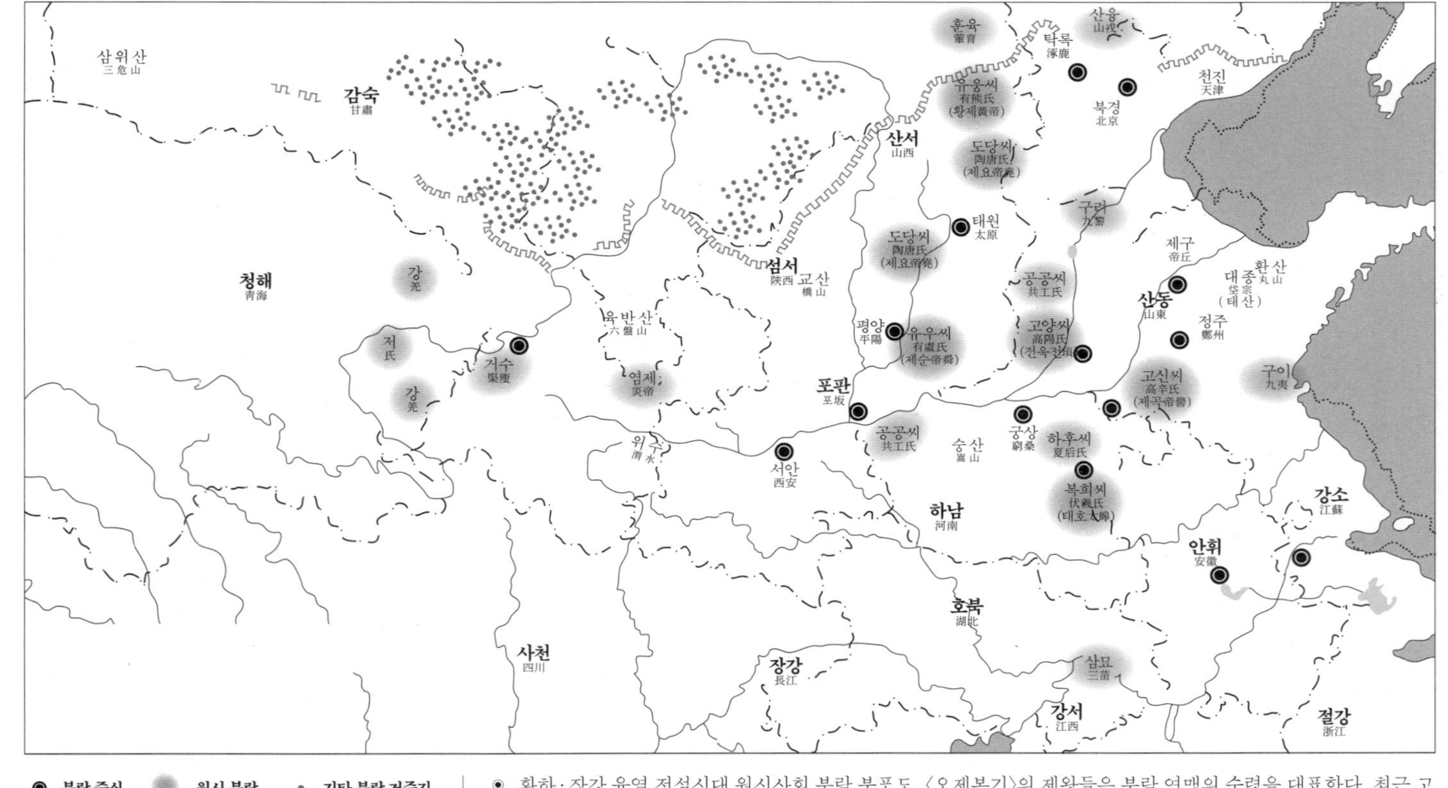

◉ 황하·장강 유역 전설시대 원시사회 부락 분포도. 〈오제본기〉의 제왕들은 부락 연맹의 수령을 대표한다. 최근 고고학 발굴에 따라 이들의 강역이 대체로 밝혀지고 있다.

전부터 빠진 부분이 많은데 그것들이 종종 다른 저작들에서 발견되곤 한다. 즐겨 배우고 깊이 생각해서 마음으로 그 뜻을 아는[56] 사람이 아닌 이상 학식이 좁고 얕은 사람에게 이런 이야기를 한다는 것은 정말 어렵다. 내가 이를 정리하여 그 중 합리적인 것만 골라 본기의 첫 편을 완성했다."

56 호학심사好學深思, 심지기의心知其意. 사마천의 학문하는 태도를 잘 보여주는 대목이다. 〈오제본기〉를 저술하는 자세와 자신의 저술에 대한 자부심도 엿볼 수 있다.

◉

정리의 기술

◉

◉ 〈오제본기〉에 등장하는 명언·명구의 재발견

• **합부부산**合符釜山 "부산에서 제후들을 소집하여 신표를 검증했다." 이 사건은 황제가 제후들을 실질적으로 거느린 것을 말한다. 훗날 하나라 시조 우가 도산에서 제후들을 소집한 것도 같은 맥락이다. 부산의 위치에 관해서는 여러 설이 있다.

• **총이지원**聰以知遠, **명이찰미**明以察微 "미래의 일을 알고 미세한 곳까지 살필 수 있을 만큼 총명하다." 제곡 고신에 대한 묘사로, 훗날 유능하고 덕 있는 통치자를 표현할 때 흔히 사용되는 성어가 되었다. '총명聰明'이란 단어의 출처다.

• **부이불교**富而不驕, **귀이불서**貴而不舒 "부귀하면서 뻐기거나 멋대로 굴지 않다." 제요의 인품을 나타내는 표현이다.

• **흠재흠재**欽哉欽哉, **유형지정재**唯刑之靜哉 "신중하라, 신중하라! 법과 형벌의 집행은 신중하게 생각해야 한다." 제순이 백관들에게 법 집행의 신중함을 강조한 구절로 유명하다.

• **종불이천하지병이이일인**終不以天下之病而利一人 "천하가 손해를 보면서 한 사

람을 이롭게 할 수는 결코 없다." 요가 순에게 천자 자리를 선양하면서 남긴 유명한 말이다. 출신보다는 덕망과 유능함을 갖춘 인재에게 통치자 자리를 넘겨주는 전통을 선양禪讓이라 한다. 요가 순에게, 순이 우에게 자리를 선양한 고사는 그 후 유가에 의해 통치에 관한 한 최상의 경지로 미화되고 추앙되었다. 사마천은《사기》의 첫 편인 〈오제본기〉와 세가의 첫 편인 〈오태백세가〉에서 선양을 소개하고 있는데, 그 역시 선양의 경지를 높이 평가한 것이다.

• **양반讓畔** "밭의 경계를 양보하다." 순이 역산에서 농사짓기 전에는 농민들이 밭두둑을 놓고 서로 다투었지만, 순이 농사를 짓기 시작하자 서로 밭두둑을 양보하며 사이좋게 농사를 지었다는 고사에서 유래한 유명한 성어다.

• **오형유복五刑有服, 오복삼취五服三就** "오형을 공정하게 적용하되 오형을 범한 자들은 규정된 장소에서 형벌을 가하도록 한다." 큰 죄는 벌판에서, 대부는 조정에서, 사는 저잣거리에서 처벌했다고 한다.

• **오류유도五流有度, 오도삼거五度三居** "오형을 유배형으로 바꿀 때는 멀고 가까운 규정을 정하되, 형에 따라 세 군데 장소로 보내도록 한다." 큰 죄는 사방의 변경 밖으로 추방하고, 그 다음은 구주 밖으로 내치며, 그 다음은 수도 밖으로 유배시켰다고 한다.

• **시언의詩言意, 가장언歌長言, 성의영聲依永, 율화성律和聲** "시는 마음에 있는 생각을 말한 것이요, 노래는 소리를 길게 늘인 말이다. 노래 소리의 장단고저는 가사의 길이에 따른 것이며, 음률은 어떤 곡이든 어떤 선율이든 본래의 시, 본래의 소리와 화음을 이루어야 한다." 시와 노래, 소리와 화음의 상호관계를 잘 표현한 유명한 대목으로《상서》에 비슷한 구절들이 보인다.

• **호학심사好學深思, 심지기의心知其意** "즐겨 배우고 깊이 생각해서 마음으로 그 뜻을 알다." 사마천의 학문하는 태도를 잘 보여주는 대목이자 〈오제본기〉를 저술하는 자세와 자신의 저술에 대한 자부심도 엿볼 수 있다.

◉ 〈오제본기〉에 등장하는 인물 정보

이름	시대	내용	출전
황제黃帝	전설시대	성은 공손公孫, 이름은 헌원軒轅이다. 유웅국有熊國의 수령. 훗날 중화민족의 시조로 추앙된다.	《국어》
소전少典	전설시대	부족 또는 국명. 유교씨의 여자를 취해 황제와 염제를 낳았다고 전한다.	《국어》 〈진본기〉
염제炎帝	전설시대	신농씨神農氏. 전설시대 제왕으로 '삼황'의 하나다. 황제와 함께 중화민족의 시조로 추앙된다.	《삼황본기》 《한서》〈율력지〉
치우蚩尤	전설시대	상고시대 동이족 부락의 수령으로 각종 병기의 발명자로 전한다.	《관자》 《노사》
훈육葷粥	전설시대	상고시대 북부 지역의 민족. 험윤獫狁으로도 불리는 흉노의 전신이다.	〈흉노열전〉
풍후風后	전설시대	황제 '삼공三公'의 하나로 알려졌다.	《사기집해》
역목力牧	전설시대	황제 때 상相을 지낸 것으로 전한다.	《사기집해》
상선常先	전설시대	다른 기록에는 없다.	
대홍大鴻	전설시대	황제의 대신으로 전한다. 귀유구鬼臾區란 이름으로도 나타난다.	《봉선서》 《한서》〈예문지〉
누조嫘祖	전설시대	황제의 정비. 황제 부족의 서쪽에 있었던 서릉족西陵族 출신이다.	
현효玄囂	전설시대	황제의 큰아들로 청양靑陽이라고도 불린다. 강수江水에 입국했다.	
창의昌意	전설시대	황제의 작은아들. 약수若水에 입국했다.	
창복昌僕	전설시대	고대 부락의 하나인 촉산씨蜀山氏 출신으로 창의의 아내가 되었다.	《사기색은》 《사기정의》
제전욱帝顓頊	전설시대	오제의 하나로 고서에 황제 다음으로 나온다. 창의의 아들이며 고양씨高陽氏 부락의 수령으로 추정된다.	《사기색은》 《사기집해》
궁선窮蟬	전설시대	순의 5대조 할아버지다.	《대대례기》 〈제계〉
제곡帝嚳	전설시대	오제의 하나로 고신高辛으로도 불린다.	《사기집해》
교극蟜極	전설시대	제요의 할아버지다.	《사기정의》
제요帝堯	전설시대	오제의 하나로 이름은 방훈放勛. 당요唐堯로도 불린다. 당은 도당씨陶唐氏 부락이며, 이 부락의 수령으로 추정된다.	《사기정의》 《제왕기》

지摯	전설시대	제곡과 추자씨 여자 사이에 태어난 아들. 제요와는 이복형제다.	《제왕세기》
희씨羲氏	전설시대	제요 때 대대로 천문·계절·절기 등을 관장하던 두 부족으로 전한다.	
화씨和氏			
희중羲仲	전설시대	희씨 부락 출신으로 봄·여름의 농사 등을 관장했다.	
희숙羲叔			
화중和仲	전설시대	화씨 부락 출신으로 가을·겨울의 농사 등을 관장했다.	
화숙和叔			
방제放齊	전설시대	제요의 대신이다.	
단주丹朱	전설시대	제요와 산의씨散宜氏 딸 여황女皇 사이에서 태어난 적장자였으나 즉위하지 못했다.	《제왕세기》
환두讙兜	전설시대	제요의 대신으로 사흉四凶의 하나로도 나온다.	
공공共工	전설시대	물의 관리를 담당한 제요의 대신으로 사흉의 하나로도 나온다.	《회남자》
곤鯀	전설시대	우의 아버지. 제요의 명을 받고 치수를 담당했다.	〈하본기〉 《천문》 《산해경》
우순虞舜	전설시대	오제의 하나. 우는 유우씨有虞氏 부락을 가리키며, 순은 이 부락의 수령으로 추정된다.	《상서》〈요전〉 《사기색은》
고수瞽叟	전설시대	순의 아버지로 맹인이었다고 전한다.	
교우橋牛	전설시대	고수의 아버지, 즉 순의 할아버지다.	
구망句望	전설시대	순의 증조부다.	
경강敬康	전설시대	순의 고조부다.	
상象	전설시대	순의 배다른 동생으로 아버지 고수와 함께 순을 죽이려 했다.	
팔개八愷	전설시대	고양씨 때 8명의 인재들을 가리키는 말이다.	《좌전》(문공18년조)
팔원八元	전설시대	고신씨 때 8명의 인재들을 총칭하는 말이다.	《좌전》(문공18년조)
혼돈渾沌	전설시대	환두라는 설과 곤륜 서쪽의 개처럼 생긴 기이한 짐승이란 설이 전한다.	《사기정의》 《신이경》
궁기窮奇	전설시대	공공이란 설과 서방의 호랑이 비슷한 기이한 괴수라는 설이 전한다.	《사기정의》 《신이경》

도올檮杌	전설시대	곤이란 설과 서방의 호랑이 같은 기이한 짐승이란 설이 전한다.	《사기정의》《신이경》
도철饕餮	전설시대	삼묘라는 설과 서남의 털 많은 인간이란 설이 전한다.	《사기정의》《신이경》
우禹	하夏	아버지 곤의 치수사업을 이어 성공시킴으로써 순으로부터 제위를 선양받아 하의 시조가 되었다. 국호를 하후夏后, 성을 사姒라고도 한다.	〈하본기〉
고요皐陶	전설시대	순 밑에서 형벌과 감옥을 관장한 인물로 전한다.	〈하본기〉《상서》〈요전〉〈고요모〉
설契	전설시대	순 밑에서 백성의 교화를 담당한 상商의 선조. 성은 자子로 전한다.	〈은본기〉《상서》〈요전〉
후직后稷	전설시대	이름은 기棄이고, 성은 희姬이다. 순 밑에서 농사를 관장한 주周의 선조로 전한다.	〈주본기〉《시경》〈생민〉《상서》〈요전〉
백이伯夷	전설시대	순 밑에서 예를 관장한 인물이다. 주 초기 수양산에서 굶어 죽은 백이와 이름이 같다.	
기夔	전설시대	순 밑에서 음악을 관장했다.	《상서》〈고요모〉
용龍	전설시대	순 밑에서 언관을 맡아 일했다.	
수倕	전설시대	순 밑에서 건축을 관장했다.	
익益	전설시대	백익伯益·백예伯翳·대업大業이라고도 하는 진秦의 선조다.	〈진본기〉《상서》〈요전〉〈고요모〉
팽조彭祖	전설시대	800세까지 장수한 요리의 신으로 전한다.	《열자》
주호朱虎 웅비熊羆	전설시대	각각 '팔원' 중 백호伯虎와 중웅仲熊으로 추정된다.	《사기색은》
상균商均	전설시대	순의 아들로 아황娥皇과 사이에는 자식이 없고 여영女英에게서 났다.	《사기집해》
삼묘三苗	전설시대	고대 부족의 하나로 지금의 호남성 일대에 그 후예가 남아있다.	《통감집람》
북적北狄	전설시대	북방의 부족에 대한 통칭이다.	
남만南蠻	전설시대	남방의 부족에 대한 통칭이다.	
서융西戎	전설시대	서방의 부족에 대한 통칭이다.	
동이東夷	전설시대	동방의 부족에 대한 통칭이다.	

석지析枝	전설시대	서방의 부족들 명칭. 대개 섬서 서부, 사천 서북부와 감숙·청해 일대에서 생활한 것으로 추정된다.	
거수渠廋			
저氐			
강羌			
산융山戎	전설시대	북방의 부족들 명칭. 대개 흑룡강 길림 일대에서 생활한 것으로 보인다.	
발發			
식신息愼			
장長	전설시대	동방의 부족들 명칭. 산동 일대라는 설과 섬 지역이라는 설이 있다.	
조이鳥夷			
진봉씨陳鋒氏	전설시대	고대 부족으로 경도慶都라는 제곡의 아내를 배출했다.	《사기색은》
추자씨娵訾氏	전설시대	고대 부족의 하나로 상의尙儀라는 이름의 또 다른 제곡 아내를 배출했다.	《사기정의》 《제왕세기》
제홍씨帝鴻氏	전설시대	황제로 보는 설이 있다.	《사기집해》
소호씨少皞氏	전설시대	금천씨金天氏라고도 하며, 황제의 아들 현효로 보는 설도 있다.	《사기집해》 《사기정의》
진운씨縉雲氏	전설시대	염제의 후예로 황제 때 진운이란 관직에 임명되었다.	《사기집해》

- 종족이나 부족을 포함하여 약 80명이 언급되어 있다.
- 진한 글자는 '오제'를 나타낸다.
- 출전 항목에서 《사기집해史記集解》, 《사기색은史記索隱》, 《사기정의史記正義》는 가장 대표적인 《사기》 주석서들이다. 이 세 책을 흔히 '삼가주'라 일컬으며, 각각 《집해》, 《색은》, 《정의》라고 한다. 《집해》는 남조 송나라 때의 배인裴駰이 편찬했고, 《색은》과 《정의》는 당나라 때 사람인 사마정司馬貞과 장수절張守節이 편찬했다.

◉ 〈오제본기〉에 등장하는 지역 · 지리 정보

지명	현재의 지리 정보	관련 역사 내용
판천阪泉	하북성 탁록 동남쪽이라는 설을 비롯해 여러 설이 있다.	황제와 염제가 세 번 싸운 곳이다.
탁록涿鹿	하북성 탁록현 동남	황제와 치우가 싸운 곳이다.
환산丸山	발해에 면한 산동성 임구현臨朐縣 동북	황제가 개척한 영토로 기록되어 있는 영역들이다 위치에 대해서는 이설들이 적지 않게 존재하고 진위에 대해서도 시비가 적지 않다.
대종岱宗	산동성 태안시泰安市 북쪽의 태산	
공동空桐	감숙성 평량시平凉市 서북. 육반六盤산맥에 속한다.	
계두산鷄頭山	영하 경원현涇源縣 북쪽. 육반산맥에 속한다.	
웅산熊山	웅이산으로 하남성 노씨현盧氏縣 동쪽	
상산湘山	호남성 동정호洞庭湖의 군산君山	
부산釜山	하북성 회래현懷來縣 동쪽 또는 서수현徐水縣 서쪽	
강수江水	사천성 경내의 민강岷江	황제의 아들 현효의 봉지로 알려져 있다.
약수若水	사천성 서부의 아롱강雅礱江	황제의 아들 창의의 봉지로 알려져 있다.
촉산蜀山	사천성 서부의 대설산大雪山으로 추정된다.	창의의 아내 창복의 출신지다.
교산橋山	섬서성 황릉현黃陵縣 서북	황제가 묻힌 황제릉이 있다.
유릉幽陵	유주라고도 하며 북경시 일대가 그 중심이다.	제전욱의 강역으로 알려진 지명들이나 신빙성이 없다.
교지交趾	남방의 옛 나라 이름으로 베트남 호치민시 서북이 그 중심이다.	
유사流沙	내몽고 서북 일대의 대사막 지역	
반목蟠木	동해에 있는 도색산度索山이라고 하나 불명확하다.	
양곡暘谷	욱이郁夷 · 탕곡湯谷이라고도 부르며, 해가 뜨는 곳이라 전한다.	제요가 희씨와 화씨를 보내 절기와 농사를 관장하도록 한 지역들이다.
남교南交	남방의 교지를 가리키는 용어다.	
매곡昧谷	신화 속의 해가 지는 곳으로 전한다.	
유도幽都	북방의 음기가 모이는 곳으로 전한다.	
규예嬀汭	규수가 황하로 흘러드는 하구. 산서성 영제현永濟縣 경내로 추정된다.	순의 옛집이 있던 곳으로 전한다.

강회江淮	악양岳陽·구강九江 사이의 호남·강서 인근 지대	〈손자오기열전〉의 "삼묘의 나라는 동정 동쪽, 팽려 서쪽"이 이를 말한다.
형주荊州		
숭산崇山	구체적 위치는 알려지지 않았으나 남방으로 추정된다.	환두를 내친 곳이다.
삼위산三危山	감숙성 돈황시敦煌市 서쪽 동남 30리로 추정된다.	삼묘를 내쫓은 곳이다.
우산羽山	동쪽 변방 지구의 산으로 산동성 담성현郯城縣 동북으로 추정된다.	우의 아버지 곤을 내친 곳이다.
남하南河	요의 도읍 이남의 강이란 뜻이다. 최근 산시성 양분襄汾 도사陶寺 유지가 요의 도읍으로 유력하다고 추정한다.	순이 단주를 피해 간 곳으로 전한다.
기주冀州	구주의 하나. 하북·산서와 그 인근 하남 북부 지구를 말한다.	순의 출신 지역으로 전한다.
역산歷山	여러 설이 있으나 산동상 하택菏澤 동북으로 보는 설이 유력하다.	순이 농사를 짓던 곳으로 전한다.
뇌택雷澤	산동성 견성현鄄城縣 동남	순이 어렵을 하던 곳으로 전한다.
하빈河濱	황하 주변을 말한다. 정확한 위치에 대해서는 설들이 많다.	순이 도자기를 굽던 장소로 전한다.
수구壽丘	산동성 곡부 동문 북쪽으로 추정된다.	순이 각종 생활용품을 만들던 곳으로 전한다.
부하負夏	옛 위衛나라 땅. 하남성 기현淇縣 부근의 돈구頓丘라는 설이 있다.	순이 장사를 하던 곳으로 전한다.
교지交趾	베트남 호치민시 서북	신빙성은 없지만 순의 통치가 미쳤던 지역으로 전한다.
북발北發	광동·광서의 북회귀선 이남으로 추정된다.	
창오蒼梧	광서성 오주시梧州市로 한나라 때 군이 설치되었다.	순이 순시 중 세상을 떠난 곳이다.
구의산九疑山	호남성 영원현寧遠縣 동남	순원봉 아래에 순의 무덤과 비석이 전한다.
영릉零陵	광서성 흥안현興安縣 북쪽. 한나라 때 군이 설치되었다.	구의산은 창오와 영릉의 경계 지점에 해당한다.

◉ 〈오제본기〉에 등장하는 문헌·문장 정보

서명	저자	내용
구초九招	?	순 시대에 만들어진 음악 이름이라 전한다.
〈재여문오제덕宰予問五帝德〉	서한시대 대덕戴德 편찬·전수	이 두 편명은 금본《대대례기大戴禮記》와《공자가어孔子家語》에 보인다. 황제·요·순 등 상고시대 제왕의 사적을 기록하고 있다. 다만 사마천 당시 모습과 어느 정도 일치하는지는 알 수 없다.
〈제계성帝繫姓〉	?	

◉ 제순이 조직한 9개의 정부 관리

1 사공(司空, 내무부장관)

2 후직(后稷, 농산부장관)

3 사도(司徒, 국방부장관)

4 공공(共工, 광업부장관)

5 사(士, 법무부장관)

6 우(虞, 수리부장관)

7 질종(秩宗, 제사부장관)

8 전락(典樂, 음악부장관)

9 납언(納言, 감찰부장관)

◉ 삼황 관련 비교

출전	삼황	참고 자료
《상서대전》	수인, 복희, 신농	《예》《춘추명력서》
《춘추운두추》	복희, 여와, 신농	
《예》	복희, 축융, 신농	《호경구명결》
《백호통》	복희, 신농, 공공	
《세경》	복희, 신농, 황제	《상서서》
《초사》	서황, 동황, 상황	
《춘추명력서》	천황, 지황, 인황	
도교 경전	초황, 중황, 후황	

◉ 오제 관련 비교

출전	오제	참고 자료
《오제덕》	황제, 전욱, 제곡, 요, 순	《여씨춘추》《사기》
《전국책》	복희, 신농, 황제, 요, 순	《역》《장자》《회남자》 《삼통력》《통감외기》
《여씨춘추》	태호, 염제, 황제, 소호, 전욱	《예기》《잠부론》
《세경》	소호, 전욱, 제곡, 요, 순	《상서서》
《통감외기》	황제, 소호, 전욱, 고, 요	《노사발휘》

◉ 오제 관련 정보

대수	시호 묘호	존호	성명 성씨	친속	재위 기간 (재위 연수)	재위 연령	연호	비고
1	황제	유웅씨	희헌원 공손	부 : 소전 모 : 부보	2698~2598(100)	52~152	원년 2698	오제
2	소호	금천씨	기지 청양	부 : 희헌원 모 : 여절	2598~2515(84)	17~100	원년 2597	
3	현제	고양씨	희전욱	조부 : 희헌원 부 : 창의 모 : 경복	2515~2437(79)	20~98	원년 2514	오제

4	고제곡	고신씨	희준	증조부 : 희헌원 조부 : 현기 부 : 교극	2437~2367(71)	30~100	원년 2436	오제
5			희지	부 : 희준 모 : 추자	2367~2358(10)		원년 2366	
6	요제당		이방훈 이기	부 : 희준 모 : 경도	2357~2258(100)	20~119	원년 2357	오제 유폐사?
7	순제우		요중화	부 : 고수 모 : 악등	2255~2208(48)	53~100	원년 2255	오제 횡사?

- 오제시대는 기원전 2698년~기원전 2208년까지 약 491년 존속했다. 하 왕조에 망했다.
- 재위 기간은 문헌 기록에 따른 추정 연대이며 모두 기원전이다.
- 황제 왕조는 모두 7제가 재위했다. 제왕의 평균 재위 연수는 70.14년이다.
- 최초 도읍은 지금의 하남성 신정新鄭이었고, 강역은 황하 중류 일대였다(오제시대 도읍지 변천 추정표 참고).

◉ 오제시대 도읍지 변천 추정

도읍지	현재 위치	해당 제왕	비고
유웅有熊	하남성 신정新鄭	1대 황제 희헌원	전설시대
곡부曲阜	산동성 곡부曲阜	2대 소호 지	
고양高陽	산동성 기현杞縣	3대 현제 전욱	
제구帝丘	하남성 복양濮陽		
박읍亳邑	하남성 언사偃師	4대 제곡 지	서박西亳
평양平陽	산서성 임분臨汾	6대 제요 이기방훈	
포판蒲阪	산서성 영제永濟	7대 제순 요중화	

〈오제본기〉와 중국 역사 새로 쓰기의 진상

최근 중국 당국은 삼황오제와 관련하여 어떤 전설이라도 남은 곳이면 그곳에다 대규모 기념 건축을 세워 성역화하고 있다. 황제고리에 조성된 엄청난 규모의 황제 사당과 무덤을 비롯해 산서성 운성시에 새로 정비하고 있는 순제릉, 하남성 정주시 황하풍경구 내의 대형 염황상 등이 대표적인 것들이다. 이밖에 중국 전역에 걸쳐 전설 속 제왕과 〈오제본기〉의 오제와 관련한 사당과 무덤 및 기념물들을 속속 조성하고 있다.

이는 1996년 발주한 '하상주단대공정'을 시작으로 '동북공정' '중화문명탐원공정'으로 이어지는 중국 당국의 '역사 새로 쓰기 '내지 '역사 기원 밀어올리기'의 일환이다. 이로써 전설 속 제왕들이 역사적 실존 인물로 각인되기 시작했다. 이는 또 다른 역사 왜곡으로 전 세계적 규모의 역사전쟁의 불씨를 제공하는 위험한 행보가 아닐 수 없다. 이 같은 행보는 궁극적으로는 중화주의에 입각한 세계 최강국 중국을 꿈꾸는 중국 당국의 강력한 의지와 통제가 역사와 문화는 물론 순수 학문의 영역에까지 미치고 있음을 단적으로 보여준다.

◉ 삼황오제와 관련된 유적과 유물 일람

삼황오제	관련 유적 | 소재지	관련 역사 내용
태호太昊 복희씨伏羲氏	곤마구 | 산서성 길현 현성 서북 인조산 아래	인류 번식을 위해 돌을 굴려 맞춘 곳
	완구 | 하남성 회양현성 동남 4km	복희가 도읍으로 정한 곳
	부도하負圖河, 도하 | 하남성 맹진현	용마가 지도를 지고 나온 곳
	화괘대팔괘대 | ① 하남성 회양현성 북쪽 0.5km ② 감숙성 천수시 위남향 서쪽	8괘를 그린 곳
	태호릉 | 하남성 회양현성 북쪽 1.5km	무덤과 사당
	부도사 | 하남성 맹진현 노성 서북 퇴하촌	부도를 기념하는 곳
	복희 · 여와화상 | 감숙성 돈황시 막고굴 285굴	벽화
	복희묘 | 감숙성 천수시 복희로 서쪽 끝	대표적인 사당
	인조묘人祖廟: 산서성 길현 인조산	사당
염제炎帝 신농씨神農氏	염제릉 | 호남성 영현 서남 15km 백록원	염제가 장사하던 곳
	염제사 | 호남성	사당
	신농사 | 섬서성 보계시 남쪽 강성향 욕가촌	사당
	신농동 | 호북성 수주시 성 북쪽 여산	신농이 탄생한 곳
	신농가 | 삼협 이북 장강, 한수 사이	온갖 풀을 맛본 곳
	신농봉 | 호북성 신농가 산림구 서남부	사다리를 놓고 하늘로 올라간 곳
여황女皇 여와씨女媧氏	연석보천조 | 산서성 평정현 동쪽 부화산. 일명 부산	하늘을 메운 곳(보천처)
	와유석 | 강소성 연운항시 화과산 72동 동쪽	하늘을 메울 때 사용한 돌
	여와묘 | 산서성 예성현 풍릉촌 남쪽	여와 무덤
	여와묘 | 산서성 운성시 신탁촌 북쪽	사당
	여산 노모전 | 섬서성 임동현 여산 제2봉	사당
	와황궁 | 하북성 섭현성 서쪽 10km 색보진 당왕산	사당
소호少昊 금천씨金天氏	소호릉 | 산동성 곡부시 동쪽 4km	무덤

황제黃帝 헌원軒轅	공동산 | 감숙성 평량시 서쪽 15km	광성자에게 도를 물은 곳
	문도궁 | 감숙성 평량시 공동산 남측 헌원곡	
	문도처 | 감숙성 평량시 서쪽	
	공동산 | 천진시 계현성 동북 2.5km	
	망가산 | 감숙성 평량시 서쪽 공동산 앞	신하들이 승선한 황제의 회귀를 기원한 곳
	황제성 | 하북성 탁록현 동남 30km 삼보촌 북쪽	황제가 도읍으로 정한 곳
	운암 연병처 | 하남성 밀현 동남 12.5km	치우에 패하고 군사를 훈련시킨 곳
	대홍채 | 하남성 밀현 동남 대귀산大騩山	대홍씨기 군대를 주둔시킨 곳
	운암궁 | 하남성 밀현 동남 12.5km	군사를 훈련시킨 곳
	수덕관 | 하남성 밀현 동남 17.5km 대외진 서쪽	광성자에게 도를 물은 곳
	황제릉 | ① 섬서성 황릉현 북쪽 교산 ② 하남성 영보현 서쪽 20km 황제령	황제 무덤
	황제능묘 | 섬서성 황릉현 동쪽 교산 동남 기슭	황제사당
	황제고리 | 하남성 신정시	황제의 고향으로 전한다. 사당과 무덤이 새로 조성되었다.
	교산 | 하북성 탁록현 동쪽 20km	황제 장사처, 사당현무
전욱顓頊 고양씨高陽氏	제구 | 하남성 복양현성 남쪽 고성촌	전욱 고양성
	장락정 | 하남성 복양현성 서진향 서남 장락촌	전욱 피서처
	전욱릉 | 하남성 내황현 삼상장 서쪽 1.5km	전욱 무덤
축융씨祝融氏	축융봉 | 호남성 형산현 남쪽 형산	축융씨 사냥 휴식처
	축융전 | 호남성 형산현 남쪽 형산 축융봉 정상	사당
	적제봉 | 호남성 형산현 남쪽 형산 남악72봉의 하나	축융이 장사하던 곳
요堯	모자토계 | 산서성 임분시 요묘 이촌 남쪽	요의 옛 거처
	요관대 | 산동성 태안시 태산 극정 북쪽 2km 천공산 정상	요가 올라 산과 물을 살핀 곳
	요왕묘 | 산동성 견성현 서남쪽 7km 곡림	무덤
	요릉 | 산서성 임분시 동곽행향 북교촌 노하 북쪽 기슭	무덤
	요묘 | 산서성 임분시 남쪽 3.5km	사당
	요산 | 광서장족자치구 계림시 동쪽 교외 약10km	사당현무

순舜	역산 | 산동성 제남시 남쪽 약2.5km 일명 순경산	순이 농사를 짓던 곳
	고란대 | 호북성 종상현 성내	남쪽 정벌 시 고란을 심은 곳
	소산 | 호남성 상담현성 서쪽 40km	순이 음악을 연주한 곳
	순암 | 호남성 남산현 서쪽 13km	순이 순시 중 지난 곳
	순봉산 | 호남성 임무현 서쪽 일명. 천인산	남쪽 순시 중 머문 곳
	순계 | 호남성 형산현 남악구 안상봉	순이 쉬었던 곳
	우산 | 호남성 도현성 남쪽 상원촌	
	순황산 | 호남성 신녕현 서쪽 20km	순이 순시 중 지난 곳
	우산虞山 | 광서장족자치구 계림시 북쪽	순이 순시 중 지난 곳
	우산羽山 | 강소성 동해현성 서북 4.5km	순이 곤을 처형한 곳
	'창오산' 마애제각 | 강소성 연운항시 운대구 남성진 동산	순이 사망한 곳
	순릉 | 호남성 영원현 구외산 순원봉	순이 장사하던 곳
	축성사 | 호남성 형산현 남악구 남악진 동가	순을 위해 하우가 세운 청량궁
	순묘 | 호남성 영원현 남쪽 30km 구외산 순원봉	순의 사당
	구외산명비 | 호남성 영원현 남쪽 30km 구외산 옥관암	순의 남방 순시를 기념하는 비
	순왕묘 | 절강성 소흥시 남쪽 25km 쌍강계촌 순왕산	사당
	순제릉 | 산서성 운성시 염호구 순제릉경구 내	순이 세상을 뜬 명조가 이곳이라 전한다.

황제를 비롯한 중화민족의 직계 조상이자 중화문명의 창시자들에 대해서는 과도한 관심과 성역화에 열을 올리는 것과는 대조적으로 이들과 공존했던 부족의 통치자들은 그 위상을 격하시키거나 철저하게 외면하고 있다. 〈오제본기〉에서 황제와 맞섰던 동이족의 수령 치우가 대표적인 경우다. 하북성 탁록에 조성 중인 '중화삼조당'에서 치우는 황제의 들러리로 전락했고, 치우 관련 유적지 역시 황제와 관련된 유적지의 부속물 정도로 취급당하고 있다.

더욱이 이 같은 대형 국책사업들이 신중하고 깊이 있는 학문적 검토를 생략한 채 마구 밀어붙이기 식으로 진행되고 있다는 점에서 우려를 금할 수 없다. 중국 학계

내부에서도 이런 무모한 행보에 대한 비판과 자성의 목소리가 없는 것은 아니지만 권력과 돈을 쥐고 있는 관변 어용학자들과 이들을 추종하는 다수의 목소리에 묻히고 있다. 여기에 맹목적으로 민족주의를 선동하는 선동가들과 군중들의 위압적인 자세도 크게 한몫한다.

이 같은 행보는 군사력이 아닌 소프트 파워를 앞세워 세계의 리더로서 부상하려는 중국의 치밀한 계산에 따른 것으로 특별히 주목하지 않을 수 없다. 미국에 뒤이은 또 다른 제국주의의 탄생을 예고하는 것은 아닌지 염려스럽다. 무엇보다 불안정한 남북관계에다 주변 강대국들의 틈바구니에서 적절한 외교 전략과 대응책을 찾지 못하고 있는 우리에게 중국의 이 같은 역사 왜곡과 소프트 파워를 앞세운 문화 외교는 큰 위협이 될 것이다. 외교와 경제에 이어 문화, 나아가서는 정치적으로 한반도의 명줄을 쥐려는 중국의 야심을 읽어야 한다. 그러한 야심의 중심에 《사기》의 첫 편인 〈오제본기〉가 버티고 있다. 중국사 3,000년을 다루고 있는 방대한 통사 《사기》의 권위를 한껏 이용하여 주변국의 역사와 정신을 잠식하겠다는 의도에 다름 아니다.

대중화주의에 뿌리를 두고 초강대국으로의 도약을 꿈꾸면서 야심차게 밀어붙이고 있는 중국의 이 엄청난 '역사 고고 프로젝트'의 실상에 대한 자세한 정보는 중국의 신화를 전문적으로 연구해온 김선자의 《만들어진 민족주의 황제신화》(책세상, 2007)를 꼭 참고하기 바란다.

이러한 행보를 강하게 비판하면서 중국 내 소수의 목소리를 대변하는 학자로는 오예吳銳가 있다. 전문가들은 그의 저서를 면밀하게 검토하기를 권한다. 그의 대표적인 저서로는 《중국 사상의 기원中國思想的起源》(전 3권, 2003)이 있다. 또 그가 주축이 되어 1949년부터 2003년까지 중국 학계에서 벌어졌던 역사고고학을 포함한 논쟁과 관련된 각종 글들을 모은 《고사고古史考》(전9권, 2003)는 현재 진행되고 있는 중국의 '역사 고고 프로젝트'의 연원과 실체를 파악하는 데 큰 도움이 된다.

◉ 하남성 정주 황하풍경구에 들어서 있는 엄청난 규모의 '중화염황당'에 조성된 거대한 염제와 황제상. 미국의 큰 바위 얼굴보다 크게 지어야 한다고 해서 이런 규모로 만들었다고 한다.

권2 하본기

하夏나라의 기록

◉

사람을 알려면 지혜로워야 하고,
지혜로워야 사람을 쓸 수 있습니다.
백성을 편안하게 할 수 있어야 은혜롭다고 할 수 있고
그래야만 백성들이 그 덕을 마음으로 느낍니다.
-하우

知人則智(지인즉지)
能官人(능관인)
能安民則惠(능안민즉혜)
黎民懷之(여민회지)

◉ 하나라의 실체를 밝혀줄 유력한 자료로 떠오르고 있는 하나라 초기 문화유지로 추정하고 있는 하남성 언사 이리두 문화유지.

독서의 기술

〈오제본기〉를 자연스럽게 잇는 서술

〈하본기〉는 하 왕조의 제왕 계보 및 주요 사건들을 계통적으로 기록하고 있다. 자료의 유무와 다소에 따라 기록이 편중된 현상이 두드러진다. 대체로 우임금의 치적을 기록한 부분이 압도적으로 많다. 전편의 3분의 2 이상이 《상서尙書》〈우공禹貢〉에 근거한 우임금의 치수와 선양에 대한 내용이다. 〈하본기〉에 기록된 하나라의 제왕 계보는 우에서 걸까지 모두 14대 17왕이다. 고대 문헌인 《죽서기년竹書紀年》은 하나라의 역사를 471년으로 기록하고 있다.

〈하본기〉는 우의 치수사업을 중심으로 다음과 같이 아홉 단락으로 나눌 수 있다.

1 우의 내력

2 우의 치수사업1—노신초사

3 우의 치수사업2—구주의 확정

4 우의 치수사업3—구산과 구수의 개통

5 치수사업의 완성과 통치구역 확정

6 고요와의 통치 담론

7 우에게 넘어간 대권

8 부자계승의 하 왕조

9 사마천의 논평

우의 내력을 기술한 첫 단락은 마치 전 편인 〈오제본기〉의 마지막 장면을 연상시키며 자연스럽게 연결된다. 곤이 치수에 실패하여 순에 의해 우산으로 추방되어 죽고, 그 아들 우가 사업을 물려받는 내용이다.

둘째 단락부터 다섯째 단락까지는 우의 치수사업을 집중적으로 기술한다. 특히 사업에 열중하느라 '13년을 밖에서 살면서 집 문 앞을 지나면서도 들어가지 못한' 우의 노신초사와 그 부지런함을 강조하고 있다. 그 결과 '구주', '구산', '구천'을 포함하는 이른바 '우공구주禹貢九州'로 대변되는 천하의 강역, 즉 하의 통치구역이 확정되었다. 우가 구주를 개척했다는 이 기록은 사실로 받아들여지지는 않았으나, 대체로 전국시대 지리 개념을 반영하고 있는 것으로 본다.

고요의 구덕론을 통해 통치자의 자질 강조

여섯째 단락은 〈하본기〉에서 가장 돋보이는 대목으로, 당시 형벌과 감옥을 관리하던 고요와의 통치담론이 눈길을 끈다. 특히 고요는 '구덕론九德論'을 제기하며 통치자의 자질을 강조하는데, 오늘날 리더십 이론과 견주어도 논리의 정교함이나 포괄성 등에서 전혀 손색이 없다. 순을 비롯한 몇몇 중신들의 토론은 통치자와 신하의 역할과 책임 등을 심도 있게 언급하고 있다. 특히 자식에게 자리를 물려줄 것인가, 아니면 어진 인재에게 물려줄 것인가를 놓고 상당히 격렬한 충돌이 오간다. 그 결과 순은 자신의 아들인 단주에게 자리를 물려주지 않을 것임을 천명한다.

다음은 통치자의 아홉 가지 덕을 논한 고요의 '구덕론'을 간략하게 정리한 것이다.

- 관이율寬而栗 너그러우면서 엄격함
- 유이립柔而立 부드러우면서 주관이 뚜렷함
- 원이공愿而共 사람과 잘 지내면서 장중함
- 치이경治而敬 나라를 다스릴 재능이 있으면서 신중함
- 요이의擾而毅 순종하면서 내면은 견고함(확고함)
- 직이온直而溫 정직하면서 온화함
- 간이염簡而廉 간결하면서 구차하지 않음(자질구레한 일에 매이지 않음)
- 강이실剛而實 굳세면서 착실함
- 강이의强而義 강하면서 도의를 지킴

이 대토론은 자연스럽게 순의 후계자 선정 문제로 옮겨간다. 바로 일곱째 단락에서 우가 대권을 넘겨받는 과정을 기술하고 있다. 앞서 고요는 통치자의 자질 문제를 예리하게 거론하면서 우를 시험했다. 그리고는 마침내 우의 공덕을 인정하며 천하에 우를 본받도록 공표한다. 대토론의 마지막에 고요는 순을 확실하게 압박하여 우의 계승을 기정사실화한다. 순이 죽자 우는 순의 아들 상균에게 자리를 양보했으나 이미 우에게로 기울어진 대세는 바뀔 수 없었다.

'공천하'에서 '가천하' 개념으로 전환

이렇게 해서 하 왕조가 성립되었다. 여덟째 단락은 우가 죽은 뒤 종래의 '선양'의 전통대로 익이 대권을 물려받았으나 우의 아들 계가 실력으로 자리를 차지함으로써 마침내 부자계승을 기조로 한 권력 계승 방식이 자리를 잡는다. 모두의 천하라는 '공천하公天下' 개념이 한 집안 또는 한 핏줄의 천하라는 '가천하家天下'로 전환하는 순간이다. 계는 무력으로 반발 세력을 잠재우고 왕권을 다졌다. 이후 기록은 하 왕조 제왕들의 정치적 부침을 간략하게 소개한다.

다른 기록들에 따르면 5대 제상 때 후예와 한착의 찬탈이 있었던 것으로 보인다. 그런데 이 기록이 〈하본기〉에는 빠진 반면, 권31 〈오태백세가〉에서 오자서의 입을 빌어 비교적 상세한 내용으로 나온다. 사마천의 실수인지, 아니면 역사적 사실 여부를 판단하기에 근거가 부족했는지 알 수 없다.

소강이 다시 나라를 회복함으로써 하 왕조의 명맥은 이어졌는데, 역사에서는 이를 '소강중흥'이라 부른다. 제공갑은 귀신 숭배와 용 사육에 열을 올리는 등 나랏일을 돌보지 않음으로써 하 왕조를 쇠퇴시켰다. 제걸 이계는 덕을 베푸는 정치보다는 무력과 포악한 통치로 일관하다 결국 탕에게 쫓겨나 명조에서 죽고 나라는 망한다.

중국식 통치론의 원형질, 무덕

〈하본기〉 전체를 관통하는 정치적 기조는 덕에 힘쓰라는 '무덕務德'으로 요약할 수 있다. 즉 덕을 베풀면 흥하고 그렇지 못하면 망한다는 덕치의 논리다. 이는 중국식 통치론의 원형질을 형성한다. 사마천은 특별히 고요를 등장시켜 통치자의 자질, 즉 '덕'을 강조하는 동시에 자신이 그리는 이상적인 신하의 모습으로서 고요를 부각시킨다. 이는 사마천이 직접 경험했던 자기 시대 황제와 그 앞잡이 혹리들의 진혹한 통치를 비판하려는 정치적 의도도 내포한다.

우의 공적을 집중적으로 수록한 〈하본기〉는 '중화中華'의 원형질로 거듭나고 있다. 우의 구주는 천하 개념이자 중국 개념이 되었다. 그리하여 '하夏'는 중국이요, 중국인을 가리키는 단어로 발전한다. '하'는 또 나아가 '제하諸夏'나 '화하華夏'로 표현되면서 중화대일통의 중요한 표지가 된다. 이런 점에서 〈하본기〉는 처음부터 정치 논리와 이데올로기에 휘둘릴 위험성을 안고 있었다. 이런 위험성은 최근 중국이 의욕적으로 전개하고 있는 '역사 새로 쓰기' 공정에 의해 여실히 입증되고 있다. 이는 〈오제본기〉에서도 지적한 바와 같이 전 세계를 향한 중국의 '소프트 파워 전략'의 일환이기도 하다.

1996년 5월 중국의 최고의결기구인 국무원은 국가 '95' 중점 연구 항목으로 '하상주단대공정夏商周斷代工程'이라는 대형 프로젝트를 발주했다('95'는 9차 5개년 계획을 말한다). 구체적으로 보면 모두 9개의 큰 과제 밑에 44개 전문 과제가 딸리고 200명이 넘는 학계 권위자들이 동원되었다. 이후 만 4년 4개월이 지난 2000년 9월 이 프로젝트는 성공리(?)에 마무리되었다.

이 공정은 이후 중국이 국가적 차원에서 발주시킨 각종 공정을 위한 정

◉ '하상주단대공정'의 결과물들. 왼쪽부터 《세계 고대문명 연대학 연구의 역사와 현황》, 《하상주단대공정 1996~2000년 단계 성과보고》, 《잃어버린 역사》.

지작업이다. 2002년부터 시작된 '동북공정'도 이 공정과 연계되어 있으며, 여기에 '하상주단대공정'을 바로 이어받아 2000년부터 시작된 '중화문명탐원공정'을 합치면 21세기를 겨냥한 중국사 다시 쓰기를 위한 큰 퍼즐들이 맞추어지는 셈이다. '서북공정'이나 '서남공정'도 같은 그림을 맞추기 위한 또 다른 퍼즐 조각들이다.

5천 년 중국사의 영속성을 위한 첫 번째 퍼즐 조각

이러한 공정들은 개혁 개방 이후 '죽의 장막'을 걷고 세계사의 전면에 등장한 중국이 자신의 정체성 확립과 개방에 따른 정국 동요나 민심 이완을 다잡기 위한 이데올로기적 성격이 강한 초대형 국가정책이다. 56개에 이르는 다민족으로 구성된 중국으로서는 개방에 따른 소수민족의 동요는 자칫 중국 전체를 흔들 수 있는 예민한 요소이기 때문에 이를 사전에 방지할 필요성이 절실했기 때문이다.

'하상주단대공정'은 중국 고대사에 공백으로 남아있는 하夏·상商·주(周, 서주)의 중요한 역사적 사건들에 대한 연대를 확정하는 프로젝트다. 공식적으로 중국사는 기원전 841년 이후의 일들만 정확한 연대를 가지고 있기 때문에 5,000년 중화문명을 표방해왔던 중국으로서는 연대 공백이 늘 아킬레스건과 같았다. 다시 말해 이 공정은 중국사 연표를 채우는 작업이다.

중국사의 타임 테이블을 충실하게 채워 넣는다는 것은 무엇을 뜻하는가? 그것은 역사의 연속성을 확보하겠다는 의미다. 한족의 발상지인 중원 지역에 둥지를 틀었던 하·상·주의 건국 연도와 주요 사건들의 연대를 확정한다는 것은 향후 이어질 55개 소수민족들을 대상으로 한 각종 프로젝트의 방향타를 설정하는 일이며, 이를 통해 궁극적으로 한족 중심의 역사관 확립이라는 거대한 이데올로기를 수립하겠다는 의미다. 중국 당국의 입장에서 볼 때 이는 당연한 수순일 것이다.

그런데 이 모든 프로젝트를 가만히 들여다보면 공교롭게도 약 2,100년 전 서한 무제 시대에 진행된 주변 소수민족에 대한 통합정책을 떠올리게 한다. 이 둘을 알기 쉽게 비교해보면 다음과 같다.

◉ 서한 무제 때의 주변 통합 정책과 현재 중국의 각종 공정들 비교

서한시대 통합 정책	현재 중국의 공정들	내용
유교를 통치 이념으로 확정	하상주단대공정 → 중화문명탐원공정	중화사상 강화를 위한 이데올로기적 성격이 강한 정책들
고조선 멸망	동북공정	중국 동북 지방 소수민족을 겨냥한 역사, 정치, 사상의 강화(한반도에 대한 영향력 강화 목적)

흉노 정벌과 실크로드 개척	서북공정	실크로드 지역 소수민족에 대한 지배력 강화와 경제개발
서남이 경영	서남공정	티베트, 사천성, 운남성 지역의 소수민족에 대한 지배력 강화와 경제개발

알다시피 한 무제 유철은 한나라 초기 축적된 경제력을 바탕으로 주변 국가나 민족들을 무력으로 정벌한 야심만만한 군주였다. 속사정이야 어떻든 당시 한나라의 국력은 세계 최강이었고, 무제의 야심에 기원전 108년 고조선이 희생당했다. 고조선을 우리 역사에 포함시킬 경우 이는 우리 역사상 최초의 멸망이라는 아픈 기억으로 남을 것이다. 주변 개척을 위해 무제는 중앙정부와 백성들을 분명한 상하 위계질서를 전면에 내세운 유가사상이란 통치 이데올로기에 속박시켰다. 이는 오늘날 중국이 추구하는 '대중화주의'의 오리지널 버전이라 할 수 있다.

중국 당국은 '하상주단대공정'을 근거로 들어 하나라의 건국 연대를 기원전 2070년으로 확정했다. 이 연대는 현재 많은 논란과 논쟁을 야기하고 있고, 국제적으로 공인되기까지는 상당한 시간이 걸릴 것이다. 하지만 지난 1세기 가까이 하나라의 존재 여부에 대한 오랜 논의와 연구 그리고 고고학 성과가 쌓이면서 하의 존재 자체에 대해 의문을 품는 사람은 거의 없다고 해도 과언이 아니다. 따라서 기원전 2070년은 중국 상고사와 국가 기원의 지표가 될 상징적인 숫자로 자리매김할 것으로 보인다.

이리두·은허 유지와 고고학적 발견

하나라와 관련하여 중요한 고고학 유지들로는 하남성 언사偃師 이리두二里頭 유지를 비롯하여 하남 용산龍山 문화유지 및 하남성 등봉登封 왕성강王城

◉ 하의 실존과 관련하여 또 다른 유적지로 추정되는 동하풍 유지의 최근 모습.

崗, 산서성 하현夏縣 동하풍東下馮 유지 등이 있다. 특히 이리두 유지 발굴로 이른바 '이리두 문화'가 확인되었다. 이 문화에 대한 탄소연대측정에 따라 이리두 유지는 대략 기원전 1900년에서 기원전 1400년 사이인 것으로 추정된다. 이는 문헌 기록상 하나라의 연대 범주에 든다. 발굴된 주요 유물은 동작(銅爵, 동술잔), 옥과(玉戈, 옥으로 만든 창), 녹송석을 상감한 짐승 얼굴 모양의 동 장식 등이다.

하나라 역사에 관해 근대 중국 학술계의 '고사변파古史辯派'를 대표하는 고힐강顧頡剛 등은 철저한 문헌 고증과 고대 기록에 대한 전반적인 의문에 근거하여 《사기》 〈하본기〉의 기록과 우의 존재에 대해 회의를 나타냈다. 그러나 최근 중국의 관변 학자들은 '고사변파'를 '고대의 역사를 무조건 의심하는 파'라는 의미의 '의고파疑古派'로 몰아붙이는 한편, 고고학 발굴 성과를 근거로 하나라의 존재를 확신하고 나섰다('의고파'는 본디 '고사변파'의 별

◉ 고사변파의 창시자인 고힐강(1893~1980). 중국 역사지리학과 민속학의 개창자이기도 하다. 고대 문헌에 대한 엄격한 사료 비판으로 명성을 떨쳤고, 그에 바탕을 둔 '의고疑古' 정신은 지금도 적지 않은 영향을 미치고 있다.

칭이었지만 최근 관변 학자들이 이를 부정적인 의미로 사용한다).

더욱이 《사기》 〈은본기〉의 은(상)나라 역사가 은허殷墟 유지 발굴과 갑골문 발견에 따라 사료로서 가치를 충분히 인정받음으로써 하나라 역사를 기록한 〈하본기〉에 대한 신뢰성이 상대적으로 높아졌다. 관변 학자들은 당국의 전폭적인 지원과 이런 요인들에 고무되어 하나라의 실체를 확고부동한 것으로 몰고 있는 실정이다. 일반적으로 현재 중국의 통사류 역시 과거의 문헌 기록과 이 같은 흐름을 반영해 하나라의 연대를 기원전 21세기에서 기원전 17세기 사이로 보고 있다.

상고대사인 〈하본기〉가 가지는 현실적 힘

아무튼 중국 관변 학자들의 정치적 발언과 정치적으로 물든 학문성과에 대해 비판의 목소리를 높이는 학자들도 존재한다. 하지만 '위대한 중화주의'를 앞세운 당국의 구호와 이를 맹목적으로 추종하는 중국 국민들의 아우성에 파묻히고 있는 실정이다.

문제는 앞서 〈오제본기〉에서도 지적했듯이 이런 중국의 행보가 궁극적으로 우리 역사에 미칠 영향이다. 상고대사의 연표 하나 제대로 마련되어 있지 않은 우리 현실에서 중국의 전방위적이고 파상적인 역사 공세는 학계는 물론 우리 사회에 큰 파장을 미칠 것이 분명하기 때문이다. 이런 점에서 〈하본기〉와 이를 근거로 한 연구와 논의는 향후 더욱 더 관심의 초점이 될 것이다.

〈하본기〉는 〈오제덕〉, 〈제계성〉, 《상서》 〈요전〉, 《맹자》 외에 주로 《상서》 중의 〈하서〉 각 편을 위주로 하여 구성되었다. 〈우공〉과 〈감서〉는 전문이 수록되었고, 〈대우모〉 〈고요모〉 〈익직〉 〈오자지가〉 〈윤정〉 등은 발췌 수록하되 원문을 덜거나 보태기도 했다.

《한비자》와 《죽서기년》에 따르면 요와 순의 선양은 허구다. 순은 요를, 우는 순을 각각 무력으로 몰아내거나 감금하고 자신들이 제왕이 되었다는 것이다. 선양의 진위 여부에 대해서는 오랜 세월 논쟁이 끊이질 않았다.

《천문天問》을 비롯한 몇몇 기록들은 계와 익 사이에 있었던 상당히 격렬한 권력투쟁의 단면을 보여준다. 심지어 익이 계에게 살해당했다는 기록도 있다.

후예와 한착의 정권 찬탈 내용은 《제왕세기》를 비롯하여 《좌전》, 《초사》, 《노사路史》에 보인다. 사공갑에 대해서는 《좌전》과 유향劉向의 《열선전列仙傳》에 부분적으로 보이며, 마지막 왕인 걸은 《박물지博物志》, 《술이기述異記》, 《산해경山海經》 등에 흔적을 남기고 있다.

주요 사건 스토리텔링

〈하본기〉에 기록된 주요 사건으로는 먼저 〈하본기〉에서 가장 큰 비중을 차지하는 우임금의 치수사업을 들 수 있다. 흔히 '대우치수大禹治水'로 불리는 이 일은 고대 통치자가 백성들을 위해 몸과 마음을 바쳐 노력해 큰 복을 가져다주었다는 전형적인 통치자 찬양에 속한다. 이는 또 고대인의 마음속에 자리 잡고 있는 이상적인 리더상의 투영이기도 하다.

치수사업에 성공한 우는 산천지리의 형세를 살펴 구주와 구산 및 물길을 정비했다. 아울러 통치 구역에 대한 정비도 이루어졌는데, 왕이 직접 통치하는 왕기王畿를 벗어난 지역은 오복五服으로 나누었다. 이를 '우공오복禹貢五服'이라 부른다. 물산과 토지 비옥도를 함께 고려한 구주九州의 확정과 행정구역의 개편은 고대 농업사회의 질서를 세우고 중국인의 강역 개념을 확립해 후대에 큰 영향을 미쳤다는 평가를 받고 있다. 다만 이 같은 사업이 하 왕조에서 이루어졌다는 실질적인 증거는 아직 없다.

우임금이 죽은 뒤 익과 치열한 권력투쟁을 벌여 대권을 장악한 우임금의 아들 계는 자신의 집권에 불만을 품은 유호씨를 무력으로 제압한다. 이 전투가 바로 '감지전甘之戰'이다. 계 이후로 선양제도는 사라지고 부자계승을 원칙으로 하는 세습적 왕조체제가 성립되었다.

계를 이어 태자 태강이 즉위했으나 백성을 돌보지 않고 사냥 따위에 열중하다가 원성을 샀다. 다른 기록에 따르면 유궁씨의 수령 후예에게 정권을 빼앗기고 낙수 이북으로 쫓겨나 돌아오지 못했다고 한다.

하 왕조의 마지막 군주는 걸이다. 그는 황음무도하여 백성들을 견딜 수 없게 괴롭히고 착취했다. 동방의 제후였던 상탕의 세력이 점점 커져 다른 제후들이 걸에게 등을 돌리고 탕에게 귀순하자 걸은 탕을 소환하여 하대夏

臺(지금의 하남성 우주시 남쪽)에 감금했다가 석방한다. 풀려난 탕은 걸을 멸망시킬 준비에 들어갔고, 결국 걸은 명조鳴條(하남성 봉구 동쪽 또는 산서성 하현 서북)로 도망쳤다가 추방되어 죽었다. 이로써 하 왕조는 멸망한다.

◉ **하 왕조 세계표**

대수	시호 묘호	존호	이름	친속	재위 기간 (재위 연수)	재위 연령	연호	비고
1		우제	사문명	부 사곤 모 여지	2205~219(88)	93~100	원년 2205	
2			사계	부 사문명 외조부 도산씨	2198~2189(10)	89~98	원년 2197	
3			사태강	부 사계	2189~2160(30)		원년 2188	축출
4			사중강	부 사계 형 사태강	2160~2147(14)		원년 2159	
5			사상	부 사중강	2147~2145(3)		원년 2146	2118 피살
6			후예		2145~2138(8)		원년 2145	피살
7			한착의		2138~2079(60)		원년 2138	피살
8			사소강	부 사상 모 후민	2079~2058(22)		원년 2079	
9			사저	부 사소상	2058~2041(18)		원년 2057	
10			사괴분	부 사저	2041~2015(27)		원년 2040	
11			사망황	부 사괴	2015~1997(19)		원년 2014	
12			사설	부 사망	1997~1981(17)		원년 1996	
13			사불강	부 사설	1981~1922(60)		원년 1980	
14			사경	부 사설 형 사불강	1922~1901(22)		원년 1921	
15			사근윤갑	부 사경	1901~1880(22)		원년 1900	
16			사공갑	부 사불강	1880~1849(32)		원년 1879	급사
17			사고호	부 사공갑	1849~1838(12)		원년 1848	
18			사발경	부 사고	1838~1819(20)		원년 1837	
19		걸제	사리계	부 사발	1819~1766(54)		원년 1818	축출사

- 재위 기간은 문헌에 따른 추정이며, 연도는 모두 기원전이다.
- 하 왕조의 실재에 대해서는 대체로 공인하는 추세다.
- 하 왕조의 존속 연대는 문헌 기록에 따르면 기원전 2205년~기원전 1766년까지 440년이고, 1996년부터 2000년에 걸쳐 중국 정부의 국가적 사업으로 실행된 과학적인 연대추정 프로젝트인 '하상주단대공정'에 따르면 기원전 2070년~기원전 1600년까지 약 470년으로 추정한다.
- 이 표에 따르면 하 왕조는 모두 19제가 재위했다.

• 6, 7대 후예와 한착에 대한 기록은 〈하본기〉에 보이지 않지만, 각종 기록을 종합할 때 제위를 찬탈한 것으로 인정된다. '하상주단대공정'에서는 이를 받아들이고 있지 않다.
• 모두 19명 제왕의 평균 재위 연수는 23.15년이다. '하상주단대공정'에 따르면 후예와 한착을 제외한 17명 제왕의 평균 재위 연수는 27.64년이다.
• '하상주단대공정'에 따른 하 왕조의 연대는 논란 중이며 국제적으로 공인받지 못했다.
• 초기 도읍은 지금의 산서성 하현夏縣이고 강역은 하남성과 산서성 남부에 걸쳐 있었으며 상 왕조에 의해 멸망했다.

◉ 하 왕조 세계도

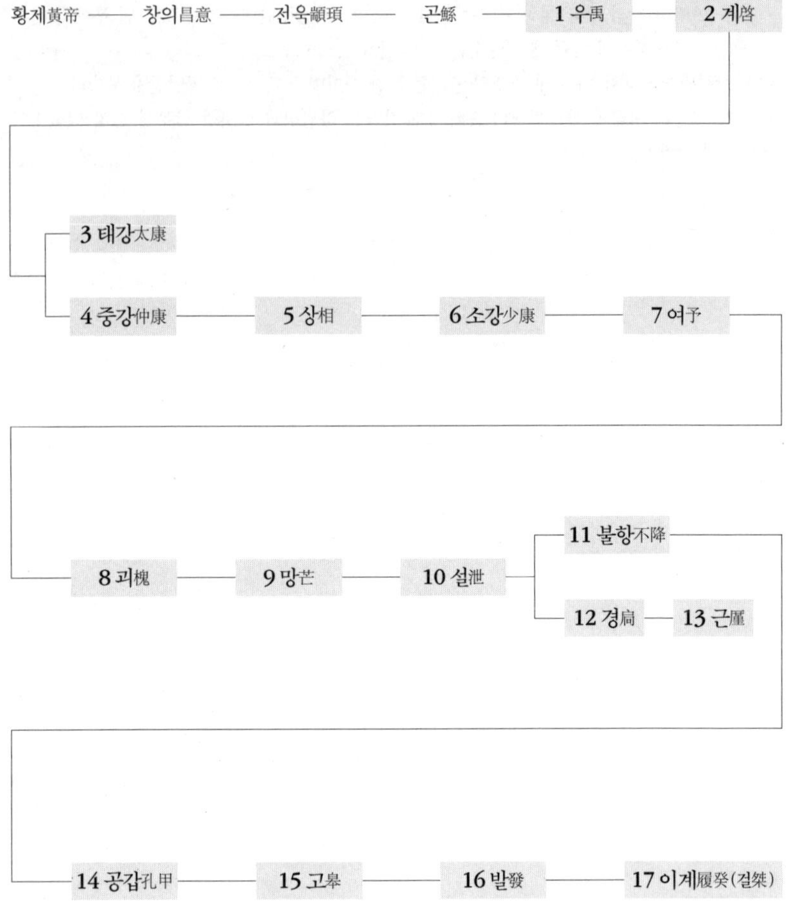

황제黃帝
창의昌意
전욱顓頊
곤鯀
1 우禹
2 계啓
3 태강太康
4 중강仲康
5 상相
6 소강少康
7 여予
8 괴槐
9 망芒
10 설泄
11 불항不降
12 경扃
13 근厪
14 공갑孔甲
15 고皐
16 발發
17 이계履癸(걸桀)

◉

우의 공적으로 구주가 두루 혜택을 입었으며,

요·순 시대를 빛내고 그 공덕이 후손에까지 이르렀다.

하의 걸은 음란하고 교만하여 명조로 쫓겨났다.

이에 제2 〈하본기〉를 지었다.

권130 〈태사공자서〉

1
우의 내력

◉

하우夏禹는 이름을 문명文命이라 했다. 우의 아버지는 곤이며, 곤의 아버지는 제전욱이다. 전욱의 아버지는 창의이며, 창의의 아버지가 황제이다. 우는 황제의 현손이자 제전욱의 손자가 된다. 우의 증조부 창의와 아버지 곤은 모두 제위에 오르지 못하고 신하가 되었다.

제요 시절 홍수가 하늘에까지 넘쳐서[1] 거대한 물줄기가 산을 감싸고 언덕을 삼키는 통에 백성들의 걱정이 태산이었다. 요가 물을 다스릴 수 있는 사람을 구하자 여러 신하들과 사악은 한결같이 곤이면 할 수 있다고 했다. 요는 "곤은 명을 어기고 종족을 해쳤기 때문에 안 되오!"라고 했다. 사악은 "비교컨대 곤보다 나은 자는 없으니 임금께서는 시험해보시길 바랍니다"라고 했다. 이에 요는 사악의 말을 듣고 곤을 기용하여 물을 다스리게 했다. 9년이 지났지만 홍수는 잦아들지 않았다.

---

1 홍수도천鴻水滔天. 〈오제본기〉에 이어 같은 표현이 다시 나온다. 사마천이 당시 치수사업의 중요성을 강조한 것으로 보인다.

◉ 곤은 9년에 걸친 치수 사업에 실패했다. 아들 우가 사업을 계승했지만 앞길은 험난했다. 아버지 곤의 사업을 계승한 우. 이제릉 내의 벽화 일부이다.

그리하여 제요는 다시 사람을 구하여 순을 얻었다. 순은 등용되어 천자의 정치를 대행하기에 이르렀다. 순수에 나섰다가 곤의 치수가 실적이 없는 것을 보고는 바로 곤을 우산으로 추방하여 죽게 했다. 천하가 모두 순의 처벌이 옳다고 여겼다. 이어 순은 곤의 아들 우를 천거하여 곤의 사업을 잇도록 했다.

제요가 세상을 뜨자 제순은 사악에게 "요의 사업을 빛낼 수 있는 사람이 있다면 그에게 맡길 수 있지 않겠소?"라고 하자 모두들 "백우를 사공으로 삼으면 요의 공덕을 빛낼 수 있을 것입니다"라고 했다. 순은 "오, 그렇겠군!"라고 하고는 우에게 "그대가 물과 땅 정리를 맡아 최선을 다해 주시오!"라고 명령했다. 우는 머리를 조아리고 절을 하면서 설과 후직 그리고 고요에게 양보했다. 순은 "그대는 얼른 가서 일을 보도록 하시오"라고 했다.

우는 힘든 것을 참으면서 민첩하고 부지런히 일을 끝내는 사람이었다.

그의 도덕은 어긋남이 없었고, 누구나 가까이 할 만큼 어질었으며, 말은 신용이 있었다. 말소리는 음률처럼 부드럽게 어울리고, 행동은 법도에 맞았으며, 모든 일을 균형 있게 처리했다. 근면하고 단정한 모습은 모든 이의 모범이었다.

2
우의 치수사업 1—노신초사

◉

우는 마침내 익·후직과 함께 제순의 명을 받들어 제후와 백관들에게 인부들을 동원하여 땅과 물을 다스리게 했다. 산에 올라가 말뚝을 꽂아 표지를 삼고 높은 산과 큰 강들을 측정했다. 우는 아버지가 공을 세우지 못하고 죽은 것이 가슴 아팠다. 그래서 노신초사勞身焦思 13년을 밖에서 살면서 집 문 앞을 지나면서도 들어가지 않았다.[2] 먹고 입는 것은 간소했지만 귀신에게는 정성을 다했다. 집은 허름했지만 물길을 정비하는 데는 비용과 자재를 아끼지 않았다. 흙길은 수레를 타고 다녔고, 물길은 배를 타고 다녔다. 진창길은 썰매를 탔고, 산은 바닥에 징을 박은 신을 신고 다녔다.[3] 왼손에는 수준기와 먹줄을, 오른손에는 자와 걸음쇠(컴퍼스)를 일 년 내내 들고 다

2 노신초사勞身焦思, 거외십삼년居外十三年, 과가문불감입過家門不敢入. 우가 치수사업을 위해 집에도 들어가지 못하고 객지 생활을 한 것에 대해서는 역대로 많은 논평이 따랐다. 외지 생활을 한 기간부터 몇 차례나 집 문 앞을 지나면서도 들어가지 못했는지 등등에 대해 이런저런 설이 있었다. 《맹자》에서는 우가 집 앞을 세 번이나 지나면서도 집에 들어가지 못했다는 '삼과기문이불입三過其門而不入'을 언급해 후대에 영향을 주었다.

3 육행승차陸行乘車, 수행승선水行乘船, 니행승취泥行乘橇, 산행승국山行乘檋. 치수사업을 위해 밤낮없이 전국을 누비는 우의 모습을 잘 반영한다.

◉ 하 왕조의 도읍 중 하나로 전하는 산서성 하현의 대우상. 우는 물길을 막는 아버지의 방식을 버리고 물길을 트는 소통의 방식으로 치수에 성공했다.

니면서 구주를 나누고 구도를 개통하고 구택을 쌓고 구산을 측량했다.[4] 익에게는 백성들에게 볍씨를 나누어주어 낮고 습한 땅에 심게 했고, 후직에게는 굶주린 백성을 구제하게 했다. 먹을 것이 모자라는 곳이 있으면 남는 곳을 조절하여 공급하게 함으로써 제후국들의 물자를 균형 있게 맞추었다. 우는 각지를 돌며 그 지역에 맞는 생산물을 공물로 정하고, 이의 운반을 위해 산과 강의 편리함도 살폈다.

---

4 개구주開九州, 통구도通九道, 피구택陂九澤, 탁구산度九山. 우의 치수사업을 통해 이루어낸 구주의 개척을 개괄한 것이다. 《상서》 〈우공〉은 우의 치수사업을 찬양하는 기록으로, 흔히 '우공구주禹貢九州'라 한다. 〈하본기〉 우의 치수 부분은 대부분 《상서》 〈우공〉의 기록에서 가져온 것이다.

3

우의 치수사업 2—구주의 확정

◉

우는 기주冀州로부터 시작했다. 먼저 호구壺口를 다스린 다음 양산梁山과 기산岐山을 다스렸다. 이어 태원太原을 다스리고 악양岳陽에 이르렀다. 담회覃懷를 성공적으로 다스린 후 장하漳河에 이르렀다. 기주의 토질은 희고 부드럽다. 세금의 등급은 상상, 즉 1등급이나 밭은 중중으로 5등급이다. 상수常水와 위수衛水가 물길대로 잘 흐르자 대륙택大陸澤을 다스리는 일이 시작되었다. 조이鳥夷의 가죽옷이 특산물인데, 발해 오른쪽(남쪽)에 있는 갈석산碣石山에서 황하를 통해 운송되었다.

제수濟水와 황하 사이는 연주兗州에 해당한다. 아홉 개의 하천이 모두 소통되었고, 뇌하택雷河澤은 큰 호수가 되니 옹수雍水와 저수沮水가 합류하여 호수로 흘러든다. 그 땅에 뽕나무를 심고 누에를 치니 백성들이 언덕 아래 평지로 옮겨 살 수 있게 되었다. 흙은 검고 기름지며, 풀과 나무는 무성하게 잘 자란다. 밭은 중하로 6등급이고, 세금 등급은 9등급이었으나 13년 동안 잘 다스려 다른 주처럼 되었다. 옻나무와 견사, 대바구니에 담는 무늬가 있는 견직물과 같은 특산물을 공물로 보냈는데, 제수와 누수漯水[5]에서 배로 황하를 통해 운반했다.

바다와 대산岱山, 태산 사이는 청주青州이다. 우이堣夷의 경계를 확정하고 안정되게 다스린 다음 유수濰水와 치수淄水를 소통시켰다. 이곳의 토질

5 누수漯水는 산동성과 하남성 두 곳에 있는데, 산동성의 하천을 '탑수'로 불러 구별한다. 여기서는 모두 누수로 표기한다.

은 희고 기름지며, 바닷가에는 넓은 개펄이 있다. 땅에 소금기가 많다. 밭은 상하로 3등급이고, 세금 등급은 중상으로 4등급이다. 소금과 가는 갈포, 각종 해산물, 태산 골짜기의 견사, 대마, 납, 소나무, 괴석, 내이萊夷의 축산물, 대광주리에 담은 산뽕나무로 친 누에실과 같은 특산물들은 문수汶水에서 배로 실어 제수를 통해 운반되었다.

바다와 태산·회수淮水 사이는 서주徐州에 해당한다. 회수와 기수淇水를 다스리니 몽산蒙山과 우산에 곡식을 심을 수 있게 되었다. 대야택大野澤이 호수가 되니 동원東原 지역은 낮은 평지가 되었다. 토질은 붉고 기름진 점토이고 풀과 나무가 무성하게 자랐다. 밭은 상중 2등급이고, 세금 등급은 중중 5등급이었다. 오색토와 우산 계곡에서 나는 꿩, 역산嶧山 남쪽에서 자라는 특산 오동나무, 사수泗水 언저리에서 나는 부석으로 만든 석경, 회이淮夷의 진주와 어류, 대광주리에 담은 검은색 견직물과 같은 특산물들은 회수와 사수에서 배로 실어 황하를 통해 운송되었다.

회수와 바다 사이는 양주揚州이다. 팽려彭蠡에 물이 모여 호수가 되니 큰 기러기가 날아와 살았다. 세 길의 강물이 바다로 흘러들고 진택震澤 지역은 안정을 찾았다. 크고 작은 대나무가 곳곳에서 자라고, 들풀은 무성하고, 나무는 크게 자랐다. 토질은 물기가 많은 진흙이다. 밭은 하하 9등급이고, 세금 등급은 7등급과 6등급을 오갔다. 공물로는 세 종류의 금속, 옥돌, 대나무, 상아, 가죽, 깃털, 검정소 꼬리, 도이島夷 풀로 짠 옷, 대광주리에 담은 오색 비단이 있고 때로는 귤과 유자도 공물로 바쳤다. 이 공물들은 장강과 바다를 거쳐 회수와 사수로 들어왔다.

형산荊山에서 형산衡山 이남까지는 형주荊州이다. 장강과 한수漢水가 천자에게 조회를 드리듯 바다로 흘러 들어간다. 아홉 길의 구강九江이 중앙을 관통하며 흐르고, 타수沱水와 잠수涔水가 소통되니 운몽택雲夢澤 일대도 잘 다스려졌다. 이곳의 토질은 진흙이다. 밭은 하중 8등급이고 세금 등급은 상하 3등급이다. 공물은 깃털, 검정소 꼬리, 상아, 가죽, 세 종류의 금속, 참죽나무, 산뽕나무, 향나무, 잣나무, 거칠고 가는 숫돌, 화살촉용 돌, 단사, 화살 만드는 균죽, 대나무 화살대를 만드는 예쁜 호목이 있었다. 경내 제후국들은 특산품을 진공했다. 털가시가 있는 청모로 엮은 대광주리에 담은 검은색과 연홍색 견직물과 꿰미로 엮은 진주가 있었고, 천자의 명이 있을 때 바치는 구강의 큰 거북도 있었다. 이 공물들은 장강·타수·잠수·한수에서 배에 실어 낙수洛水를 지나 남하南河를 통해 운반되었다.

형산과 황하 사이는 예주豫州이다. 이수伊水·낙수雒水·전수瀍水·간수澗水 모두가 황하로 흘러들고, 형파滎播에는 물이 모여 호수가 되었다. 하택荷澤 물길을 터서 넘치는 물을 명도明都로 흘러들게 했다. 토질은 부드러우나 낮은 지대의 흙은 검고 기름지고 단단하다. 밭은 중상 4등급이고, 세금 등급은 2등급과 1등급을 오간다. 공물은 옻나무, 견사, 갈포, 모시, 대광주리에 담은 가는 솜이며 때로는 석경을 만드는 돌도 바쳤다. 이 공물들은 낙수에서 배로 실어서 황하를 통해 운송했다.

화산華山의 남쪽과 흑수黑水 사이는 양주梁州이다. 민산汶山과 파총산嶓冢山이 개발되고 타수와 잠수도 소통되었다. 채산蔡山과 몽산蒙山까지 잘 다스려지니 화이和夷가 득을 보게 되었다. 이곳의 토질은 검푸른 색이다. 밭은 하상 7등급이고, 세금 등급은 하중 8등급이나 풍년과 흉년에 따라 7등급 또는 9등급이 되기도 했다. 공물로는 아름다운 옥, 철, 은, 강철, 석궁용 활촉을 만드는 돌, 석경, 곰, 말곰, 여우, 너구리, 융단 등이 있었다. 서경산西傾山 일대 공물들은 환수桓水를 따라 운반되었는데, 배는 잠수를 거쳐 육로

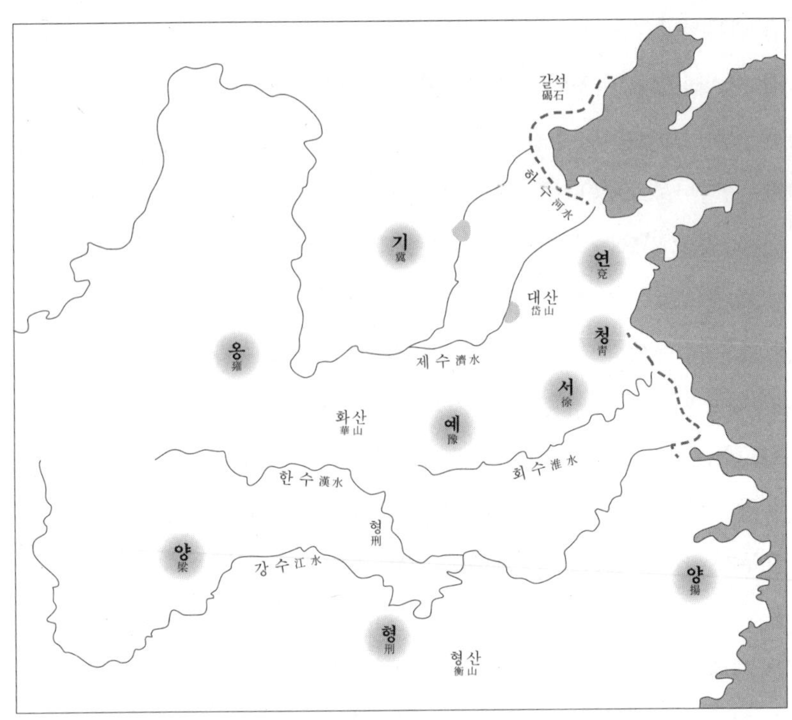

◉ 우공구주禹貢九州' 지도. 학자들은 '구주'를 전국시대의 개념으로 보고 있다. 따라서 우가 개척한 구주는 하나라의 강역과는 많이 다르다.

로 갔다가 다시 면수沔水를 지나 위수渭水에 진입하여 황하를 가로질렀다.

흑수와 서하西河 사이는 옹주雍州이다. 약수弱水는 서쪽으로 흐르고, 경수涇水는 위수의 굽이쳐 흐르는 곳에서 합류했다. 칠수漆水와 저수沮水는 순조롭게 위수로 흘렀고, 풍수豐水 역시 위수로 합류했다. 형산과 기산岐山의 길을 닦으니 종남산終南山·돈물산敦物山으로부터 조서산鳥鼠山에 이르는 지역이 모두 다스려졌다. 고원과 저지대의 사업이 효과를 거두자 도야택都野澤까지 득을 보게 되었다. 삼위三危가 살 수 있게 되고 삼묘三苗도 크게 안정되었다. 이곳의 토질은 부드러운 황색이다. 밭은 상상 1등급이고 세금 등급은 중하 6등급이다. 공물은 아름다운 옥과 좋은 돌들이다. 이 공물들은 적석산積石山에서 배로 용문산龍門山과 서하를 지나 위수와 황하가 만나는 곳에서 합류한다. 그중에는 곤륜昆侖·석지析支·거수渠搜에서 바친 융단도 있었다. 서융西戎도 질서가 제대로 잡혔다.

4
우의 치수사업3—구산과 구수의 개통

◉

아홉 개 산맥을 개통하는 길도 닦았다. 견산汧山과 기산은 황하를 넘어 형산까지 이어진다. 호구산과 뇌수산雷首山은 태악산太嶽山까지 이어진다. 지주산砥柱山과 석성산析城山은 왕옥산王屋山으로 이어진다. 태항산太行山과 상산常山은 갈석산碣石山까지 이어지는데 여기서 바다로 들어간다. 서경산·주어산朱圉山·조서산은 화산까지 이어진다. 웅이산熊耳山·외방산外方山·동백산桐柏山은 부미산負尾山으로 이어진다. 파총산에 길을 내어 형산까지 이르게 했다. 내방산內方山은 대별산大別山까지 이른다. 민산의 남쪽은 형산으로 이어지며 구강을 지나 부천원敷淺原까지 이어진다.

아홉 개의 물줄기를 소통시켰다. 약수는 합려合黎에 이르고 하류는 유사流沙로 흘러들어간다. 흑수의 물길은 삼위산에까지 이르고 남해로 흘러들어간다.

황하의 물길은 적석산을 지나 용문산에 이른다. 남으로 화산 북쪽에 이르며, 동으로 지주산으로 흐르다 다시 동쪽의 맹진孟津에 이르고, 또 다시 동쪽 낙수를 지나 대비산大邳山에 이르러 북으로 강수降水를 지나 대륙택大

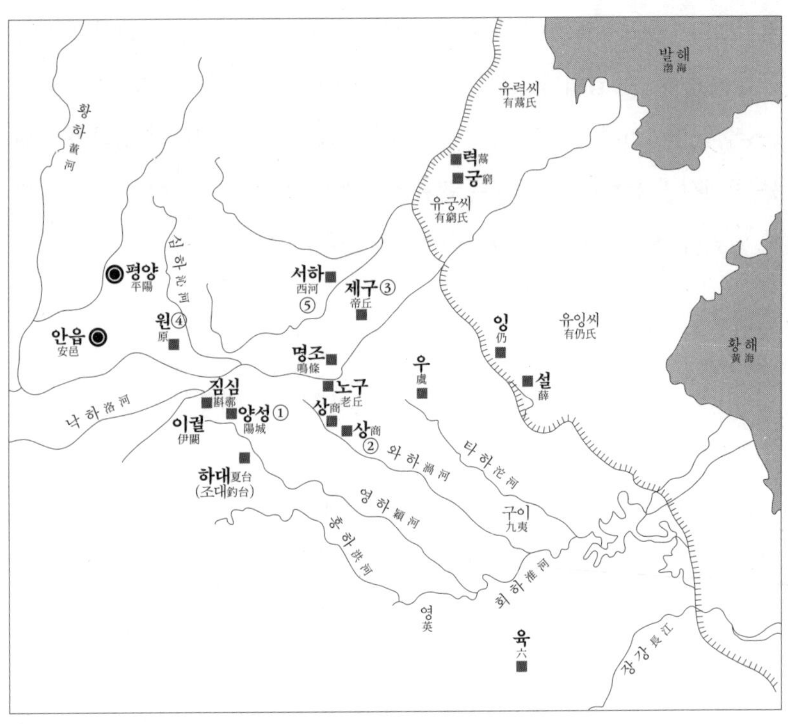

◉ 하나라 강역도. 하나라의 강역에 관해서는 논란이 많지만 고고학 발굴과 연구에 힘입어 그 윤곽이 잡혀 가고 있다. 담기량譚其驤 주편, 《중국역사지도집》 참고 .

陸澤에 이른다. 여기서 북으로 아홉 갈래로 나누어졌다가 다시 합류하여 역하逆河가 되어 바다로 흘러들어간다.

파총산에서 시작되는 양수瀁水는 물길을 따라 동으로 흘러서 한수漢水가 되고, 다시 동으로 흘러서 창랑수蒼浪水가 된 다음 삼서수三澨水를 지나 대별산으로 들어가 남쪽의 장강으로 흐르고, 다시 동으로 흘러 모여서 팽려

택彭蠡澤이란 호수가 된다. 여기서 동으로 흘러 북강北江이 되어서는 바다로 들어간다.

민산에서 발원하는 장강은 동으로 타수沱水로 갈라지고, 다시 동으로 예수醴水에 이르러서 구강을 지나 동릉東陵에 이른다. 여기서 비스듬히 북으로 흐르다 평려택에서 만나 동쪽으로 흘러 중강이 되어서는 바다로 흘러 들어간다.

연수沇水의 동쪽 물길인 제수濟水는 황하로 흘러 들어가는데, 제수가 넘쳐 형택滎澤을 이룬다. 도구 북쪽에서 동으로 흐르다 다시 동쪽을 향해 하택荷澤에 이른다. 다시 동북으로 흐르다 문수와 합류한 다음 동쪽을 향해 북으로 흐르다 바다로 들어간다.

회하는 동백산에서 발원하여 동으로 흘러 사수·기수와 합류한 다음 동으로 흐르다 바다로 들어간다. 위수는 조서동혈산鳥鼠同穴山에서 내려와 동으로 흐르다 풍수와 합류하여 다시 동북으로 흘러 경수에 이르고, 동으로 칠수와 저수를 지나 황하로 흘러든다. 낙수는 웅이산에서 흘러나와 동북에서 간수·전수와 합류하고 다시 동으로 흘러서 이수와 만난 다음 동북으로 흘러서 황하로 들어간다.

5
치수사업의 완성과 통치구역 확정

◉

이렇게 해서 구주의 산천이 모두 다스려져 사방의 어떤 땅에서도 살 수 있게 되었다. 구산에는 사람들이 다니기 편하게 나무를 깎아 표시를 했다. 구천의 수원지도 통하게 되었고, 구택에는 제방을 단단히 쌓았다. 전국이 하나로 통일되었다. 각종 세금을 징수하는 관서가 갖추어졌다. 각지의 토지는 등급에 따라 세금이 매겨졌고 신중하게 재물을 거두어들였다. 모두 토지의 기름진 정도에 근거하여 상중하로 나누어 공물과 세금이 매겨졌다. 천자는 제후에게 구주의 땅을 나누어주고 성도 내리면서 "제후들은 나의 덕행을 떠받드는 일을 먼저 생각하고, 내가 하고자 하는 일에 어긋나지 않도록 하라!"라고 일렀다.

천자의 국도 밖 500리에 해당하는 지역을 '전복甸服'이라 했다. 국도에서 100리 이내는 세금으로 벼를 냈고, 200리 이내는 곡식의 이삭을 냈고, 300리 이내는 곡식의 낟알을 냈고, 400리 이내는 정미하지 않은 쌀을 냈고, 500리 이내는 정미한 쌀을 냈다. 전복을 벗어난 주위 500리 지역은 '후복侯服'이라 불렀다. 전복에서 100리 이내는 경대부의 채읍이고, 그로부터 200리 이내는 천자에게 복역하는 소국이며, 다시 그로부터 300리 이내는 제후국이다. 후복 밖 주위 500리는 '수복綏服'이라 했다. 후복에서 300리 이내는 천자를 도와 주변 민족에게 문치와 교화를 펼치고, 그로부터 200리 이내는 무력을 떨치며 천자를 보위한다. 수복 밖 주위 500리는 '요복要服'이라 했다. 수복에서 300리 이내는 이족의 거주지이고, 그로부터 200리 이내는 범법자들이 사는 곳이다. 요복 밖 주위 500리는 '황복荒服'이라 했다. 요복에서 300리 이내는 만족의 거주지이고, 그로부터 200리 이내는 죄인을 추방하는 곳이다.

동으로는 바닷가까지, 서로는 사막에까지 이르렀고 북과 남으로도 미쳤다. 명성과 위엄 그리고 교화가 사해에 두루 퍼졌다. 이에 제순은 우에게 현규玄圭[6]를 하사하며 성공을 천하에 알렸다. 그리하여 천하가 크게 잘 다스려졌다.

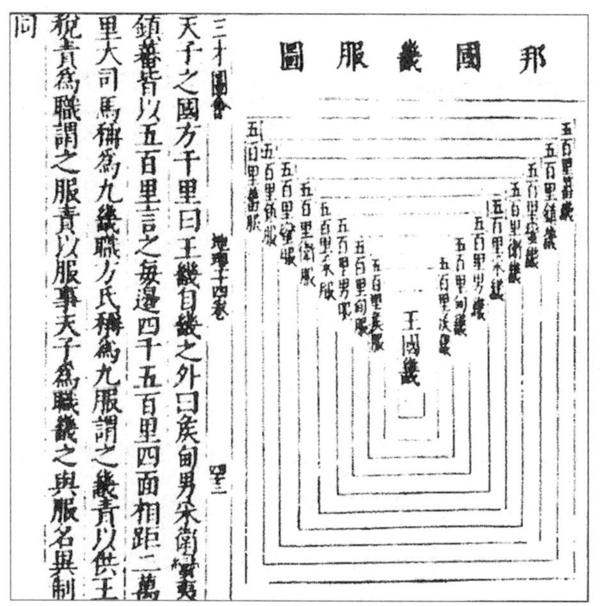

邦國畿服圖

三才圖會　地理十四卷　四十二

天子之國方千里曰王畿自畿之外曰侯甸男采衛蠻夷鎮蕃皆以五百里言之每邊四千五百里四面相距二萬里大司馬稱為九畿職方氏稱為九服謂之畿者以供王稅貢為職謂之服者以服事天子為職畿之與服名異制同

王國畿

◉ '오복도五服圖'. '오복'이란 개념은 주나라의 각종 제도를 체계적으로 기록한 《주례周禮》의 '구복九服'에서 나왔다. 하지만 이 개념은 실제가 아닌 고대 중국인의 이상을 반영한 결과물이다.

6
고요와의 통치 담론

◉

고요皐陶가 형벌과 감옥을 관리하는 사가 되어 백성을 다스렸다. 조회 때 우·백이伯夷·고요는 제순 앞에서 함께 이야기를 나누게 되었다. 고요가 자신의 생각을 말했다. "진실로 덕정을 펼치면 일을 현명하게 결정할 수 있고, 군신이 한 마음으로 협력하게 될 것입니다." 우가 "그렇군요. 어떻게

---

6 치수사업에 성공한 우를 치하하기 위해 순이 내린 검은 옥.

하면 되겠습니까?"라고 묻자, 고요는 "아! 삼가 자신을 수양하고 멀리 내다보며, 구족을 너그럽게 대하고 유능한 사람들로 하여금 보좌하게 하고, 가까운 곳으로부터 먼 곳까지 덕정이 두루 미치게 하는 것은 모두 자신에게 달려 있습니다"라고 대답했다. 우는 좋은 말에 절을 하며 "그렇군요"라고 했다. 고요는 "네! 사람을 알고 백성을 편하게 하면 됩니다"[7]라고 했다.

이에 우는 "어허! 제요조차도 모든 것을 그렇게 하기는 어려울 것입니다. 사람을 알려면 지혜로워야 하고, 지혜로워야 사람을 쓸 수 있습니다. 백성을 편안하게 할 수 있어야 은혜롭다고 할 수 있고, 그래야만 백성들이 그 덕을 마음으로 느낍니다.[8] 지혜롭고 은혜롭다면 환두驩兜를 걱정할 필요가 어디 있으며, 유묘有苗를 왜 내쫓으며, 교묘한 말과 웃는 얼굴로 아첨하는 무리를 무엇 때문에 두려워하겠습니까?"라고 했다.

고요는 "물론입니다, 네! 무릇 일을 할 때는 아홉 가지 덕, 즉 구덕[9]이 필요합니다. 번거롭지만 그 아홉 가지 덕을 한번 이야기해보렵니다"라 하고는 다음과 같이 말했다.

"하는 일을 살피는 것에서 시작됩니다. 너그러우면서도 엄격하고, 부드러우면서도 주관이 뚜렷하고, 사람과 잘 지내면서도 장중하고, 다스릴 재능이 있으면서도 신중하고, 순종하면서도 내면은 견고하고, 정직하면서

---

7 재지인재안민在知人在安民. 조회 때 제순 앞에서 우·고요·백이가 통치의 요체를 놓고 토론을 벌였다. 이 자리에서 고요는 자신의 식견을 유감없이 발휘했고, 토론은 급기야 거친 논쟁으로까지 발전했다. 이때 고요가 제시한 '구덕론'은 지금 적용해도 충분한 리더십 이론으로서 손색이 없다.

8 지인즉지知人則智 능관인能官人, 능안민즉혜能安民則惠 여민회지黎民懷之. 고요의 말을 받아 우는 좀 더 논의를 진전시킨다. 〈하본기〉에서 이 대목은 특히 위정자들이 귀를 기울여야 할 부분이다.

9 고요의 '구덕론'은 리더의 유형과 리더의 등급 분류를 방불케 한다.

도 온화하고, 간결하면서도 구차하지 않고, 굳세면서도 착실하고, 강하면서도 도의를 지키는 것입니다. 이상 구덕을 제대로 꾸준히 실천하면 대단히 좋습니다. 매일 아침부터 밤까지 게을리하지 않고 경건하게 이중 세 가지 덕을 실천한다면 경대부는 자기 집안을 지켜낼 수 있을 것입니다. 여섯 가지 덕을 경건하게 실천할 수 있다면 나라를 잘 관리하는 좋은 제후가 될 것입니다. 널리 많은 사람의 힘을 모아 매일 아홉 가지를 두루 실천할 수 있으면 뛰어난 인재를 관직에 기용할 수 있고, 백관은 나랏일에 온 마음을 다할 것입니다. 그러면 간사하고 음흉하고 음모를 일삼는 자들이 나오지 못합니다. 자격이 안 되는 자가 관직을 차지하고 있을 때, 그것을 천하 대사를 어지럽힌다고 하는 것입니다. 하늘이 죄지은 자를 토벌할 때는 반드시 그 죄에 맞게 오형을 적용합니다. 제가 드린 말씀이 과연 시행될 수 있을까요?"

우는 "그대의 말씀은 실천으로 옮겨져 공적을 이룰 것입니다"라고 했다. 고요는 "제가 아는 것은 없지만 늘 어찌 하면 나라를 다스리는 방도에 도움이 될 수 있을까 하는 생각뿐입니다"라고 말했다.

제순은 우를 가리키며 "그대도 좋은 의견을 말씀해보시오"라고 했다. 우는 절을 하며 "음! 제게 무슨 할 말이 있겠습니까? 저는 매일 부지런히 일할 것만 생각합니다"라고 답했다. 그러자 고요는 "부지런히 일할 것만 생각한다는 말이 무슨 뜻입니까?"라며 우를 다그쳤다.

우는 다음과 같이 대답했다.

"홍수가 하늘에까지 넘쳐서 거대한 물줄기가 산을 감싸고 언덕을 삼키는 통에 백성들은 모두 물에 가라앉았습니다. 저는 흙길은 수레를 타고 다녔고, 물길은 배를 타고 다녔습니다. 진창길은 썰매를 탔고, 산은 바닥에

◉ 고요는 '구덕론'을 통해 통치자의 자질 문제를 심도 있게 언급하면서 우의 자질을 날카롭게 시험했다. 순임금 당시 통치방식과 통치자의 자질 등을 놓고 대토론을 벌이고 있는 대신들의 모습을 나타낸 석상. 산서성 운성시 순제릉 앞에 있다.

징을 박은 신을 신고 다녔습니다. 산에 올라가서는 말뚝을 세워 표지를 삼았습니다. 익과 함께 백성들에게 곡식과 새나 짐승의 날고기를 주었으며, 구천을 뚫어 바다로 흐르게 하고, 밭 사이의 도랑을 뚫어 강으로 흐르게 했습니다. 직과는 백성들에게 부족한 식량을 나누어주었는데, 식량이 모자란 곳은 남는 곳을 조절하여 부족한 곳으로 보내거나 백성들을 살기 편한 곳으로 옮겼습니다. 그러자 백성들은 안정을 찾고 온 나라가 다스려졌습니다."

고요는 "그렇습니다! 바로 그렇게 하는 것이 잘하는 일입니다!"라고 했다.

우는 "아, 임금이시여! 차분하고 신중하게 자리를 지키십시오. 덕 있는 사람을 기용하여 보좌하게 하면 천하가 호응할 것입니다. 맑은 마음으로 상제의 명령을 받기 위해 기다리면 하늘이 다시 한 번 상을 내리실 것입니다"라고 했다.

제순은 이렇게 말했다.

"오! 신하들이여, 신하들이여! 그대들은 모두가 짐의 다리와 팔, 눈과 귀[10]가 되어야 할 것이오. 내가 백성들을 보호하고자 하니 그대들이 나를 도와야 할 것이오. 내가 옛사람들이 어떤 색과 문양의 복장을 했는지 관찰할 생각이요. 해와 달 그리고 별의 문양을 한 여러 색의 복장을 만들고자 하니 그대들이 내게 알려주시오. 6률六律[11]과 5성五聲[12] 그리고 8음八音[13]을 듣고 정치의 잘잘못을 살피고, 각지 여러 사람들의 의견을 듣고자 하니 그대들은 잘 들으시오. 내게 잘못이 있다면 바로잡도록 그대들이 도와야 할 것이오. 앞에서는 아부하고 등 뒤에서 비방[14]해서는 안 될 것이오. 신변에서 정사를 돕는 여러 신하들을 공경해야 할 것이오. 모함과 아첨으로 총애를 받던 신하들은 군주의 덕이 진정으로 시행되면 깨끗이 사라질 것이오."

우는 "그렇습니다. 임금께서 그렇게 하시지 않고 착한 자와 악한 자를 함께 기용하시면 공적을 이루지 못할 것입니다"라고 했다. 순은 "단주丹朱처럼 오만해서는 안 될 것이오. 방탕하게 노는 것만 좋아해서 물도 없는데

---

10 고굉이목股肱耳目. 이 표현은 흔히 군주가 자신의 측근 신하들을 가리킬 때 쓴다.

11 고대에는 악기 소리의 높낮이를 맞추는 12개의 관管이 있었다. 이 관을 정음관定音管이라 하고, 이렇게 맞추어진 12개의 음을 악율樂律이라 한다. 그리고 음陰에 해당하는 여섯 개를 '여呂', 양陽에 해당하는 여섯 개를 '율律'로 구분했다. 육률은 황종黃鐘, 태족太簇, 고세姑洗, 유빈蕤賓, 이칙夷則, 무사無射다.

12 오성은 궁宮·상商·각角·치徵·우羽 다섯 개의 서로 높낮이가 다른 음계를 말한다.

13 〈오제본기〉 207쪽 각주 50참고.

14 면유퇴방面諛退謗.

억지로 배를 띄우고 패거리를 지어 집안에서 음탕한 짓을 일삼으니 그의 계승이 끊어진 것이오. 나는 그런 것은 용납할 수 없소"라고 했다.

우는 "저는 도산씨塗山氏 여자를 아내로 맞이한 지 나흘 만에 집을 떠나 아들 계啓가 태어나는 것도 보지 못했고 돌보지도 못했습니다.[15] 하지만 그 때문에 물과 땅을 다스릴 수 있었습니다. '오복五服'[16]을 설치하여 땅은 5,000리에 이르렀고, 12주에 장관을 두었습니다. 그 너머로는 사해에까지 이르렀고, 다섯 제후국의 우두머리 '오장五長'[17]을 세우니 각자의 백성을 이끌며 공을 세웠습니다. 오직 삼묘三苗 하나가 버티면서 명을 거부하고 있으니 임금께서는 유념하시기 바랍니다!"

임금은 "나의 덕정을 그대가 선포하니 이 공적은 그대의 노력으로 얻은 것이로다!"라고 했다.

7
우에게 넘어간 대권

◉

고요는 우의 공덕에 경탄하며 백성들 모두에게 우를 본받도록 명령했다. 명령을 따르지 않으면 형법으로 징벌했다. 순의 덕정은 크게 빛났다. 이때

15 이 구절은 우가 치수사업 때문에 가정도 돌보지 못하고 노신초사했음을 의미한다. 우는 사생활을 포기한 채 아버지 곤의 실패를 거울삼아 물을 막는 것이 아닌 물길을 트는 소통의 방식으로 치수에 성공했다.

16 흔히 상고시대 천자의 통치구역을 가리키는 용어로, 전복甸服·후복侯服·수복綏服·요복要服·황복荒服 다섯 구역으로 구분하기 때문에 오복五服이라 했다. 오복을 모두 계산하면 반경 2,500리에 직경은 가로 세로 각각 5,000리다.

17 제후국 다섯마다 유능한 우두머리를 하나씩 두었다는 뜻이다.

◉ 하남성 등봉현의 계모석啓母石. 치수에 열중하고 있는 남편 우를 보러 간 도산씨는 놀랍게도 남편이 아닌 거대한 곰을 보고는 놀라 도망치다 돌로 변했다. 우가 아들을 내놓으라고 고함을 지르자 큰 돌을 가르고 아들 계가 태어났다는 전설을 담고 있는 돌이다.

기夔가 음악을 연주하자 조상의 혼령이 강림하고 각지의 제후는 서로 예를 갖추어 양보했으며 새와 짐승들도 춤을 추었다. 〈소소簫韶〉의 구장 연주가 끝나자 봉황이 날아오르고 온갖 짐승들이 춤을 추었으며, 백관은 믿음으로 서로 화합했다. 이에 순은 음악에 맞추어 가사를 지어 "하늘의 명을 삼가 받들어 오로지 시세에 순응하고 삼가 신중하게 행동할지어다!"라고 했다. 이어 다시 "대신들이 기꺼이 충성을 다하면 원수元首의 공적은 크게 떨치고 백관의 사업은 흥성하리라!"라고 노래했다.

고요가 절을 하고 머리를 조아리며[18] 큰 소리로 "유념하소서! 앞장서 나

18 배수계수拜手稽首. 군주에 대한 신하의 자세를 대변하는 표현이다.

라의 일을 크게 일으키시되 삼가 법도를 준수하고 공경하소서!"라고 말한 다음 가사의 뜻을 바꾸어 "원수가 영명하면 대신은 현명해지고 모든 일이 평안해지리라!"라고 노래했다. 또 이어서 "원수가 자잘하여 큰 뜻이 없으면 대신들도 게을러지고 만사를 그르치게 되리라!"라고 노래했다. 순은 절을 하며 "그렇소이다! 모두들 열심히 합시다!"라고 했다.

이로부터 천하는 모두 우가 천명한 법도와 음악을 받드니 우는 산천의 신들에게 제사 드리는 주재자가 되었다. 순은 하늘에 우를 천거하여 후계자로 삼았다. 17년이 지나 제순이 세상을 떴다. 삼년상이 끝나자 우는 순의 아들 상균商均에게 제위를 양보하고 그를 피해 양성陽城으로 갔다. 천하의 제후들은 모두 상균을 버리고 우에게 조회를 드리러 왔다. 우는 그제서야 천자로 즉위하여 남면한 채 천하의 조회를 받으니 나라 이름은 하후夏后, 성은 사씨姒氏라 했다.

8
부자계승의 하 왕조

◉

제우는 즉위 후 고요를 하늘에 추천하여 정권을 넘겨주려 했으나 고요가 죽고 말았다. 고요의 후손에게 영英과 육六의 땅을 주었는데, 허許 지역이라고도 한다. 얼마 뒤에는 익益을 천거하여 정치를 맡겼다.

10년 뒤 제우가 동쪽으로 순수를 나갔다가 회계會稽[19]에 이르러 세상을 떠났다. 천하는 익에게 넘어갔다. 삼년상이 끝나자 익은 제우의 아들 계에게 제위를 양보하고 기산箕山 남쪽으로 피해서 살았다. 우의 아들 계는 현명하여 천하가 그에게로 마음을 돌렸다. 우가 세상을 떠나면서 익에게 넘졌지만 익이 우를 보좌한 지가 얼마 되지 않아 천하는 만족해하지 않았다. 이에 제후들은 모두 익을 버리고 계에게 조회하면서 "우리 군주 제우의 아드님이십니다"[20]라고 했다. 그리하여 계가 마침내 천자의 자리에 오르니 이가 바로 하후 제계다.

하후 제계는 우의 아들이고, 그 어머니는 도산씨 여자다. 유호씨有扈氏가 복종하지 않자 계는 이를 정벌하러 나서 감甘에서 크게 싸웠다. 전쟁에 앞서 〈감서甘誓〉를 짓고, 육군六軍[21]의 장수들을 소집하여 경고했다. 계는 이렇게 말했다.

"오! 육군의 모든 군사들이여. 내가 그대들에게 경고하노라. 유호씨가 힘만 믿고 천하 질서를 업신여기고 하늘과 땅 그리고 인간의 바른 도리를 포기함으로써 하늘이 그들의 국운을 끊으려 한다. 이에 지금 내가 하늘의 뜻을 받들어 그들을 징벌할 것이다. 수레 왼쪽의 병사는 적의 수레 왼쪽에 있는 병사를 공격할 것이며, 오른쪽 병사는 오른쪽을 공격하라. 그렇지 않으면 명령에 불복하는 것이 된다. 명령에 따르면 조상의 사당에 상을 내릴 것이나, 명령에 따르지 않으면 본인은 토지신 앞에서 목을 베고 그 처자식들은 노예로 삼을 것이다."

---

19 회계는 제순이 지방 순수를 나갔다가 세상을 뜨자 장례를 지낸 곳으로 전한다. 지금의 절강성 소흥시에 있다. 이곳에서 순은 제후들을 소집하여 그간의 실적을 심사했다고 해서 '회계'란 이름이 붙었고, 나아가 '회계會計'와 같은 뜻으로 해석하기도 한다. 이 설에 대해서는 역대로 많은 논란이 있었지만 사마천은 여러 자료를 참작하여 여러 곳에다 '회계'를 언급하고 있다. 회계산을 등지고 대우릉이 남아있다.

20 이 대목은 요-순-우로 이어지는 선양이라는 권력계승법이 종말을 고하고 하 왕조를 기점으로 부자계승으로 넘어가는 것을 상징적으로 보여준다.

21 천자가 거느리는 군대를 육군六軍이라 하며 육군의 장수들을 육경六卿이라 한다. 따라서 '육군'은 '전군'을 의미한다.

◉ 하나라의 시조 우가 묻힌 곳으로 전하는 대우릉大禹陵. 절강성浙江省 소흥紹興 회계산會稽山에 위치한다.

마침내 유호씨를 멸망시키자 천하가 모두 조회했다.

하후 제계가 세상을 떠나자 아들 태강太康이 들어섰다. 제태강이 나라를 잃자 다섯 형제들이 낙수 북쪽에서 그를 기다리며 〈오자지가五子之歌〉를 지었다. 제태강이 세상을 뜨자 동생 중강中康이 즉위하니 이가 바로 제중강이다. 제중강 때 희씨羲氏와 화씨和氏가 지나치게 술에 빠져 계절과 절기를 어지럽혔다. 윤胤이 이들을 정벌하고 〈윤정胤征〉을 지었다. 제중강이 세상을 뜨자 아들 상相이 즉위했다. 제상이 세상을 뜨자 아들 소강少康이 뒤를 이었다. 제소강이 세상을 뜨자 아들 여予가 즉위했다. 제여가 세상을 뜨자 아들 괴槐가 즉위했다. 제괴가 세상을 뜨자 아들 망芒이 뒤를 이었고, 제망이 세상을 뜨자 아들 설泄이 즉위했다. 제설이 세상을 뜨자 아들 불항不降이 즉위했고, 제불항이 세상을 뜨자 동생 경扃이 뒤를 이었다. 제경이 세상을 뜨자 아들 근廑이 즉위했고, 제근이 세상을 뜨자 제불항의 아들 공갑孔甲이

◉ 청나라 때 그려진 계의 초상화로 후대 문인의 복장을 하고 있다. 우는 익에게 자리를 선양했다. 그러나 익이 우의 아들 계와의 정치 투쟁에서 패함으로써 선양의 전통은 무너지고 부자계승으로 전환하게 된다.

뒤를 이으니 이가 바로 제공갑이다.

제공갑은 즉위 후 귀신 흉내 내기를 좋아하는 등 음란했다. 하후씨의 덕이 이로부터 쇠퇴해져 제후들이 배반하기 시작했다. 하늘에서 암수 한 마리씩 용 두 마리가 내려왔다. 공갑은 기를 줄 몰랐고 용을 기르는 '환룡씨豢龍氏'[22]도 찾지 못했다. 도당씨陶唐氏가 쇠락한 뒤 유루劉累라는 후손이 있었는데, 환룡씨에게서 용을 길들이는 법을 배운 탓에 공갑을 섬기게 되었다. 공갑은 그에게 '어룡씨御龍氏'[23]라는 성씨를 내려주고 시위豕韋 후손의 봉지를 주었다. 암컷 용이 죽자 유루는 공갑에게 먹였다. 공갑이 다시 용을 구해오라고 하자 유루는 겁을 먹고 다른 곳으로 떠났다.

공갑이 세상을 뜨자 아들 고皐가 즉위했다. 제고가 세상을 뜨자 아들 발

22 용을 기르는 사람 또는 그 집안.

23 용을 모는 사람 또는 그 집안.

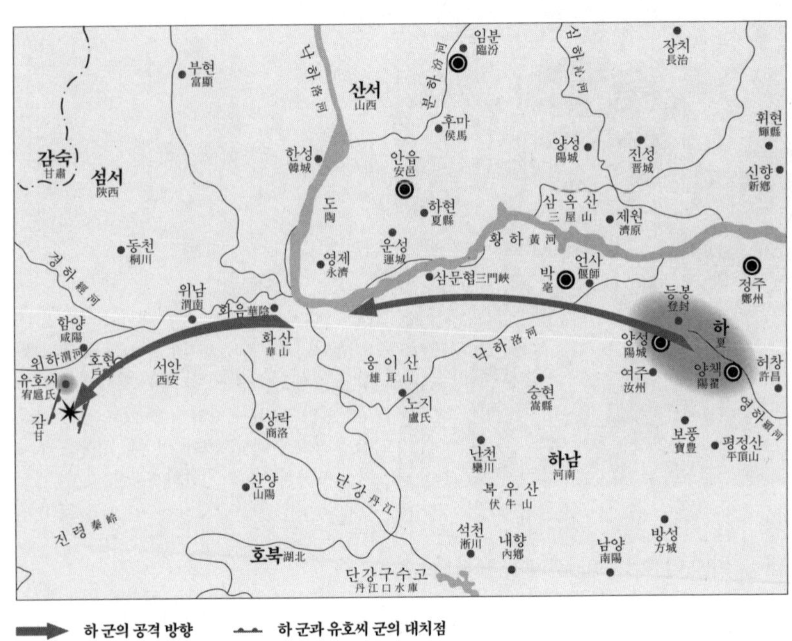

◉ 감전투도. 이 전투에서 하후 제계가 유호씨를 정벌함으로써 통치의 기반을 다졌다.

發이 뒤를 이었고, 제발이 세상을 뜨자 아들 이계履癸가 즉위하니 이가 바로 걸桀이다. 제걸은 공갑 이래 제후들이 대부분 하를 배반했음에도 덕정에 힘쓰지 않고 무력으로 백성을 해치니 백성들이 감당하지 못했다. 탕湯을 불러 하대夏臺에 가두었다가 얼마 뒤 풀어주었다. 덕을 닦은 탕에게 제후들이 모두 귀의하자 탕은 마침내 군대를 이끌고 하걸을 정벌했다. 걸은 명조鳴條로 달아났다가 결국 추방되어 죽었다. 걸은 사람들에게 "내가 하대에서 탕을 죽이지 않아 이 지경에 이른 것이 후회스럽다!"[24]라고 했다. 이윽고 탕이 천자 자리에 올라 하의 천하를 대신했다. 탕은 하의 후손을 제

◉ (위) 하남성 여양汝陽에 있는 두강 사당. 술의 신으로 받들어지는 두강杜康은 하의 5대 제왕 제상으로 기록에 나온다.

◉ (아래) 하남성 태강현 태강릉의 최근 모습. 사냥을 일보다 더 즐겼던 태강은 결국 나라를 잃는다.

◉ 하의 마지막 제왕 걸은 훗날 상의 마지막 왕인 주와 함께 '걸주'라 하여 폭군의 대명사로 낙인찍혔다. 사진은 동한시대에 크게 유행한 벽돌 그림에 묘사된 하걸의 모습이다.

후에 봉했고, 주나라 때는 기杞 땅에 봉해졌다.

9
사마천의 논평

◉

태사공은 이렇게 말한다.

"우는 성이 사씨다. 그 후손들이 여러 곳에 분봉되어 나라 이름을 성씨

---

24 하의 마지막 제왕 하걸이 죽기에 앞서 남긴 유언이다. 죽는 순간까지도 자신의 잘못을 깨닫지 못하는 어리석은 폭군의 전형을 대변하는 표현으로 인용되어 왔다. 은의 마지막 제왕 주紂도 거의 같은 말을 남기고 죽었다. 〈은본기〉 337~338쪽 참고.

로 삼으니[25] 하후씨夏后氏 · 유호씨有扈氏 · 유남씨有男氏 · 짐심씨斟尋氏 · 동성씨彤城氏 · 포씨褒氏 · 비씨費氏 · 기씨杞氏 · 증씨繒氏 · 신씨辛氏 · 명씨冥氏 · 짐과씨斟戈氏가 생겨나게 되었다. 공자가 하의 달력을 교정한 바 있어 많은 학자들이 《하소정夏小正》을 전수했다. 우순과 하우 때부터 공물과 세금제도가 갖추어졌다. 어떤 사람은 우가 강남에서 제후들을 모아놓고 공적을 심사하다가 세상을 떠나 그곳에 묻혔기 때문에 '회계會稽'라 불렀다고 한다. '회계'란 모아놓고 따진다는 뜻과 같다."

---

25 용국위성用國爲姓. 고대 성씨의 용례를 보여준다. 《노사路史》 〈국명기國名紀〉에는 "나라를 씨로 삼는다"는 대목이 네 번이나 인용된다. 당초 구분되었던 성과 씨가 후대로 가면서 구분 없이 혼용되고 있음을 알 수 있다.

◉

정리의 기술

◉

◉ 〈하본기〉에 등장하는 명언·명구의 재발견

• **노신초사**勞身焦思, **거외십삼년**居外十三年, **과가문불감입**過家門不敢入 "노신초사 13년을 밖에서 살면서 집 문 앞을 지나면서도 들어가지 못했다." 우가 치수사업을 위해 집에도 들어가지 못하고 객지 생활을 한 것에 대해서는 역대로 많은 논평이 따랐다. 외지 생활을 한 기간부터 몇 차례나 집 앞을 지나면서도 들어가지 못했는지 등등에 대해 이런저런 설이 있었다. 《맹자》에서는 우가 집 앞을 세 번이나 지나면서도 집에 들어가지 못했다는 '삼과기문이불입三過其門而不入'을 언급하여 후대에 영향을 주었다.

• **육행승차**陸行乘車, **수행승선**水行乘船, **니행승취**泥行乘橇, **산행승국**山行乘檋 "흙길은 수레를 타고 다녔고, 물길은 배를 타고 다녔다. 진창길은 썰매를 탔고, 산은 바닥에 징을 박은 신을 신고 다녔다." 치수사업을 위해 밤낮없이 전국을 누비는 우의 모습을 잘 반영하는 표현이다.

• **개구주**開九州, **통구도**通九道, **피구택**陂九澤, **탁구산**度九山 "구주를 나누고 구도를

개통하고 구택을 쌓고 구산을 측량했다." 우의 치수사업을 통해 이루어낸 구주의 개척을 개괄한 것이다. 《상서》〈우공〉은 우의 치수사업을 찬양하는 기록으로 흔히 '우공구주禹貢九州'라 한다. 〈하본기〉 우의 치수 부분은 대부분 《상서》〈우공〉의 기록에서 가져온 것이다.

• **재지인재안민**在知人在安民 "사람을 알고 백성을 편하게 하다." 조회 때 제순 앞에서 우·고요·백이가 통치의 요체를 놓고 토론을 벌였다. 이 자리에서 고요는 자신의 식견을 유감없이 발휘한다. 이 토론은 급기야 거친 논쟁으로까지 발전했다. 특히 고요가 제시한 '구덕론'은 지금 적용해도 충분한 리더십 이론으로서 손색이 없다.

• **지인즉지**知人則智 **능관인**能官人, **능안민즉혜**能安民則惠 **여민회지**黎民懷之 "사람을 알려면 지혜로워야 하고, 지혜로워야 사람을 쓸 수 있습니다. 백성을 편안하게 할 수 있어야 은혜롭다고 할 수 있고, 그래야만 백성들이 그 덕을 마음으로 느낍니다." 고요의 말을 받아 우는 좀 더 논의를 전진시킨다. 〈하본기〉에서 이 대목은 특히 위정자들이 귀를 기울여야 할 부분이다.

• **고굉이목**股肱耳目 "다리, 팔, 귀, 눈"을 뜻하는 이 표현은 흔히 군주가 자기 측근 신하들을 가리킬 때 쓴다.

• **면유퇴방**面諛退謗 "앞에서는 아부하고 등 뒤에서 비방하다."

• **배수계수**拜手稽首 "절을 하고 머리를 조아리다." 공손히 두 손을 모아 절을 하고 머리를 조아린다는 뜻으로 군주에 대한 신하의 자세를 대변하는 표현이다.

• **용국위성**用國爲姓 "나라 이름을 성씨로 삼다." 고대 성씨의 사용례를 보여주는 것인데, 《노사路史》〈국명기國名紀〉에는 '나라를 씨로 삼는다'는 대목이 네 번이나 인용되어 있다. 당초 구분되었던 성과 씨가 후대로 가면서 구분없이 혼용되고 있음을 알 수 있다.

◉ 〈하본기〉에 등장하는 인물 정보

이름	시대	내용	출전
우이嵎夷	소수민족	산동성 일대에 거주한 부족의 하나. 고대 동방 구이에 대한 총칭이다.	
래이萊夷	소수민족	산동성 래주·등주 일대에 거주한 부족의 하나다.	
회이淮夷	소수민족	회수 중하류 일대의 부족이다.	
도이島夷	소수민족	동남해 섬들에 거주한 부족. 판본에 따라 조이鳥夷로도 나타난다.	《사기회주고증》
화이和夷	소수민족	서남이 지역의 부족. 화를 지금의 사천 대도하大渡河인 아수涐水로 보기도 한다.	
유묘有苗	소수민족	장강·회수·형주 일대에 분포한 부족. '삼묘'에 대한 별칭이다.	
도산씨塗山氏	부족	도산은 우가 아내를 취한 부락의 이름이다. 도산에 대해서는 설들이 많다.	
우禹	하	아버지 곤의 치수사업을 이어 성공시킴으로써 순으로부터 제위를 선양받아 하의 시조가 되었다. 국호를 하후夏后, 성을 사姒라 했다.	〈하본기〉
계啓	하	우와 도산씨 여자 사이에 태어난 아들로 하의 2대 제왕이다.	〈하본기〉
기夔	오제시대	제요의 대신으로 순이 즉위한 뒤 악정樂正을 맡았다.	
유호씨有扈氏	부족 이름	하후씨와 동성으로 근거지에 대해서는 하남성과 섬서성으로 설이 갈린다.	《좌전》 《회남자》
태강太康	하	3대 제왕. 후예에게 나라를 잃었다. 하남성 태강현 성관진 왕릉촌에 태강묘가 전한다.	《사기집해》
중강仲康	하	태강의 동생으로 4대 제왕이다.	
윤胤	하	중강의 대신으로 희씨와 화씨를 정벌하기에 앞서 〈윤정〉을 지었다 한다.	고문《상서》
상相	하	중강의 아들로 5대 제왕이다.	
소강少康	하	하 왕조를 중흥시킨 '소강중흥' 8대 제왕. 기록에 따르면 6대 후예后羿, 7대 한착寒浞의 찬탈이 있었던 것으로 전한다. 태강릉 부근에 무덤이 있다.	〈오태백세가〉 《사기색은》 《사기정의》
여予	하	9대 제왕	
괴槐	하	10대 제왕	
망芒	하	11대 제왕	

설泄	하	12대 제왕	
불항不降	하	13대 제왕	
경扃	하	불항의 동생으로 14대 제왕이다.	
공갑孔甲	하	불항의 아들로 15대 제왕이다.	
근廑	하	16대 제왕. 경의 아들이자 공갑의 동생이다.	
도당씨陶唐氏	부족	제요의 출신 부락 이름이다.	
유루劉累	하	제요의 후대로 그 근거지가 하남성 언사현 동남이란 설이 있다.	《사기집해》
고皐	하	공갑의 아들로 17대 제왕이다.	
발發	하	18대 제왕	
이계履癸	하	하의 마지막 19대 제왕인 걸의 이름이다.	
탕湯	하	상 왕조의 시조	〈은본기〉
유호씨有扈氏	하후 일족	하후씨의 일족들로 나라를 성으로 삼아 갈라져 나갔다. 실재 여부와 근거지 등에 대해서는 역대로 설들이 분분하다.	《노사路史》 《잠부론潛夫論》 《좌전》
유남씨有男氏			
짐심씨斟尋氏			
동성씨彤城氏			
포씨褒氏			
비씨費氏			
기씨杞氏			
증씨繒氏			
신씨辛氏			
명씨冥氏			
짐과씨斟戈氏			

• 〈하본기〉에 보이는 하우, 곤, 제전욱, 창의, 황제, 제요, 순, 익, 후직, 조이, 삼묘, 서융, 고요, 백이, 환두, 단주, 상균, 희씨, 화씨는 '〈오제본기〉에 등장하는 인물 정보'를 참고.
• 부락 이름과 종족 이름도 포함시켰다.
• 하 왕조 강역 지도와 〈오제본기〉의 '황하·장강 유역 전설시대 원시 부락 분포도' 참고.
• 진한 글자는 하나라의 왕들을 나타낸다.

◉ 〈하본기〉 관련 하·상 시대 주요 지명 정보

지명	현재의 지리 정보	비고
도산塗山	안휘성 회원현懷遠縣 동남, 방부시蚌埠市 서쪽	
양성陽城	하남성 등봉시登封市 동남 고성진告成鎮	하의 첫 도읍
풍수豐水(또는 灃水)	섬서성 서안시西安市 서남	
양산□山	하북성 북부	
용문□門	산서성 하진시河津市 서북과 섬서성 한성시韓城市 동북 황하	사마천의 고향
영潁	하남성 등봉시 동쪽	
삼묘三苗	호남·강서성 대부분과 호북성 동남부, 안휘성 남부	부족
영英	하남성 固始縣 동북	고요 후손 봉지. 한의 공신 영포경포의 근거지. 〈경포열전〉 참고.
육□	안휘성 육안시六安市	
모산茅山	절강성 소흥시紹興市 동남	회계산會稽山
방풍씨防風氏	절강성 덕청현德清縣 부근	왕망씨汪芒氏
유호씨有扈氏	섬서성 노현盧縣 일대	하우의 후손 봉지
감甘	섬서성 노현 남쪽. 낙양시 서남으로 보기도 한다.	계와 유호씨의 전투지
균대均臺	하남성 우주시禹州市	
관觀	하남성 기현淇縣, 준현浚縣 일대	
서하西河	① 하남성 안양安陽 ② 하남성 기현淇縣	
팽彭	강소성 서주시徐州市	
짐심斟尋	하남성 낙양시 동쪽	하우의 후손 봉지
유궁有窮, 조鉏	하남성 복양현濮陽縣 서남	
궁석窮石	하남성 언사시偃師市	
제구帝丘	하남성 복남현濮南縣	
한寒	산동성 유방시濰坊市 한정구寒亭區	
과過	하남성 태강현太康縣 동남	
과戈	하남성 기현杞縣 일대	
짐관씨斟灌氏	하남성 범현范縣 북쪽	
짐심씨斟尋氏	하남성 공의시鞏義市. 후대에 복양현 부근 산동 제녕시濟寧市로 옮겼다.	하우의 후손 봉지
유잉씨有仍氏	산동성 제녕시	

시위豕韋	팽彭씨의 봉지로 하남 동북부 활현 동쪽으로 추정된다.	유루가 용을 키운 공으로 취한 곳
허許	하남성 허창시許昌市 동쪽	
회계會稽	절강성 소흥시紹興市 회계산	우가 죽은 곳
기산箕山	하남성 등봉현 동남	
낙수洛水	섬서성 낙남현洛南縣에서 발원해 하남으로 흘러들어 가는 강 이름	
하대夏臺	하남성 우현禹縣 남쪽	일명 균대鈞臺
기杞	하남성 기현杞縣	하후 후손의 봉지
우虞	① 하남성 상구시商丘市 동남 우성현虞城縣 ② 산서성 평륙平陸	
윤綸	하남성 우성현 동남	
유력씨有鬲氏	산동성 덕주시德州市 동남	
월越	절강성 소흥시 동남 회계산 부근	
원原	하남성 제원시濟源市 서북	
노구老丘	하남성 개봉시開封市 동쪽	
노魯	하남성 노산현魯山縣	
유시씨有施氏	산동성 등주滕州 일대	
유민有緡	산동성 금향현金鄕縣 동북	
민산岷山	산동성 금향현 부근	
박亳	① 하남성 상구시 동남 ② 하남성 언사시	
명조鳴條	산서성 운성시運城市 안읍진安邑鎭 북쪽 또는 하남성 봉구현封丘縣 동쪽	걸이 탕에게 패해 도망간 곳
남소南巢	안휘성 소호시巢湖市 서남	
상商	하남성 상구시 일대	
번蕃	산동성 등주시 부근	
지석砥石	하북성 석가장石家莊 이남, 형대시邢臺市 이북 일대	
유역有易	하북성 역현易縣 일대	
갈葛	하남성 수현睢縣 북쪽	
유신씨有莘氏	① 하남성 개봉현 진류진陳留鎭 ② 산동성 조현曹縣 북쪽	
형荊	호북성 북부	
유락씨有洛氏	하남성 공의시	
온溫	하남성 온현溫縣 서쪽	

곤오昆吾	하남성 허창시許昌市 일대	
경박景亳	하남성 활현滑縣 동쪽	
위韋, 시위豕韋	하남성 활현 동쪽	
고顧	하남성 범현 남쪽	
안읍安邑	산서성 운성시 동북	
유융지허 有娀之墟	산서성 운성시 남쪽	
삼흉三兇	산동성 정도현定陶縣 북쪽	
성郕	산동성 영양현寧陽縣 북쪽	
설薛	산동성 등주시 동남	
동궁桐宮	하남성 언사시 서남	
효囂, 오傲	하남성 형양시滎陽市 동북	
비邳	강소성 비주시邳州市 서남	
상相	하남성 내황현內黃縣 동남	
경耿, 형邢	하남성 온현 동쪽	
비庇	산동성 어대魚臺 부근	
엄奄	산동성 곡부시曲阜市	
응應	하남성 노산현 동쪽	
은殷, 북몽北蒙	하남성 안양시 서쪽	
돈敦	하남성 심양沁陽 부근	
공방邛方 귀방鬼方	내몽고 남부와 섬서 · 산서 북부 일대	
귀백歸伯	호북성 자귀현秭歸縣	
정程	섬서성 함양시咸陽市	
의거義渠	감숙성 경천涇川 일대	
매沬, 조가朝歌	하남성 기현淇縣	
인방人方	황하 중하류 이남	
우방盂方	하남성 수현 일대	
임방林方	안휘성 봉양鳳陽 일대	
미微	산서성 노성시潞城市 동쪽	미자진
유소有蘇	하남성 온현 서남	
한단邯鄲	하북성 한단시	
사구沙丘	하북성 평향현平鄉縣 동북	
귀鬼, 구九	하북성 자현磁縣 서남	

악鄂, 우邘	하남성 심양시	
여黎	산서성 여성黎城	
목야牧野	하남성 기현淇縣 남쪽	
복수濮水	하남성 범현 남쪽	
곽태산霍太山	산서성 곽주시霍州市 동남	곽산

• 하대나 상대의 지명이 중복되어 나타나는 경우도 적지 않기 때문에 하·상의 지명을 한곳에 제시하여 참고하도록 했다.

• 진한 글자는 〈하본기〉에 보이는 지명이다.

• 〈하본기〉나 〈은본기〉에 언급되지 않은 지명도 있으나 참고로 함께 제시했다.

• 고고학적 발굴에 의한 위치 비정과 문헌연구에 따른 위치 비정에 차이가 나는 경우가 적지 않다.

• 구주 관련 지명은 그 사실성 여부를 인정하지 않기 때문에 '구주 관련 지명·지리 정보'에 별도로 정리해 제시했다.

◉ 〈하본기〉에 등장하는 문헌·문장 정보

서명	저자	내용
〈소소簫韶〉	미상	제순 때의 악곡으로, 전하지 않는다.
〈감서甘誓〉	하계? 전국 말기	《상서》〈하서夏書〉의 편명으로 하계가 유호씨를 정벌하면서 공표한 시악문. 매우 위압적인 분위기로 기술된 것이 특징이다.
〈오자지가五子之歌〉	태강의 다섯 동생?	고문《상서》에 보인다. 《사기집해》에 인용된 공안국의 견해에 따르면 태강의 다섯 동생과 어머니가 낙수 북쪽에서 태강을 기다리다 돌아오지 않는 것을 원망하여 이 노래를 불렀다고 한다. 태강이 후예에게 나라를 빼앗긴 사실을 반영함과 동시에 애원과 교훈이 충만한 치국의 도리를 노래하고 있다.
〈윤정胤征〉	윤?	고문《상서》〈하서〉의 편명으로 희씨와 화씨를 정벌하기에 앞서 반포한 맹서문이다.
《하소정夏小正》	서한시대 대덕戴德 편찬·전수	《대대례기》의 편명. 하나라 달력에 근거하여 기상, 천문, 농사, 수렵 등의 일을 기록한 문장이다. 흥미로운 활동기록이자 중국사에 큰 영향을 미친 하나라 달력인 '하력'과 관련된 기록이다. 《논어》〈위령공〉에 공자의 언급이 보인다.

◉ **구주九州 관련 지명·지리 정보**

① 기주(冀州, 주 경계는 대략 지금의 하북과 산성 두 성에 해당)

• 호구산壺口山: 지금의 산서성 길현吉縣 서남쪽 70리 지점에 있는 산

• 양산梁山: 호구산 남쪽, 지금의 섬서성 한성현 서북쪽에 있는 산

• 기산岐山: 위하 상류, 지금의 섬서성 기산현에 있는 산

• 태원太原: 지금의 산서성의 성도인 태원시 일대로 분하汾河 중류에 위치한다.

• 태악산太嶽山: 지금의 산서성 곽현霍縣 동쪽에 있는 산으로, 악양이라 하면 태악산 이남 지역을 가리킨다.

• 담회覃懷: 지금의 하남성 무척武陟·필양泌陽·수무修武 일대를 말한다.

• 장하漳河: 지금의 하북성 곡주현曲周縣 부근의 강

• 상수常水: 항수恒水라고도 한다. 항산에서 발원하여 하북성 정현定縣과 안국安國을 거쳐 황하로 들어간다.

• 위수衛水: 서쪽 태행산에서 흘러내려와 호타하로 모인 다음, 지금의 하북성 영수靈壽·정정正定을 지나 옛 황하로 들어간다.

• 대륙택大陸澤: 최근 하북성 거록巨鹿·남궁南宮·기현冀縣·속록束鹿·녕진寧晉·융요隆堯·임현任縣 사이에서 고대 대호택, 즉 대륙택 유지로 보이는 호수 유지가 조사되었다.

• 갈석산碣石山: 지금의 하북성 창려현昌黎縣 북쪽에 있는 산

② 연주(兗州, 지금의 산동성 서북부와 하북성 남부의 좁은 지역)

• 제수濟水: 하남성 제원현濟源縣 왕옥산王屋山에서 발원하여 동으로 흐르다 바다로 들어가는 고대 사독(四瀆, 4대강)의 하나다.

• 구하九河: 황하 하류의 아홉 줄기의 하천을 말한다.

• 뇌하雷夏: 지금의 산동성 하택시荷澤市 동북 60리 지점의 옛 호수의 이름이다.

• 옹수雍水: 지금은 없어진 하천으로, 지금의 하택시 경내를 흘렀던 것으로 추정된다.

• 저수沮水: 지금은 없어진 하천으로, 지금의 하택시 경내를 흘렀던 것으로 추정된다.

• 누수漯水: 옛 황하의 지류로, 지금의 산동성 범현范縣에서 제양濟陽 사이의 황하가 누수의 옛 물길에 해당한다.

③ 청주(青州, 지금의 산동성 동부 지역)

• 태산泰山: 대종岱宗으로 불린 명산으로, 천자가 하늘과 땅에 제사 드리는 봉선 의식으로 유서가 깊다. 오악의 으뜸이다.

• 유수濰水: 산동성 거현莒縣에서 나와 동북으로 흘러 창읍현昌邑縣에 이르러 발해로 들어가는 물길이다.

• 치수淄水: 산동성 래무현萊蕪縣에서 나와 동북으로 흐르다 소청하小清河로 들어가서 발해로 나가는 물길이다.

• 문수汶水: 지금의 산동성 서부의 대문하大汶河로, 봉래현蓬萊縣 북쪽에서 나와 제수로 흘러 들어간다.

④ 서주(徐州, 지금의 강소·안휘 두 성의 북부와 산동성 서남부에 걸친 지역)

• 회수淮水: 하남성 동백산桐柏山에서 나와 안휘성을 지나 강소성 회음淮陰 등지를 거쳐 바다로 들어가는 고대 사독의 하나다.

• 기수沂水: 산동성 기수현에 발원하여 강소성 비현邳縣을 거쳐 사수泗水로 들어가는 물길이다.

• 몽산蒙山: 산동성 중부 몽음현蒙陰縣 남쪽에 있는 산

• 우산羽山: 제순이 곤을 내쫓은 산으로 전한다. 산동성 담성현郯城縣 동북에 위치하는데, 강소성 감유현贛榆縣 서남으로 보는 설도 있다.

• 대야택大野澤: 거야택巨野澤이라고도 하는 호수. 지금의 산동성 거야현 북쪽에 있다.

• 동원東原: 지금의 산동성 동평현東平縣 지역

• 역산嶧山: 추산鄒山 또는 추역산鄒嶧山이라도 하는 산동성 추현 동남쪽에 있는 산이다.

• 사수泗水: 산동성 사수현에서 나와 서쪽으로 곡부를 지나 남으로 제녕에 이르러 운하로 들어간 다음, 강소성 경내로 들어가 회음에 이르러 회수로 들어가는 물길이다.

⑤ 양주(揚州, 강소성 장강 남북 지구, 절강성 북부, 강서성과 안휘성 동부를 포함하는 지역)

• 팽려彭蠡: 고대의 큰 호수로, 주로 장강 이북과 장강 이남 강서성 파양호鄱陽湖를 포함한다.

• 진택震澤: 강소성 태호의 옛 이름

⑥ 형주(荊州, 북으로 형산荊山, 남으로 형산衡山 이남 지역, 즉 지금의 호북·호남 두 성 및 강서·안휘 두 성의 서부를 포함하는 지역)

• 형산荊山: 호북성 장현漳縣 서쪽에 있는 산

• 형산衡山: 호남성 형산현에 있는 산으로 오악의 하나다.

• 타수沱水: 호북성 강릉현江陵縣의 하수夏水로 장강의 지류다.

• 잠수涔水: 한중漢中에서 발원하는 한수漢水의 지류다.

• 운택雲澤: 호남성과 호북성 두 성에 걸쳐 분포하는 넓은 호수. 몽택과 합쳐 흔히 운몽택이라 한다.

• 몽택夢澤 → 운택

• 구강九江: 장강이 형주까지 흘러내려온 뒤 9개의 지류로 갈라지는데, 공교롭게

장강 중류에서 다 만나게 된다. 그 이름들에 대해서는 정설이 없다.

• 남하南河: 동관 동쪽 하남성 경내의 황하 물줄기를 일컫는 말이다.

⑦ 예주(豫州, 형산荊山 이북 황하 이남 지구)

• 이수伊水: 하남성 난천현欒川縣 복우산伏牛山에서 발원하여 동북으로 흐르다 언사현偃師縣 양촌楊村 부근에서 낙하洛河로 들어가는 물길이다.

• 전수瀍水: 하남성 맹진현孟津縣 임가령任家嶺에서 발원하여 남쪽으로 흐르다 낙양성 동쪽을 지나 낙수로 들어가는 물길이다.

• 간수澗水: 하남성 민지현澠池縣 동북 백석산白石山에서 발원하여 동쪽으로 흐르다 신안현新安縣을 지나 낙양현 서남에서 낙수로 들어가는 물길이다.

• 형파滎播: 고대의 형택으로, 지금의 하남성 형양시 경내에 있었다.

• 하택荷澤: 산동성 정도현 서북쪽에 있었던 호수

• 명도택明都澤: 맹저택孟猪澤이라고도 하며, 옛터는 하남성 상구현商丘縣 동북쪽이다.

⑧ 양주(梁州, 화산 이남 흑수 사이에 이르는 지역)

• 화산華山: 섬서성 화음현華陰縣에 있는 산으로 오악 중 서악이다.

• 흑수黑水: 흑수에 대해서는 여러 가지 설이 있다. 삼위산에서 발원한다는 설, 곤륜산에 발원한다는 설 등 다양하다. 여기서는 문맥으로 보아 감숙과 청해성 일대에 있었던 것으로 추정된다.

• 민산岷山: 사천성 북부에 있는 산으로 민강의 발원지다.

• 파총산嶓冢山: 섬서성 영강현 동북에 있는 산으로 한수의 발원지다. 감숙성 천수시天水市와 예현禮縣 사이에 있는 서한수의 발원지로 보기도 한다.

• 타수沱水: 사천성 경내의 타강이다.

• 잠수涔水: 일치된 설이 없이 한수의 지류로 보거나 가릉강嘉陵江의 북쪽 발원지

인 잠수潛水로 보기도 한다.

• 채산蔡山: 사천성 경내의 아미산으로 본다.

• 몽산蒙山: 사천성 아안·명산·노산 세 개 현의 경계 지점에 있는 산이다.

• 서경산西傾山: 감숙성과 청해성 경계 지점에 있는 산이다.

• 환수桓水: 지금의 백룡강. 서경산 동남 감숙성 민현에서 발원해 가릉강으로 들어가는 물길이다.

• 잠수潛水: 가릉강의 북쪽에서 발원한 물길

• 면수沔水: 섬서성에서 발원하는 한수의 상류

⑨ 옹주(雍州, 흑수 동쪽 서하 서쪽 지역)

• 서하西河: 섬서성과 산서성의 경계 지점상의 황하를 가리킨다.

• 약수弱水: 일명 장액하로, 감숙성 북부 변경 사막의 거연택居延澤으로 흘러 들어간다.

• 위수渭水: 감숙성 위원현 조서산에서 발원하여 섬서성 동관에서 황하로 들어가는 강이다.

• 경수涇水: 녕하 고원현固原縣 남쪽에서 발원하여 위수로 흘러드는 강이다.

• 칠수漆水: 저수와 함께 위수의 지류로 섬서성 요현耀縣에서 합류한 뒤부터는 석천하로 불리며 다시 남으로 흘로 위수로 들어간다.

• 저수沮水 → 칠수

• 풍수灃水: 섬서성 노현盧縣 동남 종남산에서 발원하여 북으로 흘러 위수로 들어간다.

• 형산荊山: 섬서성 부평현富平縣에 있는 산. 형주의 형산과는 다른 산이다.

• 기산岐山: 섬서성 기산현 경내의 산

• 종남산終南山: 섬서성 서안시 남쪽의 산

• 돈물산敦物山: 섬서성 무공현武功縣 경내에 있는 산으로 무공산 또는 수산垂山

이라고도 한다.

- 조서산鳥鼠山: 감숙성 위원현에 있는 산으로 위수의 발원지다.
- 도야택都野澤: 저야택猪野澤이라고도 하는 호수. 지금은 어해자魚海子라 부르며, 감숙성 민근현民勤縣 경내에 있다.
- 삼위三危: 설들이 많지만 감숙성 돈황현敦煌縣 남당하南黨河 근처의 삼위산이란 설이 우세하다.
- 적석산積石山: 감숙성과 청해성 경계에 있는 산. 대적석산은 청해성 남부의 대설산에 해당하고, 소적석산은 감숙성 임하臨夏 서북에 있다.
- 용문龍門: 산서성 하진河津과 섬서성 한성韓城 사이의 황하 언저리를 가리키는 지명이다. 지금은 우문구禹門口 라 부른다.
- 서하西河: 산서·섬서 두 성의 경계 지점의 황하 구역을 가리킨다.
- 곤륜昆侖: 감숙성 주천酒泉 일대에 있는 산. 한나라 때는 지금의 감숙성 안서현安西縣 경내에 곤륜새를 설치했다.
- 석지析支: 청해성 적석산에서 귀덕현貴德縣 하곡河曲 일대에 있는 산이다.
- 거수渠搜: 청해성 내에 있는 산

◉ **구산·구천 관련 지명·지리 정보**

- 견산汧山: 섬서성 농현隴縣 서남에 있는 산
- 뇌수산雷首山: 산서성 영제현永濟縣에 있는 산
- 지주산砥柱山: 하남성 섬현陝縣과 산서성 평륙현平陸縣 사이 황하 삼문협三門峽에 있는 산
- 석성산析城山: 산서성 양성현陽城縣 경내의 산
- 왕옥산王屋山: 산서성 양성陽城과 원곡垣曲 두 현 사이에 있는 산
- 태항산太行山 : 산서성과 하북성 경계의 산맥
- 상산常山: 사악의 하나. 북악 항산恒山으로 하북성 곡양현曲陽縣 서북이다.
- 주어산朱圉山: 감숙성 감곡현甘谷縣 서남에 있는 산
- 웅이산熊耳山: 하남성 노씨현盧氏縣에 있는 산
- 외방산外方山: 하남성 등봉현 북쪽의 숭산嵩山을 말한다.
- 동백산桐柏山: 하남성 동백현 북쪽의 산
- 부미산負尾山: 호북성 안륙현安陸縣에 있는 산. 산동성 사수현 동쪽에 있는 산으로 보기도 한다.
- 내방산內方山: 호북성 종상현終祥縣 경내에 있는 산
- 대별산大別山: 호북성 한양漢陽 동북에 있는 산으로 귀산龜山이 이 산이라고도 한다.
- 민산汶山: 사천성 송반현松潘縣 서북의 산
- 부천원敷淺原: 지금의 강서성 덕안현德安縣의 여산廬山을 말한다.
- 합려合黎: 감숙성 장액張液과 주천酒泉 북쪽의 산으로 남쪽의 기련산祁連山과 마주본다.
- 유사택流沙澤: 사막 지역인 거연해居延海를 가리킨다.
- 맹진孟津: 하남성 맹진현 남쪽 황하 나루터
- 대비산大邳山: 하남성 준현浚縣 서남에 있는 산

- 강수降水: 장수漳水의 별칭. 산서성 둔류현屯留縣에서 발원하여 동쪽으로 하북성 곡주현曲周縣을 지나 남쪽에서 옛 황하로 들어가는 물길이다.
- 양수漾水: 섬서성 영강현寧强縣 파총산에서 발원하는 한수의 발원지다.
- 창랑수滄浪水: 균주均州 경내의 한수를 부르는 이름이다.
- 삼서수三澨水: 호북성 한천현漢川縣에서 한수로 들어가는 물길이다.
- 북강北江: 고대에 하수에서 흘러나온 강. 장강에서 흘러 나오는 강은 중강이라 불렀다.
- 예수醴水: 호남성 경내의 풍수灃水를 가리킨다.
- 동릉東陵: 악양岳陽의 옛 이름인 파릉巴陵을 가리킨다.
- 중강中江 → 북강
- 연수沇水: 제수의 별칭. 산서성 왕옥산王屋山에서 발원한다. 제수는 장강·황하·회하와 함께 고대 4대강이란 뜻의 사독四瀆의 하나로 꼽힌다.
- 도구陶丘: 산동성 정도현定陶縣 서남 지역

◉ 하 왕조 도읍 변천 정보

도읍	현재 위치	기간	지속 연수	해당 제왕	비고
안읍安邑	산서성 하현夏縣	2205~1766	440	하우 사문명	
양성陽城	산서성 익성翼城				9차 천도설
평양平陽	산서성 임분臨汾				1차 천도
안읍安邑	산서성 하현				2차 천도
짐심斟尋	하남성 등봉登封				3차 천도
제구帝丘	하남성 복양濮陽				4차 천도
짐관斟灌	하남성 청풍淸豊				5차 천도
원읍原邑	하남성 제원濟源				6차 천도
노구老丘	하남성 개봉開封				7차 천도
서하西河					8차 천도
짐심斟尋	하남성 등봉				9차 천도

- 연대는 문헌 기록에 따른 것이며, 연도는 모두 기원전이다.
- '하상주단대공정'에 따르면 기원전 2070년~기원전 1600년까지 약 470년으로 추정한다.

권3 은본기
은殷나라의 기록

◉

사람은 물에서 자신의 형상을 비추어볼 수 있고
백성들을 관찰하면 제대로 다스려지고 있는지를 볼 수 있다.

人視水見形(인시수견형)
視民知治不(시민지치부)

◉ 상의 마지막 도읍지인 은허殷墟, 하남성 안양 유지의 궁전 건축지. 세계문화유산으로 지정되면서 잘 정비되었다.

◉

독서의 기술

◉

갑골문 발견으로 관심 대상이 된 역사서

1899년 갑골甲骨의 발견으로 중국사 연구는 한 획을 그었다. 그때까지 전설시대의 기록으로 여겨졌던 〈은본기〉의 사료적 가치가 확인되기 시작하는 계기이기도 했다. 소·돼지·거북 등 여러 짐승의 뼈에 새겨진 문자를 '갑골문甲骨文'이라 하고, 이 갑골문을 연구하는 학문을 '갑골학'이라 불렀다. 그로부터 1세기가 훌쩍 지난 지금 은나라의 실체가 그 윤곽을 드러내고 있다. 이와 함께《사기》〈은본기〉는 전례 없는 관심의 대상이 되고 있다.

〈은본기〉는 대량의 문자를 기록한 갑골이 나온 은나라 마지막 수도 은허殷墟의 발굴을 계기로 공백이 많은 중국 상고대사의 위아래를 연결하는 중요한 고리 역할을 하게 되었다. 그 한 예로 대표적인 갑골문 학자인 왕국유王國維는《은대 복사에 보이는 선왕 선공에 대한 고찰殷卜辭中所見先公先王考》이란 논문과 그 속편에서 은대 제왕의 이름과 세계를 고찰한 결과 〈은

◉ 상은의 역사는 물론 중국 상고대사 연구에 한 획을 긋게 만든 은허의 갑골들.

본기〉·〈삼대세표〉와 갑골문 기록이 모두 일치한다는 사실을 밝혔다. 이로써 사마천이 인용하거나 참고한 자료가 대부분 사실이며 정확하다는 것이 입증되었다.

은은 처음에는 상이라 불렀다. 반경이 은으로 천도한 다음 비로소 은이라 불렀다. 지금은 대개 상은商殷 또는 은상殷商이라 부른다. 〈은본기〉는 은 왕조의 흥기와 발전 그리고 멸망에 이르는 역사과정을 계통적으로 기술하고 있다. 분량 면에서는 〈하본기〉보다 적은 편이다. 사마천이 활용한 자료의 한계 때문으로 보인다. 그러나 앞서 말한 대로 은허 갑골문의 발견으로 은의 역사는 보다 충실해지고 있다.

상 왕조를 계승한 문화와 영역

상은의 제왕 계보는 상탕의 건국부터 은주의 멸망까지 17세 31왕에 형제 계승이 많다. 옛 기록인 《삼통력三統曆》은 은의 역사를 629년으로, 〈은력殷

◉ 〈은본기〉에 기록된 상 왕조 제왕들의 이름과 세계를 갑골문과 대조하고 고증한 결과, 사마천의 인용한 자료들이 믿을 수 있고 정확하다는 것을 밝혀낸 왕국유.

曆〉은 458년으로 기재하고 있다. 한편 《죽서기년》은 471년으로 기록했다. '하상주단대공정'에 따른 상의 기년은 기원전 1600년에서 기원전 1046년까지 약 550년으로 되어 있다.

상은 도읍을 여러 차례 옮겼다. 이 때문에 천도 지점에 대한 많은 연구가 있었다. 상의 강역을 확인할 수 있는 중요한 단서가 되기 때문이다. 문헌 기록과 고증에 근거할 때 상은 탕이 박(亳, 하남성 상구시 동남)에 도읍하고부터 반경이 은으로 도읍을 옮기기까지 다섯 차례 정도 도읍을 옮긴 것으로 보인다. 중정이 박에서 오(隞, 하남성 정주시 경내)로 옮겼고, 하단갑이 오에서 상(相, 하남성 내황현 경내)으로 옮겼으며, 조을이 다시 경(耿, 하남성 무섭현 또는 온현 경내)으로 옮겼다. 이어 남경이 엄(奄, 산동성 곡부 일대)으로 옮겼고, 반경이 은(殷, 하남성 안양시 은허)으로 옮겼다.

이 지역들의 위치를 보면 상 왕조의 도성 유지와 그 통치 중심은 황하 중 하류, 즉 지금의 하남성 중북부와 산동성 서남부를 벗어나지 않는다.

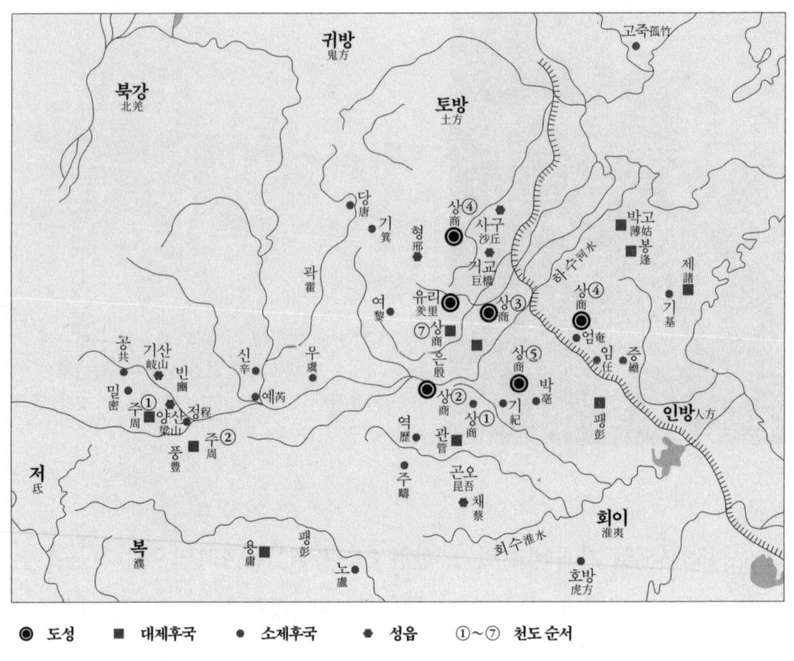

◉ 상의 강역도.

이 같은 범위는 고고학 조사와 발굴 자료를 통해서도 확인된다. 반면 상 문화의 영향을 받은 지역은 이보다 훨씬 넓어 황하 중하류의 하남, 산서, 섬서, 산동 남부, 하북 남부 외에도 장강 유역의 호북, 호남, 강서, 안휘, 강소, 하북 북부, 산동반도, 북경, 요녕 등지에까지 미치고 있다.

중국 역사상 용인술과 인재 발탁의 전범

〈은본기〉는 그 내용에 따라 아래 일곱 단락으로 나누어 살펴볼 수 있다.

1 시조 설과 선왕 계보

2 탕과 이윤

3 걸의 폭정과 탕의 역성혁명

4 탕의 죽음과 그 후계자들

5 반경과 무정의 중흥

6 은의 쇠퇴와 멸망

7 사마천의 논평

첫 단락은 시조 설의 탄생설화와 은 선왕의 계보에 관한 내용이다. 설의 탄생은 알을 매개로 한 전형적인 난생설화 계통에 속하는데, 이는 상고시대 동방의 여러 종족 사이에 널리 유행했다.

둘째 단락은 개국군주 탕과 그를 보좌했던 이윤의 행적이 주된 내용이다. 특히 탕이 이윤을 발탁하는 과정이 상세하게 기록되어 있는데, 자신의 몸을 낮추어 유능한 인재를 모시는 중국 용인술用人術의 전형으로 꼽힌다.

셋째 단락은 물고기를 잡는 어부의 그물 이야기를 통해 덕을 갖춘 탕과 걸의 폭정을 선명하게 대비시킴으로써 하 왕조의 멸망에 당위성을 부여하고 있다.

넷째 단락은 탕의 죽음과 그 후계자들 계승을 순서대로 서술하고 있다. 특히 태갑을 동궁으로 추방하고 섭정에 들어간 이윤이 3년 뒤 개과천선한 태갑에게 대권을 돌려준 일화를 통해 이윤의 현명함과 태갑의 치적을 강조하고 있다.

다음 단락은 중정 이후 9세 동안 정쟁과 혼란스러운 왕위 계승 때문에 쇠퇴한 은 왕조를 중흥시킨 반경과 무정의 업적을 중점적으로 다루고 있다. 특히 부열이란 민간의 인재를 발탁하는 무정의 인재 발탁 사례가 인상적이다.

여섯째 단락은 무정 이후 다시 쇠퇴해진 은의 정치 상황과 망국의 군주 주의 갖가지 폭정이 적나라하게 기록되어 있다. 이어 조용히 제후국들의 신임을 얻어가며 실력을 키우고 있던 서백 창(주 문왕)의 수난을 흥미롭게 기술하고, 마침내 그 아들 무왕 때 은을 멸망시키는 과정을 비교적 상세하게 기록했다.

끝으로 사마천은 〈은본기〉를 위해 참고한 자료와 그 후예들을 간략하게 소개하는 것으로 〈은본기〉를 마무리한다.

다섯 차례의 흥쇠를 반복하며 펼쳐지는 드라마

〈은본기〉를 관통하는 주제는 '흥興'과 '쇠衰' 두 글자로 요약된다. 사마천은 나라의 흥쇠는 결국 덕정德政의 유무와 시종 일치함을 선명하게 표출한다. 사마천은 결코 길지 않은 〈은본기〉를 통해 아래와 같이 다섯 차례나 흥쇠를 반복해서 언급하고 있다.

첫째, 탕이 이윤을 기용하여 백성을 평안하게 다스렸고, 태갑은 개과천선한 결과 제후들이 모두 은에 귀의하고 백성도 편안했다. 그러나 제옹기 때 도가 쇠했다.

둘째, 태무가 즉위하여 이척을 재상으로 삼음으로써 은이 다시 흥하고 제후들이 귀순했다. 그래서 태무를 중종으로 불렀지만 하단갑 때 은이 다시 쇠했다.

셋째, 제을 때 은이 다시 부흥했는데 무현을 기용했기 때문이다. 그러나 양갑 때 다시 쇠했다.

넷째, 양갑의 동생 반경이 즉위하여 도읍을 옮기고 탕의 정치를 다시 부활하니 은의 도가 다시 흥했다. 그러나 반경의 동생 소신 때 은이 다시 쇠했다.

다섯째, 무정이 덕을 닦으니 은의 도가 다시 부흥했으나 조갑이 음란하여 은이 다시 쇠했다. 제을 때는 더욱 쇠하여 그 아들 주에 이르러 망하고 말았다.

현인 정치를 강조하기 위한 방대한 사료 기술

사마천이 은의 흥쇠를 이렇게 반복적으로 기술한 까닭은 한 나라의 흥쇠가 어떤 인재를 기용하느냐 여부에 달려 있다고 보았기 때문이다. 그리하여 유능하고 현명한 인재 기용을 통한 현인賢人 정치를 강조하면서, 통치자를 팔다리처럼 보필할 수 있는 '고굉지신股肱之臣'의 중요한 작용을 돋보이게 기술하고 있다. 개창이나 중흥 때마다 등장하는 '고굉지신'의 역할이 사마천의 이 같은 의도를 잘 반영한다. 즉 탕과 이윤, 태갑과 이윤, 태무 때 이척과 무함, 조을 때 무현, 무정 때 부열과 조기 등이 바로 그들이다. 다음 표는 이들의 행적을 정리한 것이다.

◉ 현인(인재)들의 행적

현인	해당 제왕	주요 행적
이윤	탕	탕의 지극한 요청으로 탕을 보좌하여 하를 멸망시키고 은을 건국하는 데 큰 공을 세웠다. 이를 위해 첩자 노릇까지 했다는 기록도 남아있다.
이윤	태갑	젊은 태갑이 포악하게 굴자 동궁으로 추방하고 자신이 섭정하다가 태갑이 3년 만에 개과천선하자 정권을 되돌려주었다. 이를 찬탈로 보는 견해도 적지 않다.

이척	태무	태무의 재상으로 태무에게 덕을 닦으라고 충고했다.
무함	태무	이척의 추천을 받아 기용되어 왕가의 일을 잘 관리했다.
부열	무정	꿈에서 본 성인을 빙자하여 민간에서 부열을 발탁, 재상으로 삼아 나라를 크게 잘 다스렸다.
조기	무정	무정이 세발솥에 날아와 앉은 꿩을 괴이하게 여기자 걱정하지 말고 먼저 정사를 바르게 처리하라고 충고했다.

한편 사마천은 현인 정치의 중요성과 당위성을 강조하기 위하여 그와 대비되는 무능하고 포악한 군주들의 사례를 집중적으로 부각시켰다. 공중에 피를 담은 주머니를 매달아놓고 하늘을 쏜다는 사천射天놀이를 즐긴 무을, 소인 간신배들을 총애하고 주지육림酒池肉林에 빠진 채 의식 있는 대신들의 충고를 받아들이기는커녕 잔인하게 죽인 주의 폭정이 선명하게 묘사되어 있다.

〈은본기〉는 정치의 흥망성쇠를 덕정德政과 연관시키려는 사마천의 정치사상이 그 어떤 편보다 선명하게 드러나 있다. 이와 함께 통치자의 자질이 나라에 어떤 영향을 미치는가도 뚜렷하게 보여주고 있어 통치자의 리더십을 연구하는 데 상당히 귀중한 자료가 된다.

〈은본기〉는 《시경》 〈상송〉으로부터 시조 설의 자료를 취했고, 탕 이후는 기본적으로 《상서》와 《시경》의 기록을 취했다. 이밖에 내용을 분석해보면 《국어》, 《좌전》, 《세본世本》, 《대대례기大戴禮記》 〈제계편〉, 《일주서》, 《묵자》, 《맹자》, 《여씨춘추》 등의 흔적을 확인할 수 있다. 다만 다양한 고서들을 참고하고 인용하되 문맥이 잘 통하지 않는 대목은 사마천이 당시 통용되던 문어체로 치환하여 자신의 문장으로 융합시켰다.

◉ 폭정과 폭군의 상징처럼 남아있는 녹대에는 사찰이 들어서 있다. 하남성 기현에 위치한다.

주요 사건 스토리텔링

〈은본기〉에 보이는 주요한 사건들로는 먼저 상탕의 하걸 정벌을 들 수 있다. 하 왕조는 공갑 이후 국력이 날로 쇠퇴해져 마지막 군주 걸은 포악무도한 통치로 민심을 크게 잃었다. 제후들은 걸을 버리고 탕에게 귀의했다. 상탕은 하를 정벌하기에 앞서 하걸과 가까운 갈(지금의 하남성 수현 북)과 고(하남성 범현 경내), 곤오(하남성 허창 경내)를 멸망시켜 하의 날개를 자르고 제후들 앞에서 하 정벌에 따른 명분을 밝혔다. 상탕은 유융(산서성 영제시)의 옛 터에서 하걸을 물리쳤다. 걸은 명조로 도망쳤지만 상탕에 의해 남소(안휘성 소호시 동북)로 추방당한 뒤 3년 만에 죽었다. 이로써 하 왕조는 망하고 상 왕조가 건립되었다.

상 초기의 주요 인물은 이윤이다. 그는 상탕을 도와 하를 멸망시키는 데 큰 공을 세웠으며, 상탕의 아들 외병과 중임 그리고 탕의 손자 태갑을 보좌했다. 특히 자질이 떨어지는 태갑을 동궁으로 내쫓고 자신이 섭정했다. 3년 뒤 태갑이 개과천선하자 이윤은 다시 태갑을 맞이하여 정권을 돌려주었다. 이윤의 보좌를 받은 태갑은 하 왕조의 현명하고 덕 있는 군왕이 될 수 있었다.

상 왕조는 제 10대 왕 중정에서 18대 양갑까지 전후 5대 9왕의 치세 동안 적자가 폐위당하고 왕의 아들과 여러 동생들이 번갈아 왕위에 오르는 이른바 '구세지란九世之亂'으로 쇠퇴기를 맞이했다. 도읍은 여러 차례 바뀌고 귀족은 부패하고 정치는 혼란에 빠졌으며 계급간의 모순도 첨예해졌다.

이에 반경은 국정을 쇄신하고 국세를 회복하기 위해 은하(남성 안양 소둔촌)로 천도를 단행했다. 천도를 원치 않았던 당시 기득권 귀족들은 반대 여론을 조성함으로써 민원이 들끓었다. 반경은 탕 당시의 정치를 회복하자며 귀족들을 설득했고, 이로써 상은 중흥기를 맞이할 수 있었다. 이후 상이 망할 때까지 더 이상의 천도는 없었다.

'포락지형炮烙之刑'은 상의 마지막 군주 주의 폭정을 대변하는 혹형으로 역사에 뚜렷한 인상을 남겼다. 주는 애첩 달기와 주지육림에 빠져 나랏일을 내팽개쳤고, 이에 반발하는 대신과 백성들을 포락이란 형벌로 탄압했다. 결국은 나라를 멸망으로 이끌었다.

◉ 은의 선왕 계보도와 은 왕조 세계도

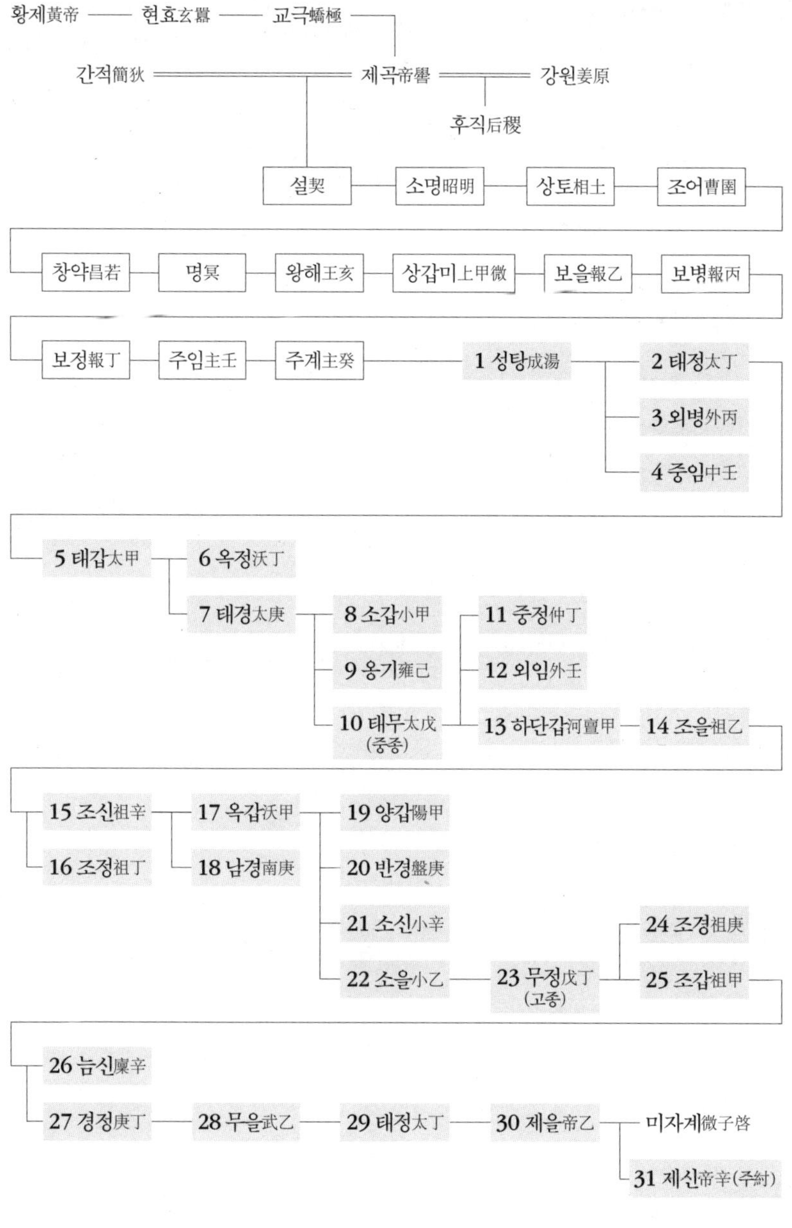

◉

설이 상을 일으켜 성탕에 와서 나라를 세우게 되었다.
태갑은 동으로 쫓겨났으나 개과천선하고,
아형 이윤의 도움으로 공덕이 빛나게 되었다.
무정은 부열을 얻음으로써 고종으로 일컬어졌다.
제신은 술과 여자에 빠져 제후들로부터 공납을 받지 못함으로써
나라가 끊겼다. 이에 제3 〈은본기〉를 마련했다.

권130 〈태사공자서〉

1
시조 설과 선왕 계보

◉

은殷의 설契은 그 어머니가 간적簡狄으로 유융씨有娀氏 출신의 여자이자 제곡의 둘째 부인이다. 세 사람이 목욕 갔다가 제비가 알을 떨어뜨리는 것을 보고는 간적이 이를 삼키고 임신하여 설을 낳았다.[1] 설은 장성하여 우의 치수를 도와 공을 세웠다. 제순은 설에게 "백관이 친목하지 않고 오륜이 어지러우니 그대가 사도를 맡아서 경건하게 백성들에게 오륜을 교육시키되 너그럽게 하시오"라고 명령했다. 상商을 봉지로 내리고 자씨子氏[2] 성을 내려주었다. 설은 요·순·우 무렵에 등용되어 백성을 위해 두드러진 공과 업적을 남기니 백성이 두루 평안해졌다.

설이 세상을 떠나자 아들 소명昭明이 즉위했고, 소명이 죽자 아들 상토相

---

1 이른바 알을 매개로 한 '난생卵生 신화'는 동방 여러 종족 사이에 널리 분포되어 있다. 고구려 시조 주몽도 큰 알에서 탄생했으며, 진秦의 선조 여수女修도 제비 알을 삼키고 대업大業을 낳았다. 상족 역시 이런 난생 신화 계통을 갖고 있으며, 문헌과 갑골문 등을 통해 볼 때 새를 토템으로 삼았다.

2 '자씨子氏를 성으로 받았다'는 대목이다. '성'과 '씨'는 원래 다른 개념이었다. 한 조상에서 나오면 같은 '성'이고, 같은 '성'을 어떤 이유 때문에 구분할 때 '씨'라 했다. 《사기》에서는 이 두 개념이 서로 섞여 사용되고 있는데, 이는 시간이 흐를수록 '성'과 '씨'의 구분이 모호해졌기 때문이다.

◉ 은의 시조 설은 순임금 때 우의 치수사업을 도운 것으로 전한다. 요릉 내에 조성된 설의 소상이다.

土가 즉위했다. 상토가 죽자 아들 창약昌若이 즉위했고, 창약이 죽자 아들 조어曹圉가 즉위했으며, 조어가 죽자 아들 명冥이 즉위했다. 명이 죽자 아들 진晉이, 진이 죽자 아들 미微가, 미가 죽자 아들 보정報丁이 즉위했다. 보정이 죽자 아들 보을報乙이, 보을이 죽자 아들 보병報丙이, 보병이 죽자 아들 주임主壬이 즉위했다. 주임이 죽자 아들 주계主癸가 즉위했고, 주계가 죽자 아들 천을天乙이 즉위했는데, 그가 바로 성탕成湯이다.

2
탕과 이윤

◉

설에서 성탕에 이르기까지 도읍을 여덟 번 옮겼다.[3] 탕은 처음 박亳에 도읍을 정했는데, 선왕이 기거하던 곳을 따른 것이다.[4] 탕은 〈제고帝誥〉를 지었으며, 제후들을 정벌했다. 갈백葛伯이 제사를 올리지 않는 등 예법을 지키지 않자 먼저 정벌했다. 탕은 "내가 이런 말을 했었다. 사람은 물에서 자신의 형상을 비추어 볼 수 있고, 백성들을 관찰하면 제대로 다스려지고 있는지를 볼 수 있다"[5]라고 했다. 이윤伊尹이 "현명하십니다! 백관의 의견을 청취할 수 있으면 나라를 다스리는 수준이 높아질 것입니다. 나라와 백성을 잘 다스리면 훌륭한 인재들이 모두 나라의 관리가 될 것입니다. 노력하소서"라고 했다. 탕은 갈백에게 "네가 천명을 공경하지 않는다면 내가 큰 벌을 내릴 것이로되 용서란 결코 없을 것이다"라고 했다. 이에 〈탕정湯征〉을 지었다.

이윤은 이름을 아형阿衡[6]이라 했다. 아형이 탕을 만나고자 했으나 구실이 없자 유신씨有莘氏의 혼수품인 잉신媵迅[7]이 되어 세발솥과 도마 등 주방 기구를 메고[8] 탕에게 가서 음식의 맛을 가지고 유세하여 왕도정치를 실현

---

3 팔천八遷. 상의 시조 설로부터 건국자 탕에 이르기까지 도읍을 여덟 번 옮겼다는 설은 다른 기록들에서도 확인할 수 있다. 이렇듯 자주 도읍을 옮긴 까닭에 대해서는 자연재해설로부터 정치적 고려 등 다양하다.

4 종선왕거從先王居'. 상의 초기 도읍지는 1955년, 1983년, 1997년에 각각 발굴되었거나 발견된 하남성 정주시와 언사시의 상나라 성 유지에 대한 조사로 점차 그 모습을 드러내고 있다.

5 인시수견형人視水見形, 시민지치부視民知治不. 통치자의 자기 수양과 백성들을 위하는 정치를 강조한 탕의 명언이다.

6 이윤의 이름이라고 했지만 보형保衡이라고도 하는 관직명으로 보는 것이 일반적 견해다. 《손자》, 《묵자》 등에는 이윤의 이름이 지摯로 나온다.

7 귀족들의 혼례 때 혼수품으로 딸려가는 노복을 이르는 표현이다.

8 부정조負鼎俎. 이윤은 요리사이기도 했다. 탕을 만나러 왔을 때 요리 기구를 가지고 와서 맛있는 요리로 탕에게 접근한 다음 요리 과정을 통치에 비유했다. 흔히 '이윤이 솥을 메다'라는 뜻의 '이윤부정伊尹負鼎'이란 고사성어로도 유명하다.

하는 데 도움을 주었다. 혹자는 "이윤은 처사였는데, 탕이 사람을 시켜 그를 맞아들이고자 했으나 다섯 번이나 거절[9]한 뒤에야 비로소 탕을 따르며 소왕素王과 구주九主[10]에 대하여 이야기했다"라고 말한다. 탕은 이윤을 등용하여 국정을 맡겼다.

이에 앞서 이윤은 탕을 떠나서 하로 갔다가 하의 추악한 모습을 보고는 다시 박으로 돌아왔다. 이윤이 북문을 통해 들어오다가 여구女鳩와 여방女房을 만났다. 이에 〈여구〉와 〈여방〉을 지었다.

---

9 오반五反. 일설에는 탕이 이윤을 모시기 위해 다섯 번이나 사람을 보냈는데 그때마다 이윤은 사람을 되돌려 보냈다고 한다. 여기서 '오청이윤五請伊尹'이란 고사가 나왔다.

10 이윤이 탕에게 설파한 통치자의 자질과 유형에 관한 이론을 가리키는 말이다. 소왕은 실제로 왕은 아니지만 고매한 인품과 덕으로 인해 왕보다 더한 존경을 누리는 성인을 가리킨다. 《사기》 제129 〈화식열전〉에는 군주로부터 땅을 받지는 못했지만 땅을 가진 제후나 왕보다 더 잘 사는 부자들을 가리켜 무관의 제왕이란 뜻으로 '소봉素封'이라 했는데, 소왕과 같은 맥락이다. 구주는 대개 아홉 가지 유형의 군주를 말한 것이라고 하는데 다른 주장들도 적지 않다. 서한 때 학자인 유향劉向의 《별록別錄》에 나오는 '구주론'이 가장 대표적인 해설인데, 그 내용을 알아보기 쉽게 표로 소개하면 다음과 같다. (○은 좋은 리더, △은 중간 정도의 리더, ×은 나쁜 리더를 나타낸다.)

◉ 《별록》의 구주론 해석

리더 유형	특징 ㅣ 현대적 유형	대표적인 예	비고
법군法君	엄격하게 법을 적용하는 리더 ㅣ 엄격형	진 효공, 진시황	△
전군專君	독단적이고 인재를 배척하는 리더 ㅣ 독단형	한 선제	△
노군勞君	천하를 위해 부지런히 일하는 리더 ㅣ 근면형	하우, 후직	○
수군授君	권력을 신하에게 넘겨주는 리더 ㅣ 무능형	연왕 쾌	×
등군等君	논공행상이 공평한 리더 ㅣ 평등평	한 고조 유방	○
기군寄君	백성을 고달프게 하면서 교만하게 굴어 패망을 눈앞에 둔 리더 ㅣ 교만형	하 걸, 은 주	×
파군破君	적을 경시하다 몸은 죽고 나라를 망친 리더 ㅣ 망국형	오왕 비	×
고군固君	덕과 수양은 무시한 채 무력만 중시하는 리더 ㅣ 저돌형	지백	×
삼세사군 三歲社君	어린 나이에 리더가 된 경우 ㅣ 유아형	주 성왕, 한 소왕	◎

3
걸의 폭정과 탕의 역성혁명

◉

탕이 교외로 나갔다가 사방에 그물을 쳐놓고는 "천하 사방의 모든 것이 내 그물로 들어오게 하소서!"라고 축원하는 사람을 만났다. 탕은 "어허, 한꺼번에 다 잡으려 하다니!"라 하고는 곧 세 면의 그물을 거두게 했다.[11] 그리고는 "왼쪽으로 가려는 것은 왼쪽으로 가게 하고, 오른쪽으로 가려는 것은 오른쪽으로 가게 하소서. 명령에 따르지 않는 것만 내 그물로 들어오게 하소서!"라고 축원했다. 이 말을 들은 제후들은 "탕의 덕이 금수에까지 미칠 정도로 지극하구나!"라고 했다. 당시 하夏의 걸桀은 포악한 정치와 음탕함에 빠졌고, 제후 곤오씨昆吾氏는 반란을 일으켰다. 탕이 곧 군대를 일으켜 제후들을 이끌자 이윤도 탕을 따랐다. 탕은 스스로 큰도끼[12]를 쥐고 곤오를 정벌한 다음 걸까지 정벌했다. 탕은 이렇게 말했다. "자 여러분, 모두들 와서 내 말을 들으시오! 나 탕이 감히 반란을 일으키려는 것이 결코 아닙니다. 하가 죄를 많이 지었고, 여러분이 하씨에게 죄가 있다고 하는 말도 들었기 때문입니다. 나는 하늘이 두려워 감히 정벌하지 않을 수 없습니다. 지금 하가 죄를 너무 많이 지어 하늘이 처벌을 명령하신 것입니다. 지금 여러분은 '우리 군주가 우리를 불쌍히 여기지 않고 농사를 비롯한 우리

---

11 망개삼면網開三面. 성탕의 덕을 상징적으로 보여주는 고사로 법보다는 덕으로 통치할 것을 강조한 말이다. 가혹한 법망法網이 아닌 너그러운 덕망德網의 정치를 염원하는 백성의 마음을 반영한 것으로 보인다. 현대 중국어에서 '망개일면網開一面'은 '조금 봐주다'라는 뜻이다.

12 '월鉞'이라고 하는 큰도끼는 정벌권의 상징물로 '부월斧鉞'이라고도 한다. 정벌에 나설 때 이 큰도끼를 높이 치켜들어 정벌의 정당성을 강조한다.

◉ 걸주의 상. 하의 망국 군주 걸은 은의 망국 군주 주와 함께 '걸주'라 하여 폭정과 폭군의 대명사로 남아있다. 섬서성 보계시 염제릉 내에 설치되어 있다.

의 정상적인 활동을 방해하고 있습니다'라고 말합니다. 또는 '죄가 있다면 어떻게 할 것입니까?'라고 묻는 사람도 있습니다. 하왕은 백성들의 힘과 국력을 죄다 소모시킴으로써 백성들은 하왕에 대해 게으름을 부리며 가까이 가려고 하지 않으면서 '저놈의 태양은 언제나 죽나? 내가 저놈과 함께 죽으리라!'[13]라고 말합니다. 하의 덕이 이 지경에 이르렀으니 반드시 가서 토벌해야만 합니다. 여러분이 나와 함께 하늘의 뜻을 대신하여 하걸을 토벌하길 바랍니다. 불신하지 마십시오. 짐은 식언食言[14]하지 않습니다. 여러

---

13 시일하시상是日何時喪, 여여여개망予與女皆亡. 백성이 주임금의 폭정에 분노하며 외쳤다는 저주의 말이다.

14 믿음이 없는 말을 흔히 '식언食言'이라 한다. 《좌전》에서 유래된 말이다.

◉ (왼쪽)명나라 때 《역대명인상찬》에 실린 탕의 초상화. 탕은 상탕 또는 성탕으로 불리며, 덕정의 대명사로 후대에 큰 영향을 남겼다.

◉ (오른쪽)청나라 때 그려진 이윤의 초상화. 이윤은 상탕을 보필하여 은을 건국하고 초기 정권을 안정시키는 데 결정적인 역할을 했다.

분이 내가 한 이 맹서에 따르지 않는다면 나는 결코 용서하지 않고 여러분과 여러분의 처자식을 노비로 삼거나 죽일 것이오!"

이 말을 문서를 담당하는 관리에게 기록하도록 하니 이것이 〈탕서湯誓〉이다. 이에 탕은 "나는 무용이 뛰어나다"라면서 스스로 무왕[15]이라 불렀다.

걸왕은 유융의 옛 땅에서 패하여 명조鳴條로 도망쳤고 하의 군대는 완전히 붕괴되었다. 탕이 삼종三鬷을 정벌하여 많은 보물을 획득하자 의백義伯과 중백仲伯이 〈전보典寶〉를 지었다.

---

15 탕이 스스로를 무왕이라 했는지에 대해서는 역대로 설들이 많다. 왕국유王國維는 주나라 때 시호를 정하는 법을 보면 죽고 난 다음 짓는 것이 아니라 생전에 지었다고 한다.

◉ 안휘성 박주에 남아있는 상탕의 무덤인 상탕릉. 현재는 공원으로 조성되어 있다.

탕이 하에게 승리하고 사직을 옮기려 했으나 여의치 않자 〈하사夏社〉를 짓고, 이윤이 성명을 발표하자 제후들이 모두 복종했다. 탕은 마침내 천자 자리에 올라 천하를 평정했다. 탕왕이 돌아오는 길에 태권도泰卷度에 이르자 중뢰中䨓가 포고문을 지었다. 탕은 하의 통치를 끝장내고 박으로 돌아와서 〈탕고湯誥〉를 지어 제후들에게 이렇게 알렸다.

3월에 왕이 동쪽 교외에서 제후국의 국군들을 향해 "백성을 위하여 조금이라도 공을 세우려면 부지런히 간절히 그대들의 일에 최선을 다해야 할 것이다. 그렇지 않으면 내가 그대들을 징벌할 것이니 나를 원망하지 말라"라고 알렸다.

또 "그 옛날 우와 고요는 오랫동안 밖에서 일하며 많은 공을 세웠기 때문에 백성들이 편안하게 살 수 있었다. 이들이 동쪽의 장강, 북쪽의 제수, 서쪽의 황하, 남쪽의 회수 등 사독을 잘 다스림으로써 만민이 살 수 있게 되었다. 후직은 천명을 받고 농사 짓는 방법을 전수해서 온갖 곡식들을 힘써 기를 수 있게 되었다. 이 세 분이 백성들을 위해 공을 세웠기에 그 후손들은 땅을 받고 나라를 세울 수 있었던 것이다. 그 옛날 치우가 대부들과 함께 백성들을 향해 난을 일으켰으나 하늘이 그를 돌보지 않았다는 증거가 있다. 선왕의 말씀은 힘써 받들어야 할 것이다"라고 했다.

또 "무도한 군주는 나라를 다스리지 못하게 할 것이니 그대들은 나를 원망하지 말라"라고 했다. 이로써 제후들에게 알리니 이윤은 〈함유일덕咸有一德〉을 지었고, 고단咎單은 〈명거明居〉를 지었다. 탕은 역법을 개정하고 복색을 바꾸어 흰색을 숭상했으며 낮에 조회를 열었다.

4
탕의 죽음과 그 후계자들

◉

탕이 세상을 떴을 때 태자 태정太丁이 즉위하지 못하고 죽는 바람에 태정의 동생인 외병外丙이 즉위하니 이가 바로 제외병이다. 제외병이 즉위한 지 3년 만에 세상을 뜨자 외병의 동생 중임中壬이 즉위하니 이가 제중임이다. 제중임이 즉위한 지 4년 만에 세상을 뜨자 이윤은 태정의 아들 태갑太甲을 옹립했다. 태갑은 성탕의 직계 장손으로 제태갑이 되었다. 제태갑 원년에 이윤은 〈이훈伊訓〉, 〈사명肆命〉, 〈조후徂后〉를 지었다. 제태갑이 즉위 3년이 지나면서 어리석고 포악해져 탕의 법을 따르지 않고 도덕을 문란케 했다. 이에 이윤은 그를 동궁桐宮으로 추방했다. 3년 동안 이윤이 나랏일을 맡아 섭정하면서 제후들의 조회를 받았다.

제태갑은 동궁에 3년 동안 있으면서 잘못을 뉘우치고 자신을 나무라며

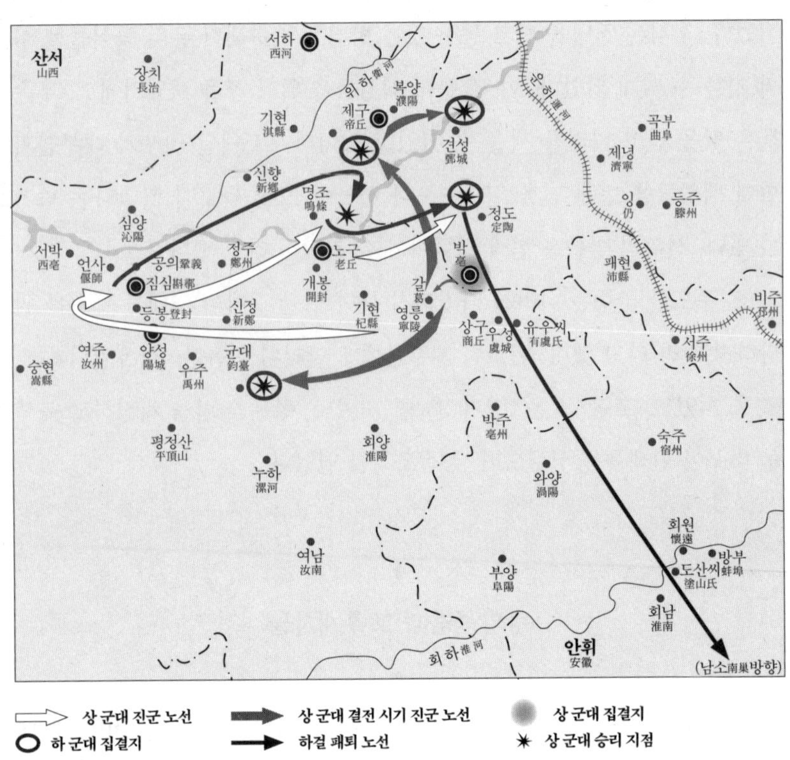

◉ 명조전투도. 상탕의 역성혁명은 이후 포악한 왕조 교체에 당위성을 부여했다.

마음을 바로잡았다. 이에 이윤은 곧 제태갑을 맞아들여 정권을 돌려주었다. 제태갑이 덕을 닦자 제후들이 모두 은에 귀의했고 백성은 안녕을 찾았다. 이윤은 이를 기뻐하며 〈태갑훈太甲訓〉 3편을 지어 제태갑을 칭송하는 한편 그를 태종[16]이라 불렀다. 태종이 세상을 뜨자 아들 옥정沃丁이 즉위했

16 태갑에 대한 묘호로 흔히 세상에 두드러진 덕을 나타낸 제왕에게 붙인다.

다. 제옥정 때 이윤이 죽었다. 박에다 장례를 지내고, 고단咎單은 이윤의 공덕을 널리 알리기 위해 〈옥정〉을 지었다. 제옥정이 세상을 떠나자 동생 태경太庚이 즉위하니 이가 제태경이다. 제태경이 세상을 뜨자 아들 소갑小甲이 즉위했고, 제소갑이 세상을 뜨자 동생 옹기雍己가 즉위하니 그가 바로 제옹기다. 은의 통치가 쇠약해지자 제후들 중 조회에 오지 않는 자가 있었다. 제옹기가 세상을 뜨고 동생 태무太戊가 즉위하니 그가 바로 제태무다. 제태무는 이척伊陟을 재상으로 삼았다. 박에서 뽕나무와 닥나무가 함께 자라 하룻밤 사이에 한 아름 넘게 커지는 기이한 일이 있었다. 제태무가 두려워서 이척에게 물었다. 이척은 "신은 요사스러운 일은 덕행을 이기지는 못한다고 들었습니다. 임금께서 정치를 잘 못한 것은 아닌지요? 임금께서는 덕을 닦는 데 주의하시기 바랍니다"라고 아뢰었다. 제태무가 이를 따르자 기이한 뽕나무는 말라서 죽었다. 이척은 무함巫咸을 칭찬했다. 무함은 왕가의 일을 아주 잘 관리했으며 〈함애咸艾〉와 〈태무〉를 지었다.

제태무가 태묘에서 이척을 칭송하면서 그를 신하로 대우하지 않으려고 하자 이척은 이를 사양하며 〈원명原命〉을 지었다. 은이 부흥하고 제후들이 귀의하니 중종[17]이라 불렀다.

중종이 세상을 떠나고 아들 중정中丁이 즉위했다. 제중정은 오隞로 도읍을 옮겼다. 하단갑夏亶甲은 상相에 거주했고, 조을祖乙은 형邢으로 옮겼다. 제중정이 세상을 떠나자 동생인 외임外壬이 즉위하니 이가 바로 제외임이다. 〈중정〉 편은 빠진 부분이 있어 온전치 않다. 제외임이 세상을 뜨자 동생 하단갑이 즉위하니 이가 바로 제하단갑이다. 제하단갑 때 은은 다시 쇠

17 태무에 대한 묘호로 나라를 중흥시킨 군주에 대해 붙인다.

약해졌다.

제하단갑이 세상을 뜨자 아들 조을이 즉위했다. 제조을이 즉위하자 은은 부흥했다. 무현巫賢이 자리를 맡았다. 제조을이 세상을 떠나자 아들 조신祖辛이 즉위했다. 제조신이 세상을 떠나자 동생 옥갑沃甲이 즉위하니 이가 바로 제옥갑이다. 제옥갑이 세상을 뜨고 옥갑의 형 조신의 아들인 조정祖丁이 즉위하니 이가 바로 제조정이다. 제조정이 세상을 떠나자 동생 옥갑의 아들인 남경南庚이 즉위하니 이가 바로 제남경이다. 제남경이 세상을 뜨고 제조정의 아들인 양갑陽甲이 즉위하니 이가 바로 제양갑이다. 제양갑 때 이르러 은은 다시 쇠약해졌다. 중정 이후로 적자 계승이 무너지고[18] 형제와 형제의 아들이 잇따라 즉위했다. 형제와 형제의 아들들이 서로 다투면서 서로 대를 이으니 9세 동안 혼란이 계속되었고 제후들은 조회하지 않았다.

5
반경과 무정의 중흥

◉

제양갑이 세상을 뜨고 동생인 반경盤庚이 즉위하니 이가 바로 제반경이다. 제반경 때 은은 하북에 도읍을 정하고 있었는데, 반경이 하남河南으로 천도하여 성탕의 옛터에 다시 거주하려 했다. 이미 다섯 차례나 도읍을 옮기면서 정해진 거처가 없었다. 은의 백성들이 모두 탄식하고 원망하며 옮

---

18 적자계승이 무너졌다는 것은 '폐적廢嫡'과 같은 의미다. 사마천은 상이 쇠퇴하게 된 원인 중 하나로 적자계승의 원칙이 문란해진 것을 꼽았다.

◉ 은나라 마지막 도읍지로 확인된 은허의 제사 구역.

기려 하지 않았다. 반경은 제후와 대신들에게 "옛날 위대하신 성탕과 그대들의 선조가 함께 천하를 평정하고 만든 법도를 계속 받들어야 하오. 이를 버리고 힘써 노력하지 않고서 어찌 덕정을 이룰 수 있단 말이오!"라고 타일렀다.

그리고는 하남으로 건너가 박을 도읍으로 삼고 탕의 정치를 시행하니 백성은 안정을 찾고 은의 통치가 부흥했다. 제후들도 조회하기에 이르렀는데, 이는 성탕의 덕정을 따랐기 때문이다. 제반경이 세상을 뜨고 동생 소신小辛이 즉위하니 이가 바로 제소신이다. 제소신이 즉위하자 은은 다시 쇠락했다. 백성들은 반경을 그리워하며 〈반경〉 3편을 지었다. 제소신이 세상을 떠나자 동생 소을小乙이 즉위하니 이가 바로 제소을이다.

제소을이 세상을 뜨고 아들 무정武丁이 즉위했다. 제무정이 즉위하여 은을 부흥시키려 했으나 자신을 도와줄 사람을 얻지 못했다. 3년 동안 말하

◉ 부열(왼쪽)과 무정 고종(오른쪽)의 초상화. 청나라 때 판본이다.

지 않은 채[19] 정사는 총재[20]의 결정에 맡기고 나라의 기풍을 관찰했다.

무정이 밤에 꿈속에서 열說이라는 이름의 성인을 만났다. 꿈에서 본 성인 모습을 신하들과 백관들 중에서 찾아보았으나 모두 아니었다. 이에 백관들을 시켜 야외에서 찾게 하여 부험傅險에서 열을 찾아냈다. 당시 열은 죄를 지어 고역에 나가 부험에서 길을 닦고 있던 중이었다. 무정에게 보이니 무정은 바로 이 사람이라고 했다. 그를 모셔 이야기를 나누어보니 과연 성인이었다. 재상으로 천거하니 은나라가 크게 다스려졌다. 이에 부험에

19 '삼년불언三年不言'. 이 고사는 중국 역사에서 여러 차례 등장하는 통치자의 전형적인 통치술 중 하나다. 춘추시대 고사성어 '불비불명不飛不鳴'이 대표적인 고사인데, 전국시대 제나라 위왕도 남기고 있다. 통치자가 즉위 후 3년씩이나 정사를 돌보지 않았다는 것은 실제로 정치에 무관심한 것이 아니라 조용히 주도면밀하게 조정의 분위기를 살피며 큰일을 준비했다는 뜻으로 해석된다.

20 훗날 재상에 해당하는 관직이다.

◉ 갑골문을 통해 확인된 무정의 아내인 부호婦好의 묘 내부. 하남성 안양 은허 유지에 있다.

서 성을 따서 부열이라 불렀다.

제무정이 성탕에게 제사를 올린 다음날, 꿩이 날아와서 세발솥 손잡이에 앉아 울었다. 무정이 괴이하게 여겨 두려워하자 조기祖己는 "왕께서는 걱정하지 마시고 먼저 정사를 바르게 처리하십시오"라고 했다. 그리고는 다음과 같이 왕에게 훈계했다. "무릇 하늘이 지상의 제왕을 살필 때는 제왕의 말과 행동이 도의에 부합하는지를 봅니다. 하늘이 주신 수명에는 길고 짧음이 있으나 하늘이 인간을 요절시키지는 않습니다. 인간이 중도에 자신의 수명을 자르는 것이지요. 도덕에 따라 일하지 않고 죄를 짓고도 바로잡으려 하지 않는 자에게는 하늘은 그가 한 행동을 근거로 하여 수명을 결정합니다. 그러면 그제야 '이 일을 어쩌지?'라고 합니다. 오! 왕께서 온 힘을 다하여 백성을 위해 일하시는 것이야말로 하늘의 뜻을 받드는 것입니다. 제사에는 정해진 규칙이 있으니 예의나 도에 어긋나서는 안 됩니다."

무정이 정치를 바로잡고 덕을 베푸니 천하가 모두 기뻐하고 은의 통치가 다시 되살아났다.

6
은의 쇠퇴와 멸망

◉

무정이 세상을 뜨고 아들 제조경帝祖庚이 즉위했다. 조기는 무정 때 꿩이 세발솥 손잡이에 앉아 울던 일을 덕정의 계기로 삼은 것을 기리기 위해 묘호를 고종高宗이라 하고, 〈고종융일高宗肜日〉과 〈고종지훈高宗之訓〉을 지었다.

제조경이 세상을 뜨고 동생 조갑祖甲이 즉위하니 이가 바로 제갑이다. 제갑이 음란한 짓을 일삼자 은이 다시 쇠퇴했다. 제갑이 세상을 떠나니 아들 늠신廩辛이 즉위했다. 제늠신이 세상을 뜨자 동생 경정庚丁이 즉위하니 이가 바로 제경정이다. 제경정이 죽자 아들 무을武乙이 즉위했다. 은은 다시 박을 떠나 하북으로 옮겼다. 제무을은 무도하여 우상을 만들어놓고 천신이라 부르면서 도박을 했는데, 사람들에게 심판을 보게 해서 천신이 지면 모욕을 주었다. 또 가죽 주머니를 만들어 피를 가득 채워 높이 매달아 놓고는 화살로 쏘았는데 하늘을 쏜다는 뜻의 '사천射天'이라 불렀다. 제무을은 황하와 위수 사이로 사냥을 갔다가 갑작스러운 천둥소리에 놀라서 죽었다. 아들 제태정帝太丁이 즉위했다. 제태정이 세상을 떠나자 아들 제을帝乙이 즉위했다. 제을이 즉위한 뒤로 은은 더욱 쇠퇴했다.

제을의 큰아들은 미자계微子啓라 했다. 그 어머니가 미천하여 계승자가 되지 못했다. 작은아들 신辛의 어머니가 정식 왕후였기 때문에 신이 계승

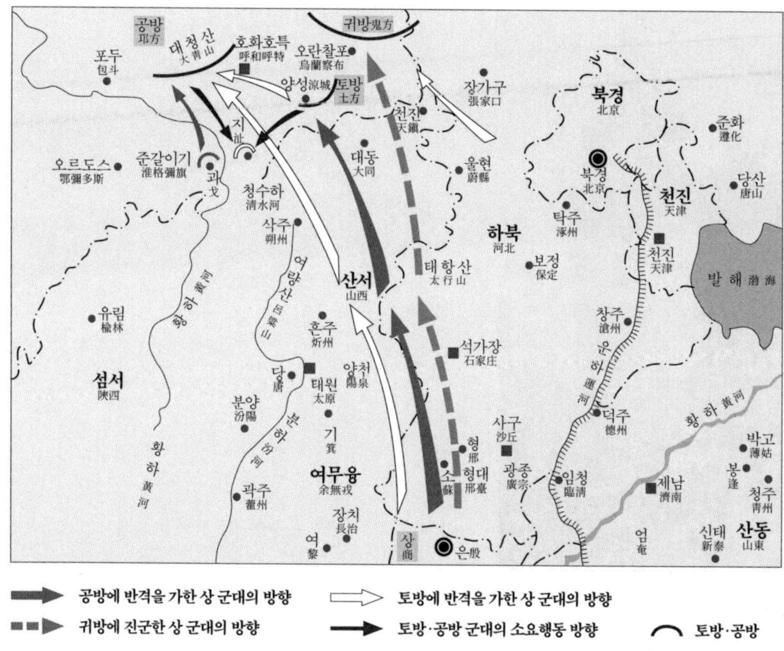

◉ 무정의 토방土方, 공방邛方, 귀방鬼方 정벌도. 무정은 내치는 물론 외치에서더 큰 성과를 거두어 명실상부한 중흥기를 이루었다.

자가 되었다. 제을이 세상을 뜨자 아들 신이 즉위했는데, 세상에서는 그를 주紂라 불렀다.

제주는 바탕이 걸출하여 사물을 분별하는 능력이 대단하고 반응이 빨랐다. 받아들이고 이해하는 능력 또한 뛰어났다. 힘은 보통 사람보다 훨씬 세서 맨손으로 맹수와 싸울 정도였다. 지식은 남의 말을 듣지 않을 정도로 충분했고, 말솜씨는 잘못을 감출 수 있고도 남았다.[21] 신하들 앞에서 자신의 재간을 뽐내길 좋아했고, 자신의 명성이 천하의 누구보다 높다고 생각

◉ 상의 마지막 군주 은주의 상. 섬서성 보계시 염제릉 내에 설치되어 있다.

하여 모든 사람을 자기 아래로 여겼다.

술과 좋아하고 음악에 빠졌으며, 특히 여색을 탐했다. 달기妲己를 예뻐하여 달기의 말이라면 무엇이든 들어주었다. 사연師涓에게 음탕한 곡을 새로 만들게 하고, 북부 지방의 저속한 춤과 퇴폐적인 음악에 빠졌다. 세금을 무겁게 매겨 녹대鹿臺를 돈으로 채우고, 거교鉅橋는 곡식으로 채웠다. 여기에 개와 말, 기이한 물건들이 궁실을 가득 메웠다. 사구沙丘의 원대苑臺는 더 크게 넓혀 온갖 짐승들과 새들을 잡아다 풀어놓았다. 귀신도 우습게 알았다. 사구에는 수많은 악공과 광대를 불러들이고, 술로 연못을 채우고 고

---

21 지족이거간知足以距諫, 언족이식비言足以飾非. 지나치게 총명하여 남을 무시하고 자신의 잘못을 인정하지 않는 통치자를 비유할 때 쓰는 말이다.

◉ 서백이 갇혀 있었던 유리성.

기를 숲처럼 매달아놓고는 벌거벗은 남녀로 하여금 그 사이를 서로 쫓아다니게 하면서 밤새 술 마시고 놀았다.[22]

백성은 원망하고 제후들은 등을 돌렸다. 이에 주는 형벌을 더욱 강화하여 포락炮烙[23] 같은 방법을 만들어냈다. 서백西伯 창昌, 구후九侯, 악후鄂侯를 삼공으로 삼았다. 구후는 자신의 아름다운 딸을 주에게 바쳤다. 구후의 딸이 음탕한 짓을 싫어하자 주는 노하여 그녀를 죽이고, 구후까지 죽여 포

---

22 주지육림酒池肉林, 장야지음長夜之飮. 포악하고 방탕한 통치를 대변하는 성어다. 상의 마지막 임금인 주는 '주지육림'을 만들어놓고 나체의 남녀들에게 숨바꼭질 놀이를 시키며 밤새 마시고 놀았다고 한다. 통치자의 음탕한 성정을 표현한 말이다.

23 상의 주임금이 고안해낸 가혹한 형벌로 밑에는 불이 활활 타오르고 그 위에 불에 달군 쇠기둥을 걸어놓고는 자기 마음에 들지 않는 사람을 쇠기둥 위를 걷게 했다. 불에 달구어진 쇠기둥 위를 몇 걸음이나 걸을 수 있겠는가. 모두 불 속으로 떨어져 타죽을 수밖에 없었다. '포락'은 폭정을 대변하는 용어로 정착했다.

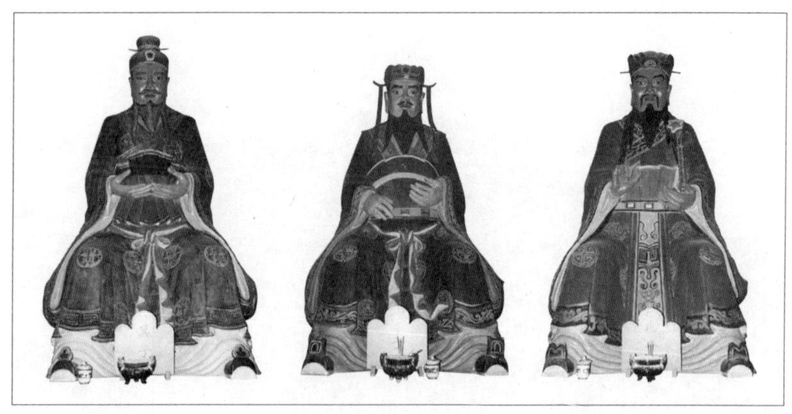

◉ 주임금에게 충고했던 은의 삼현三賢 상. 왼쪽부터 기자, 미자, 비간이다. 하남성 기현淇縣 적심대摘心臺 내에 조성되어 있다.

떠서 젓갈을 담갔다. 악후가 강력하게 따지며 구후를 위해 적극 변론하자 그마저도 포를 떠서 죽였다.

서백 창이 이 소식을 듣고 혼자 한숨을 내쉬었다. 숭후호崇侯虎가 이를 알고는 주에게 고자질하자 주는 서백을 유리羑里에 가두었다. 서백의 신하인 굉요閎夭 등이 미녀와 진기한 보물 그리고 준마 등을 구하여 주에게 바치자 주는 곧 서백을 사면해주었다. 석방되어 나온 서백은 낙서洛西 땅을 바치며 포락형을 없애달라고 청했다. 주가 이를 허락하고, 정벌권의 상징으로 활과 화살 및 큰도끼를 내려주면서 서백으로 삼았다.

비중費中을 기용하여 국정을 맡겼는데, 비중은 아부를 잘하고 사리사욕을 밝혔기 때문에 은 사람들이 그를 가까이하지 않았다. 주는 또한 오래惡來를 기용했다. 오래는 남을 헐뜯길 좋아한 탓에 제후들이 더욱 멀어졌다. 서백이 돌아와 몰래 덕을 닦고 선정을 베푸니 주를 배반하고 서백에게 귀의하는 제후들이 많아졌다. 서백이 점점 커지면서 주는 권세를 차츰 잃어

갔다. 왕자 비간比干이 충고했지만 듣지 않았다. 현자 상용商容을 백성들이 아꼈지만 주는 그를 버렸다. 서백이 기국飢國을 정벌하여 멸망시키자 주의 신하 조이祖伊가 이 소식을 듣고는 서백을 나무라고, 두려운 나머지 주에게 달려가 이렇게 일러바쳤다.

"하늘이 이미 우리 은의 명을 끊으려 하기 때문에 형세를 아는 자가 거북점을 쳐봐도 좋은 것은 아무것도 안 나옵니다. 선왕들께서 우리 후손을 돕지 않으려는 것이 아니라 왕이 포악하여 제 손으로 끊으려 하기 때문에 하늘이 우리를 버리시는 것입니다. 백성을 편히 먹이지 못했고, 하늘의 뜻도 제대로 살피지 못했으며, 선왕의 법도도 지키지 못했습니다. 지금 우리 백성들은 하나같이 멸망을 바라면서 '하늘이시여, 어찌하여 천벌을 내리시지 않는 것이며, 어찌하여 천명은 빨리 오지 않는 것입니까'라고 말합니다. 이제 왕께서는 어찌하시렵니까?" 주는 "내가 태어난 것 자체가 천명이 아니었던가"라고 되물었다. 조이는 돌아와 "주는 말로는 안 된다"라고 했다.

서백이 세상을 떠나고 주周의 무왕武王이 동방을 정벌하여 맹진孟津에 이르자, 은을 버리고 주로 모여든 제후가 800명이나 되었다. 제후들이 하나같이 "주를 정벌할 수 있습니다!"라고 했다. 무왕은 "그대들은 천명을 모른다"라고 말하고는 다시 돌아갔다.

주는 갈수록 음란해져 그칠 줄을 몰랐다. 미자微子가 몇 번 충고했지만 듣지 않자 태사太師 · 소사少師[24]와 상의한 다음 은을 떠나버렸다. 비간은 "신하는 죽음을 무릅쓰지 않으면 안 된다"라면서 주에게 강력하게 충고했

24 주임금 밑에서 예악을 담당했던 관리들이다. 〈주본기〉에는 이들의 이름이 자疵와 강彊으로 나온다.

◉ 은주가 비간의 심장을 꺼낸 곳으로 전하는 적심대摘心臺. 하남성 기현에 위치한다.

다. 주가 노하여 "성인의 심장에는 구멍이 일곱 개 있다고 들었다"라고 하면서 비간을 해부하여 심장을 꺼내보았다. 기자箕子는 두려운 나머지 미친 척하며 노비가 되었지만 주는 그를 기어코 잡아서 가두었다. 은의 태사와 소사는 제기와 악기를 들고 주로 달아났다.[25]

무왕이 마침내 제후들을 이끌고 주를 정벌하러 나섰다. 주도 군대를 일으켜 목야牧野에서 저항했다. 갑자일甲子日[26]에 주의 군대는 패했다. 주는 도망쳐 녹대에 올라 보물로 장식한 옷을 입은 채 불로 뛰어들어 죽었다.

---

25 제기와 악기는 당시 나라를 상징하는 기물들이었다. 담당 관리들이 이를 들고 다른 나라로 도망쳤다는 것은 상의 몰락을 암시한다.

26 주 무왕이 상을 정벌한 날로 〈주본기〉에는 기원전 1046년인 무왕 11년, 주나라 달력으로 2월 갑자일 새벽으로 나온다. 이 내용은 《주서》, 《상서》, 《한비자》 등 역사 문헌에만 기록되어 있었으나 1976년 섬서성 임동에서 무왕의 상 정벌을 기록한 서주시대 청동기인 '이궤利簋'에서 같은 내용의 명문이 확인됨으로써 문헌 기록과 일치한다는 것이 입증되었다.

◉ 은의 도읍지였던 하남성 기현 조가朝歌.

무왕은 주의 목을 베어 큰 백기에 매달았고 달기도 죽였다. 기자의 구금을 풀어주고 비간의 무덤에 봉분을 씌웠으며 상용의 마을을 표창했다. 주의 아들 무경武庚 녹보祿父에게 땅을 주어 은의 제사를 잇도록 하고, 반경의 정령을 집행하자 은의 백성들이 크게 기뻐했다. 그리하여 주 무왕이 천자에 올랐다. 후세에 제에서 한 단계 낮추어 왕으로 불렀으며,[27] 은의 후손을 제후로 봉해 주에 종속시켰다.

주 무왕이 세상을 떠나자 무경·관숙管叔·채숙蔡叔이 난을 일으켰으나 성왕成王은 주공周公에게 이들을 토벌케 하고, 미자를 송宋에 봉하여 은의 뒤를 잇게 했다.

---

27 하·상의 천자들은 모두 '제帝'라 했으나 주나라에 와서 겸양의 뜻으로 '왕王'으로 낮추어 부른 것으로 보인다.

7
사마천의 논평

◉

태사공은 이렇게 말한다.

"나는 〈송頌〉에 의거하여 설의 사적을 순서대로 정리했고, 성탕 이후의 일은 《서書》와 《시詩》에서 취했다. 설의 성은 자씨였으나, 그 후손들이 땅을 받아 분봉하면서 나라 이름을 성으로 삼았다. 은씨殷氏, 내씨來氏, 송씨宋氏, 공동씨空桐氏, 치씨稚氏, 북은씨北殷氏, 목이씨目夷氏가 생겼다. 공자는 '은은 노路라는 수레가 좋고, 색은 흰색을 숭상했다'고 했다."

◉

정리의 기술

◉

◉ 〈은본기〉에 등장하는 명언·명구의 재발견

• **인시수견형**人視水見形, **시민지치부**視民知治不 "사람은 물에서 자신의 형상을 비추어 볼 수 있고, 백성들을 관찰하면 제대로 다스려지고 있는지를 볼 수 있다." 통치자의 자기 수양과 백성들을 위하는 정치를 강조한 탕의 명언이다.

• **부정조**負鼎俎 "세발솥과 도마 등 주방 기구를 메다." 이윤은 요리사이기도 했다. 탕을 만나러 왔을 때 요리 기구를 가지고 와서 맛있는 요리로 탕에게 접근한 다음 요리 과정을 통치에 비유했다. 흔히 '이윤이 솥을 메다'라는 '**이윤부정**伊尹負鼎'이란 고사성어로도 유명하다.

• **오반**五反 "다섯 번이나 거절하다." 일설에는 탕이 이윤을 모시기 위해 다섯 번이나 사람을 보냈는데 그때마다 이윤은 사람을 되돌려 보냈다고 한다. 여기서 '**오청이윤**五請伊尹'이란 고사가 나왔다.

• **망개삼면**網開三面 "세 면의 그물을 거두게 했다." 성탕의 덕을 상징적으로 보여주는 고사로 법보다는 덕으로 통치할 것을 강조한 말이다. 가혹한 법망法網이 아닌

너그러운 덕망德網의 정치를 염원하는 백성들의 마음을 반영한 것으로 보인다. 현대 중국어의 '망개일면網開一面'은 '조금 봐주다'라는 뜻이다.

• **시일하시상**是日何時喪, **여여여개망**予與女皆亡 "저놈의 태양은 언제나 죽나? 내가 저놈과 함께 죽으리라!" 백성들이 주임금의 폭정에 분노하며 외쳤다는 저주의 말이다.

• **식언**食言 믿음이 없는 말을 흔히 식언이라 한다. 《좌전》이 그 출전이다.

• **삼년불언**三年不言 "3년 동안 말하지 않았다". 이 고사는 중국 역사에서 여러 차례 등장하는 전형적인 통치술 중 하나다. 춘추시대 초나라 대신 오거가 장왕에게 낸 '삼년을 울지도 않고 날지도 않는 새는 어떤 새일까'라는 수수께끼에서 유래한 '불비불명不飛不鳴'도 장왕이 즉위 후 3년 동안 정사는 돌보지 않고 놀기만 한 데서 비롯되었다. 전국시대 제나라 위왕도 비슷한 일화를 남기고 있다. 통치자가 즉위 후 3년씩이나 정사를 돌보지 않았다는 것은 실제로 정치에 무관심한 것이 아니라 조용히 주도면밀하게 조정의 분위기를 살피며 큰일을 준비했다는 뜻으로 해석된다.

• **지족이거간**知足以距諫, **언족이식비**言足以飾非 "지식은 남의 말을 듣지 않을 정도로 충분했고, 말솜씨는 잘못을 감출 수 있고도 남았다." 지나치게 총명하여 남을 무시하고 자신의 잘못을 인정하지 않는 통치자를 비유할 때 쓰는 명언이다.

• **주지육림**酒池肉林 "술로 연못을 채우고 고기를 숲처럼 매달아놓다." 포악하고 방탕한 통치를 대변하는 고사성어다. 상의 마지막 임금인 주는 '주지육림'을 만들어놓고 나체의 남녀들에게 숨바꼭질 놀이를 시키며 밤새 마시고 놀았다고 한다.

• **장야지음**長夜之飮 "밤새 술 마시고 놀았다." '주지육림'과 짝을 이루어 통치자의 음탕한 생활을 표현하는 용어다.

• **포락**炮烙 상의 주임금이 고안해낸 가혹한 형벌로 밑에는 불이 활활 타오르고 그 위에 불에 달군 쇠기둥 걸어놓고는 자기 마음에 들지 않는 사람을 쇠기둥 위를 걷게 했다. 불에 달구어진 쇠기둥 위를 몇 걸음이나 걷겠는가? 모두 불 속으로 떨어져 타죽을 수밖에 없었다. 폭정을 대변하는 용어로 정착했다.

◉ 〈은본기〉에 등장하는 인물 정보

이름	시대	내용	출전
설契	전설시대	상(또는 은)의 시조다.	〈오제본기〉
간적簡狄	전설시대	상의 시조인 설의 어머니다.	《시경》
유융씨有娀氏	전설시대	설 어머니의 출신 부락. 지금의 산서성 영제현 일대다.	《회남자》
소명昭明	전설시대	설의 아들로 상으로 천도해 상의 기원을 세웠다.	《순자》
상토相土	전설시대	소명의 아들이자 하의 대신이다.	《시경》
창약昌若	전설시대	상토의 아들. 갑골 복사의 '복약卜若'으로 추정하기도 한다.	
조어曹圉	전설시대	창약의 아들이다.	《세본》
명冥	전설시대	조어의 아들이다.	《국어》
진振	전설시대	명의 아들. 복사의 '왕해王亥'로 추정하기도 하다.	《사기색은》 《세본》
미微	전설시대	진의 아들. 복사의 '상갑上甲'으로 추정하기도 한다.	왕국유王國維 〈선공선왕고先公先王考〉
보정報丁	전설시대	미의 아들이다.	〈삼대세표〉 왕국유王國維 〈선공선왕고先公先王考〉
보을報乙	전설시대	보정의 아들이다.	
보병報丙	전설시대	보을의 아들이다.	
주임主壬	전설시대	보병의 아들이다.	
주계主癸	전설시대	주임의 아들이다.	
천을天乙	상	주계의 아들이자 상의 건국자로 상탕商湯 또는 성탕成湯이라 불렀다.	《순자》《노사》 《죽서기년》
갈백葛伯	상	갈국의 제후로 탕의 정벌 대상이 되었다. 지금의 하남성 영릉현寧陵縣 일대다.	
이윤伊尹	상	유신씨 부락 출신의 현자로 탕을 도와 상을 건국하는 데 큰 역할을 했다.	《시경》 《손자병법》 《묵자》
유신씨有莘氏	원시시대 상	탕 아내의 친정 부락으로 이윤을 배출했다. 지금의 산동성 조현曹縣 일대다.	
여구女鳩	상	탕 시대의 현명한 신하들이다.	《상서》 〈윤정〉
여방女房			
걸桀	하	하의 마지막 제왕이다.	〈하본기〉

곤오씨昆吾氏	원시시대 상	당시의 제후로 근거지는 하남성 허창시 동쪽으로 추정되는데 이설이 많다.	
의백義伯	상	탕 시대의 신하들이다.	
중백仲伯			
중뢰中畾	상	탕의 좌상으로 중훼仲虺라고도 한다.	《상서》〈중회지고〉
고단咎單	상	탕 시대의 사공으로 거주에 관한 법을 밝혔다.	
태정太丁	상	탕의 장자로 탕을 계승하지 못하고 죽었다. 복사에는 '대정大丁'으로 나온다.	
외병外丙	상	탕의 아들로 2대 제위에 올랐다.	
중임中壬	상	탕의 아들로 3대 제위에 올랐다.	
태갑太甲 (**태종**太宗)	상	태정의 아들로 4대 제위에 올랐다.《죽서기년》에는 이름이 지至로 나온다.	금본《죽서기년》
옥정沃丁	상	태갑의 아들로 5대 제위에 올랐다.《죽서기년》에는 이름이 순絢으로 나온다.	금본《죽서기년》
태경太庚	상	옥정의 동생으로 6대 제위에 올랐다.《죽서기년》의 이름은 변辨이다.	금본《죽서기년》
소갑小甲	상	태강의 아들로 7대 제위에 올랐다. 〈삼대세표〉에는 태강의 동생으로 나오며,《죽서기년》에는 고高로 나온다.	〈삼대세표〉《죽서기년》
옹기雍己	상	소갑의 동생으로 8대 제위에 올랐다.《죽서기년》에는 전佃으로 나온다.	《죽서기년》
태무太戊 (**중종**中宗)	상	옹기의 동생으로 9대 제위에 올랐다.《죽서기년》의 이름은 밀密이다.	《죽서기년》
이척伊陟	상	제태무 때의 신하로 이윤의 아들이라는 설도 있다.	
무함巫咸	상	제태무 때의 대신으로 점복을 담당했다.	《이소》
중정中丁	상	태무의 아들로 10대 제위에 올랐다.	
외임外壬	상	중정의 동생으로 11대 제위에 올랐다.《죽서기년》의 이름은 장莊이다.	《죽서기년》
하단갑河亶甲	상	외임의 동생으로 12대 제위에 올랐다.《죽서기년》의 이름은 정整이다.	《죽서기년》
조을祖乙	상	하단갑의 아들로 13대 제위에 올랐다.	
무현巫賢	상	조을 때의 신하다.	
조신祖辛	상	조을의 아들로 14대 제위에 올랐다.《죽서기년》의 이름은 단旦이다.	《죽서기년》

옥갑沃甲	상	조신의 동생으로 15대 제위에 올랐다.《죽서기년》의 이름은 개갑開甲이다.	《죽서기년》
조정祖丁	상	조신의 아들로 16대 제위에 올랐다.《죽서기년》의 이름은 신新이다.	《죽서기년》
남경南庚	상	옥갑의 아들로 17대 제위에 올랐다.《죽서기년》의 이름은 경更이다.	《죽서기년》
양갑陽甲	상	조정의 아들로 18대 제위에 올랐다. 복사에는 양갑羊甲,《죽서기년》에는 화和로 나온다.	《죽서기년》
반경盤庚	상	양갑의 동생으로 19대 제위에 올랐다.《죽서기년》의 이름은 순旬이며 박으로 천도했다.	《죽서기년》
소신小辛	상	반경의 동생으로 20대 제위에 올랐다.《죽서기년》의 이름은 송頌이다.	《죽서기년》
소을(小乙, 제위 1300~1251)	상	소신의 동생으로 21대 제위에 올랐다.《죽서기년》의 이름은 렴斂이다.	《죽서기년》
무정(武丁, 재위 1250~1192)	상	소을의 아들로 22대 제위에 올랐다.《죽서기년》에는 소昭로 나온다.	《죽서기년》
열說	상	무정 때의 현신으로 무정이 선몽을 통해 얻은 인재다. 부열이라고 한다.	
조기祖己	상	통치에 관해 충고했던 무정 때 현신이다.	
조경祖庚	상	무정의 아들로 23대 제위에 올랐다.《죽서기년》의 이름은 약躍이다.	《죽서기년》
조갑祖甲	상	조경의 동생으로 24대 제위에 올랐다.	《국어》《상서》
늠신廩辛	상	조갑의 아들로 25대 제위에 올랐다. 다른 문헌에는 풍신馮辛으로 나온다.	《한서》 《제왕대기》 《죽서기년》
경정(庚丁, 재위 1191~1148)	상	늠신의 동생으로 26대 제위에 올랐다.《죽서기년》의 이름은 효囂이다.	《죽서기년》
무을 (武乙, 재위 1147~1113)	상	경정의 아들로 27대 제위에 올랐다.《죽서기년》의 이름은 구瞿이다.	《죽서기년》
태정太丁(문정文丁, 재위 1112~1102)	상	무을의 아들로 28대 제위에 올랐다. 다른 문헌에는 '문정文丁'으로 나오며,《죽서기년》의 이름은 탁托이다.	《죽서기년》 《세기》
을(乙, 재위 1101~1076)	상	태정의 아들로 29대 제위에 올랐다.《죽서기년》의 이름은 선羨이다.	《상서》 《죽서기년》
미자계微子啓	상	을의 큰아들로 계승자가 되지 못했다. 미微를 국호로 보기도 한다.	〈송미자세가〉

신(辛, 재위 1075~1046)	상	을의 작은아들로 30대 제위에 올랐다. 이름은 주紂. 폭정으로 나라가 망했다.	
달기妲己	상	주가 총애한 여인으로 소씨蘇氏의 딸로 전한다. 오랫동안 망국의 화근으로 오해받았다.	《국어》 《봉신연의》
사연師涓	상	주 당시의 악관으로 사연師延으로도 나온다.	《한비자》 《수경주》
서백西伯 창昌	상 주	주周 문왕文王을 말한다. 성은 희姬, 이름이 창昌이다. 주왕 당시 서방 제후국의 수령이었으므로 서백이라 불렸다.	〈주본기〉
구후九侯	상	주왕 당시의 제후로 귀후鬼侯로도 기록되어 있다.	
악후鄂侯	상	주왕 당시의 제후다.	
숭후崇侯 호虎	상	주왕 당시 숭국의 제후이자 간신배로 서백 창을 모함했다. 하남성 숭현 북쪽 일대다.	
굉요閎夭	상	서백 창의 측근 신하로 주로 산의생散宜生과 함께 거론된다.	〈주본기〉 《회남자》
비중費中	상	주왕의 측근 간신이다.	
오래惡來	상	주왕의 측근 간신으로 진秦의 선조인 비렴蜚廉의 아들. 부자가 모두 힘으로 주왕을 섬겼다고 한다.	〈진본기〉
비간比干	상	상의 충신으로 기자와 함께 주왕의 숙부라는 설과 형제라는 설이 있다.	〈송미자세가〉
상용商容	상	주왕 때의 현신들이다.	
조이祖伊			
무왕武王	주	주 문왕의 아들로 주 왕조의 창립자이다. 성은 희姬, 이름은 발發이다.	〈주본기〉
미자微子	상	주왕 때 현신. 송국의 시조로 전한다.	〈송미자세가〉
기자箕子	상 주	상의 귀족으로 주왕의 숙부라는 설도 있다. 훗날 기箕, 산서성 태원 동북 지역을 봉지로 받았다.	〈주본기〉
무경武庚	상 주	주왕의 아들로 상 멸망 후 주 무왕이 상의 제사를 받들도록 배려했다.	〈주본기〉
관숙管叔	상 주	주 무왕의 동생들로 상의 유민들을 감시하라는 명을 받았다. 훗날 무경과 함께 반란을 일으켰다.	〈주본기〉
채숙蔡叔			
성왕成王	주	무왕의 아들로 2대 왕으로 즉위했다.	〈주본기〉
주공周公	주	무왕의 동생. 주의 건국과 조카 성왕을 보좌해 주 왕조를 안정시키는 데 결정적인 공을 세웠다. 이름은 희단姬旦이다.	〈주본기〉

은씨殷氏	상 주	상의 왕족이나 귀족들로 각지로 분봉되어 제후가 됨으로써 나라 이름을 성씨로 삼았다.	
내씨來氏			
송씨宋氏			
공동씨空桐氏			
치씨稚氏			
북은씨北殷氏			
목이씨目夷氏			

• 약 70명의 인물이 언급되어 있다.

• 소을 이후 왕들의 재위 기간이 밝혀져 있는 것은 '하상주단대공정'의 '하상주연표'에 나온 연도를 참고했다. 기년에 대한 논란이 신행 중이므로 정확한 연도는 아니다.

• 이탤릭체는 은 왕조의 선조들을, 진한 글자는 은 왕조의 왕들을 나타낸 것이다.

• 이름 항목의 연도 표시 중 '재위'라고 기재되지 않은 것은 생몰 연도이다.

• 연도는 모두 기원전이다.

◉ 〈은본기〉 관련 하·상 시대 주요 지명 정보

지명	현재의 지리 정보	비고
도산塗山	안휘성 회원현懷遠縣 동남, 방부시蚌埠市 서쪽	
양성陽城	하남성 등봉시登封市 동남 고성진告成鎭	
풍수(豊水, 풍수灃水)	섬서성 서안시西安市 서남	
양산梁山	하북성 북부	
용문龍門	산서성 하진시河津市 서북과 섬서성 한성시韓城市 동북 황하 유역	사마천의 고향
영潁	하남성 등봉시 동쪽	
삼묘三苗	호남·강서성 대부분과 호북성 동남부, 안휘성 남부	소수민족
영英	하남성 固始縣 동북	고요 후손 봉지로 한의 공신 영포경포의 근거지이다. 〈경포열전〉
육六	안휘성 육안시六安市	
모산茅山	절강성 소흥시紹興市 동남	회계산會稽山
방풍씨防風氏	절강성 덕청현德淸縣 부근	왕망씨汪芒氏
유호씨有扈氏	섬서성 노현盧縣 일대	하우 후손 봉지
감甘	섬서성 노현 남쪽. 낙양시 서남으로 보기도 한다.	계와 유호씨의 전투지
균대鈞臺	하남성 우주시禹州市	
관觀	하남성 기현淇縣, 준현浚縣 일대	
서하西河	하남성 안양安陽. 하남성 기현淇縣으로 보기도 한다.	
팽彭	강소성 서주시徐州市	
짐심斟尋	하남성 낙양시 동쪽	하우의 후손 봉지
유궁(有窮, 조鉏)	하남성 복양현濮陽縣 서남	
궁석窮石	하남성 언사시偃師市	
제구帝丘	하남성 복남현濮南縣	
한寒	산동성 유방시濰坊市 한정구寒亭區	
과過	하남성 태강현太康縣 동남	
과戈	하남성 기현杞縣 일대	
짐관씨斟灌氏	하남성 범현范縣 북쪽	

짐심씨斟尋氏	하남성 공의시鞏義市. 후대에 복양현 부근 산동 제녕시濟寧市로 옮겼다.	하우 후손 봉지
유잉씨有仍氏	산동성 제녕시	
시위豕韋	팽彭씨의 봉지로 하남 동북부 : 활현 동쪽으로 추정	유루가 용을 키운 공으로 취했다.
허許	하남성 허창시許昌市 동쪽	
회계會稽	절강성 소흥시紹興市 회계산	우가 죽은 곳
기산箕山	하남성 등봉현 동남	
낙수洛水	섬서성 낙남현洛南縣에서 발원하여 하남으로 흘러드는 강	
하대夏臺	하남성 우현禹縣 남쪽	균대鈞臺라고도 한다.
기杞	하남성 기현杞縣	하우 후손 봉지
우虞	하남성 상구시商丘市 동남 우성현虞城縣. 산서성 평륙平陸으로 보기도 한다.	
윤綸	하남성 우성현 동남	
유력씨有鬲氏	산동성 덕주시德州市 동남	
월越	절강성 소흥시 동남 회계산 부근	
원原	하남성 제원시濟源市 서북	
노구老丘	하남성 개봉시開封市 동쪽	
노魯	하남성 노산현魯山縣	
유시씨有施氏	산동성 등주滕州 일대	
유민有緡	산동성 금향현金鄉縣 동북	
민산岷山	산동성 금향현 부근	
박亳	하남성 상구시 동남. 하남성 언사시로 보기도 한다.	
명조鳴條	산서성 운성시運城市 안읍진安邑鎭 북쪽 또는 하남성 봉구현封丘縣 동쪽	걸이 탕에게 패해 도망간 곳
남소南巢	안휘성 소호시巢湖市 서남	
상商	하남성 상구시 일대	상의 도읍지들
번蕃	산동성 등주시 부근	
지석砥石	하북성 석가장石家莊 이남, 형대시邢臺市 이북 일대	
유역有易	하북성 역현易縣 일대	

갈葛	하남성 수현睢縣 북쪽. 하남성 영릉현寧陵縣 동북으로 보기도 한다.	상대 제후국
유신씨有莘氏	하남성 개봉현 진류진陳留鎮. 산동성 조현曹縣 북쪽으로 보기도 한다.	상대 부락으로 탕의 아내와 이윤의 출신지
형荊	호북성 북부	
유락씨有洛氏	하남성 공의시	
온溫	하남성 온현溫縣 서쪽	
곤오昆吾	하남성 허창시許昌市 일대	상대 제후국
경박景亳	하남성 활현滑縣 동쪽	
위(韋, 시위豕韋)	하남성 활현 동쪽	
고顧	하남성 범현 남쪽	
안읍安邑	산서성 운성시 동북쪽	
유융지허有娀之墟	산서성 운성시 남쪽	
삼종三朡	산동성 정도현定陶縣 북쪽	
성郕	산동성 영양현寧陽縣 북쪽	
설薛	산동성 등주시 동남	
동궁桐宮	하남성 언사시 서남	이윤이 태갑을 내쫓은 곳
효(囂, 오傲)	하남성 형양시滎陽市 동북	상의 도읍지
비邳	강소성 비주시邳州市 서남	
상相	하남성 내황현內黃縣 동남	상의 도읍지
경(耿, 형邢)	하남성 온현 동쪽	상의 도읍지
비庇	산동성 어대魚臺 부근	
엄奄	산동성 곡부시曲阜市	
응應	하남성 노산현 동쪽	
은(殷, 북몽北蒙)	하남성 안양시 서쪽	상의 도읍지
돈敦	하남성 심양沁陽 부근	
공방邛方 귀방鬼方	내몽고 남부와 섬서 · 산서 북부 : 일대	
귀백歸伯	호북성 자귀현秭歸縣	
정程	섬서성 함양시咸陽市	
의거義渠	감숙성 경천涇川 일대	

매(沬, 조가朝歌)	하남성 기현淇縣	상의 도읍지
인방人方	황하 중하류 이남	
우방盂方	하남성 수현 일대	
임방林方	안휘성 봉양鳳陽 일대	
미微	산서성 노성시潞城市 동쪽	미자진
유소有蘇	하남성 온현 서남	
한단邯鄲	하북성 한단시	
사구沙丘	하북성 평향현平鄉縣 동북	전국시대 조 무령왕이 아사한 곳이자 진시황이 순수 도중 죽은 곳
귀(鬼, 구九)	하북성 자현磁縣 서남	
악(鄂, 우邘)	하남성 심양시	
여黎	산서성 여성黎城	
목야牧野	하남성 기현淇縣 남쪽	상 주왕과 주 무왕의 결전지
복수濮水	하남성 범현 남쪽	
곽태산霍太山	산서성 곽주시霍州市 동남	곽산
은殷	하남성 안양시安陽市 서북 소둔촌小屯村 일대	상 후반기의 도읍지. 은허殷墟에서 은이란 국명이 유래되었다.
태권도太卷陶	위치가 분명치 않다. 정도定陶에서 멀지 않은 곳이란 설이 있다. 《상서》의 대경大坰과 같은 지명으로 보인다.	탕이 천자가 되어 돌아오다 들린 곳
부험傅險	일명 부암傅岩. 산서성 평륙현平陸縣 동쪽	부열을 얻은 곳
유리羑里	하남성 탕음현湯陰縣 서북	주 문왕이 감금된 곳
기국饑國	산서성 장치시長治市 서남	
맹진盟津	하남성 맹주와 맹진현 사이	주 무왕의 동방 정벌 때 제후들과 회맹한 곳
녹대鹿臺	하남성 기현淇縣 파리촌坡里村 서남	상 주왕이 도망쳐 자살한 곳

거교鉅橋	하북성 주곡현周曲縣 동북. 하남성 준현浚縣 서쪽으로 보기도 한다.	상 주왕의 창고
송宋	하남성 상구현商丘縣 동남	미자의 봉지

• 하대나 상대의 지명이 중복되어 나타나는 경우도 적지 않기 때문에 하·상의 지명을 한곳에 제시하여 참고하도록 했다.

• 진한 글자는 〈은본기〉에 보이는 지명을 표시한 것이다.

• 〈하본기〉나 〈은본기〉에 언급되지 않은 지명도 있으나 참고로 함께 제시했다.

• 고고학 발굴에 의한 위치 비정과 문헌 연구에 따른 위치 비정에 차이가 나는 경우가 적지 않다.

◉ 〈은본기〉에 등장하는 문헌·문장 정보

서명	내용
〈제고帝誥〉 〈탕정湯征〉 〈여구女鳩〉 〈여방女房〉	《상서》의 편명으로 원문은 전하지 않는다. 《사기》의 관련 내용은 위고문《상서》〈윤정〉 편에 보인다.
〈탕서湯誓〉	《상서》〈탕서〉와는 일부 글자의 변동이 있다.
〈보전寶典〉	《상서》의 편명으로 원문은 전하지 않는다. 《사기》의 관련 내용은 《상서》〈탕서〉에 보인다.
〈하사夏社〉	《상서》의 편명으로 원문은 전하지 않는다. 관련 내용은 《상서》〈탕서〉에 보인다.
〈탕고湯誥〉 〈함유일덕咸有一德〉	《상서》의 편명으로 위고문《상서》에 보인다.
〈명거明居〉	《상서》의 편명으로 원문은 전하지 않는다.
〈이훈伊訓〉	《상서》의 편명으로 지금은 위고문《상서》에 관련 문장이 있다.
〈사명肆命〉 〈조후徂后〉	《상서》의 편명으로 원문은 전하지 않는다.
〈태갑훈太甲訓〉	《상서》의 편명으로 지금은 위고문《상서》에 상·중·하 세 편이 전한다.
〈옥정沃丁〉	《상서》의 편명으로 원문은 전하지 않는다.
〈함애咸艾〉	《상서》의 편명으로 원문은 전하지 않는다. 내용은 무함이 왕가를 관리한 일을 기록한 것으로 추측된다.
〈태무太戊〉	《상서》의 편명으로 원문은 전하지 않는다. 위고문《상서》〈함유일덕〉에 관련 내용이 보인다.
〈원명原命〉	《상서》의 편명으로 원문은 전하지 않는다. 금본《상서》에는 관련 내용이 없다.
〈중정仲丁〉	《일서逸書》에 〈중정〉 편이 보인다.
〈반경盤庚〉	《상서》에 〈반경〉이 있지만《사기》의 내용과는 부합하지 않는다.
〈고종융일高宗肜日〉	《사기》는 고종의 성탕에 대한 제사 내용으로 보았으나 설들이 많다.
〈고종지훈高宗之訓〉	《상서》의 편명으로 원문은 전하지 않는다.
〈송頌〉	〈은본기〉의 상 시조에 관한 내용은《시경》〈상송〉 중 '현조玄鳥'와 '장발長發' 편을 근거로 했기 때문에 〈상송〉을 줄여 〈송〉이라 한 것이다.

◉ 상 왕조 제왕 정보

대수	시호 묘호	존호	성명 (본명)	친속 관계	재위 기간 (재위 연수)	재위 연령	연호	비고
1		성탕	자천을(리)	부 : 자주계	1783~1754(30)	71~100	원년 1783	1600~
2			자외병(승)	부 : 자천을 형 : 자태정	1754~1752(3)		원년 1753	
3			자중임	부 : 자천을 형 : 자외병	1752~1748(5)		원년 1751	
4			이윤		1748~1741(8)		원년 1747	피살
5	태종		자태갑(지)	조부 : 자천을 부 : 자태정	1741~1721(21)		원년 1741	
6			자옥정(현)	부 : 자태갑	1721~1692(30)		원년 1720	
7			자태강(변)	부 : 자태갑 형 : 자옥정	1692~1667(26)		원년 1691	
8			자소갑(고)	부 : 자태강	1667~1650(18)		원년 1666	
9			자옹기(주)	부 : 자태강 형 : 자소갑	1650~1638(13)		원년 1649	
10	중종		자태무(밀)	부 : 자태강 형 : 자옹기	1638~1563(76)		원년 1637	
11			자중정(장)	부 : 자태무	1563~1550(14)		원년 1562	
12			자외임(발)	부 : 자태무 형 : 자중정	1550~1535(16)		원년 1549	
13			자 하 단 갑 (정)	부 : 자태무 형 : 자외왕	1535~1526(10)		원년 1534	
14			자조을(등)	부 : 자하단갑	1526~1507(20)		원년 1525	
15			자조신(단)	부 : 자조을	1507~1491(17)		원년 1506	
16			자옥갑(유)	부 : 자조을 형 : 자조신	1491~1466(26)		원년 1490	
17			자조정(신)	부 : 자조신	1466~1434(33)		원년 1465	
18			자남경(갱)	부 : 자옥갑	1434~1409(26)		원년 1433	
19			자양갑(화)	부 : 자조을	1409~1402(8)		원년 1408	

20	은		자반경(순)	부 : 자조을 형 : 자옥갑	1402~1374(29)		원년 1401	은 천도 1300~ 125150
21			자소신(송)	부 : 자조을 형 : 자반경	1374~1353(22)		원년 1373	
22			자소을(염)	부 : 자조을 형 : 자소신	1353~1325(29)		원년 1352	
23	고종		자무정(소)	부 : 자소을	1325~1266(60) →1250~1192(59)	41~100	원년 1324	
24			자조경(요)	부 : 자무정	1266~1259(8)		원년 1265	1191~ 114844
25			자조갑(재)	부 : 자무정 형 : 자조경	1259~122634		원년 1258	
26			자늠신(선)	부 : 자조갑	1226~12207		원년 1225	
27			자경정(효)	부 : 자조갑 형 : 자늠신	1220~119922		원년 1219	
28			자무을(구)	부 : 자경정	1199~11955 →1147~111335		원년 1198	벼락사
29			자태정(탁) 문정	부 : 자무을	1195~118214 →1112~110211		원년 1194	
30			자을(연)	부 : 자태정	1182~115528 →1101~107626		원년 1181	
31		주제	자신(수)	부 : 자을	1155~112234 →1075~104630		원년 1154	분신 자살

• 재위 기간은 문헌에 따른 추정이며, 연도는 모두 기원전이다.

• 상 왕조의 존속 연대에 대해서는 최근 과학적인 연대 추정 프로젝트인 '하상주단대공정' 결과 기원전 1600년부터 기원전 1046년까지 약 550년으로 추정하고 있다.

• 재위 기간 자무을(구) 항목에 '→' 다음에 적힌 숫자는 기원전 841년 이전 주 왕조의 연대로서, 최근 과학적인 연대 추정 프로젝트인 '하상주단대공정' 결과 구체적으로 밝혀진 것을 제시한 것이다.

• 위 표에 따르면 상 왕조는 모두 31제가 재위했다. '하상주단대공정'에서는 이윤은 인정하지 않고 2대 외병의 아버지 태정을 2대 제왕으로 간주하여 총 31제왕으로 보았다.

• 나라는 기원전 1783년부터 기원전 1122년까지모두 662년간 입국했다. 제왕의 평균 재위 연수는 21.35년이고, '하상주단대공정'에 따르면 17.74년이다.

• 첫 도읍은 지금의 하남성 상구이고 강역은 황하 중류 일대다.

• 주 왕조에 멸망했다. 4대 이윤은 신하의 신분으로 왕위를 찬탈한 것으로 보는 경우도 있다.

◉ 상 왕조 도읍 변천 정보

도읍	현재 위치	기간	지속 연수	해당 제왕	비고
상읍商邑	섬서성 상주商州			자설	자천을 이전 8차 천도
빈읍蕃邑	산동성 연주兗州				전1차 천도
지석砥石	하북성 평산平山			자소명	전2차 천도
상구商丘	하남성 상구商丘				전3차 천도
동도東都	산동성 태안泰安			자상토	전4차 천도
계구薊丘	북경北京				전5차 천도
유역有易	하북성 웅현雄縣				전6차 천도
은읍殷邑	하남성 안양安陽				전7차 천도
박읍亳邑	산동성 조현曹縣	1783~1557	227	자천을탕	전8차 천도
효읍(囂邑, 오傲)	하남성 형양滎陽	1557~1534	24	자중정	후1차 천도
상읍相邑	하남성 내황內黃	1534~1525	10	자하단갑	후2차 천도
경읍耿邑	하남성 온현溫縣	1525~1517	9	자조을	후3차 천도
형읍邢邑	하북성 형대邢臺	1517~1401	117		후4차 천도
은읍殷邑	하남성 안양安陽	1401~1198	204	자반경	후5차 천도
조가(朝歌, 행도行都)	하남성 기현淇縣	1198~1122	77	자무을	후6차 천도

• '하상주단대공정'에 따르면 반경을 기점으로 전기와 후기로 나눈다. 전기는 기원전 1600년부터 기원전 1300년까지 개략적으로 분기하고, 상 후기는 기원전 1300년부터 기원전 1046년까지 비교적 세분하고 있다. 후기 제왕들의 재위 연도와 기간은 354쪽의 '상 왕조 제왕 정보'를 참고.

• 문헌에 따르면 상은 시조인 설 이전에 8차, 이후 탕의 건국까지 8차에 걸쳐 천도한 것으로 되어 있다.

• 위 천도 정보는 각종 기록을 바탕으로 정리한 것이며, 특히 백양白楊 선생의 《중국제왕후친왕공주세손록中國帝王皇后親王公主世系錄》(山西人民出版社, 2008년)을 참고했다.

• 천도 횟수와 그 지점에 대해서는 고고학 발굴과 그 연구 성과가 다소 차이 난다는 점을 밝혀둔다.

권4 주본기
주周나라의 기록

◉

백성의 입을 막는 것은

물을 막는 것보다 심각합니다.

-소공

防民之口甚於防水(방민지구심어방수)

◉ 기산 주원 유지 박물관. 고공단보 때 이곳으로 옮겨와 나라와 도읍을 세웠다. 발굴 결과 주 문화의 발상지임을 증명하는 다양한 문물이 출토되었다.

독서의 기술

한 편에 갖춘 800년간의 방대한 기록

〈주본기〉는 800년 주나라 역사의 시말을 한 편에 갖춘 방대한 기록이다. 서주와 춘추전국시대를 포함하는데, 서주사와 평왕의 동천 이후 주 왕실의 권위가 쇠퇴하고 '정치가 제후들로부터 나오는' 이른바 패주 노릇을 한 춘추시대 제후들의 사적에 중점을 두고 있다.

〈주본기〉 전체 기록은 대체로 다음 네 단계로 나누어보면 이해가 쉽다.

첫째, 주 선조로부터 무왕까지로, '후직-공류-고공단보-공계' 등과 같은 선조들의 덕행으로 왕조를 건국할 수 있는 기반을 다진 시기다.

둘째, 무왕의 건국으로부터 융족에 의해 왕조가 망하는 유왕까지로 대개 서주西周라 부른다. 전성기에서 쇠퇴기를 함께 포함하는 시기다. 성왕에서 강왕으로 이어지는 전성기가 지나면서 무력과 형벌이 강조된다. 제공모보와 목왕의 대화에 보이는 무력과 형법 제정, 여왕의 언론 탄압, 공화

정 이후 선왕의 무리한 징병, 유왕의 방탕한 생활 등이 이어지면서 주 왕실의 권위는 갈수록 추락한다.

셋째, 평왕이 도읍을 낙양으로 옮긴 이후 원왕까지로 흔히 동주東周라 부른다. 일반적으로는 춘추시대로 잘 알려진 시기다. 이 시기는 제후국의 힘이 왕실을 능가하기 시작한다. 강력한 제후국이 '존왕양이尊王攘夷'를 내걸고 왕실을 대신하여 다른 제후국들을 압도하는, 이른바 패주의 시대가 전개되었다. 대표적인 다섯 패주를 '춘추오패'라 부른다.

넷째, 원왕 이후 멸망까지로 전국시대로 불린다. 주 왕실은 있으나마나 한 완전히 허수아비로 전락하고, 서북방의 진秦나라가 남은 제후국들을 차례로 소멸시키고 전국을 통일해가는 시기다.

은·주 교체의 의미

〈주본기〉에서 주와 은의 교체에 대한 기록은 대단히 생동적이다. 중국 정치·문화의 변혁이 은·주 교체기만큼 극렬했던 적이 없기 때문에 그 느낌은 더욱 강렬하다. 은·주 교체기의 대변혁은 표면적으로 왕조의 흥망이자 도읍의 이동에 지나지 않지만, 그 이면을 보면 낡은 제도와 문화가 폐지되고 새로운 제도와 문화가 일어나고 있음을 알 수 있다.

주 왕조의 건립 이전 주와 은의 관계에 대해서는 고고학자 장광직張光直이 《중국 청동시대》에서 다음과 같이 진술한 견해가 비교적 쉽게 이해된다.

> 고고자료로 볼 때 은·주 문화는 각각 서로 다른 구역의 용산龍山문화에서 연원하며, 형성 과정에서 서로 영향을 주고받았다. 따라서 두 문화는 동일한 문화전통, 즉 중원문화에 속한다. 그러나 은 문화의 형성은 비교적 이르

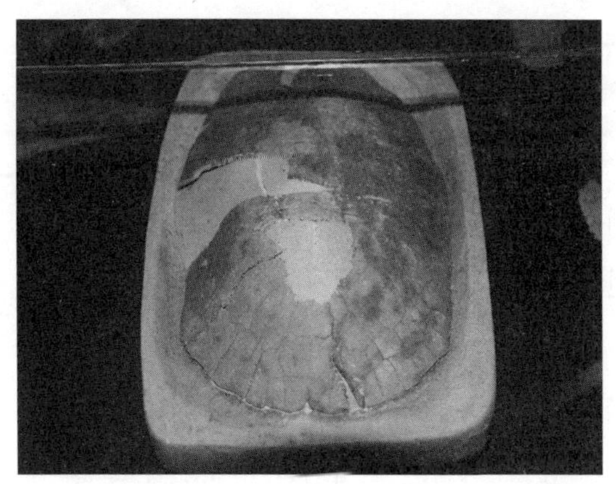

◉ 주와 은의 관계를 알려주는 갑골문. 주의 발상지인 기산 주원 유지에서 출토되었다.

고 영향력도 비교적 강했으며, 동시에 주 문화도 그 나름의 특색 있는 지방성과 구역성을 갖추고 있었다. 무왕이 주를 정벌한 다음 주 문화는 은(상) 문화의 한 자락을 계승하는 동시에 자신들의 고유한 문화를 중원문화의 주류로 편입시켰다. 은허에서 나온 갑골문으로 볼 때 주는 나름대로 하나의 정치체를 이루고 있다가 무정시대부터 은(상)의 서방에서 활동하며 은(상)과 줄곧 비교적 밀접한 신속 관계를 유지했다. 다만 제을, 제신의 갑골문에는 주에 관한 기록이 보이지 않는 것이 비교적 난해한데, 주가 은(상)의 근심거리가 된 것이 바로 이때가 아닌가 한다. 주원에서 새롭게 나온 갑골문으로 보면 주는 무왕이 은주를 정벌하기 전에 이미 왕을 칭했다. 은(상) 왕조에 대해서는 의례적인 신속 관계에 있었다고 말할 수 있다. 그러나 이와 동시에 갑골문에는 정벌과 강한江漢 지역의 개척에 관한 흔적이 풍부하다. 문화상으로 볼 때 그들은 은(상)의 한 갈래에 속했지만 뚜렷한 구역적 특성도 갖고 있었다.

봉건제도가 붕괴되고 패주정치 시대 진입

춘추시대로 접어들면 주 왕조의 사적 분량은 현저히 떨어지고 왕조의 기년으로 천하 대사의 줄기를 잡아 제후간의 분쟁을 주로 기록한다. 이러한 기술은 춘추시대 천사, 제후, 경사간의 권력 이동이라는 거대한 정치적 변화를 반영하는 것이다. 전국시대는 주 천자와 제후 간 역전된 관계의 추세가 더욱 두드러진다.

그런데 춘추시대가 시작되기 직전인 여왕의 폭정으로 인해 폭발한 기원전 841년의 '국인반정國人反政'은 주의 쇠퇴를 알리는 중대한 사건으로 주목할 필요가 있다. 여왕은 국인에게 쫓겨나 14년 동안 도망 다니다 타지에서 죽었다. 이 사건은 주 왕실에게도 중대한 사건이었을 뿐만 아니라 황제 이래 중국 역사에서도 중대한 사건으로 꼽힌다. 주 왕조가 전성기에서 쇠퇴기로 넘어가는 전환점이자 봉건제도 자체가 붕괴되는 첫 걸음이기 때문이다. 중국사에서 연대가 정확하게 기록되기 시작하는 것도 이때다.

춘추시대는 또 '패주정치의 시대'라 부를 수 있는데, '춘추오패'는 그 상징적 표현이다. 패주 시대의 표지는 크게 넷으로 나타낼 수 있다. 존왕尊王, 양이攘夷, 찬탈과 시해 억제, 겸병 억제가 그것이다. 이런 점에서 패주정치는 변질된 봉건정치라고도 할 수 있다.

춘추시대 패주정치에서 나타나는 두 가지 두드러진 현상이 있다. 하나는 농경을 위주로 하는 화하족의 성시城市 제후들이 서로 연맹하여 북방 유목민족의 침략을 막는 것이고, 또 하나는 중원 화하족華夏族의 평화적 결합을 통해 남방 초나라의 무력에 저항하는 것이었다. 이 과정에서 중원 화하족들의 단합이 점점 확대됨으로써 중앙집권적 대일통 국가의 출현을 위한 분위기가 차츰 무르익었다.

전국시대는 크게 전후 두 시기로 나누어볼 수 있다. 전기는 주대 봉건 종법국가의 쇠퇴다. 이 전기는 또 월越의 쟁패기와 삼진三晋의 분립 및 위魏의 전성기로 구분할 수 있다. 후기는 새로운 군사국가의 성립과 상호 투쟁기다. 후반기는 다시 4기로 나뉜다. 1기는 양(위) 혜왕의 칭패로 양과 제 양강 쟁패기다. 2기는 제나라 위왕, 선왕, 민왕이 잇따라 칭패한 시기로 제·진 양강의 쟁패기다. 3기는 진 소왕이 제를 이어 칭패한 시기로 진·조 양강 쟁패기라 할 수 있다. 마지막 4기는 진이 6국을 멸망시킨 시기다. 이를 표로 간명하게 제시하면 다음과 같다.

◉ 전국시대(기원전 475~기원전 221) 분기표

전기	1기	주대 봉건 종법국가의 쇠퇴기	월국의 쟁패기
	2기		삼진三晋의 분립과 위국의 전성기
후기	1기	새로운 군사국가의 성립과 상호 투쟁기	양(위) 혜왕 칭패. 양·제 2강 쟁패기
	2기		제 위왕, 선왕, 민왕의 잇따른 칭패. 제·진秦 2강의 쟁패기
	3기		진秦 소왕 칭패. 진·조 2강 쟁패기
	4기		진에 의한 6국 소멸기

주공의 국가체제 창시에 주안점을 둔 기술

〈주본기〉의 내용은 다음의 11단락으로 나누어 살펴볼 수 있다.

1 주의 기원과 고공단보의 덕행

2 태백과 우중의 양보와 서백의 치적—주 왕조의 기틀을 닦다

3 무왕의 상 정벌

4 무왕의 통치

5 주공의 섭정과 성왕·강왕의 치세

6 목왕의 통치

7 여왕의 폭정과 국인반정

8 서주의 멸망

9 동주의 흥기와 쇠퇴

10 전국시대의 시작과 주의 멸망

11 사마천의 논평

각 단락에 대한 설명은 '독서의 기술' 맨 끝에 '주요 사건 스토리텔링'에서 자세하게 다룬다. 다만 마지막 단락 〈주본기〉에 대한 논평에서 사마천은 무왕이 낙읍에 도읍했다는 서한시대 학자들의 잘못된 인식을 바로잡아 풍호에 도읍을 정했다는 점을 분명히 하고 있다. 기존 학설에 대한 사마천의 적극적이고 대담한 도전정신이 돋보이는 대목이다.

또 평왕의 동천을 기점으로 일반적으로 그 이전을 서주, 그 이후를 동주로 부르는데, 〈주본기〉에는 이와는 별도의 동주와 서주가 보인다. 즉 전국시대의 동주와 서주다. 혼동을 피하기 위해 참고로 전국시대 동주와 서주의 세계표를 제시하면 다음과 같다.

- 서주 : 주 환공 → 위공 → 서주 혜공 → 서주 무공 (기원전 256년 멸망)
- 동주 : 동주 혜공 → 동주 문군 (기원전 249년 멸망)

주 왕조가 실행한 봉건 종법제도에 기초한 통치방식은 후대 중국 왕조사에 지대한 영향을 미쳤다. 적장자 계승 원칙에 입각한 종법제도는 '천자-제후-경대부-사'로 이루어진 피라미드 형태의 신분·권력 구조로 수렴됨으로써 초기 주 왕실의 안정과 발전에 힘이 되었다. 특히 이 관계가 거의 혈연을 바탕으로 이루어졌기 때문에 왕조 초기의 통치에 보다 효과적이었다. 여기에다 이를 작동시키는 이데올로기로서 '군군신신君君臣臣, 부부자자父父子子'와 같은 강상윤리를 제정하고, 나아가 의식주와 행위까지 엄격하게 규정했다. 이는 종법제도를 일상에 깊게 심어 정치와 문화를 통합하려는 의도에서 비롯되었다.

이상의 각종 제도는 주공에 의해 창안되었다고 전하는데, 이 제도를 주관周官이란 관료 시스템으로 뒷받침하고 이를 다시 《주례周禮》로 정리했다. 좀 더 구체적으로는 육관六官과 삼군三軍이라는 문무관 제도를 기본으로 하고, 이를 봉건으로 다지고 종법으로 묶은 다음 의례로 통합시킨 것이다.

주는 인척이나 공신들을 지방에 봉해 자신의 제도와 문화를 전파했다. 이것이 봉건이고 분봉된 자를 제후, 분봉된 땅을 봉지라 불렀다. 제후는 주 왕실과 군신관계를 형성했고, 제후는 자신의 봉지에 살고 있던 토착민과의 연합을 통해 통치 기반을 다졌다. 제후는 왕실에 대해 군사를 비롯한 약간의 의무만 있을 뿐 거의 독립을 인정받았다. 주 왕실의 제도와 문화를 제후에게 전면 위임했다고 보면 된다. 그런데 이런 봉건제도의 치명적 결함은 혈연관계가 멀어지면 결속력이 약화될 수밖에 없다는 점에 있고, 춘추시대는 바로 이런 결함이 현실로 나타난 것이다.

이런 주의 봉건제도를 현대 기업에서 스타벅스나 맥도날드와 같은 프랜차이즈 시스템에 비유하는 학자도 있다. 체인점(제후)은 본사(주 왕실)의 햄버거나 커피 같은 특정 상품(주 왕실의 제도와 문화)을 반드시 팔되, 본사에 권리를 위임하고 간판을 사는 프랜차이즈 시스템을 주의 봉건제도와 흡사

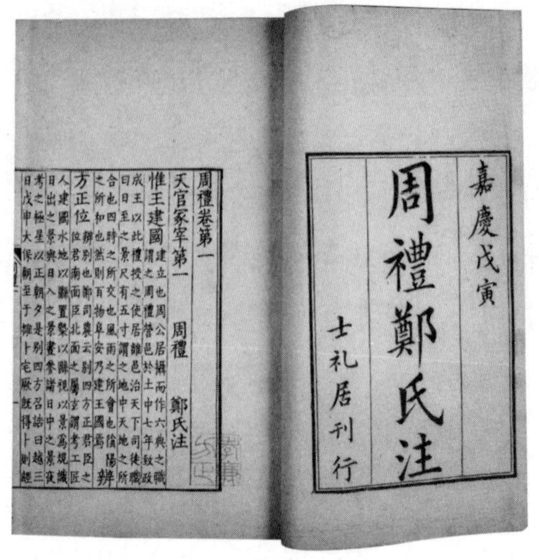
嘉慶戊寅
周禮鄭氏注
士礼居刊行
周禮卷第一
天官冢宰第一 周禮 鄭氏注
惟王建國
辨
方正位

◉ 주의 통치체제를 잘 정리한 《주례》. 《주례정씨주》는 청나라 때 판본이다.

하다고 본 것이다(쉬저윈, 《CEO를 위한 중국사 강의》).

개국군주와 망국군주의 대비로 위민정치 강조

〈주본기〉에는 백성을 위하는 위민爲民 정치를 높이 평가하고 백성들을 억압하는 통치는 그 대가를 치르게 된다는 엄중한 역사의 경고를 강조한다. 이를 위해 위정자는 늘 민심의 향배에 주목해야 한다는 점도 지적한다. 여왕의 무리한 여론 통제와 특정인에게 독점권을 주는 정책에 반대하며 소공이 던진 "필부가 이익을 독차지해도 도적이라 부르거늘 왕이 그렇게 하면 왕을 따르는 사람이 적어집니다"라든가 "백성의 입을 막는 것은 물을 막는 것보다 심각하다" 등과 같은 수준 높은 정치 인식은 〈주본기〉 전체를 통해 가장 돋보이는 대목 중 하나다.

사마천은 〈주본기〉를 통해 천하 경영을 위한 가장 큰 수단이었던 덕정이 힘의 논리로 변화해가는 과정을 잘 보여준다. 이를 위해 우선 덕으로 흥하고 덕을 잃어 쇠망한 사실을 선명하게 드러낸다. 또 망국의 조짐들을 강조하며 이를 빌려 강력한 경고를 던지고 있는 점도 주목된다.

사마천은 하·은·주 세 편의 본기를 통해 창업 개국군주와 망국군주를 강렬하게 대비시키며 현군에 대한 칭송과 폭군에 대한 질책이라는 유가의 정치적 이상을 보여준다. 이와 관련하여 천명을 받아 포악한 정권과 어리석은 군주를 몰아내는 '혁명'의 의지도 표명한다.

한 가지 더 언급해 둘 것은 주 선왕에 대한 사마천의 평가다. 흔히 선왕은 '선왕 중흥'이라 해서 쇠퇴해가던 주 왕실을 부흥시킨 인물로 높이 평가하지만, 사마천은 이런 평가와 분명한 선을 긋고 있다. 물론 부분적으로 선왕의 '중흥을 인정했지만 여왕이 도망치고 유왕 때 서주가 망하는 이 일련의 역사 과정을 고려할 때 선왕에 대해 높은 평가를 줄 수 없다고 보았다. 오히려 선왕의 계속된 실정이 더 큰 위기를 초래했다고 지적한다. 이는 탁월한 인식이 아닐 수 없다. 사마천이 주 선왕에 대해 이렇게 냉정하게 평가했기 때문에 여왕·선왕·유왕 시대를 서주에서 동주로 넘어가는, 즉 전성기에서 쇠퇴기로 넘어가는 과도기로 간주할 수 있었던 것이다. 사마천이 참고한 기록으로 보자면 다른 기록들보다는 《국어》를 상대적으로 더 믿었다고 할 수 있다.

〈주본기〉의 기록이 상대적으로 상세한 것은 《주서》 등 관련 기록이 많이 남아있기 때문이다. 활용한 자료들에 근거할 때 〈주본기〉는 유왕 이전은 《국어》에서, 평왕 이후는 《춘추》에서, 위열왕 이후는 《전국책》에서 많이 채용했다. 이에 따라 문장 형식에서도 조금씩 차이가 난다.

좀 더 상세하게 살펴보면, 목왕 이전은 《시경》《상서》《일주서》를, 그 후는《국어》《춘추좌전》《전국책》을, 위렬왕 이후는《전국책》을 주로 참고했다. 전체적으로 서주가 동주보다 상세하고, 서주에서는 후직부터 성왕, 강왕까지의 기록이 상세한 편이다. 이밖에《세본》《죽서기년》《예기》《제계성》《여씨춘추》《순자》등의 내용도 부분적으로 확인할 수 있다.

주요 사건 스토리텔링

앞의 다른 본기들과는 달리 〈주본기〉는 800년에 가까운 역사와 상대적으로 풍부한 자료들 때문에 양이 크게 늘어났다. 따라서 주요 사건들도 상대적으로 많을 수밖에 없다.

초기 주 부락의 역사에서 주목되는 사건은 재물과 땅 그리고 백성을 요구하며 침입한 훈육과 융적에 맞서지 않고 자신을 따르는 사람들을 이끌고 빈을 떠나 기산 아래로 이주한 고공단보의 결단이다. 이 일로 고공의 덕망은 널리 소문이 났고, 다른 나라 사람들까지 무리를 이끌고 고공에게 귀의했다. 이로써 주의 건국을 위한 기반이 닦였다.

고공의 세 아들 중 셋째아들 계력이 낳은 창(문왕)에게 성인의 기운과 자질이 보였다. 이에 큰아들 태백과 둘째 우중은 창을 지도자로 만들기 위해 스스로 야만의 땅 형만으로 도망침으로써 후계자 문제를 해결해주었다. 이에 계력과 창이 차례로 뒤를 이어 주의 통치자가 되어 발전의 기틀을 마련할 수 있었다.

창은 서백이 되어 자신의 몸을 낮추어 유능한 인재를 모셨다. 그의 명성이 날로 높아지자 숭후호는 주임금에게 서백을 헐뜯었고, 주임금은 서백을 유리에 감금했다. 뇌물과 여자를 바쳐 풀려난 서백은 낙수 서쪽 땅을 주임금에게 바치며 포락형의 폐지를 요청했고, 이로써 그의 명성은 더욱 높아졌다. 유리에 감금되어 있을 때 서백은 8괘를 64괘로 확장했다고 한다.

토지를 놓고 싸우던 제후국 우와 예가 서백의 명성을 듣고 서백에게 판결을 요청하러 주에 왔다가 밭고랑을 서로 양보하고 노인을 공경하는 모습을 보고는 부끄러워 그냥 돌아갔다. 이 일로 제후들은 서백이 천명을 받은 군주라는 생각을 갖기에 이르렀다.

서백은 자신을 헐뜯었던 숭후호를 정벌하고 도읍을 기에서 풍으로 옮겼다. 이 무렵 주의 세력은 천하의 3분의 2를 차지할 정도로 커졌다. 제후들도 앞을 다투어 주에 조회했고, 은(상)을 멸망시킬 시기는 무르익어 갔다.

서백은 은을 정벌하지 못하고 세상을 떠났고 대업은 그 아들 무왕에게 넘겨졌다. 무왕은 은을 정벌하기에 앞서 맹진에서 열병식을 가짐으로써 자신의 위세를 과시했다. 800에 이르는 제후가 이 열병식에 참가했으나 무왕은 때가 아니라며 군사를 돌렸다. 한편 무왕은 문왕이 모셔온 태공망(강태공)을 군사軍師로 삼아 은(상)을 멸망시킬 준비를 해나갔다.

2년 뒤 무왕은 주임금의 포악한 통치가 극에 달했음을 보고는 마침내 은 정벌에 나섰다. 맹진에서 제후들과 합류한 무왕은 곧장 주임금의 별도인 조가를 공격했다. 주의 군대는 목야에서 군기와 사기가 완전히 떨어진 은의 70만 대군을 압도했고, 주임금은 조가로 도망쳤다.

조가로 달아난 주임금은 녹대에서 분신자살했다. 이로써 은이 망하고 주 왕조가 건립되었다.('하상주단대공정'에 따르면 기원전 1046년) 무왕은 정국을 안정시키기 위해 주임금의 아들 무경으로 하여금 은의 유민들을 통치하게 하는 한편 자신의 동생인 관숙선과 채숙탁으로 하여금 무경을 감시하게 했다. 이밖에 기자를 비롯한 은의 명망가들을 석방하거나 표창하고 돈과 양식을 풀어 민심을 다잡았다.

주 왕조는 통치 방식으로 봉건제를 채택했다. 친인척과 공신들을 각지에 봉하는 분봉을 통해 전국에 대한 통제권을 강화했다(분봉 상황에 대해서는 460쪽 '서주시대 주요 봉국 일람' 참고).

무왕이 은을 멸망시키고 2년 뒤에 죽자 성왕이 즉위했다. 성왕의 나이가 어려 숙부인 주공(무왕의 동생)이 섭정했다. 이에 불만을 품은 관숙과 채숙이 무경과 손을 잡고 난을 일으켰으나 주공이 직접 나서 3년 만에 이들을 평정했다. 무왕은 7년 동안 섭정하다 성왕이 성인이 되자 정권을 돌려주고 자신은 신하의 자리로 돌아갔다.

은을 물리치긴 했지만 여전히 평정하지 못한 부락이나 소국들이 적지 않았다. 무왕은 주공과 함께 낙읍을 건설하기로 결정했으나 일을 완수하지 못한 채 무왕이 죽자 성왕이 그 유지를 받들어 소공으로 하여금 낙읍을 다시 조성하게 했다. 이렇게 해서 종주宗周와 성주成周로 구성된 주 왕조의 도읍 체계가 완성되었다.

성왕이 풍경에 머물고 있을 때 동방의 회이가 변란을 일으켰다. 성왕은 소공과 주공의 보좌를 받으며 회이 정벌에 나서 엄국을 멸하여 상의 잔여 세력을 소멸시켰다. 이 소식을 들은 숙신족이 축하를 드리러 왔다.

주 초기 성왕과 강왕은 주공, 소공, 필공 등 유능한 신하들의 보좌를 받아 통치를 공고히 하니 나라가 크게 안정되어 서주 왕조의 전성기를 구가할 수 있었다. 이를 역사에서는 '성강지치成康之治'라 부른다.

강왕의 아들 소왕은 사냥을 갔다가 돌아오지 못하고 강에 빠져 죽었다. 이 일은 정식 기록에 남지 않고 《제왕세기》 등에 전해온다. 이 사건의 진상은 이렇다. 소왕이 남방을 정벌하기 위해 배를 징발하자 백성들이 이를 원망하여 아교로 조립한 배를 바쳤다. 이 배를 타고 가다가 아교가 녹아 배가 침몰했고 소왕도 익사한 것이다.

목왕은 50이 넘은 나이에 대신 제공 모보의 간곡한 만류에도 불구하고 국내 정치를 안정시키기는커녕 서방 견융 정벌을 감행했다. 그러나 동물 몇 마리만 잡아 돌아오는 수모를 당했고, 이후 먼 지방의 부족들이 조회하러 오지 않았다. 여기에 제후들도 불화하는 등 주 왕실의 통치가 권위를 잃어갔다. 이에 목왕은 보후에게 명하여 묵형, 비형, 빈형, 궁형, 사형 등 5형을 중심으로 형법 조항을 상세히 다듬게 했다. 이를 '보형'이라 부른다.

주 왕조는 여왕 때 큰 위기를 겪는다. 백성들의 언론을 탄압하고 측근에게만 특혜를 주는 경제정책 등 잘못된 정치로 나라를 혼란으로 이끌었다. 이에 기원전 842년 국인国人들이 들고 일어나 정변을 일으켰다. 이를 '국인반정' 또는 '국인폭동'이라 부른다. 여왕은 체로 달아났고, 정치는 이듬해인 기원전 841년부터 주공과 소공의 주도하에 공화共和 통치기로 들어갔다. 이후 14년 동안의 정치를 '공화 행정'이라 부른다. 기원전 841년 공화 원년은 중국 역사상 처음으로 명확한 연대가 기록되기 시작하는 기점이다.

주공과 소공의 보필을 받아 즉위한 여왕의 아들 선왕은 토지 사유의 허용과 새로운 분봉제 실시 등 안팎으로 쇠퇴해진 국력을 일으키기 위해 애를 썼다. 이로써 국력이 상승하고 제후들이 다시 주 왕실을 조종으로 인정하니 역사에서는 이를 '선왕중흥宣王中興'이라 부른다. 그러나 거듭된 전쟁으로 중흥의 기운은 다시 추락했고, 기원전 789년 강씨의 융과 벌인 천무 전투에서 대패했다. 그럼에도 선왕은 군대 징집을 위한 강압적인 조치를 멈추지 않았다.

쇠퇴해가는 왕실을 물려받은 왕은 유왕이었다. 포사를 웃기기 위해 기상천외한 봉화놀이까지 동원한 이 어리석은 왕은 태자를 폐하는 등 실정을 거듭하다 결국 신후와 결탁한 견융의 침공을 받아 피살당한다. 그때가 기원전 771년이었고, 이로써 주는 멸망했다. 역사는 이때까지를 서주라 부르고 기원전 770년부터를 동주라 부르는데, 동주는 다시 춘추와 전국으로 구분된다. 이렇게 해서 중국 역사상 가장 혼란스러우면서도 화려했던 춘추전국시대가 열린다.

유왕이 피살된 뒤 제후들은 폐위당한 태자를 왕으로 세우니 이가 평왕이다. 평왕은 기원전 770년 도읍을 동쪽 낙읍으로 옮겼다. 동주의 시작이었다. 이로부터 주 왕실의 권위는 쇠하고 제후들 중 강력한 세력이 등장하여 천하를 호령하는 패주로 군림하는 현상이 벌어졌다. 제 환공을 시작으로 다섯 패주가 등장했는데, 역사에서는 이를 '춘추오패'라 부른다.

주 왕실의 권위는 환왕이 기원전 707년 정나라 장공이 쏜 화살에 부상을 당하는 사건으로 급전직하했다. 장공이 왕실의 허락도 없이 천자가 정나라에 하사한 태산에 제사를 지내기 위한 땅과 노나라의 탕목읍인 허전과 바꾸는 일로 인해 벌어진 사태였다.

혜왕(재위 기원전 676~기원전 652년)이 대신 지원의 정원을 빼앗자 대부 변백 등 5인이 난을 일으키는 사건이 발생했다. 혜왕은 온으로 도망쳤다가 다시 정나라의 역으로 옮겼다. 변백 등은 이왕의 동생을 왕으로 세우고는 대대적인 경축행사를 벌였다. 혜왕은 정나라와 괵국의 후원을 받아 기원전 673년 주왕 퇴를 죽이고 나라를 되찾았다. 그러나 왕실의 권위는 더욱 더 떨어졌다.

혜왕의 뒤를 이은 양왕 때는 양왕의 계모가 낳은 숙대라는 아들이 기원전 649년 융적의 군대를 끌어들여 양왕을 공격하는 일이 벌어졌고, 이후 주 정부는 끊임없는 정쟁의 소용돌이로 빠져들었다. 다급해진 양왕은 기원전 635년 진晉의 문공에게 도움을 요청했고, 문공이 개입하여 사태를 마무리함으로써 패주의 지위를 인정받았다.

정왕 원년인 기원전 606년 장강 이남의 강대국 초 왕국의 장왕이 육혼을 정벌하면서 군대를 낙수 주변에 주둔시켜 시위를 벌였다. 정왕은 왕손만을 보내 장왕을 위로했다. 장왕은 왕손만에게 주 천자의 권위를 상징하는 '구정九鼎'의 무게를 물으면서 은근히 야심을 드러냈다. 왕손만이 정색을 하고 천자의 권위는 덕에 있지 정에 있는 것이 아니라며 반박했다. 장왕은 군대를 철수시켰지만 실추된 주 왕실의 권위를 되살릴 수는 없었다.

경왕景王(재위 기원전 544년~기원전 520년)이 죽자 아들들 사이에 왕권 다툼이 벌어졌다. 국인은 맏아들 맹을 왕으로 세웠으나 다른 아들 자조가 맹을 죽였다. 진晉이 개입하여 자조를 내치고 개를 세우니 이가 경왕敬王이다. 자조도 스스로 왕이 되어 도읍을 차지하고 있는 통에 경왕은 택읍에 머무르는 수밖에 없었다. 진국이 제후들에게 경왕의 추대를 명령하자 자조는 신하의 자리로 물러났으나 얼마 뒤 다시 난을 일으켰다. 경왕은 다시 진으로 도망쳤다가 정공의 호위를 받으며 재입성했다.

전국 후기 동주 왕조는 다시 동주와 서주 두 개의 작은 조정으로 분열되었다. 난왕(재위 기원전 314년~기원전 256년)에 이르면 왕은 꼭두각시로 전락하여 서주에 빌붙어 살았다. 동주와 서주는 서로 싸웠고, 강대국 진秦에 대항하기 위해 제후들과 합종하기도 했다. 그러나 기원전 256년 서주가 망하고 이어 기원전 249년 진 장양왕에게 동주가 멸망함으로써 800년 가까운 주 왕실의 역사가 막을 내린다.

◉ 주 왕조 제왕 세계도

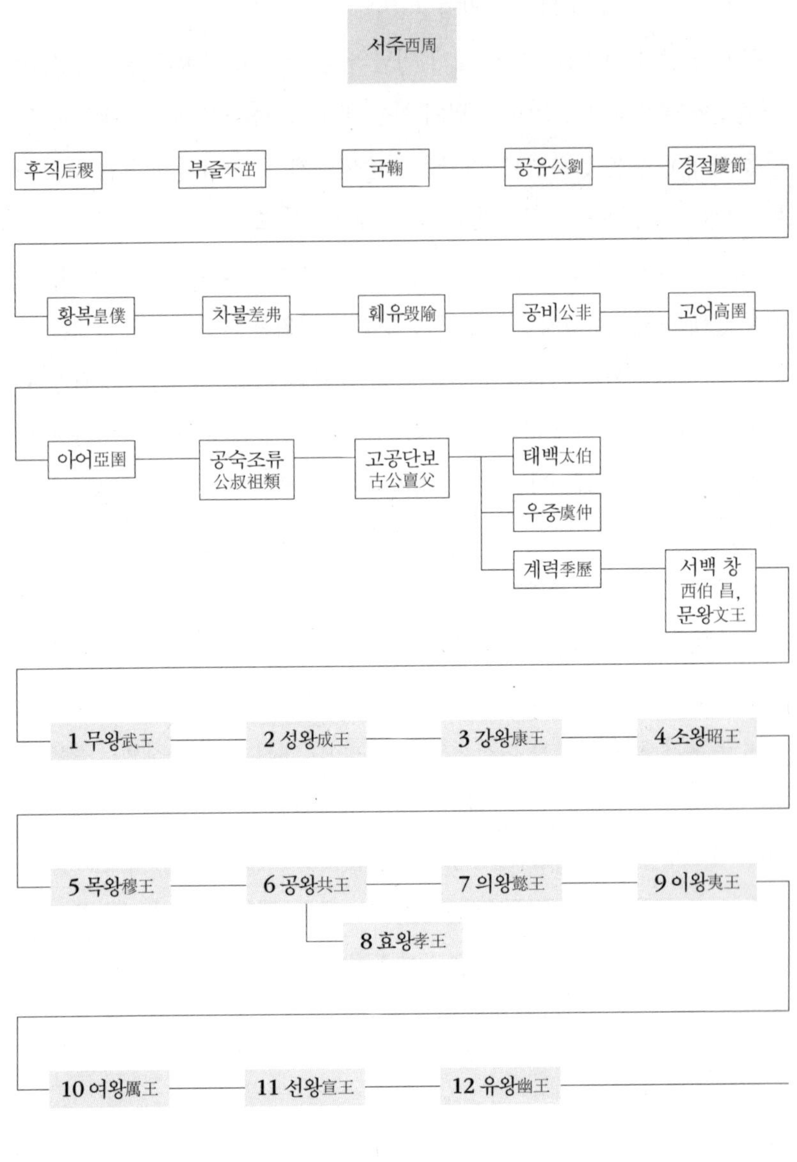

서주西周
후직后稷
부줄不茁
국鞠
공유公劉
경절慶節
황복皇僕
차불差弗
훼유毁隃
공비公非
고어高圉
아어亞圉
공숙조류 公叔祖類
고공단보 古公亶父
태백太伯
우중虞仲
계력季歷
서백 창 西伯 昌, 문왕文王
1 무왕武王
2 성왕成王
3 강왕康王
4 소왕昭王
5 목왕穆王
6 공왕共王
7 의왕懿王
9 이왕夷王
8 효왕孝王
10 여왕厲王
11 선왕宣王
12 유왕幽王

동주東周

- 13 평왕 의구平王 宜臼 — 14 환왕 림桓王 林 — 15 장왕 타莊王 佗
- 16 이왕 호제僖王 胡齊 — 17 혜왕 랑惠王 閬 — 18 양왕 정襄王 鄭
- 19 경왕 임신頃王 壬臣 — 20 광왕 반匡王 班 — 22 간왕 이簡王 夷
  - 21 정왕 유定王 瑜
- 23 영왕 설심靈王 泄心 — 24 경왕 귀景王 貴 — 25 도왕 맹悼王 猛
  - 26 경왕 개敬王 丐
- 27 원왕 인元王 仁 — 28 정정왕 개貞定王 介 — 29 애왕 거질哀王 去疾
  - 30 사왕 숙습思王 叔襲
  - 31 고왕 외考王 嵬
- 32 위열왕 오威烈王 午 — 33 안왕 교安王 驕 — 34 열왕 희烈王 喜
  - 35 현왕 편顯王 扁
- 36 신정왕 정愼靚王 定 — 37 난왕 연赧王 延

◉

기는 농업을 창시하여 후직이 되었고,

서백 문왕 때 공덕이 융성했다.

무왕이 목야에서 승리함으로써 천하를 나스리게 되었다.

유왕과 여왕이 어리석고 난폭하여 풍과 호를 잃었다.

이후 점점 쇠락하더니 난왕에 이르러 낙읍의 제사가 끊어졌다.

이에 제4 〈주본기〉를 지었다.

권130 〈태사공자서〉

일러두기

- 춘추전국시대에는 많은 제후국들이 난립했다. 나라 이름이 우리 발음으로 같은 것들이 적지 않다.
- 진나라는 세 개가 있다. 훗날 천하를 통일하는 진秦을 비롯하여 산서성에 기반을 둔 춘추시대의 강대국 진晉 그리고 소국 진陳이 나온다. 각각 한자병기로 구분했다.
- 위나라는 두 개가 있는데, 전국시대 초기 개혁을 통해 강국으로 발돋움한 위魏와 소국 위衛가 있다. 각각 한자병기로 구분했다.
- 조나라는 조趙와 조曹 둘이 있는데, 각각 한자병기로 구분했다.

1
주의 기원과 고공난보의 덕행

◉

주周의 후직后稷은 이름이 기棄다. 그 어머니는 유태씨有邰氏 여자로 강원姜原이라 했다. 강원은 제곡帝嚳의 정비였다. 강원이 들에 나갔다가 거인의 발자국을 보고는 가슴이 설레고 들떠 그것을 밟고 싶어졌다. 그것을 밟았더니 몸이 꿈틀거리는데 아기를 밴 것 같았다. 달이 차서 아들을 낳았는데 불길하다고 생각하여 좁은 골목에다 버렸으나 말과 소가 지나면서도 밟지 않고 피해갔다.[1] 숲속에 옮겨 놓았으나 마침 산에 사람이 많아서 다시 옮겨다 도랑의 얼음 위에다 버렸지만 새들이 날개로 덮어주고 깔아주었다. 강원이 신기하게 여겨 데려와 보살피며 키웠다. 처음에 아이를 버리려 했기 때문에 이름을 기라 지었다.

기는 어릴 때부터 큰 인물처럼 뜻을 크게 가졌다. 삼과 콩 따위를 심으

---

1 상의 시조인 설은 간적이 제비가 떨어뜨린 알을 삼키고 낳았다고 한다. 이런 계통의 신화를 난생 신화라 하는데, 상고시대 동방의 여러 종족들 사이에 보편적으로 퍼져 있던 것이다. 주의 시조 기에 대해서는 거인의 발자국을 밟고 잉태했다는 감생感生 신화로서 이 역시 상고시대 신화의 보편적 주제다. 특히 고구려 주몽의 탄생 신화는 상과 주의 시조 신화를 합쳐놓은 것 같아 눈길을 끈다.

◉ 주의 시조인 후직과 후직을 낳은 강원의 사당인 강원전.

면서 놀기를 좋아했는데, 심은 삼과 콩이 잘 자랐다. 어른이 되자 농사일을 더 좋아하여 땅을 잘 가려 그에 맞는 곡식을 심고 기르고 거두니 백성들이 모두 그를 본받았다. 제요가 이를 알고 기를 농사農師로 삼으니 천하가 이익을 얻는 공을 세웠다. 제순帝舜은 "기, 백성들이 굶고 있소. 그대 후직은 때맞추어 모든 곡식을 심도록 하오"라고 했다. 기에게 태邰 지역을 주고 후직이라 부르게 하는 한편 별도로 희씨姬氏 성을 내렸다.[2] 후직 집안은 도당陶唐, 요, 우虞, 순, 하夏, 우의 시대에 흥기하여 대대로 좋은 덕행을 쌓

2 별성희씨別姓姬氏. 이 대목은 주족이 후직 이후 별도로 희를 성으로 삼았음을 뜻한다.

았다.

후직이 죽자 아들 부줄不窋이 뒤를 이었다. 부줄 말년에 하후씨夏后氏의 정치가 쇠퇴해져 농사일과 해당 관리를 폐지하고 신경을 쓰지 않게 되자 부줄은 관직을 잃고 융적戎狄의 지역으로 달아났다. 부줄이 죽자 아들 국鞠이 뒤를 이었고, 국이 죽자 아들 공유公劉가 뒤를 이었다. 공유는 융적의 지역에서 살았지만, 후직의 사업을 다시 익혀서 농경에 힘쓰고 알맞은 땅을 고르기 위해 다녔다. 칠수漆水와 저수沮水에서 위수渭水를 건너 목재를 벌목하여 사용했다. 그리하여 떠돌아다니는 사람에게는 재물이 생기고, 정착해 사는 사람에게는 재산이 쌓였다. 사람들은 그 덕분에 복을 누리게 되었다. 백성들은 그를 흠모했고, 아주 많은 사람들이 옮겨와 그에게 귀의했다. 주의 통치가 이로부터 크게 일어나기 시작했고, 시인은 그 덕을 사모하여 노래를 만들어 불렀다. 공유가 죽자 아들 경절慶節이 뒤를 이어 빈豳을 도읍으로 정했다.

경절이 죽고 아들 황복皇僕이 뒤를 이었고, 황복이 죽자 아들 차불差弗이 뒤를 이었다. 차불이 죽자 아들 훼유毁隃가 뒤를 이었고, 훼유가 죽자 아들 공비公非가 뒤를 이었다. 공비가 죽자 아들 고어高圉가 섰고, 고어가 죽자 아들 아어亞圉가 뒤를 이었다. 아어가 죽자 아들 공숙조류公叔祖類가 뒤를 이었고, 공숙조류가 죽자 아들 고공단보古公亶父가 섰다.

고공단보가 후직과 공류의 사업을 다시 이어받아 덕을 보이고 의로움을 행하자 나라 사람들이 모두 그를 받들었다. 훈육薰育과 융적이 그를 공격하여 재물을 요구하자 재물을 내주었다. 얼마 뒤 다시 공격하여 땅과 백성을 요구하자 백성들이 모두 화가 나서 싸우고자 했다. 고공은 "백성이 군주를 세우는 것은 이익이 되기 때문이오. 지금 융적이 우리를 공격하는 까닭은

◉ (위) 고공단보가 주족을 이끌고 정착한 기산 아래의 주원 유지의 모습.
◉ (아래) 주족의 지도자로서 주를 크게 성장시킨 공유의 무덤. 섬서성 빈현에 있다.

우리 땅과 백성 때문이오. 백성이 내게 있든 저들에게 있든 무엇이 다르겠소? 백성들이 나 때문에 싸우려는 것은 아비나 아들을 죽여 그들의 군주가 되는 것이니 나로서는 차마 못하겠소"라고 했다. 그리고는 자신을 따르는 사람들과 함께 빈을 떠나 칠수·저수를 건너고 양산梁山을 넘어 기산岐山 아래에 정착했다.

빈에 있던 사람들이 모두 늙은 사람을 모시고 다시 기산 아래 고공단보에게 귀의했다. 다른 이웃나라도 고공단보가 어질다는 소문을 듣고 많이 그에게 귀의했다. 이에 고공단보는 융적의 풍속을 고치고, 성곽과 집을 짓고 읍을 나누어 살게 했다. 여러 관직을 두어 일을 맡겼다. 백성들은 기쁨에 노래를 부르며 그 덕을 칭송했다.

2
태백과 우중의 양보와 서백의 치적—주 왕조의 기틀을 닦다

◉

고공단보에게는 맏아들인 태백太伯과 둘째아들인 우중虞仲이 있었다. 태강太姜이 낳은 막내아들 계력季歷은 태임太壬을 아내로 맞이했는데, 태강과 태임 모두 어진 부인이었다. 태임이 창昌을 낳았을 때 성인이 나올 상서로운 조짐이 있었다. 고공단보는 "내 세대에 큰일을 일으킬 사람이 나온다고 하더니 창이 아니겠는가?"라고 했다. 맏아들 태백과 우중 두 사람은 고공단보가 계력을 세워 창에게 전하려 한다는 것을 알고는 형만荊蠻으로 달아나 문신을 하고 머리카락을 자름으로써[3] 계력에게 양보했다.

고공단보가 죽고 계력이 뒤를 이었는데, 그가 바로 공계다. 공계는 고공단보가 남긴 길을 잘 닦고 의로운 행동에 힘을 쓰니 제후들이 그를 따랐다.

공계가 죽고 아들 창이 즉위하니 그가 바로 서백西伯이다. 서백은 문왕文王이다.[4] 서백은 후직과 공류의 사업을 잘 따르고 고공단보와 공계의 법도를 본받아, 어진 정치에 힘쓰고 늙은이를 공경하며 후배들을 아꼈다. 유능한 사람은 자신을 낮추어 예로 대하고, 정오가 되도록 밥 먹을 겨를도 없이 선비들을 접대하니[5] 많은 선비들이 그에게 귀의했다. 백이伯夷와 숙제叔齊도 고죽孤竹에서 서백이 노인을 우대한다는 소문을 듣고는 함께 서백에게로 왔다. 태전太顚, 굉요閎夭, 산의생散宜生, 육자鬻子, 신갑대부辛甲大夫 등이 모두 그에게로 왔다.

숭후호崇侯虎가 은의 주紂임금에게 "서백이 선과 덕을 쌓아 제후들이 그를 바라보고 있으니 앞으로 임금께 불리할 것입니다"라며 서백을 모함했다. 제주는 곧 서백을 유리羑里에 가두었다. 굉요 등이 걱정이 되어 유신씨有莘氏의 미녀, 여융驪戎의 준마, 유웅有熊의 수레 아홉 대를 끌 수 있는 36필의 말을 다른 기이한 물건들과 함께 구해 제주의 귀여움을 받고 있는 비중費仲이란 신하를 통해 제주에게 바쳤다. 주는 크게 기뻐하며 "이것 하나

---

3 문신단발文身斷髮. 고대 형초荊楚나 남월南越 지역의 습속으로 몸에 각종 문양을 새기고 머리는 짧게 잘랐다. 전하기로는 물속에 사는 교룡蛟龍을 피하기 위해서라고 한다. 태백과 중옹이 이 지역의 습속을 따른 것은 주와의 관계를 완전히 단절했음을 보여주는 상징적인 행동이라 할 수 있다.

4 1976년 기산에서 출토된 '장반墻盤'이란 청동기 명문에는 '문왕-무왕-성왕-강왕-소왕-목왕'으로 이어지는 세계가 상세히 새겨져 있다. 이밖에 서주시대의 각종 청동기에도 문왕에 관한 기록이 보인다.

5 일중불가식이대사日中不暇食以待士. 《상서》〈무일〉에 나오는 대목이다. 〈노주공세가〉에도 보면 주공이 봉지인 노魯로 떠나는 아들 백금에게 자신은 "한 번 목욕하다가 머리카락을 세 번 움켜쥐고 나왔고, 한 끼 식사하다가 먹던 것을 세 번이나 뱉어내고 나올" 정도로 선비들을 맞이하는 데 소홀함이 없었다고 했다. 여기서 유명한 '일목삼착一沐三捉, 일반삼토一飯三吐'라는 고사성어가 나왔다. 문왕의 인재 대접도 같은 맥락이다.

◉ 제주에게 포락형의 폐지를 청하는 서백. 유리성 내에 있는 기록화다.

로도 서백을 풀어주기에 충분하거늘 하물며 이렇게 많은데!"라고 했다. 이에 서백을 사면하고 활과 화살 그리고 큰도끼를 주어 서백이 주변 제후국을 정벌할 수 있게 했다. 그러면서 "서백을 모함한 자가 숭후호지, 아마!" 라고 했다. 서백이 낙수洛水 서쪽 땅을 바치며 포락형의 폐지를 요청하자 주는 허락했다.

서백은 조용히 선행을 실천했고, 제후들은 모두 그에게 와서 공정한 판결을 청했다. 이때 우虞와 예芮라는 지역 사람들 사이에 해결할 수 없는 송사가 발생하여 주를 찾아왔다. 경계에 들어서니 밭을 가는 사람들은 모두 밭의 경계를 서로 양보하고, 백성들은 연장자에게 양보하는[6] 풍속을 갖고

6 양반양장讓畔讓長. 서로 양보한다는 뜻을 가진 말인데, 주 문왕이 덕정德政을 베푼 결과로 이 같은 풍속이 만들어졌다는 것이다.

◉ 서백(주 문왕)이 갇혀 있으면서 8괘를 64괘로 풀이했다는 유리성 내 연역방. 하남성 안양에 위치한다.

있었다. 우와 예 사람들은 서백을 만나기도 전에 모두 부끄러워하며 "주 사람들은 우리처럼 싸우는 것을 수치스럽게 여기는데, 가서 뭐 하겠나? 창피만 당할 텐데"[7]라고 하고는 되돌아가서 서로 양보하고 말았다. 이 소문을 들은 제후들은 "서백은 아마 천명을 받은 군주일 것이다"라고 했다.

이듬해 견융犬戎을 정벌했다. 그 이듬해는 밀수密須를 정벌했다. 그 다음 해에는 기국耆國을 무찔렀다. 은의 조이祖伊가 이를 듣고 두려운 마음에 제주에게 알렸다. 주는 "나한테 천명이 있는 것 아니었나? 그가 무얼 할 수

7 지취욕이祗取辱耳. 사사로운 욕심을 부리거나 사소한 이익을 놓고 다투는 자들이 문왕이 다스리는 주나라 사람을 보면 마냥 부끄럽다는 의미다.

있겠는가?"라고 했다. 그 이듬해는 우邗를 정벌했고, 그 이듬해는 숭후호를 정벌하여 풍읍豐邑을 건설하고, 기산 아래에서 풍으로 도읍을 옮겼다. 이듬해 서백이 세상을 뜨고 태자 발發이 즉위했다. 이가 바로 무왕武王이다. 서백은 약 50년간 왕위에 있었다. 유리에 갇혔을 때 《역易》의 8괘를 64괘로 만들었던 것 같다.[8] 시인들은 서백이 대개 천명을 받아 왕이라 칭한 때를 우와 예의 시비를 해결한 무렵이라고 말한다. 그로부터 10년 뒤 세상을 떴고 시호를 문왕이라 했다. 법도를 개정하고 1월을 한 해의 첫 달로 삼는 달력을 만들었다. 고공단보를 태왕太王으로 추존하고, 공계를 왕계王季라 했다. 대개 왕으로 칭하게 되는 상서로운 징조는 태왕으로부터 일어났다.

3
무왕의 상 정벌

◉

무왕이 즉위하여 태공망太公望[9]을 '사師'로 삼고, 주공周公은 '보輔'로 삼았

---

8 주 문왕이 상의 주임금에 의해 유리에 갇혀 있을 때 8괘를 64괘로 풀이했다는 것은 지금까지 전설로 여겨왔다. 그러나 최근 주의 갑골에서 《역》의 괘와 비슷한 숫자들이 발견되면서 문왕의 64괘설이 주목받고 있다.

9 태공망太公望은 강태공의 별칭이다. 강태공은 여러 개의 이름으로 불린다. 선조가 여呂라는 지역에 봉해졌기 때문에 여상呂尙이라고 불리며, 강상姜尙이라는 이름도 보인다. 그가 군사와 정치 전반을 책임지는 '사師'라는 벼슬에 있었기 때문에 사상보師尙父로도 불렸다. 여기서 '상'과 '상보'는 이름과 존칭으로 관중을 '중보仲父'라 부른 것도 같은 뜻이다. 또 강자아姜子牙란 기록도 남아있다. 그런데 강태공을 가리키는 여러 이름들 가운데 흥미로운 유래를 가진 이름이라면 역시 '태공망太公望'이다. 강태공이란 이름 역시 태공망의 태공과 강을 합성한 것이다. 태공은 주 문왕의 할아버지인 고공단보를 말하는데, 일찍이 고공단보는 성인이 우리를 찾아오는 날이면 우리 주나라가 크게 흥성할 것이라며 강자아 같은 현인을 기다렸다고 한다. 그래서 강자아를 '태공 고공단보가 바라던' 현인이란 뜻의 '태공망'이라 부르게 되었다. 〈제태공세가〉 참고.

다. 소공召公과 필공畢公 등은 왕을 보좌하게 하면서 문왕의 위업을 본받았다.

9년, 무왕이 필畢에서 문왕에게 제사를 올리고는 동쪽으로 가서 군대를 사열하고 맹진孟津에 이르렀다. 문왕의 위패인 목주木主[10]를 중군의 수레에 실었다. 무왕은 태자 발로 자칭하며, 문왕의 뜻을 받들어 정벌하는 것이지 자기 마음대로 하는 것이 아니라는 것을 밝혔다. 그리고는 사마·사도·사공과 임명된 여러 관리에게 "모두 공경하고 근신하는 자세로 성실하게 노력합시다. 나야 무지하지만 선조의 덕으로 이 보잘것없는 몸이 선조의 공업을 물려받았소이다. 이미 상벌 제도를 세웠으니 그에 따라 공적을 보장할 것이오"라고 했다.

마침내 군대를 일으켰다. 사상보師尙父[11]는 "그대들의 사람을 총집합시키고 배를 잘 정돈하시오! 늦게 오는 자는 목을 벨 것이오!"라고 호령했다. 무왕이 강을 건너 중류에 이르렀는데 흰 물고기가 왕의 배로 튀어 올라왔다.[12] 무왕은 몸을 숙여 물고기를 들어 제를 올렸다. 강을 다 건너자 불덩이가 하늘에서 내려와 왕의 집 지붕을 덮치더니 까마귀로 변했는데 붉은색에 까악 하며 울음소리를 냈다. 이때 날짜를 정하지도 않고 맹진에 모인 제후가 800에 이르렀다. 제후들은 한결같이 "주를 정벌할 수 있습니다"라고 했다. 무왕은 "그대들은 천명을 모른다. 아직은 안 된다"라 하고는 곧 군사를 돌려 되돌아갔다.

---

10 죽은 사람의 위패를 옛날에는 나무로 만들었기 때문에 '목주木主'라 불렀다.

11 사상보師尙父 → 태공망

12 백어약입白魚躍入. 상서로운 징조를 나타내는 성어다. 여기서는 문왕이 천명을 받은 존재임을 암시하기도 한다. 금문《상서》〈태서〉에 보인다.

◉ 천명을 알 수 없다며 군사를 되돌린 주 무왕의 모습을 묘사한 기산현 주원 광장의 무왕상.

2년이 지나자 주의 어리석음과 포악함이 갈수록 심해져 비간比干을 죽이고 기자箕子를 감금했다는 소식이 들렸다. 태사太師 자疵와 소사少師 강彊은 제례에 쓰는 악기를 들고 주로 달아났다. 이에 무왕은 제후 모두에게 "은의 죄가 너무 무거워 정벌하지 않을 수 없다"라고 알렸다. 그리고는 곧 문왕의 유훈을 앞세우고 전차 300대와 용사 3천, 갑옷으로 무장한 군사 4만 5천 명을 이끌고 동으로 주를 정벌하러 나섰다. 11년 12월 무오일, 군사들은 모두 맹진을 넘었고 제후들은 모두 모였다. 그리고는 "요령 부리지 말고 열심히 싸우자!"라고 다짐했다. 무왕은 곧 〈태서〉를 지어 모두에게 이렇게 선언했다.

지금 은의 왕 주는 부인의 말만 듣고 제 손으로 천명을 끊고 있소이다. 충직한 신하들을 해치고, 부모형제를 멀리하고 있소. 선조의 음악은 폐기하고

◉ 마침내 은 정벌을 선언하고 있는 무왕. 유리성 내에 있는 기록화의 일부다.

우아한 소리를 난잡하게 하는 음탕한 소리를 만들어 부인의 환심만 사려 하고 있소. 따라서 이제 나 발은 천벌을 삼가 집행하려 하오. 노력합시다, 여러분들! 두 번째란 있을 수 없으며, 세 번째는 더더욱 없습니다!

2월 갑자일 동틀 무렵,[13] 무왕은 아침 일찍 상의 교외 목야牧野에 이르러 맹서했다. 무왕은 왼손에는 누런색 큰도끼를 오른손에는 소꼬리가 달린 흰색 깃발을 휘두르며[14] 이렇게 말했다.

---

13 이월갑자매상二月甲子昧爽. 이 대목은 주 무왕이 상을 정벌한 시점을 알려주는 중요한 기록으로 역대로 많은 논란과 연구가 있었다. 이 사건은 《사기》 외에 《상서》, 《주서》, 《한비자》 등에도 기록되어 있다. 1976년 섬서성 임동에서 출토된 '이궤利簋'라는 청동기 명문에 '武征商, 唯甲子朝'란 대목이 확인됨으로써 무왕이 이 날짜에 상을 정벌했음이 입증되었다. 이 청동기는 무왕이 상을 정벌한 뒤 8일째 되던 날 우사右史 리利에게 청동을 하사하자 리가 이것으로 주조한 예기다.

멀리서도 와주었소, 서방의 사람들이여! 오, 나의 제후들이여! 사도司徒, 사마司馬, 사공司空, 아려亞旅, 사씨師氏, 천부장千夫長, 백부장百夫長 그리고 용庸, 촉蜀, 강羌, 모髳, 미微, 노纑, 팽彭, 복僕의 사람들이여! 그대들의 창을 들고 방패를 맞추시오. 그리고 긴 창을 높이 치켜드시오! 내 맹서하겠소.

무왕은 계속해서 말했다.

옛사람늘 말에 '암탉은 새벽에 울지 않는다. 암탉이 새벽에 울면 집안이 망한다'[15]라고 했소. 지금 은왕 주는 오로지 부인의 말만 듣고 스스로 선조에 대한 제사와 신령에 대한 답례를 돌보지 않고 내팽개쳤으며, 자기 나라를 멸시하며 저버렸소. 또 부모형제는 내치고 기용하지 않으면서 사방에서 죄를 많이 짓고 도망쳐 온 자들은 존중하고 믿고 기용하니, 그자들은 백성을 포악하게 대하고 우리 상에게 온갖 나쁜 짓을 다 저질렀소. 이에 이 발이 여러분들과 함께 삼가 천벌을 대행할 것이오. 오늘 싸움에서는 예닐곱 걸음 전진하고 멈추어서는 대열을 다시 맞출 것이니 모두들 분발합시다! 그대들의 무기로 앞을 향해 찌르시오. 네다섯 번, 예닐곱 번 찌르고 나면 멈추어 대오를 다시 정돈할 것이니 모두 분투합시다! 모두들 호랑이처럼 곰처럼 그리고 승냥이나 이무기처럼 용감하길 바라겠소. 상의 교외에서 투항하

14 좌장황월左杖黃鉞, 우병백모右秉白旄. 정벌에 따른 권위를 상징하는 기물들을 가리킨다. 왼손의 큰도끼는 죽음을, 오른손의 깃발은 교령敎令을 나타낸다.

15 빈계무신牝鷄無晨, 빈계지신牝鷄之晨, 유가지색惟家之索. 이 악명 높은 명언은 주 무왕이 상의 주임금을 치면서 옛 속담을 인용해 제후들에게 한 말이다. 상 말기 나랏일에 달기妲己 등 아녀자가 간섭한 것을 비유해서 한 말이다. 그 뒤 오랫동안 이 말은 여성들을 천시하는 속담의 대명사로 많은 사람들이 입에 오르내렸지만, 사실은 주임금에 대한 비난이지 여성에 대한 비하가 아니다.

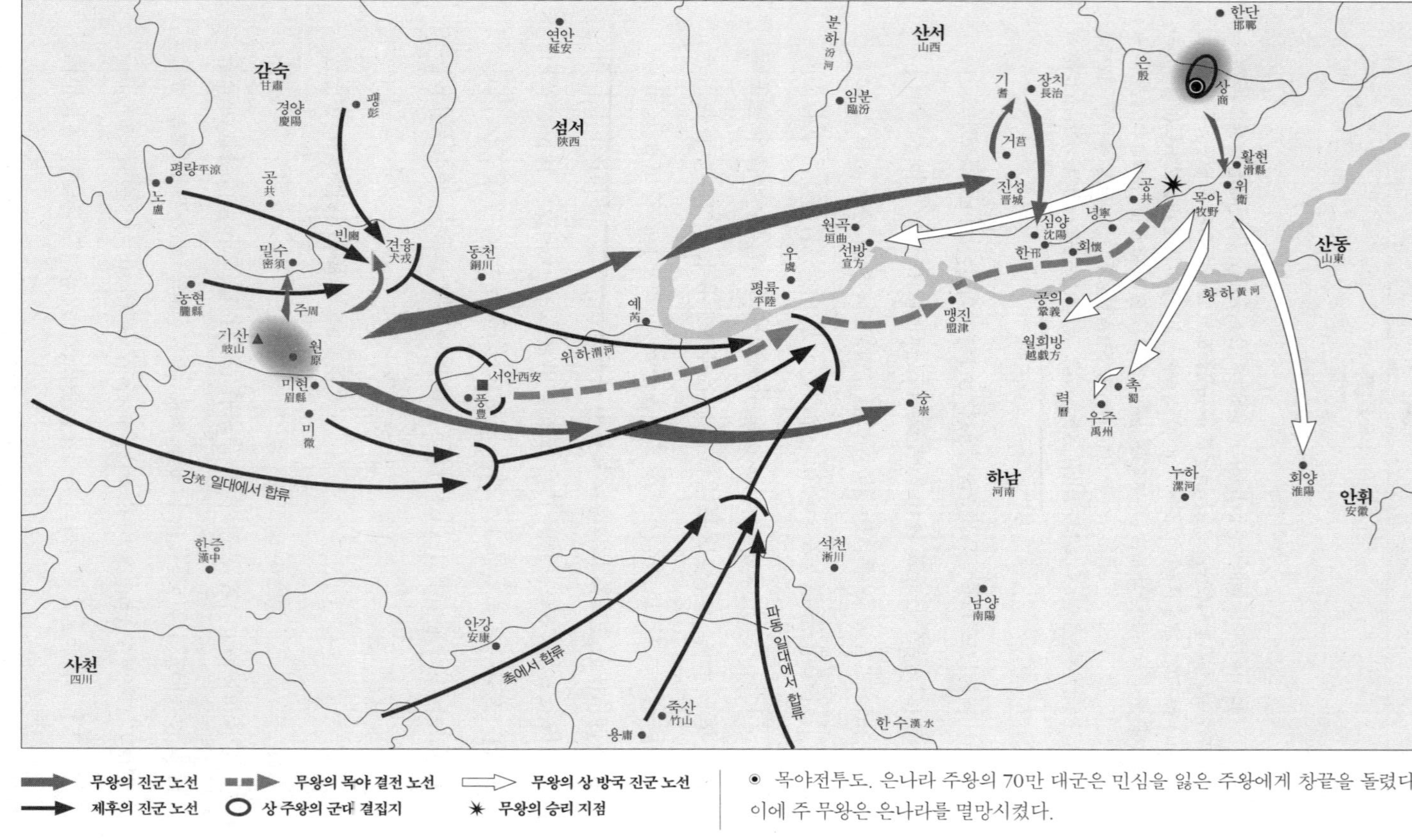

◉ 목야전투도. 은나라 주왕의 70만 대군은 민심을 잃은 주왕에게 창끝을 돌렸다. 이에 주 무왕은 은나라를 멸망시켰다.

◉ 은의 패망 군주 주왕이 불에 타 죽은 곳으로 전하는 녹대 유지. 하남성 기현에 있다.

는 자들은 공격하지 말고 서방으로 데려가 노역에 충당하시오. 다 같이 힘을 냅시다! 명령을 따르지 않을 시에는 그대들에게 죽음이 돌아갈 것이오!

선서가 끝나고 제후들의 군대 전차 4천 대가 목야에 집결하여 도열했다. 제주 또한 무왕이 왔다는 소리를 듣고는 70만 군사를 동원하여 무왕에 맞서게 했다. 무왕은 사상보에게 100명의 용사로 싸움을 걸게 하는 한편, 주력 부대로 하여금 제주의 군대를 향해 돌격하게 했다. 주의 군대가 수는 많았지만 하나같이 싸울 마음이 없었다. 무왕이 빨리 공격해오길 바라고 있었던 터라 주의 군사들은 무기를 거꾸로 돌리고 무왕에게 길을 터주었다. 무왕이 돌격하자 주의 군대는 다 무너지고 주에게 등을 돌렸다. 주는 도망치다가 되돌아와 녹대鹿臺에 올라가서는 보석으로 치장한 옷을 뒤집어쓴 채 불에 뛰어들어 타 죽었다.

무왕이 커다란 백기를 들고 제후들을 향해 휘두르니 제후들은 모두 무왕에게 절을 했다. 무왕도 제후들에 답례하자 제후들이 모두 따랐다. 무왕이 상의 도성에 이르자 상 백성들이 모두 나와 교외에서 기다리고 있었다. 이에 무왕은 신하들을 시켜 상의 백성들에게 "하늘이 복을 내려주셨다!"라고 고하게 했다. 상나라 사람들이 모두 두 번 절하며 머리를 조아리자 무왕도 답례했다.

마침내 성안으로 들어가 주가 죽은 곳에 이르렀다. 무왕은 자신이 직접 세 발의 화살을 쏜 다음 수레에서 내려 경검輕劍[16]으로 시신을 내리치고 황색 도끼로 주의 머리를 베어 커다란 백기에 매달았다. 이어 주의 두 애첩을 찾으니 그들은 목을 매어 자살한 뒤였다. 무왕은 역시 화살 세 발을 쏘고 검으로 치고 검은색 큰도끼로 목을 베어서는 작은 백기에 매달았다. 무왕은 성을 나와서 다시 군대로 돌아갔다.

이튿날 무왕은 도로를 청소하고 사직과 주의 궁을 수리하게 했다. 때가 되자 100명의 장사가 운한기雲罕旗[17]를 들고 선두에 섰다. 무왕의 동생 숙진탁叔振鐸은 의장대를 이끄는 상거常車[18]를 몰았고, 주공단은 큰도끼를 쥐었으며, 필공은 작은 도끼를 쥐고 무왕 좌우에 섰다. 산의생, 태전, 굉요는 모두 검을 들고 무왕을 호위했다. 무왕이 성에 들어가서 사직 남쪽, 주력 부대의 왼쪽에 서니 좌우가 모두 따랐다. 모숙毛叔 정鄭이 정화수인 명수明水[19]를 바쳐 들었고, 위강숙衛康叔 봉封은 자리를 깔았으며, 소공召公 석奭은 예물을 올렸고, 사상보는 제사에 쓸 희생을 끌고 왔다. 윤일尹佚은 "은

---

16 《주서》에는 '경려輕呂'로 나오는데 검의 이름으로 본다.

17 깃발의 이름으로 의장대 맨 앞에 서서 길을 여는 역할을 한 것으로 본다.

18 해와 달 같은 그림이 그려진 태상기太常旗를 꽂은 의장대 수레를 말한다.

의 마지막 자손 주는 선왕의 밝은 덕을 모두 없애고, 신령을 멸시하여 제사도 지내지 않았으며, 상읍의 백성들을 난폭하게 다루었으니 이에 천황상제께 모든 것을 환히 드러내어 아뢰옵니다"라는 축문을 읽었다. 이에 무왕이 두 번 절하고 머리를 조아리니 윤일은 "천명을 받자와 은을 바꾸었으니, 삼가 하늘의 영명한 명령을 받습니다!"라고 축문을 읽었다. 무왕은 다시 두 번 절하고 머리를 조아린 다음 물러 나왔다.

4
무왕의 통치

◉

무왕은 상주의 아들 녹보祿父에게 은의 유민들을 관리하게 했다. 무왕은 은이 이제 막 평정되어 불안정하다고 판단하여 자신의 동생 관숙管叔 선鮮과 채숙蔡叔 탁度에게 녹보를 도와서 은을 다스리게 했다. 이어 소공에게 기자를 석방시키도록 하고, 필공에게는 감옥에 갇혀 있는 백성을 풀어주도록 명령했다. 상용商容의 마을에는 표창을 내렸다. 남궁괄南宮括에게는 녹대의 재물과 거교鉅橋의 곡식을 풀어 가난하고 힘없는 백성들을 구제하게 했다. 남궁괄과 사일史佚에게는 구정九鼎[20]과 보물을 여러 사람이 보도록 전시하게 했다. 굉요에게는 비간의 무덤에 봉분을 씌우도록 했고, 종축宗祝[21]에게

---

19 《주례》 〈추관〉에 "양수陽燧로 해로부터 불을 취하는 것을 '명화明火'라 하고, 달로부터 음경陰鏡으로 물을 취하는 것은 '명수明水'라 한다"라고 되어 있다. 명수는 제사 때 쓰는 정화수를 말하는데 현주玄酒라고도 한다.

20 전설에 따르면 하의 대우大禹가 9주에서 바친 동으로 주조했다고 하는데, 그 위에는 9주의 지형과 특산물 등이 새겨졌다. 후세에 국가의 보물로 받들어져 국가 정권의 상징물이 되었다.

21 제사와 기도를 관장하는 관직.

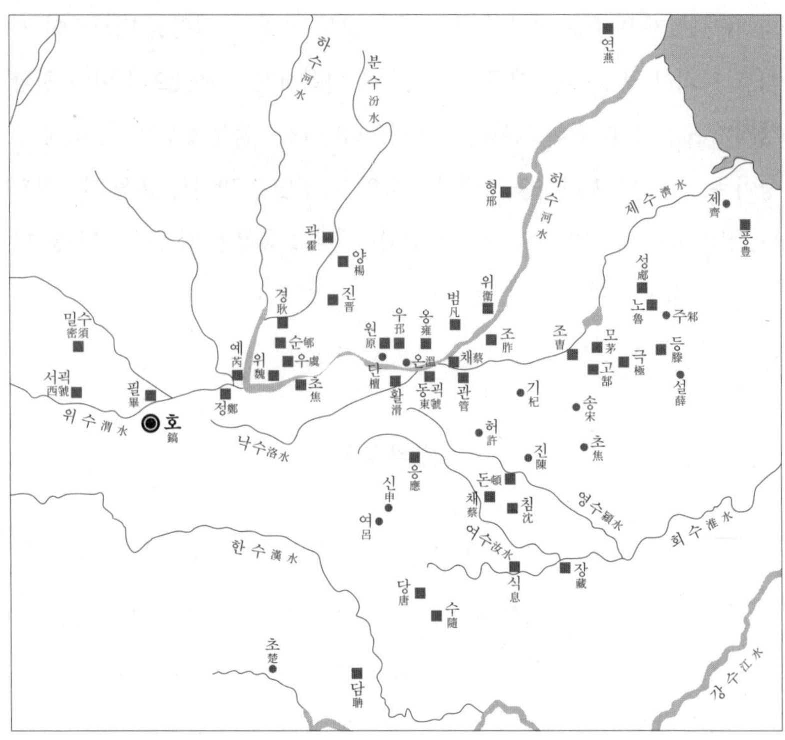

◉ 주의 강역과 제후 분봉도.

는 전사한 군사들을 위해 제사를 지내게 했다.

마침내 군대를 해산하고 서쪽 땅으로 돌아왔다. 길을 따라 순수하면서 정치에 관한 일들을 기록하여 〈무성武成〉을 지었다. 제후를 봉하고 제기를 고루 하사하고 〈분은지기물分殷之器物〉을 지었다. 무왕은 성스러운 선조들을 추모하는 뜻에서 신농神農의 후손을 초焦에, 황제黃帝의 후손을 축祝에, 요堯의 후손을 계薊에, 순舜의 후손을 진陳에, 우禹의 후손을 기杞에 각각 포상하여 봉했다. 이어 공신과 모사를 봉했는데 사상보가 가장 먼저 봉해졌다. 사상보를 영구營口에 봉하고 제齊라 불렀으며, 동생 주공 단旦을 곡부曲阜에 봉하고 노魯라까지 불렀다. 소공은 석奭을 연燕에 봉했고, 동생 숙선은 관管에 봉했으며, 동생 숙탁은 채蔡에 봉했다. 나머지도 각각 차례대로 봉해졌다.

무왕이 구주의 장관을 소집하여 빈豳 언덕에 올라 상읍을 내려다보았다. 주로 돌아와서도 밤늦도록 잠을 이루지 못했다. 주공 단이 왕의 처소로 가서 "어찌하여 잠을 이루지 못하고 계십니까?"라고 묻자 왕은 이렇게 대답했다.

> 동생 들어보게나. 하늘이 은의 제사를 받지 않고 버렸지. 나, 발이 태어나기 전부터 지금까지 60년 동안 미록이 출몰하고 비홍이 들판을 가득 메웠소.[22] 하늘이 이렇게 은을 돌보지 않았기에 지금의 성공이 있게 된 것이지. 하늘이 은을 세울 때만 해도 유능하고 어진 인재만 360명이나 있었지. 은왕이 그들을 드러내어 중용한 것은 아니지만 그렇다고 배척하지도 않았기에 여기까지 온 것 아니겠소? 내가 아직 하늘이 우리를 보우하실지 어떤지 모르는데 어찌 잠이 오겠는가?

무왕은 계속해서 말했다.

---

22 줄여서 '미록비홍麋鹿蜚鴻'이라 할 수 있다. 천재지변을 의미하면서 동시에 사람으로 인한 재앙을 비유하기도 한다. 《일주서逸周書》〈도읍해度邑解〉에는 '이양夷羊'과 '비홍飛鴻'으로 기록되어 있다. 일반적으로 괴수와 해충으로 본다.

◉ 주의 도읍인 낙읍을 끼고 흐르는 낙수의 모습.

하늘의 보우하심을 확정하고 백성을 주 왕실에 따르게 하면 천명에 따르지 않는 악한 자들을 전부 잡아들여 은왕처럼 징벌할 것이오. 나는 밤낮없이 백성들을 위로하고 우리 서쪽 영토를 안정시킬 것이오. 내가 일을 현명하고 지혜롭게 처리해야만 덕과 교화를 세상에 크게 드러낼 수 있소. 낙수洛水에서 이수伊水까지는 지세가 평탄하고 험하지 않아 하가 정착했소. 남으로 삼도三塗를 바라보고, 북으로 악嶽 언저리를 보며 황하를 살피고, 다시 낙수와 이수를 바라보니 도읍으로서 적합한 것 같소.

낙읍에 주의 도성을 조성한 뒤 떠났다. 화산華山 남쪽에 말을 놓아기르고, 도림桃林의 들판에 소를 방목했다. 무기를 거두어들이고 승리한 군대를 해산함으로써 다시는 이를 사용하지 않을 것임을 천하에 보였다.

무왕은 은을 멸망시킨 지 2년 후(무왕 13년) 기자에게 은이 망한 까닭을

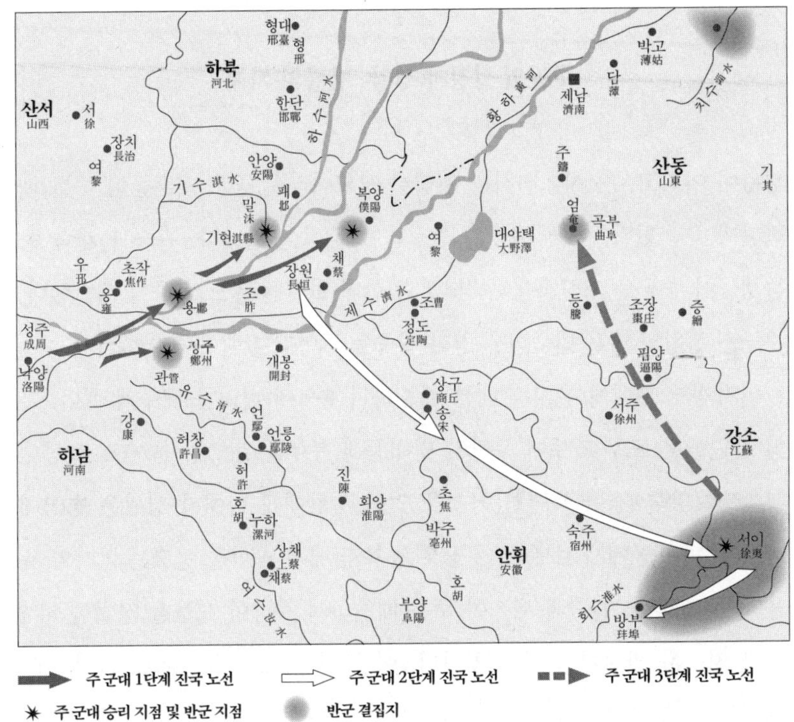

◉ 주공의 동방 정벌도(기원전 1041년~기원전 1039년). 주공과 성왕의 동방정벌로 주의 통치영역은 크게 확대되었고 정권은 안정되었다.

물었다. 기자는 차마 은의 죄악을 말할 수 없어 그저 국가 존망의 이치를 말했고, 무왕 역시 난처해져 천도에 대해 묻고 말았다.

무왕이 병이 들었다. 천하가 아직 안정되지 않은 상황이라 대신들은 겁이 나 경건하게 점을 쳤다. 주공이 목욕재계하고 자신이 무왕을 대신하겠다고 빌자 무왕의 병세가 호전되었다. 그 뒤 세상을 떠났고 태자 송誦이 뒤를 이으니 이가 바로 성왕成王이다.

5
주공의 섭정과 성왕·강왕의 치세

◉

성왕이 어리고 주가 막 천하를 평정한 상황이라 주공은 제후들이 주를 배반할까 두려웠다. 이에 주공은 섭정하여 국정을 맡았다. 관숙과 채숙 등 동생들이 주공을 의심하여 무경武庚과 함께 반란을 일으켜 주를 배반했다. 주공은 성왕의 명을 받들어 무경과 관숙을 죽이고 채숙은 추방했다.

미자개微子開에게 은의 후대를 계승하여 송宋에 나라를 세우게 했다. 은의 유민들을 모두 거두어 무왕의 막내동생 봉封을 위衛 강숙康叔으로 봉했다. 진晉 당숙唐叔이 특별한 곡식을 얻어 성왕에게 바치자 성왕은 병영에 나가 있는 주공에게 보냈다. 주공은 동쪽 땅에서 곡식을 받고는 천자의 뜻을 알렸다. 당초 관숙과 채숙이 주를 배반하여 주공이 그들을 징벌한 지 3년이 지나자 완전히 안정을 찾았다. 이에 처음으로 〈대고大誥〉를 지었고, 그 다음으로 〈미자지명微子之命〉을 지었다. 그 다음 〈귀화歸禾〉, 〈가화嘉禾〉, 〈강고康誥〉, 〈주고酒誥〉, 〈자재梓材〉를 순서대로 지었다. 관련된 일들이 주공의 이 문장들에 있다.

주공이 섭정한 지 7년, 성왕이 장성하자 주공은 정권을 성왕에게 돌려주고 북면北面[23]하는 신하의 자리로 돌아갔다.

성왕은 풍에 머무르며 소공에게 낙읍을 다시 경영하여 무왕이 뜻을 잇도록 했다. 주공은 다시 점을 치고 현지를 살핀 다음 마침내 완공하고 구정을

---

23 북면은 신하들의 자리를 뜻한다. 제왕의 자리는 '남면南面'이다. 신하들은 북쪽의 제왕을 바라보고, 제왕은 남쪽의 신하들을 굽어본다. 《주례》〈하관〉 참고.

◉ 병목 위기를 무사히 잘 넘긴 주 성왕(왼쪽). 주공 사당에 세워져 있는 주공 상(오른쪽). 기산현 봉황산 아래에 위치한다.

그곳에 안치했다. 그리고 "이곳은 천하의 중심으로 사방에서 조공하러 오는 거리가 모두 같아졌다"라고 하고는 〈소고召誥〉, 〈낙고洛誥〉를 지었다. 성왕이 은의 유민을 그곳으로 이주시키자 주공은 성왕의 명을 알리기 위해 〈다사多士〉, 〈무일無佚〉을 지었다. 소공은 태보가 되고 주공은 태사에 임명되어 동으로 회이淮夷를 정벌하고 엄奄을 멸망시킨 후 그 군주를 박고薄姑로 옮겼다. 성왕이 엄에서 돌아와 종주宗周에 머무르며 〈다방多方〉을 지었다. 성왕은 은의 명줄을 완전히 끊고 회이를 습격한 다음 풍으로 돌아와 〈주관周官〉을 지었다. 예악이 바로잡히고 제도를 개혁하니 백성은 화목해지고 칭송의 노래가 울려 퍼졌다. 성왕이 동이東夷를 정벌하니 식신息愼이 와서 축하를 드리자 왕이 영백榮伯에게 〈회식신지명賄息愼之命〉을 짓게 했다.

성왕은 임종을 앞두고 태자 교釗가 책임을 온전히 완수하지 못할까 걱정이 되어 소공과 필공에게 제후를 거느리고 태자를 도와 왕위에 세우라고

했다. 성왕이 세상을 뜨자 두 공은 제후들을 거느리고 태자 교가 선왕의 사당에 참배하도록 안내했다. 문왕과 무왕이 왕업을 어렵게 이루었다는 것을 거듭 알리고, 탐욕을 부리지 말고 검소와 절약에 힘을 쓸 것과 독실한 믿음으로 일에 임할 것을 권하면서 〈고명顧命〉을 지었다. 태자 교가 즉위하니 이가 바로 강왕康王이다. 강왕은 즉위하여 문왕과 무왕의 위업을 제후들에게 두루 알릴 것을 선포하고 〈강고康誥〉를 지었다. 이에 따라 성왕과 강왕 시대는 천하가 안정되어 형벌은 40년 넘게 쓰이지 않았다. 강왕은 왕의 명령에 따라 책명을 짓는 필공에게 백성들을 나누어 거주하게 하여 성주成周의 교외가 되게 하고는 〈필명畢命〉을 지었다. 강왕이 죽고 아들 소왕昭王 하瑕가 즉위했다. 소왕 때에는 왕도가 쇠락했다. 소왕이 남쪽 지역으로 순수를 나갔다가 돌아오지 못하고 장강長江에서 죽었다.[24] 그 죽음에 대해 알리지 않은 것은 숨기고 싶었기 때문이다. 소왕의 아들 만滿이 즉위하니 그가 바로 목왕穆王이다. 목왕이 즉위할 당시 나이가 이미 50이었다.

6
목왕의 통치

◉

왕도가 쇠락하자 목왕은 문왕과 무왕의 대업에 흠이 가는 것이 마음 아파 백경伯冏을 태복太僕에 임명하여 국정에 만전을 기하도록 주의를 주고 〈경

---

24 《사기정의》에 인용된 《제왕세기》에서는 소왕이 남방 정벌에 나섰다가 돌아오면서 배를 징발하자 남방 사람들이 이를 원망해서 배를 아교로 조립했고, 소왕이 이 배를 타고 한수를 건너다 배가 부서져 강에 빠져 익사했다고 한다. 이 사건의 전모를 감추기 위해 그저 '장강에서 죽었다'고만 한 것이다.

명冏命〉을 지었다. 천하가 다시 안녕을 찾았다.

목왕이 견융을 정벌하려 하자 제공祭公 모보謀父가 이렇게 간했다.

안 됩니다. 선왕들께서는 덕을 드러냈지 무력을 과시하지 않았습니다. 무릇 무력이란 감추어 두었다가 필요한 때 사용하는 것으로 한 번 움직였다 하면 위세를 보여야 합니다. 아무 때나 무력을 과시하는 것은 장난이 되고 장난으로 무력을 휘두르면 위엄이 서지 않습니다. 그래서 주공의 노래에서도 "창과 방패를 거두어들이고 활과 화살을 자루에 넣었네. 훌륭한 덕을 닦아서 온 나라에 실행하고, 왕도로 천하를 보존하리라!"라고 한 것입니다. 선왕들께서는 백성들에 대해 덕을 바르게 하고 마음을 너그럽게 하는 데 힘을 썼고, 백성들의 재산을 늘리고 기물을 편리하게 이용하게 했으며, 이해관계의 소재를 분명히 알게 했습니다. 또 예법을 수양하게 하고, 이익을 꾀하고 손해를 피하게 했으며, 덕을 마음에 두고 벌은 두려워하게 했습니다. 그래서 대대로 천하를 보전하면서도 날로 강성할 수 있었던 것입니다. 예전에 우리 선왕들께서는 대대로 후직 벼슬을 맡아 우순·하우에게 종사했습니다. 하가 쇠락하면서 후직 벼슬을 없애고 농업에 힘쓰지 않아 우리 선왕 부줄은 관직을 잃고 스스로 융적 사이로 몸을 피했습니다. 그러면서도 태만하지 않고 늘 선왕의 미덕과 전통을 지키려 했습니다. 선왕의 전장 제도를 삼가 받들되 하루 종일 애를 쓰고 돈독함을 유지하면서 충성과 믿음으로 받들었습니다. 그리하여 대대로 덕을 행하여 선대의 이름을 욕되게 하지 않았던 것입니다. 문왕과 무왕에 이르러서는 선대의 광명을 환히 밝혀 더욱 자애롭고 화목하게 신을 섬기고 백성을 보호하니 기뻐하지 않는 사람이 없었습니다. 상왕

◉ 목왕은 형법 제정 등 굵직굵직한 업적을 남겼으나 무리한 대외 정벌로 국력을 약화시키기도 했다. 《동주열국지》 삽화. 맨 왼쪽이 주 목왕이다.

제신이 백성에게 큰 죄를 지어 백성들은 참지 못하고 기쁜 마음으로 무왕을 추대하니 상의 목야에서 정벌했던 것입니다. 따라서 선왕께서는 무력을 동원한 것이 아니라 백성의 고통에 정말 가슴이 아파 그 해악을 제거한 것일 뿐입니다.

선왕의 제도를 보면 나라 안을 전복甸服, 나라 밖을 후복侯服, 제후국 밖은 빈복賓服, 이만의 거주지를 요복要服, 융적이 사는 곳을 황복荒服으로 구분했습니다. 전복에서는 제祭를 지내고, 후복에서는 사祀를 지내며, 빈복에서는 향享을 하고, 요복에서는 공貢을 하고, 황복에서는 신하로 복종해야 합니다.[25] 제는 매일, 사는 매월, 향은 계절마다, 공은 매년 영원히 주 왕실을 받들어야 합니다. 선왕께서는 이런 제사 제도를 시행하시면서 제 제사에 참가하지 않는 자가 있으면 자신의 생각을 반성했고, 사 제사에 참가하지 않는 자가 있으면 자신의 말을 점검했으며, 향 제사에 참가하지 않는 자가 있으면 자신의 정령과 교화를 정돈했고, 조공하지 않는 자가 있으면 자신의 명분을 바르게 했으며, 자신을 왕으로 받들지 않는 자가 있으면 자신의 도덕 수양에 주의했습니다. 그러고도 참가하지 않으면 그제야 형벌을 사용했습니다. 즉 제 제사에 참가하지 않으면 법에 따라서 징벌하고, 사 제사에 참가하지 않으면 군대를 보내 토벌하며, 향 제사에 참가하지 않으면 정벌하고, 조공하지 않으면 꾸짖으며, 왕으로 받들지 않으면 타일러 깨우쳐주었습니다. 그래서 형벌에 따른 법이 있고, 토벌에 따른 군대가 있고, 정벌에 따른 조처가 있고, 꾸짖는 데 따른 위엄이 있고, 타일러 깨우치는 데 따른 글이 있는 것입니다. 명령하고 타이르는데도 오지 않으면 자신의 덕을 더욱 더 수양해야지 백성을 먼 길의 정벌에 동원해서는 안 됩니다. 이렇게 해야 가까이 있는 자로 왕의 명을 듣지 않는 자 없고, 멀리 있는 자로 복종하지 않는 자 없게 됩니다.

지금 대필大畢과 백사伯士가 귀의한 후로 견융씨는 직분에 충실하게 왕을 받들고 있습니다. 그런데 천자께서 "내가 향 제사에 참가하지 않는 죄목으로 그들을 정벌해야겠다. 그리고 저들에게 무력을 보여주리라!"라고 하시니 이는 선왕의 가르침을 저버리는 것이자 힘이 들어 감당하기 어려울 것입니다. 신이 듣기에는 견융의 수돈樹敦은 선조의 옛날 덕을 잘 따르고 시종 한결같이 잘 지키고 있으며 우리에게 저항할 힘을 갖추고 있다고 합니다.

---

25 중국 상고시대 전통적인 통치구역에 대한 구분은 이른바 '오복五服' 체제를 기초로 한다. 도읍으로부터 점점 멀어지면서 각각 전복甸服, 후복侯服, 빈복賓服, 요복要服, 황복荒服으로 구분한다. 구체적인 해석은 역대로 많은 설들이 있었다. 《상서》〈익직〉, 《우공》, 《사기》〈하본기〉 참고.

목왕은 끝내 그들을 정벌하여 흰 이리 네 마리, 흰 사슴 네 마리만 얻어서 돌아왔다. 이로부터 황복 지역은 오지 않았다.

제후 가운데 화목하지 않는 자가 있자 보후甫侯가 왕에게 말하여 형법을 제정했다. 왕은 이렇게 말했다.

> 자, 오라! 나라가 있고 땅이 있는 자들이여. 너희들에게 훌륭한 형법을 알리노라. 지금 그대들이 백성들을 편하게 해주기 위해 무엇인가를 선택하려 할 때 유능한 인재를 선택해야 하는 것 아닌가? 무엇인가를 진지하게 대하고자 할 때라면 바로 형법이 필요한 것 아닌가? 또 무엇인가를 판단해야 할 때라면 공평한 판결이 필요한 것 아니겠는가?
>
> 소송의 쌍방이 모두 오면 법관은 다섯 가지 방법[26]으로 이들을 살피라. 다섯 가지 방법이 바르게 적용되었다면 다섯 가지 형벌에 따라 판결하라. 다섯 가지 방법으로 살펴도 근거가 충분치 않으면 다섯 단계의 벌금[27]으로 처리하라. 벌금형으로 불복시킬 수 없다면 다섯 가지 과실[28]을 적용하라. 다섯 과실을 적용할 때 문제는 관리의 권세를 이용하려는 관옥官獄과 연줄을 통하려는 내옥內獄이다. 범인의 죄행을 분명하게 조사하고 밝히되 법관이

---

26 말을 듣고, 얼굴을 살피고, 기를 느끼고, 귀로 듣고, 눈으로 보는 것을 말한다. '오사五辭' 또는 '오청五聽'이라고 한다.

27 이를 '오벌五罰'이라 하는데, 죄에 따라 5등급으로 부과하는 벌금을 말한다.

28 이를 '오과五過'라 하는데, 《상서》에 따르면 이 '오과'에 따른 폐단에도 다섯 가지가 있다고 한다. 이것이 관官·반反·내內·화貨·래來다. '관'은 관의 권세를, '반'은 사사로운 은원을, '내'는 여자 관계를, '화'는 뇌물을, '래'는 청탁을 말한다. 여기서 말하는 '관옥官獄'과 '내옥內獄'은 '관'과 '내', 즉 관부의 간여와 여자의 개입이 있는 사건을 뜻한다. 금문《상서》〈여형呂刑〉 참고.

이런 잘못을 범하면 조사를 통해 범인과 같이 처벌하라. 다섯 가지 형벌[29]이나 벌금을 적용하기에 문제가 있으면 사면하라. 꼼꼼하게 잘 살펴서 이치에 어긋나지 않아야 한다. 조사가 정확해야 백성의 신임을 얻을 수 있으며, 심문할 때는 근거가 있어야 한다. 조사가 확실하지 못한 사안은 의심스러운 대로 처리하지 말아야 할 것이며, 모두들 하늘의 위엄을 엄숙하게 공경해야 할 것이다.

경형黥刑의 죄를 지었으나 의문점이 있으면 사면하고 100솔率[30]의 벌금을 부과하되 그 죄의 실상을 소상하게 조사하라. 의형劓刑의 죄를 지었으나 의문이 있으면 사면하고 200솔의 벌금을 부과하되 그 죄의 실상을 철저하게 조사하라. 빈형臏刑의 죄를 지었으나 의문점이 있으면 사면하고 300솔의 벌금에 처하되 그 죄를 낱낱이 조사하라. 궁형宮刑에 해당하는 죄이나 미심쩍으면 사면하고 500솔의 벌금을 부과하되 그 죄를 소상히 살피라. 목을 자르는 대벽大辟의 죄를 지었으나 의문이 있으면 사면하고 1천 솔의 벌금을 부과하되 그 죄상을 낱낱이 조사하라. 경형, 즉 묵형墨刑에 해당하는

29 이를 '오형五刑'이라 하는데, 묵墨·의劓·빈臏·궁宮·대벽大辟을 말한다. '오형'의 내용은 다음 표와 같다.

형벌	내용
경형黥刑	검은색 묵을 바른 바늘과 실로 얼굴을 찔러 표시를 남기는 형벌이다. 묵형墨刑이라고도 한다.
의형劓刑	코를 베어내는 형벌이다.
빈형臏刑	무릎 아래를 자르는 형벌이다. 빈벽臏辟이라고도 한다.
궁형宮刑	생식기를 잘라내는 혹형으로 궁벽宮辟이라고도 한다.
대벽大辟	목을 자르는 형벌을 말한다.

30 '솔'은 고대 화폐의 무게 단위로 '환鍰'과 같다. '환'은 또 '열鋝'과 같은데, 1열이 여섯 냥 또는 3열이 20냥이란 설이 있다.

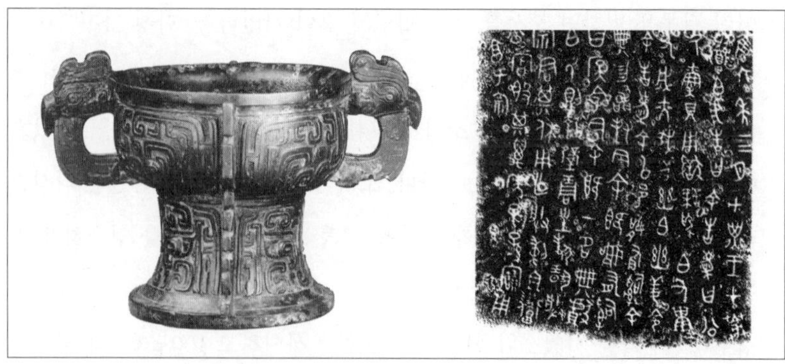

◉ 소송 사건을 명문으로 남겨놓은 주나라의 청동기와 그 명문.

법조항은 1천 가지이고, 의형도 1천 가지다. 빈형은 500가지이고 궁형은 300가지이며 사형은 200가지다. 오형 모두를 합하면 3천 가지에 이른다.

이를 〈보형甫刑〉이라고 명명했다.

7
여왕의 폭정과 국인반정

◉

목왕이 재위 55년에 세상을 뜨고 아들 공왕共王 예호繄扈가 즉위했다. 공왕이 경수涇水에 놀러 나갔을 때 밀密의 강공康公이 수행했는데 여자 셋이 제 발로 강공에게로 와서 몸을 맡겼다. 그 어머니는 "왕께 여자들을 바쳐라! 짐승이 세 마리면 떼란 뜻으로 '군羣'이라 하고, 사람이 셋이면 무리란 뜻으로 '중衆'이라 하며, 여자가 셋이면 아름다운 미모란 뜻으로 '찬粲'[31]이라 한다. 왕의 사냥이라도 짐승을 떼로 잡지는 않으며, 제후의 행차라도 여러 사람이 수레에서 내려 경의를 표하게 하지 않으며, 왕이 비를 맞이할 때도 한 집안에서 여사 셋을 동시에 취하지 않는 법이다. 이 세 여자가 모두 미인이다. 사람들이 이 미물의 여자들을 바쳤으나 무슨 덕이 있어 이들을 감당하겠느냐? 왕도 감당하지 못하거늘 하물며 너 같은 소인이야? 소인배가 귀한 물건을 지니면 끝내는 망하고 만다!"라고 했다.

강공은 왕에게 여자를 바치지 않았다. 1년 뒤 공왕은 밀을 멸망시켰다. 공왕이 세상을 떠나고 아들 의왕懿王 간艱이 즉위했다. 의왕 때 왕실은 점점 쇠약해졌고, 시인은 풍자의 시를 지었다.

의왕이 세상을 뜨고 공왕의 동생 벽방辟方이 즉위하니 그가 효왕孝王이다. 효왕이 세상을 뜨자 제후들이 다시 의왕의 태자 섭燮을 옹립하니 이가 이왕夷王이다. 이왕이 세상을 뜨자 아들 여왕厲王 호胡가 즉위했다. 여왕은 30년간 자리에 있으면서 이익을 탐하고 영이공榮夷公을 가까이했다. 대부 예량부芮良夫가 여왕에게 충고했다.

> 왕실이 쇠약해지고 있습니다. 영이공은 이익을 독점하는 것에만 관심이 있고 닥쳐올 큰 재앙은 모릅니다. 무릇 이익이란 만물과 천지자연에서 생겨나는 것으로 독점하면 그 피해가 많아집니다. 천지 만물은 모든 사람이 같이 나누어 써야 하거늘 어찌 독점할 수 있겠습니까? 많은 사람들의 분노를 초래할 것이며, 그렇게 되면 큰 재앙에 대비할 수 없습니다. 이런 식으로 왕을 이끌면 왕이 자리를 오래 지킬 수 있겠습니까? 무릇 왕이란 사람은 이

31 '군群', '중衆', '찬粲'의 어원을 알려준다. '찬'은 뛰어난 미모의 여자란 뜻이지만, 이를 한꺼번에 차지하면 재앙이 닥칠 수 있다는 의미도 함축한다.

익을 개발하여 위아래로 공평하게 나누어주어야 합니다. 신과 인간 그리고 만물이 모두 알맞게 이익을 얻게 하고, 행여 원망이 있지나 않을까 걱정하고 두려워해야 합니다. 그래서 〈송頌〉에 이르기를 "덕이 넘치는 후직이시여! 저 하늘과 참으로 짝을 이룰만 하다네. 우리 백성들 두루 잘살게 해주시니 그를 본받지 않는 사람 없다네!"라고 했으며, 〈대아大雅〉에서는 "은혜와 이익을 베푸시니 주나라가 발전한다네!"라 했습니다. 이는 이익은 두루 나누고 재난을 두려워했기 때문 아니겠습니까? 그래서 주가 지금까지 이어져 온 것입니다. 지금 왕께서 이익을 혼자 차지하려는 것이 과연 옳은 일입니까? 필부가 이익을 독차지해도 도적이라 부르거늘 왕이 그렇게 하면 왕을 따르는 사람이 적어집니다.[32] 영이공을 기용하시면 주는 틀림없이 낭패를 볼 것입니다.

여왕은 듣지 않고 끝내 영이공을 경사卿士로 임용하여 정권을 장악하게 했다.

왕의 행동은 포악하고 사치하고 교만하여 나라 사람들이 왕을 비방했다. 소공召公은 "백성들은 그런 통치는 견디지 못합니다"라고 충고했다. 왕이 노하여 위나라 무당[33]을 불러다 비방하는 자들을 감시하게 하여 보고가 올라오면 그들을 죽였다. 비방하는 사람이 줄어들었고 제후들은 조회하지 않았다.

---

32 여왕의 통치방식은 첫째 백성들에게 세금을 무겁게 매기는 것과, 둘째 자신에 대한 비방을 철저하게 감시하는 것이었다. 이에 예량부가 경고한 것이다.

33 위무衛巫. 여왕은 자신을 비방하는 사람들을 잡아들이기 위해 '위나라 무당'의 신통력을 빌렸다. 결국은 무자비한 언론 탄압으로 이어졌다.

34년, 왕이 더욱 엄하게 단속하자 나라 사람들은 감히 말은 못하고 길에서 만나면 눈으로 뜻을 나누었다.[34]

여왕은 소공에게 "내가 비방을 없앴다.[35] 결국 감히 말하는 자가 없어졌다"라며 기뻐했다. 소공은 이렇게 말했다.

그것은 말을 못하게 막은 것입니다. 백성의 입을 막는 것은 물을 막는 것보다 심각합니다.[36] 막힌 물이 터지면 피해자가 엄청난 것처럼 백성들 또한 같습니다. 따라서 물을 다스리는 자는 물길을 터주고, 백성을 다스리는 자는 말을 하도록 이끌어야 합니다. 그러므로 천자가 정무를 처리하면서 공경과 일반 관원들에게 시를 써서 내게 하고, 악관에게는 노래를 지어 올리게 하며, 사관에게는 앞 시대의 정치를 기록한 사서를 바치게 하고, 악사에게는 잠언을 올리게 하며, 장님에게는 낭송하게 하고, 눈먼 자에게는 음악 없는 시를 읊게 하는 것입니다. 백관들은 솔직하게 충고하고, 백성들은 간접적으로 여론을 전달하며, 가까이 있는 시종들은 간언을 살피는 데 힘을 다하고, 종친은 왕의 잘못을 살펴 보완해주고, 악사와 사관은 음악과 역사로 천자를 바르게 이끌며, 원로대신들은 이런 것들을 취사 종합합니다. 그

---

34 도로이목道路以目. 언론 탄압이 심해지자 사람들은 드러내놓고 말하지 못하고 지나가다 만나면 눈짓으로 마음을 나누었다는 것이다.

35 미방弭謗. '비방을 없애다' 또는 '비방을 막다'라는 뜻의 표현이다.

36 방민지구심어방수防民之口甚於防水. 백성의 입을 막으려 했다간 더 큰 위험을 맞이할 것이라는 소공의 경고로, 《사기》 전편을 통해 가장 유명한 명언 중 하나로 꼽힌다. 통치자는 민심과 여론에 늘 귀와 마음을 열고 있어야 한다는 의미다. 이하 소공의 여론과 민심의 관계에 대한 논의는 명문으로서 손색이 없다. 여왕은 이런 소공의 경고에 귀를 기울이지 않았고, 결국은 국인國人의 반정反正으로 쫓겨난다.

◉ (왼쪽) 이권 독점과 여론 탄압으로 국인에게 쫓겨나는 수모를 당한 주 여왕 때의 청동기. 그릇 안쪽에 장문의 제문이 남아있다.
◉ (오른쪽) 주 선왕 시대의 청동기로 밝혀진 '괵중수虢仲盨.'

런 다음 왕이 이를 참작하면 정치는 어긋나지 않고 잘 실행되는 것입니다. 백성에게 있어서 입은 대지에 산천이 있어서 거기서 사용할 재화가 나오는 것과 같고, 대지에 평야·습지·옥토 따위가 있어 거기서 입고 먹는 것이 나오는 것과 같습니다. 백성들로 하여금 실컷 말하게 하면 정치의 잘잘못이 다 드러납니다. 좋은 일을 실행하고 나쁜 일은 방지하는 것, 이것이 바로 재물을 생산하여 입고 먹는 것에 쓰는 방법입니다. 백성들은 속으로 생각한 다음 입으로 말하며, 충분히 생각한 다음 행동으로 옮깁니다. 그런 그들의 입을 막는 일이 얼마나 오래 가겠습니까?

왕은 듣지 않았다. 그리하여 나라에는 감히 입을 여는 사람이 없어졌고, 3년 후 서로 힘을 합쳐 반란을 일으켜서는 여왕을 습격했다. 여왕은 체彘로 달아났다.

여왕의 태자 정靜이 소공의 집에 숨었는데 나라 사람들이 이를 알고는 집을 포위했다. 소공은 "전에 내가 여러 차례 왕에게 충고했지만 왕이 듣지 않아 지금 이런 어려움에 처한 것이오. 지금 왕의 태자를 죽인다면 왕은 나를 원수로 여기고 원한을 품을 것이 아니겠소? 모름지기 군주를 모시는 사람은 위험에 처해도 군주를 원망하지 않으며, 원망스러워도 분노를 드러내지 않는 것이거늘 하물며 왕을 섬김에 있어서야!"라고 했다. 그리고는 자신의 아들에게 태자를 대신하게 하니 태자는 결국 벗어날 수 있었다. 소공과 주공周公 두 상이 정권을 담당하니 '공화共和'[37]라 불렀다.

공화 14년(기원전 828년), 여왕이 체에서 죽었다. 소공의 집에서 장성한 태자 정을 소공과 주공이 함께 왕으로 세우니 이가 선왕宣王이다. 선왕이 즉위하고 두 상이 보좌하면서 정치를 챙기고 문왕, 무왕, 성왕, 강왕의 유풍을 본받으니 제후들이 다시 주를 섬겼다.

12년(기원전 816년), 노魯 무공武公이 왕에게 인사를 드리러 왔다. 선왕이 제왕으로서 직접 경작하는 천무千畝[38]의 적전籍田[39]을 돌보지 않자 괵虢 문공文公이 그래서는 안 된다며 충고했으나 왕이 듣지 않았다.

39년(기원전 789년), 천무에서 전투가 벌어져 왕의 군대가 강씨姜氏 융戎에게 크게 패했다. 선왕이 남국南國에서 징발한 군대를 잃고는 태원太原에서

---

37 기원전 841년 국인들이 여왕을 내쫓은 사건이 발생한다. 이후 주의 정치상황을 '공화'라고 표현한다. 이에 대해서는 소공과 주공 두 사람이 공동으로 협상을 통해 정치를 주도했기 때문에 '공화'라고 한다는 설이 우세하다. 《죽서기년》에서는 공백共伯 화和가 왕위에 간여했다고 하여 '공화'라 한다고 했다. 공화정치는 대체로 기원전 828년까지 14년 동안 지속되었다.

38 천자가 직접 경작하는 땅의 넓이를 말한다. 나중에는 지명으로 바뀌어 지금의 산서성 개휴현介休縣을 일컫는다.

39 천자가 직접 경작하는 땅을 말한다. 1천 무 넓이의 땅을 경작했기 때문에 '적전천무'라 한다. 제후는 100무의 땅을 경작했다. 봄에 천자와 제후들이 직접 나와 모내기 등을 시범 보임으로써 농사가 중요하다는 것을 알렸다.

징병을 위해 인구를 조사[40]하려 했다. 중산보仲山甫는 "인구 조사는 안 됩니다"라고 간언했으나 선왕은 듣지 않고 끝끝내 인구를 조사했다.

8
서주의 멸망

◉

46년(기원전 782년), 선왕이 세상을 뜨고 아들 유왕幽王 궁생宮湦이 즉위했다.

유왕 2년(기원전 780년), 서주 삼천三川 유역에서 지진이 발생했다. 백양보伯陽甫가 이렇게 아뢰었다.

주가 망할 것 같습니다. 무릇 천지의 기운은 그 질서를 잃지 않아야 하는데, 질서를 잃었다면 이는 사람이 어지럽힌 것입니다. 양기가 밑으로 막혀 있어 나올 수 없는데 음기가 이를 눌러 상승하지 못하게 하면 지진이 발생합니다. 지금 삼천 유역에 지진이 일어난 것은 양기가 자기 자리를 잃고 음기에 눌렸기 때문입니다. 양기가 자기 자리를 잃고 음기 자리에 가 있으면 물줄기가 막히고, 물줄기가 막히면 나라가 망할 수밖에 없습니다. 물과 흙이 서로 통하여 스며들어야 만물이 자라는 것이고, 그래야 사람이 재물과 이익을 얻을 수 있는 것입니다. 흙이 통하여 스며들지 못하면 백성들이 사용할 재물이 부족해지니 망하는 것은 시간 문제입니다.

과거 이수와 낙수가 마르자 하가 망했고, 황하가 마르자 상이 망했습니다. 지금 주의 덕도 그 두 시대의 말기와 같아 하천의 원류가 막혔고, 막혔으니

40 원어는 요민料民이다.

◉ (왼쪽) 서주의 멸망과 관련하여 온당치 않은 악평을 받아온 포사.
◉ (오른쪽) 봉화놀이라는 어처구니없는 놀이가 나라의 멸망을 가져왔다. 여산에 남아있는 봉수대의 모습.

마를 것이 분명합니다. 모름지기 나라란 산천에 의지할 수밖에 없습니다. 산이 무너지고 물이 마르는 것은 망국의 징조입니다. 하천이 마르면 산이 무너집니다. 나라 망하는 것은 그나마 숫자의 마지막인 10을 채 넘기지 못할 것입니다. 하늘이 버리면 10년을 넘기지 못하는 법입니다.

그해에 삼천이 말랐고, 기산岐山이 무너졌다.

3년(기원전 779년), 유왕이 포사褒姒를 총애했다. 포사가 아들 백복伯服을 낳자 유왕은 태자를 폐하려고 했다. 태자의 모친은 신후申侯의 딸로 왕후였다. 유왕이 포사를 얻어 총애하게 되자 신후와 태자 의구宜臼를 폐위시키

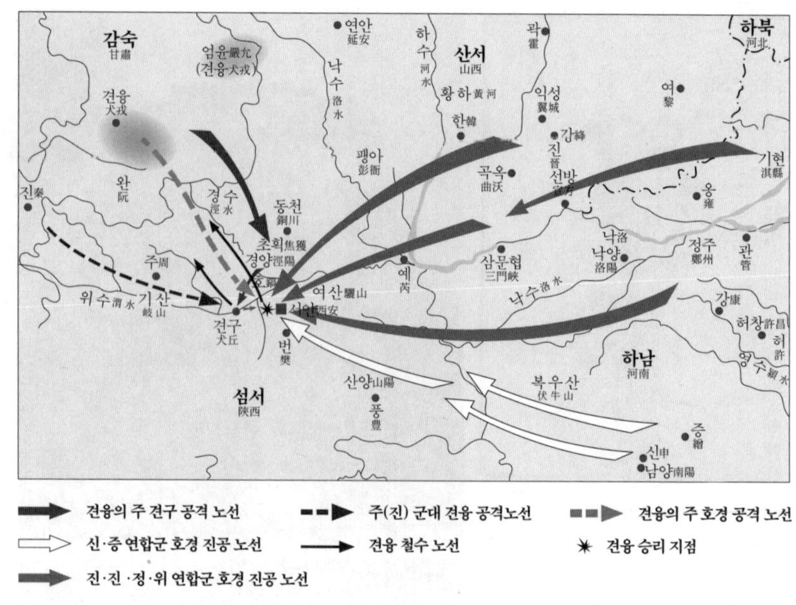

◉ 견융의 침입과 서주 멸망도.

고, 포사와 그 아들 백복을 왕후와 태자로 세우려 한 것이다. 주의 태사 백양伯陽이 역사책을 읽고는 "주가 망할 것이다"라고 했다.

옛날에 하후씨夏后氏가 쇠퇴할 무렵 신룡神龍 두 마리가 왕의 뜰에 내려와 "우리는 포褒의 두 군주였다"라고 했다. 하의 왕이 점을 치니, 용 두 마리를 죽이든 쫓아버리든 머무르게 하든 모두 불길하다는 점괘가 나왔다. 다시 점을 치니, 용의 침을 받아서 보관해 두면 길하다는 괘가 나왔다. 그리하여 제물을 차려놓고 제문을 지어 용에게 기도하자 용은 사라지고 침만 남아 상자에 넣어 잘 감추었다.

하가 망하자 이 상자는 은에 전해졌고, 은이 망하자 다시 주에 전해졌다. 세 왕조에 이르도록 감히 상자를 열어보지 못했다. 여왕 말년에 상자를 열어보았더니 침이 뜰로 흘러 지울 수가 없었다. 여왕이 여자들을 벌거벗겨 큰 소리로 떠들게 하자 침은 검은 자라로 변해 왕의 후궁으로 기어들어갔다. 후궁에 있던 7세가량의 어린 계집이 자라와 마주쳤다. 이 아이가 15세 정도가 되어서는 남자와 접촉도 없이 아이를 낳았지만 무서워 아이를 내다버렸다.

선왕 때 어린 여자애들이 부르는 "산뽕나무로 만든 활과, 기나무로 만든 화살주머니, 주를 망하게 하리라!"라는 동요가 있었다. 당시 선왕이 이 노래를 듣고 이런 활과 화살주머니를 파는 부부가 있으면 잡아 죽이라고 했다. 이 부부가 도망가다가 지난번 후궁 계집종이 낳아서 버린 이상한 아기가 길에 버려져 있는 것을 발견했다. 밤에 아이 울음소리를 들으니 애처로워 아이를 거두었다. 부부는 포로 도망쳤다. 포 사람들이 유왕에게 죄를 짓자 어린 계집종이 버렸던 여자아이를 왕에게 바쳐 속죄를 청했다. 버려진 이 여자아이는 포에서 컸으므로 포사라 불렸다.

유왕 3년, 왕이 후궁에 행차하여 그녀를 보고는 총애하게 되었고 아들 백복을 낳기에 이르렀다. 유왕은 결국 신후와 태자를 폐하고 포사와 백복을 왕후와 태자로 삼았다. 태사 백양이 "화근이 무르익었으니 어쩔 수가 없구나!"라고 했다.

포사가 좀처럼 웃지를 않자 유왕은 온갖 방법으로 그녀를 웃게 하려 했지만 웃지 않았다. 유왕은 봉수와 큰북[41]을 만들어 적이 쳐들어와 봉화를

41 봉수대고烽燧大鼓. 고대 변경에서 적의 침략 등 긴급 상황을 알릴 때 봉화를 올리고 큰북을 쳤다. 봉화의 경우는 낮에는 연기로 밤에는 불빛으로 알렸다.

◉ 섬서성 임동현 시골 마을에 쓸쓸히 남아있는 주 유왕의 무덤.

올리는 것처럼 했다. 제후들이 모두 달려왔으나 적은 보이지 않았다. 포사가 이 모습을 보고는 크게 웃었다. 유왕이 그것이 기뻐 여러 차례 봉화를 올렸다. 그 후로는 믿지 않게 되었고 제후들도 더는 달려오지 않았다.

유왕이 괵석보虢石父를 경으로 삼아 국사를 맡기자 백성들이 모두 원성이 높았다. 석보라는 위인이 간사하고 아부를 잘하며 이익을 밝혔는데, 유왕이 이런 자를 기용했기 때문이었다. 또 왕후 신씨를 폐하고 태자를 내치자 신후가 노하여 증繒과 서이西夷 견융犬戎과 함께 유왕을 공격했다. 유왕은 봉화를 올려 병사를 불렀으나 병사는 오지 않았다. 유왕을 여산驪山 아래에서 죽이고 포사는 포로로 잡았다. 그리고는 주의 재물을 모두 약탈해 갔다. 이에 제후들은 신후에게로 가서 함께 유왕의 태자였던 의구를 옹립했다. 그가 바로 평왕平王으로 주의 제사를 받들게 되었다.

9
동주의 흥기와 쇠퇴

◉

평왕은 즉위하자 동쪽 낙읍洛邑으로 도읍을 옮겨 융의 침략을 피했다. 평왕 때 주 왕실은 쇠약해졌고, 제후들 중 강자가 약자를 합병했다. 제齊 · 초楚 · 진秦 · 진晉이 강대해지기 시작했고, 정권은 제후들의 우두머리인 방백方伯[42]에 의해 좌우되었다.

49년(기원선 722년), 노 은공隱公이 즉위했다.

51년(기원전 720년), 평왕이 세상을 떴다. 태자 예보洩父가 일찍 죽어서 그 아들 임林이 즉위하니 그가 환왕桓王이다. 환왕은 평왕의 손자다.

환왕 3년(기원전 717년), 정鄭 장공莊公이 인사를 드렸으나 환왕이 예를 갖추지 않았다.

5년(기원전 715년), 환왕을 원망한 정 장공이 노와 허전許田을 바꾸었다. 허전은 천자가 태산에 제사를 드릴 때 소용되는 밭이다.

8년(기원전 712년), 노에서 은공을 죽이고 환공을 옹립하는 일이 발생했다.

13년(기원전 707년), 정을 정벌하자 정이 활을 쏘아 환왕에게 부상을 입혔고 환왕은 돌아갔다.[43]

23년(기원전 697년), 환왕이 세상을 뜨고 아들 장왕莊王 타佗가 즉위했다.

---

42 제후들 중 우두머리를 일컫는 말로 주 천자에 의해 임명되었다. 훗날 주 왕실의 권위가 떨어지면서 사후에 형식적인 임명 절차만을 밟았을 뿐이다.

43 이 대목은 역사상 있었던 '수갈繻葛전투'를 말한다. 정 장공이 환왕을 수갈에서 맞이하여 싸우던 정의 대부 축염이 환왕에게 활을 쏘아 어깨를 맞춘 사건으로 《좌전》 환공 5년조와 〈정세가〉에 보인다.

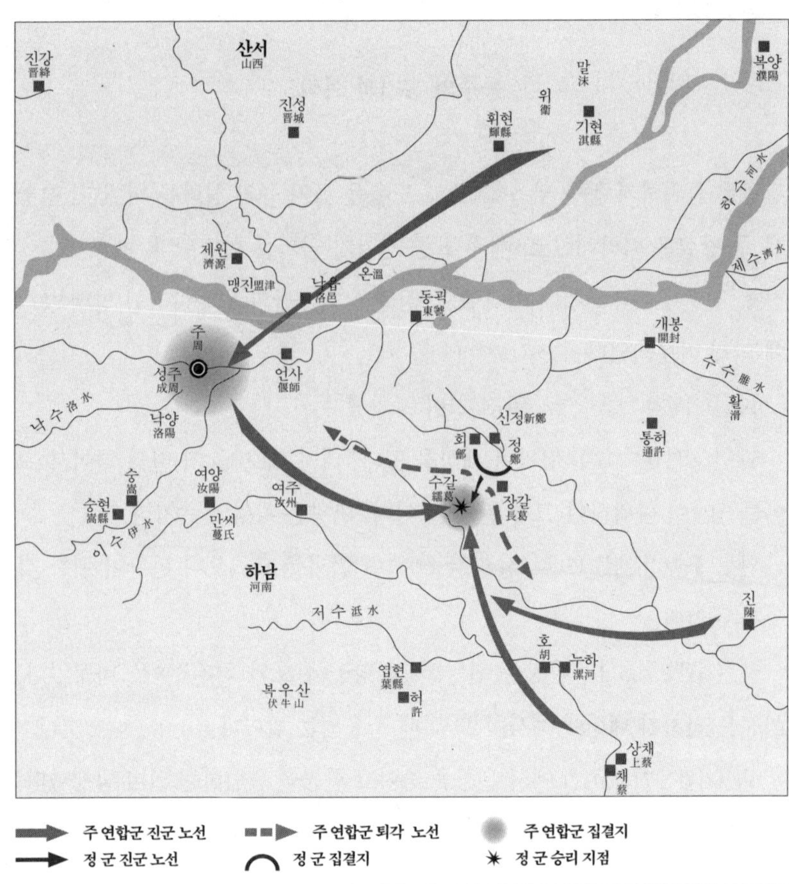

◉ 수갈전투도.

장왕 4년(기원전 693년), 주공周公 흑견黑肩이 장왕을 죽이고 왕자 극克을 세우고자 했다. 신백辛伯이 장왕에게 이를 알리자 장왕은 주공을 죽였고, 왕자 극은 연燕으로 달아났다.

15년(기원전 682년), 장왕이 세상을 뜨고 아들 이왕釐王 호제胡齊가 올랐다.

이왕 3년(기원전 679년)에 제 환공桓公이 처음으로 패자가 되었다.

5년(기원전 677년), 이왕이 세상을 뜨고 아들 혜왕惠王 낭閬이 즉위했다. 예전에 장왕이 총애하던 요씨姚氏가 아들 퇴頹를 낳자 퇴 역시 장왕의 총애를 받았다. 혜왕은 즉위하자 대신의 정원을 빼앗아 동·식물원을 만들었다. 이 때문에 대부 변백邊伯 등 5인이 난을 일으켜 연과 위衛의 군대를 소집하여 혜왕을 치고자 했다. 혜왕은 온溫으로 달아났다가 얼마 뒤 정의 역櫟으로 옮겨 거주했다. 변백 등은 이왕의 동생 퇴를 왕으로 옹립하고는 역대의 모든 음악과 춤으로 이를 경축했다. 정과 괵의 국군이 노했다.

그 후 4년(기원전 678년)에는 정과 괵의 국군이 주왕 퇴를 정벌하고 다시 혜왕을 옹립했다.

혜왕 10년(기원전 667년), 제 환공을 제후의 우두머리인 백으로 삼았다.

25년(기원전 652년), 혜왕이 세상을 뜨고 아들 양왕襄王 정鄭이 즉위했다. 양왕의 어머니는 일찍 죽었는데 훗날 어머니를 혜후惠后라 했다. 혜후가 숙대叔帶를 낳아 혜왕의 총애를 받자 양왕은 두려워했다.

3년(기원전 649년), 숙대가 융·적과 함께 양왕에 대한 공격을 꾀하자 양왕은 숙대를 죽이려 했고 숙대는 제로 달아났다. 제 환공은 관중管仲에게는 주에서, 습붕隰朋에게는 진晋에서 융을 평정하게 했다. 왕은 상경의 예로 관중을 대하려 했다. 관중은 "신은 지위가 보잘것없는 관리일 뿐입니다. 제나라에는 천자께서 임명한 상경上卿 신분의 국씨國氏와 고씨高氏가 있습니다. 봄가을로 그들이 왕명을 받들러 올 텐데 무슨 예로 대하시렵니까? 제후의 신하는 감히 사양하겠습니다"라며 사양했다. 왕은 "그대는 장인 나라의 사신이오. 그대의 공을 가상히 여기고자 하니 짐의 명을 거역하지 말라"라고 했다. 관중은 결국 하경下卿의 예를 받고 돌아갔다.

9년(기원전 643년)에 제 환공이 죽고, 12년(기원전 640년)에는 숙대가 다시 주로 돌아갔다.

13년, 정이 활滑을 공격하자 양왕은 유손游孫과 백복伯服을 보내어 활을 위해 부탁하게 했으나 정은 두 사람을 가두었다. 정 문공文公은 혜왕이 복위한 후 정 여공厲公에게 옥으로 만든 술잔을 보내지 않은 것을 원망하고 있었으며, 또 양왕이 활을 감싸는 것이 싫어 백복을 가둔 것이다. 양왕이 노하여 적翟의 힘을 빌려 정을 공격하려 했다. 부신富辰은 "우리 주가 동쪽으로 옮길 때 진晉과 정의 힘을 빌렸고, 왕자 퇴가 난을 일으켰을 때도 정의 힘으로 평정했습니다. 지금 작은 원한 때문에 정을 버리다니요!"라며 말렸다. 그러나 왕은 듣지 않고 15년(기원전 637년)에 적의 군사를 이끌고 정을 공격했다.

양왕은 적에 대한 고마움으로 적의 여자를 왕후로 맞이하려 했다. 부신은 "평왕, 환왕, 장왕, 혜왕이 모두 정으로부터 은혜를 입었는데, 왕께서 가까운 나라를 버리고 적과 친하려는 것은 따를 수 없습니다"라고 직언했으나 양왕은 듣지 않았다.

16년, 양왕이 적에서 맞아들인 왕후를 내쫓으려 하자 적이 침범하여 담백譚伯을 죽였다. 부신은 "내가 몇 차례 바른 말을 했건만 따르지 않았다. 이제 내가 나가서 싸우지 않으면 왕은 내가 자기를 원망해서 그렇게 한다고 생각하겠지?"라 말하고는 부하들을 이끌고 나가 싸우다 전사했다.

당초 혜후는 왕자 숙대를 세우려고 패거리들과 함께 적에게 길을 열어주어 적의 군사가 주로 쳐들어오게 했다. 양왕은 정으로 달아났고, 정은 왕을 범氾에 머무르게 했다. 왕자 숙대는 왕이 되자 양왕이 내쫓았던 적후를 아내로 맞이하여 온에서 살았다.

17년(기원전 635년), 양왕이 진晉에 도움을 청하자 진 문공文公은 양왕을 맞아들이는 한편 숙대를 죽였다. 양왕은 옥기, 제사용 술, 활과 화살을 진 문공에게 하사하여 제후의 우두머리로 인정하고, 하내河內의 땅을 진에 주었다.

20년(기원전 632년), 진 문공이 양왕을 불렀다. 양왕은 하양河陽과 천토踐土에서 회맹[44]했고, 제후들이 모두 인사를 올렸다. 역사서는 이 일을 기피하여 "천왕이 하양에 순수하러 갔다"라고 기록했다.

24년(기원전 628년), 진晉 문공이 죽었다.

31년(기원전 621년), 진秦 목공穆公이 죽었다.

32년, 양왕이 세상을 뜨고 아들 경왕頃王 임신壬臣이 즉위했다. 경왕은 6년 만에 세상을 떴고, 아들 광왕匡王 반班이 즉위했다. 광왕도 6년 만에 세상을 떴고, 동생 유瑜가 즉위하니 이가 정왕定王이다.

정왕 원년(기원전 606년), 초楚 장왕莊王은 육혼陸渾 융戎을 정벌하고 낙읍에 주둔하며 사람을 보내 구정에 관해 물었다.[45] 정왕이 왕손만王孫滿을 보내 좋은 말로 대응하게 하자 초의 군대가 물러갔다.

10년(기원전 597년), 초 장왕이 정을 포위하자 정백은 항복했으나 얼마 뒤 나라를 되찾았다.

16년(기원전 591년), 초 장왕이 죽었다.

---

44 기원전 632년 진晉 문공의 패주 지위를 확인시켜준 회맹이다. 천토踐土는 지금의 하남성 원양현原陽縣 서남이다. 문공은 자신의 위세를 뽐내기 위해 주 양왕을 불러 회맹에 참가하게 했다.

45 문구정問九鼎. '구정'은 천자의 권력과 권위를 상징하는 기물이다. 이에 대해 물었다는 것은 천하 패권에 대한 야심을 드러냈다는 뜻이다. '정의 무게를 묻다'라는 '문정경중問鼎輕重'도 같은 뜻의 성어다. 줄여서 '문정問鼎'이라고도 한다.

◉ 낙양 주산周山 삼림공원 내의 동주 영왕릉.

21년(기원전 586년), 정왕이 세상을 뜨고 아들 간왕簡王 이夷가 즉위했다.

간왕 13년(기원전 573년), 진晉은 자신들의 국군인 여공을 죽이고 주에서 공자 주周를 모셔와 도공悼公으로 옹립했다.

14년, 간왕이 세상을 뜨고 아들 영왕靈王 설심泄心이 즉위했다.

영왕 24년(기원전 548년), 제의 최저崔杼가 장공莊公을 죽였다.

27년(기원전 545년), 영왕이 세상을 뜨고 아들 경왕景王 귀貴가 즉위했다.

경왕 18년(기원전 527년), 왕후가 낳은 태자가 총명했으나 일찍 죽었다.

20년(기원전 525년), 경왕이 아들 조朝를 사랑하여 태자로 삼으려 했다. 경왕이 세상을 뜨자 왕자 개丐의 무리가 왕위를 놓고 다투었다. 나라 사람들은 경왕의 큰아들 맹猛을 왕으로 옹립했으나 왕자 조가 맹을 죽였다. 맹을 도왕悼王이라 했다. 진晉이 왕자 조를 공격하고 왕자 개를 옹립하니 이가 경왕敬王이다.

경왕 원년(기원전 519년), 진晉이 경왕을 입국시키려 했으나 왕자 조가 제 힘으로 자리에 올랐으므로 경왕은 들어가지 못하고 택澤에 머물렀다.

경왕 4년, 진은 제후를 이끌고 경왕을 주로 보내자 왕자 조는 신하의 자리로 물러났다. 제후들이 주에 성을 쌓아주었다.

16년(기원전 504년), 왕자 조의 무리가 다시 난을 일으키자 경왕은 진으로 달아났다.

17년, 진 정공定公이 경왕을 주로 귀국시켰다.

39년(기원전 481년), 제의 전상田常이 자신의 국군 간공簡公을 죽였다.

41년(기원전 479년), 초가 진陳을 멸망시켰다. 공자孔子가 죽었다.[46]

42년, 경왕이 세상을 뜨고 아들 원왕元王 인仁이 즉위했다. 원왕이 8년 만에 세상을 뜨고 아들 정왕定王 개介가 즉위했다.

10
전국시대의 시작과 주의 멸망

◉

정왕 16년(기원전 453년), 삼진三晉이 지백智伯을 죽이고[47] 그의 땅을 나누어 차지했다.

28년, 정왕이 세상을 뜨고 맏아들 거질去疾이 즉위하니 그가 애왕哀王이다. 애왕은 석 달 재위했다. 동생 숙叔이 애왕을 기습하여 죽이고 스스로 왕이 되니 그가 사왕思王이다. 사왕은 다섯 달 재위했다. 동생 외嵬가 또 사

46 공자孔子는 기원전 551년에 태어나 기원전 479년 73세로 세상을 떠났다. 공자를 높이 평가한 사마천이 공자의 죽음을 별도로 기록해 둔 것이다.

왕을 죽이고 자립하니 바로 고왕考王이다. 이 세 왕은 모두 정왕의 아들들이다.

고왕이 재위 15년 만에 세상을 뜨고(기원전 426년) 아들 위열왕威烈王 오午가 즉위했다. 고왕 때 동생을 하남河南에 봉했는데, 그가 환공桓公으로 주공의 관직을 이어받았다. 환공이 죽고 아들 위공威公이 이었다. 위공이 죽고 아들 혜공惠公이 즉위했다. 혜공은 막내아들을 공鞏에 봉하여 왕을 받들게 하고는 '동주혜공東周惠公'이라 불렀다.

위열왕 23년(기원전 403년)에 구정이 흔들렸다. 한韓, 위魏, 조趙를 제후로 삼았다.

24년, 위열왕이 세상을 뜨고 아들 안왕安王 교驕가 즉위했다. 이해에 도적이 초 성왕聲王을 죽였다. 안왕이 재위 26년 만에 세싱을 뜨고 왕자 열왕烈王 희喜가 즉위했다.

열왕 2년(기원전 374년), 주의 태사太史 담儋이 진秦 헌공獻公을 만나서 "주周와 진秦은 합쳐졌다가 나뉘고 나뉜 지 500년 뒤에 다시 합쳐질 터인데, 합친 지 17년 뒤 패왕이 될 만한 인물이 출현할 것입니다"라고 예언했다.

7년(기원전 369년), 열왕이 세상을 뜨고 동생 편扁이 즉위하니 이가 현왕顯王이다.[48]

현왕 5년(기원전 364년), 진秦 헌공을 치하하고 그에게 방백의 칭호를 내렸다.

---

47 진晉은 소공昭公 이래 실권을 잃고 조趙·위魏·한韓·중항中行·범范·지智의 여섯 개 권문귀족들이 정권을 좌우했다. 정공定公 때 지·조·한·위 네 가문이 중항씨와 범씨를 물리치고 땅을 나누었다. 기원전 453년에는 한·위·조 세 가문, 즉 삼진三晉이 지백을 죽이고 진의 땅을 삼분했다. 이때를 기점으로 춘추와 전국으로 나누어 시대를 구분하기도 한다.

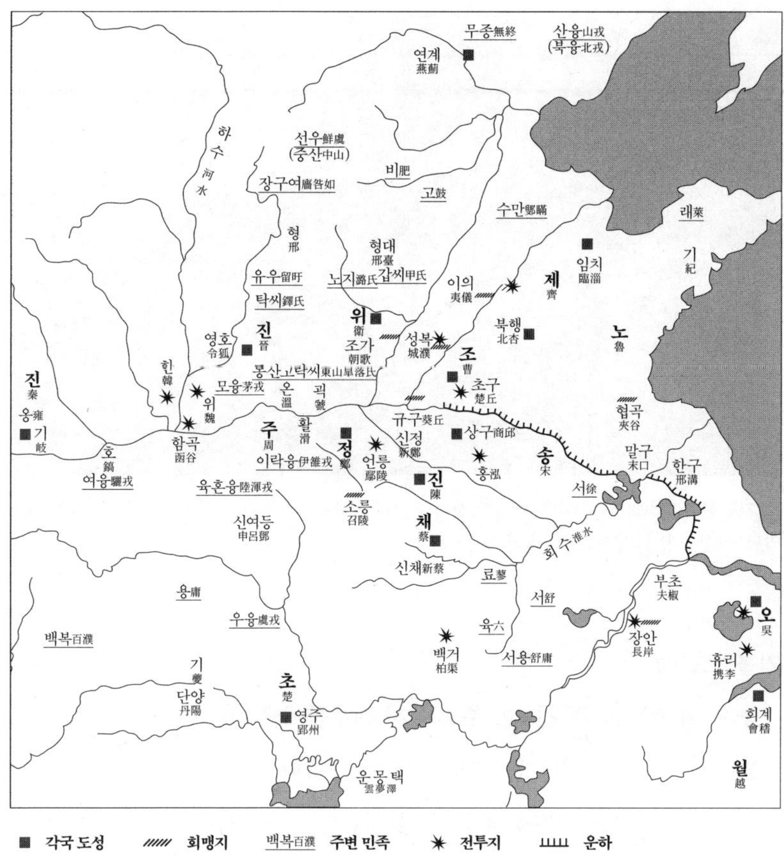

◉ 춘추시대 지도. 춘추시대는 주나라가 동쪽으로 도읍을 옮긴 기원전 770년부터 기원전 403년까지 약 360년간의 전란 시대로, 중국 역사상 최대 격동기이자 황금기였다.

9년(기원전 360년), 현왕은 진秦 효공孝公에게 문왕과 무왕에 제사 드린 고

---

48 《사기》 판본에는 7년이 10년으로 되어 있다. '七'과 '十'이 혼동된 경우가 적지 않은데, 고증에 의하면 7년이 맞다.

◉ 기원전 367년(현왕 2년) 서주 혜공이 장자를 서주공으로 세우고 성을 쌓았다. 이 성이 동주고성이다. 사진은 동주고성의 최근 모습.

기를 보냈다.

25년(기원전 344년), 진秦이 주 땅에서 제후를 소집했다.

26년, 주가 진 효공에게 방백의 칭호를 내렸다.

33년(기원전 336년), 진秦 혜왕惠王을 치하했고, 35년에는 진 혜왕에게 문왕과 무왕에 제사 드린 고기를 보냈다.

44년(기원전 325년), 진 혜왕이 왕이라고 칭하자 그 후로 제후들이 모두 왕이라 했다.[49]

48년(기원전 322년), 현왕이 세상을 뜨고 아들 신정왕愼靚王 정定이 즉위했

49 주 왕실의 권위가 완전히 무너진 상황에서 전국 7웅은 각기 왕을 자처하며 무한 경쟁에 돌입했다. 〈진본기〉에는 주 현왕 44년인 혜왕 13년에 한·위·조와 함께 왕을 칭했다고 되어 있다.

다. 신정왕은 재위 6년 만에 세상을 뜨고 아들 난왕赧王 연延이 즉위했다. 난왕 때 주는 동서로 갈라져 다스려졌고, 난왕은 서주로 옮겼다.[50] 서주 무공武公의 태자 공共이 죽었다. 서자는 다섯이나 있었으나 세울 적자가 없었다. 사마전司馬翦이 초왕에게 "땅을 공자 구咎에게 찬조하여 태자 자리를 요청하는 것이 낫지 않겠습니까?"라고 하니, 좌성左成이 "안 됩니다. 주가 따르지 않을 경우 당신의 계획은 허사가 되고 주와의 관계만 멀어질 뿐입니다. 주왕이 누구를 세울 생각인지 슬며시 타진하여 사마전에게 암시하게 하면 그때 사마전이 초의 땅을 찬조하겠다고 하는 것이 나을 것입니다"라고 했다. 과연 서주는 공자 구를 태자로 세웠다.

8년(기원전 307년), 진秦이 의양宜陽을 공격하자 초가 구원에 나섰다. 한편 초는 주가 진을 위해 출병했다고 생각하여 주를 정벌하려 했다. 소대蘇代가 주를 위해 초왕에게 이렇게 유세했다.

어째서 주가 진을 위해 출병하여 화를 자초한다고 생각하십니까? 주가 초보다 진에 더 가깝다고 말하는 것은 주를 진에 더 바짝 달라붙게 하기 위해서이지요. 그래서 '주진周秦'이란 말이 나온 것입니다. 주가 초의 공격을 피할 수 없다는 것을 안다면 분명 진에 투항할 것인데, 이는 주를 손에 넣으려는 진의 정교한 계책을 돕는 꼴입니다. 왕을 위해 계책을 올리자면, 주가 진에 기울어진다 해도 잘 대해주고 그렇지 않더라도 잘 대해주어 진과 멀어지게 하십시오. 주가 진과의 관계를 끊으면 틀림없이 영郢으로 달려올

50 주 왕실이 동서로 갈라진 사건을 말한다. 역사상 기원전 770년 평왕이 동쪽 낙양으로 옮긴 이후의 주를 동주라 부르는 것과는 별개다. 주의 동서 분열은 이보다 앞선 현왕 2년인 기원전 367년 무렵으로 본다.

것입니다.

진秦이 동주와 서주 사이의 길을 빌려서 한을 공격하려 했다. 주는 길을 빌려주자니 한이 두려웠고, 빌려주지 않자니 진이 두려웠다. 사염史厭이 동주의 왕에게 이렇게 아뢰었다.

사람을 보내 한의 공숙公叔에게 이렇게 말하십시오. "진이 감히 주의 땅을 넘어 한을 공격하려는 것은 동주를 믿기 때문이다. 공은 어째서 주에 땅을 주지 않고 초에 인질을 보내지 않는 것인가? 그렇게 하면 진은 분명 초를 의심하고 주를 믿지 않게 되어 한을 정벌하지 않을 것이다." 또 진에다가는 "한이 억지로 주에 땅을 주는 것은 장차 진이 주를 의심하게 만들려는 속셈이다. 주가 땅을 받지 않을 수 없기 때문이다"라고 하십시오. 진은 틀림없이 주가 땅을 받지 말아야 한다는 명분을 찾지 못할 것입니다. 이렇게 되면 한으로부터는 땅을 받고, 진으로부터는 양해를 얻어낼 수 있습니다.

진秦이 서주의 왕을 부르자 왕은 가고 싶지 않았다. 그래서 한왕에게 사람을 보내 "진이 서주의 왕을 부른 것은 한의 남양南陽을 공격하기 위해서입니다. 왕은 어째서 남양에 군대를 보내지 않습니까? 주의 왕이 진에게 이를 구실로 내세울 수 있습니다. 주의 왕이 진에 가지 않으면 진이 감히 황하를 넘어 남양을 공격할 수는 없습니다"라고 했다.

동주와 서주의 싸움에서 한은 서주를 도왔다. 어떤 자가 동주를 위해 한왕에게 "서주는 원래 천자의 나라로 이름난 기물과 보배가 많습니다. 왕께서 군대를 출병시키지 않는다면 동주에게는 덕을 베푸는 것이고, 서주의 보물은 죄다 한으로 들어올 것입니다"라고 유세했다.

주 난왕은 이름뿐인 왕이었다. 초가 한의 옹지雍氏를 포위하자 한은 동주에서 갑옷과 식량을 징발하려 했다. 겁이 난 동주의 왕은 소대를 불러 이 사실을 알렸다. 소대는 "천자께서는 뭐가 걱정이십니까? 신이 한에게 주로부터 갑옷과 곡식을 징발하지 못하게 함과 동시에 천자께서 고도高都를 얻을 수 있도록 하겠습니다"라고 했다. 그러자 주왕은 "그대가 그렇게만 한다면 국정을 그대에게 모두 맡기겠소"라고 했다.

소대가 한의 상국을 만나 말했다. "초가 옹지를 포위하며 석 달을 기한으로 삼았습니다. 지금 다섯 달이 지나도록 함락시키지 못하고 있는 것은 초가 지쳤다는 뜻입니다. 이런 상황에서 상국께서 주로부터 갑옷과 식량을 징발하려는 것은 초에게 우리가 지쳤다고 알리는 것입니다." 한의 상국은 "맞는 말이오. 사자 일행을 멈추게 하겠소"라고 했다. 소대는 "그런데 고도는 주에 왜 주지 않습니까?"라고 했다. 한의 상국은 "내가 주에서 갑옷과 곡식을 징발하지 않는 것만으로도 충분한데 어째서 고도까지 주어야 한단 말이오?"라며 크게 성을 냈다. 소대는 "고도를 주에게 주면 주는 몸을 돌려 한에 의지할 것입니다. 진이 이 소식을 들으면 틀림없이 주에게 크게 화가 나서 주와 왕래하지 않을 것입니다. 다 무너진 고도를 가지고 온전한 동주를 얻는 것인데 어째서 못 주겠다는 것입니까?"라고 했다. 상국은 그 말이 옳다며 진짜로 고도를 주에게 주었다.

34년(기원전 281년), 소려蘇厲가 서주의 왕에게 아뢰었다.

> 진이 한·위를 격파하고 사무師武를 패배시키고,[51] 북으로 조의 인藺과 이석離石을 빼앗은 것은 모두 백기白起의 공로입니다. 그는 용병에 능하고 천명

도 받았습니다. 그는 지금 또 군대를 이궐伊闕의 요새로 출동시켜 양梁을 공격하려 합니다. 양이 깨지면 주가 위험해집니다. 왕께서는 백기에게 사람을 보내 이렇게 말하게 하십시오.

"초에 양유기養由基란 명사수가 있었습니다. 백 걸음이나 떨어져 있는 버들잎을 쏘아도 백발백중이었지요. 좌우에서 지켜보던 수천 명이 다들 정말 잘 쏜다고 입을 모았습니다. 그때 어떤 사람이 옆에 서서는 '훌륭하다. 활쏘기를 가르칠 만하구나!'라고 말했습니다. 양유기가 성이 나서 활을 놓고 검을 집어 들면서 '당신이 내게 어떻게 활쏘기를 가르친단 말인가?'라고 말했습니다. 그 사람은 '나는 당신에게 왼손으로는 활을 단단히 잡고 오른손은 구부려 활시위를 당기는 그런 활쏘기 자세를 가르칠 수 있다는 말이 아니오. 백 보나 떨어져 있는 버들잎을 쏘아서 백발백중한다고 해도 가장 잘 맞을 때 멈추지 않으면 결국에는 힘이 달려 활은 휘고 화살은 구부러지는 것이오. 한 발이라도 못 맞추면 이전의 백발백중은 다 허사가 되지오'라고 했답니다. 지금 한과 위 그리고 사무를 격파하고, 북으로 조의 인과 이석을 빼앗은 것은 대부분 공의 공로입니다. 그런데 또 군대를 이궐 요새로 출동시켜 동주와 서주 사이를 지나 한을 등지고 양을 공격하려고 합니다. 이번에 승리하지 못하면 앞서 세운 공들이 모두 사라질 것입니다. 그러니 병을 핑계로 출전하지 않는 것이 좋을 것입니다."

42년(기원전 273년), 진秦이 화양華陽의 조약을 파기했다. 마범馬犯이 서주

---

51 기원전 293년 발생한 진과 한·위 연합군 사이의 '이궐伊闕전투'를 가리키는 대목이다. 당시 진의 장수는 백기였고, 사무師武는 위의 장수였던 《전국책》 〈위책〉에 나오는 서무犀武로 본다.

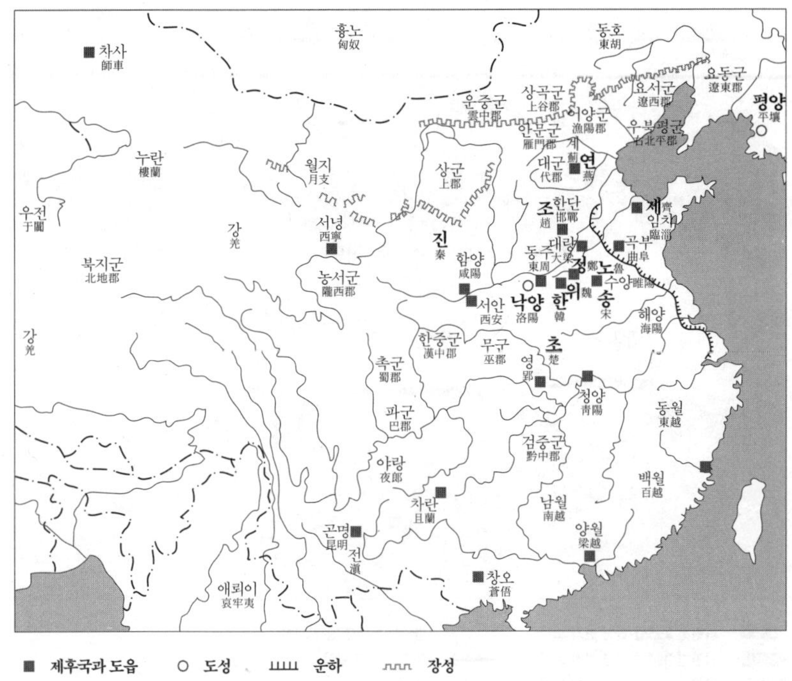

◉ 전국시대 제후국 형세도.

의 왕에게 "양으로 하여금 주에 성을 쌓으라고 하십시오"라고 했다. 이어서 양왕에게는 "서주의 왕께서 병이 나 돌아가시기라도 하면 이 마범도 틀림없이 죽임을 당할 것입니다. 이 몸이 구정을 왕께 드리라고 청할 터이니 왕께서는 구정을 받으시면 신을 살려주십시오"라고 말했다. 양왕은 좋다고 했다. 양왕은 마범에게 군대를 주어 주를 지키게 했다.

이렇게 해서 마범은 진왕에게 "양이 주에 와 있는 것은 주의 변경을 지키려는 것이 아니라 실은 토벌하려는 것입니다. 못 믿으시겠다면 병사를 국경에 보내어 한번 살펴보십시오"라고 했더니 진이 정말 군대를 출동시

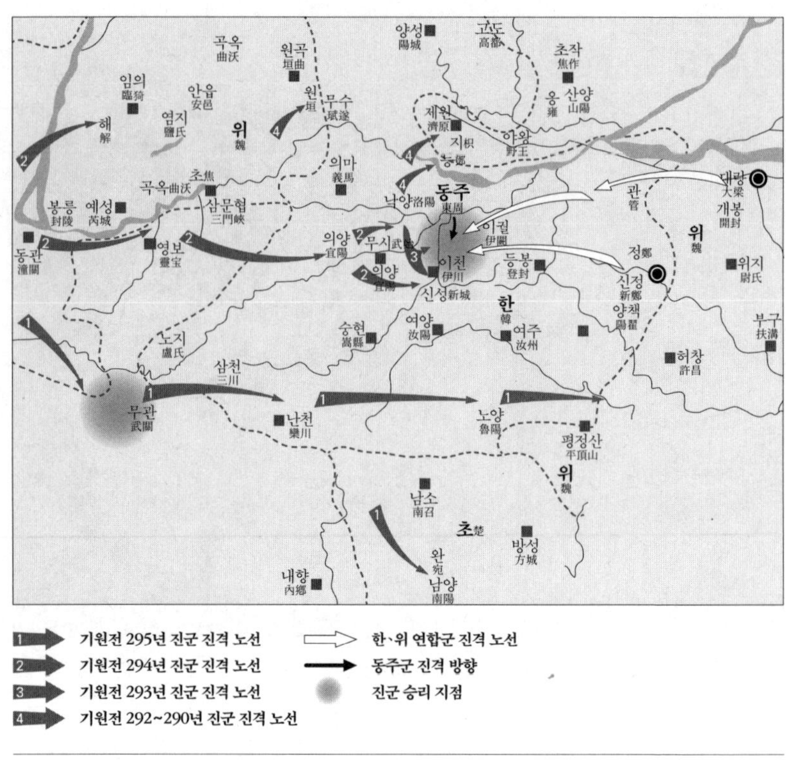

◉ 이궐전투도. 이 전투로 위의 국력이 크게 소모되었다.

켰다.

마범은 다시 양왕에게 "주의 왕께서 병이 심한지라 구정을 보내드리는 일은 주의 왕으로부터 허락을 받은 후 신이 다시 회답을 드렸으면 합니다. 그런데 지금 왕께서 군대를 주로 보냈기 때문에 제후들이 모두 의심을 하고 있습니다. 앞으로 어떤 일을 하든 믿지 않을 겁니다. 병사들에게 주의 성을 쌓게 하여 사건의 발단을 감추는 것이 좋겠습니다"라고 했다. 양왕은 좋다면서 주의 성을 쌓게 했다.

45년(기원전 270년), 주에 와 있던 진의 빈객이 주최周最에게 "공께서 진왕의 효성을 칭찬하며 응應 땅을 진 태후의 양지養地[52]로 보내는 것이 좋지 않을까 합니다. 진왕은 틀림없이 기뻐할 것이고 공은 진과 교분을 갖게 될 것입니다. 두 나라의 관계가 좋아지면 공의 업적이라 생각하겠지만, 관계가 틀어지면 주왕에게 진에 들어가라고 권한 사람은 분명 죄를 받게 될 것입니다"라고 했다.

진이 주를 공격하니 주최가 진왕에게 이렇게 말했다.

왕을 위해 주를 공격하지 않아도 되는 계책을 말해보겠습니다. 주를 공격하는 것은 정말이지 이익이 안 되면서 괜시리 천하를 겁먹게 만들 뿐입니다. 천하가 진을 두려워하면 동쪽으로 제와 연합할 것입니다. 진의 군대가 주에서 지쳐버리면 천하가 제와 연합할 것이고, 그러면 진은 천하를 통일하지 못합니다. 천하가 진을 지치게 하려고 왕께 주를 치도록 부추기는 것입니다. 진이 천하 제후들의 의도대로 지쳐버리면 천하를 호령할 수 없습니다.

58년(기원전 257년), 삼진이 진에 저항했다. 주는 상국을 진으로 보냈으나 진이 무시하므로 중도에서 되돌아왔다. 빈객이 상국에게 "진이 공을 무시하는 것인지 중시하는 것인지 아직은 알 수 없습니다. 진은 지금 삼국의 정세를 너무 알고 싶어하니 공께서는 어서 진왕을 만나 '왕께 동방의 사정

52 '양지'는 탕목읍湯沐邑과 비슷한 성격의 땅으로, 탕목이란 목욕이란 뜻이다. 천자가 제후에게 내린 땅인데, 조회 때 몸을 정갈하게 하고 오라는 의미에서 일정한 땅을 내려 거기서 나오는 비용으로 조회를 위한 채비를 하게 했다.

◉ 풍경과 호경은 각각 문왕과 무왕이 건설한 도읍지다. 쓰레기 더미에 둘러싸여 있는 풍호 유지의 최근 모습이다.

을 알리고자 합니다'라 하면 진왕은 분명 공을 존중할 것입니다. 공을 중시한다는 것은 진이 주를 중시하는 것이고 주가 공 덕분에 중시되는 것입니다. 제가 주를 존중하게 된 것도 주최가 제로부터 환심을 산 덕분입니다. 이렇게 되면 주는 늘 큰 나라와의 관계를 잃지 않을 수 있습니다"라고 했다. 진은 주를 믿고 군대를 내어 삼진을 공격했다.

59년(기원전 256년), 진이 한의 양성陽城과 부서負黍를 빼앗았다. 서주가 겁이 나서 진을 배반하고 제후들과 합종하여 천하의 정예 군대를 이궐로 보내 진을 공격함으로써 진이 양성을 넘을 수 없게 했다. 진 소왕이 노하여 장군 규摎로 하여금 서주를 공격하게 했다. 서주의 왕이 진으로 건너와 머리를 숙여 사죄하면서 36개 읍과 3만 명을 바쳤다. 진은 그것들을 받고 서주 왕을 주로 돌려보냈다.

주 난왕이 죽자 주의 백성들이 동쪽으로 망명했다. 진은 구정과 같은 보물을 빼앗고 서주의 왕을 탄호憚狐로 내쫓았다.

그 후 7년(기원전 249년) 진의 장양왕莊襄王이 동주를 멸망시켰다. 이로써 동주와 서주는 모두 진에 속하니 주는 더 이상 제사를 이을 수 없게 되었다.

11
사마천의 논평

◉

태사공은 이렇게 말한다.

"학자들은 모두 주가 상주를 정벌한 후 낙읍에 도읍했다고 하지만 사실을 종합해보면 그렇지 않다. 무왕이 건설하고 성왕이 소공에게 점을 치게 하여 구정을 옮겼으나 주는 다시 풍豊과 호鎬에 도읍했다. 견융이 유왕을 죽인 뒤에야 비로소 낙읍으로 동천했다. '주공을 필畢에 장사 지내다'라고 했을 때의 '필'은 호경 동남쪽의 두중杜中이다.

진이 주를 멸망시켰다. 한이 일어나고 90년 뒤 천자가 태산에 제사를 지내려 동쪽을 순수하다가 하남에 이르러 주의 후손 가嘉를 찾아 땅 30리를 주며 열후와 대등한 '주자남군周子南君'이라 부르며 선조의 제사를 받들게 했다."

◉

정리의 기술

◉

◉ 〈주본기〉에 등장하는 명언·명구의 재발견

- **일중불가식이대사**日中不暇食以待士 "정오가 되도록 밥 먹을 겨를도 없이 선비들을 접대하다." 《상서》 〈무일〉에 나오는 대목이다. 제33 〈노주공세가〉에도 비슷한 내용이 나온다. 주공이 봉지인 노魯로 떠나는 아들 백금에게 자신은 "한 번 목욕하다가 머리카락을 세 번 움켜쥐고 나왔고, 한 끼 식사하다가 먹던 것을 세 번이나 뱉어내고 나올" 정도로 선비들을 맞이하는 데 소홀함이 없었다고 말한다. 여기서 유명한 '일목삼착一沐三捉, 일반삼토一飯三吐'라는 고사성어가 나왔는데, 문왕의 인재 대접도 같은 맥락이다.
- **양반양장**讓畔讓長 "밭의 경계를 서로 양보하고, 백성들은 연장자에게 양보하다." 서로 양보한다는 뜻을 가진 성어다. 주 문왕이 덕정德政을 베푼 결과로 이 같은 풍속이 만들어졌다는 것이다.
- **지취욕이**祗取辱耳 "그냥 창피만 당하다." 사사로운 욕심을 부리거나 사소한 이익을 놓고 다투는 자들이 문왕이 다스리는 주나라 사람을 보면 마냥 부끄럽다는

의미로 쓰였다.

• **좌장황월**左杖黃鉞, **우병백모**右秉白旄 "왼손에는 누런색 큰도끼를, 오른손에는 소꼬리가 달린 흰색 깃발을 휘두르다." 정벌에 따른 권위를 상징하는 기물들을 가리킨다. 왼손의 큰도끼는 죽음을, 오른손의 깃발은 교령敎令을 나타낸다.

• **빈계무신**牝鷄無晨, **빈계지신**牝鷄之晨, **유가지색**惟家之索 "암탉은 새벽에 울지 않는다. 암탉이 새벽에 울면 집안이 망한다." 이 악명 높은 명언은 주 무왕이 상의 주임금을 치면서 옛 속담을 인용하여 제후들에게 한 말이다. 상 말기 나랏일에 달기妲己 등 아녀자가 간섭한 것을 비유해서 한 말이다. 그 뒤 오랫동안 이 말은 여성을 천시하는 속담으로 회자되었지만, 사실은 주임금에 대한 비난이지 여성에 대한 비하가 아니다.

• **짐승이 세 마리면 떼란 뜻으로 '군'이라 하고, 사람이 셋이면 무리란 뜻으로 '중'이라 하며, 여자가 셋이면 미물이란 뜻으로 '찬'이라 한다.** '군群', '중衆', '찬粲'의 어원을 알려준다. '찬'은 뛰어난 미모의 여자란 뜻이지만, 이를 한꺼번에 차지하면 재앙이 닥칠 수 있다는 의미도 함축한다.

• **필부가 이익을 독차지해도 도적이라 부르거늘 왕이 그렇게 하면 왕을 따르는 사람이 적어집니다.** 여왕의 통치 방식은 첫째 백성들에게 세금을 무겁게 매기는 것과, 둘째 자신에 대한 비방을 철저하게 감시하는 것이었다. 이에 예량부가 경고한 것이다.

• **도로이목**道路以目 "길에서 만나면 눈으로 뜻을 나누었다." 언론 탄압이 심해지자 사람들은 드러내놓고 말하지 못하고 지나가다 만나면 눈짓으로 마음을 나누었다는 것이다.

• **미방**弭謗 "비방을 없애다" 또는 '비방을 막다'라는 뜻의 표현이다.

• **방민지구심어방수**防民之口甚於防水 "백성의 입을 막는 것은 물을 막는 것보다 심각합니다." 백성의 입을 막으려 했다간 더 큰 위험을 맞이할 것이라는 소공의 경고로 《사기》 전편을 통해 가장 유명한 명언의 하나로 꼽힌다. 통치자는 민심과 여론

에 늘 귀와 마음을 열고 있어야 한다는 의미다.

- **공화**共和 기원전 841년 국인들이 여왕을 내쫓은 사건이 발생한다. 이후 주의 정치 상황을 '공화'라고 표현한다. 이에 대해서는 소공과 주공 두 사람이 공동으로 협상을 통해 정치를 주도했기 때문에 '공화'라고 한다는 설이 우세하다.《죽서기년》에서는 공백共伯 화和가 왕위에 간여했다 하여 '공화'라 한다고 했다. 공화정치는 대체로 기원전 828년까지 14년 동안 지속되었다.

- **봉수대고**烽燧大鼓 "봉수와 큰북을 만들어." 고대 변경에서 적의 침략 등 긴급 상황을 알릴 때 봉화를 올리고 큰북을 쳤다. 봉화의 경우는 낮에는 연기로 밤에는 불빛으로 알렸다.

- **문구정**問九鼎 "구정에 관해 물었다." '구정'은 천자의 권력과 권위를 상징하는 기물이다. 이에 대해 물었다는 것은 천하 패권에 대한 야심을 드러냈다는 뜻이다. '정의 무게를 묻다'라는 '**문정경중**問鼎輕重'도 같은 뜻의 성어다. 줄여서 '**문정**問鼎'이라고도 한다.

◉ 〈주본기〉에 등장하는 인물 정보

이름	시대	내용	출전
후직后稷	전설시대 요·순	주의 시조로 이름은 기棄이다. 훗날 농업의 신으로 추앙되었다.	〈오제본기〉
강원姜原	전설시대	주의 시조 기의 어머니로 유태씨 출신이다.	《사기집해》
부줄不窋 *국鞠* *공류公劉* *경절慶節* *황복皇僕* *차불差弗* *훼유毀隃* *공비公非* *고어高圉* *아어亞圉* *공숙조류公叔祖類* *고공단보古公亶父*	하 상	주의 선조들. 주 문왕 서백 창의 조부인 고공단보 때 빈에서 기산 아래로 옮겨 주 왕조 건국의 기틀을 닦았다. 단보는 훗날 태왕太王으로 추존되었다.	《제왕세기》 《국어》 《노사》
태백太伯 우중(虞仲, 중옹仲雍)	오吳	주 문왕의 큰아버지들로 문왕에게 자리가 돌아갈 수 있도록 동생 계력에게 지도자 자리를 양보하고 남방으로 내려가 오나라를 세웠다.	〈오태백세가〉
태강太姜	상	고공단보의 처로 태백·중옹·계력을 낳았다. 유태씨 출신에 강姜씨 성으로 전한다.	《사기집해》 《사기정의》 《열녀전》
계력(季歷, 공계公季)	상	고공단보의 막내아들이자 주 문왕 창의 아버지로 형들에게 양보받아 단보를 계승했다.	《시경》 《열녀전》
태임太任	상	계력의 처로 주 문왕 창을 낳았다. 단보의 처 태강, 문왕의 처 태사太姒와 함께 '삼현모'로 불린다.	《시경》 《열녀전》
문왕文王 창昌	상	주 문왕의 이름. 주 왕조를 개국한 무왕 발發에 의해 문왕으로 추존되었다.	
백이伯夷 숙제叔齊	상	상 말기 고죽孤竹의 왕자들로 서로 왕위를 양보하다 주나라 건국 후 수양산에서 아사했다.	〈백이열전〉
태전太顚 굉요閎夭 산의생散宜生	상	상 말기 주 문왕을 도왔던 측근 대신들이다.	〈은본기〉 《회남자》
육자鬻子	상 초楚	상 말기 인물로 초의 시조로 알려져 있다. 성은 미芈, 이름은 웅熊이다.	〈초세가〉

신갑대부 辛甲大夫	상	상 말기 주임금의 신하로 75차례나 직간했으나 듣지 않자 주로 옮겨왔는데, 문왕이 직접 나가 맞이했다고 전한다.	《별록》 《한서》〈예문지〉
숭후호崇侯虎 주紂 비중費仲 조이祖伊	상	상 말기의 인물들로 '〈은본기〉에 등장하는 인명·인물 정보' 참고(~쪽).	〈은본기〉 〈진본기〉 《회남자》
무왕 발發	주	문왕의 아들로 상을 멸망시키고 주 왕조를 건국했다.	〈은본기〉
태공망太公望	주	강태공의 별칭. 사상보師尙父로도 불린다. 문왕과 무왕을 도와 주를 건국했으며,제나라와 강씨의 시조이다.	〈제태공세가〉
주공周公	주	형 무왕을 도와 주를 건국하는 데 큰 공을 세우고 건국 후에는 보輔가 되어 나라의 기초를 다졌다. 이름은 단旦이다.	〈노주공세가〉 《논어》
소공召公	주	주 문왕의 서자로 무왕을 보좌해 상을 멸망시킨 후 연에 봉해져 연의 시조가 되었다. 이름은 석奭이다.	〈연소공세가〉
필공畢公	주	주 문왕의 서자로 필을 식읍으로 받아 필공이라 불렸다.	
비간比干 기자箕子 태사자太師疵 소사강少師强	주	상 말기의 인물들로 상의 주임금에게 직인하나 죽임을 당하거나 구금되거나 도망쳤을 것으로 추정된다.	〈은본기〉
숙진탁叔振鐸	주	주 문왕의 아들이자 무왕의 동생으로 상 정벌에 공을 세워 조曹에 봉해져 조의 시조가 되었다.	〈관채세가〉
모숙정毛叔鄭	주	주 문왕의 아들이자 무왕의 동생으로 이름이 정이다. 모毛에 봉해져 모공이라고도 불린다.	
위강숙봉 衛康叔封	주	문왕의 아들이자 무왕의 동생으로 강康에 봉해졌다가 위衛에 봉해졌다. 이름이 봉이다.	〈위강숙세가〉
윤일尹佚	주	사일史佚이라고도 한다. 서주 초기의 사관, 천문가, 점성가로 무왕 때 태사太史를 지냈다.	《사기정의》 《한서》〈예문지〉
상용商容	상	상 말기의 현인으로 전례와 음악을 담당했다. 주에게 직간하다 쫓겨나 집에서 은둔하며 지낸 것으로 전한다.	〈은본기〉
남궁괄南宮括	주	주 초기의 대신으로 남궁적南宮適, 남궁백달南宮伯達이라고도 한다.	

성왕成王	주	주 왕조 2대 제왕으로 이름은 송誦이다.	
관숙管叔 선鮮 채숙蔡叔 탁度	상 주	주 무왕의 동생들로 상의 유민들을 감시하게 했으나 상 주왕의 아들 무경과 함께 반란을 일으켰다.	〈은본기〉
무경(武庚, 녹보祿父)	상 주	상 주왕의 아들로 주 무왕이 상의 제사를 받들게 배려했으나 관숙·채숙과 함께 반란을 일으켰다.	〈은본기〉
미자개微子開	상 주	상 주왕의 형으로 이름은 계啓이다. 현인으로 이름나 주 초기 주공에 의해 송宋에 봉해져 송의 시조가 되었다.	〈송미자세가〉
진당숙晉唐叔	주	무왕의 아들이자 성왕의 동생으로 이름은 우虞이다. 당唐에 봉해져 당숙 또는 대숙으로 불린다. 진晉의 시조다.	〈진세가〉
영백榮伯	주	주 왕실의 종친으로 경대부를 지냈다.	
강왕康王	주	주 왕조의 2대 왕으로 이름은 교釗이다.	
소왕昭王	주	주 왕조의 3대 왕으로 이름은 하瑕이다.	
목왕穆王	주	주 왕조의 4대 왕으로 이름은 만滿이다.	서주 청동기 명문
백경伯冏	주	주 목왕 때 태복정太僕正을 지냈다.	《상서》〈경명〉
제공(祭公, 모보謀父)	주	주공의 후손으로 제祭에 봉해졌다. 모보는 자이다.	
대필大畢 백사伯士 수돈樹敦	주	견융犬戎의 군주들로 추정된다. 수돈성 유지가 기록으로 전한다.	《북사》〈사녕전〉, 《신당서》〈왕난득전〉
공왕共王	주	주 왕조의 6대 왕으로 이름은 예호繄扈이다. 공왕恭王이라고도 한다.	
밀강공密康公	주	밀국의 군주로 주 왕실과 같은 희성이다.	《사기집해》
의왕懿王	주	주 왕조 7대 왕으로 이름은 간艱 또는 견堅이다.	
효왕孝王	주	주 왕조 8대 왕으로 이름은 벽방辟方이다.	
이왕夷王	주	주 왕조 9대 왕으로 이름은 섭燮이다.	
여왕厲王	주	주 왕조 10대 왕으로 이름은 호胡이다.	《국어》
영이공榮夷公	주	주 여왕 때의 경사. 기록은 전해지지 않는다.	《국어》
예량부芮良夫	주	주 여왕 때의 대신. 기록은 전해지지 않는다.	《국어》
선왕宣王	주	주 왕조 11대 왕으로 이름은 정靜이다.	
소공(召公, 목공穆公)	주	소공 석의 후손으로 이름은 호虎이다. 여왕과 선왕 때 대신을 지냈다.	
주공(周公, 정공定公)	주	주공 단의 후손으로 이름은 알 수 없다. 대대로 천자를 보좌했다.	

노무공(魯武公, 재위 825~816)	주 노魯	노의 국군으로 이름은 오이다. 진공의 동생이다.	〈노주공세가〉
괵문공虢文公	주	주 천자의 경사卿士로 괵국의 국군이다. 문왕의 동모제인 괵중虢仲의 후손이다.	《국어》
중산보仲山甫	주	주 천자의 경사로 번목중樊穆仲이라고도 한다.	
유왕幽王	주	주 왕조 12대 왕으로 이름은 궁생宮涅이다. 견융의 침입으로 피살되고, 이로써 서주는 망한다.	
백양보伯陽甫	주	주의 대부로 백양보伯陽父로 나오기도 한다.	《국어》
포사褒姒	주	포국의 여자로 여왕의 총애를 받아 아들 백복을 태자로 세웠다. 견융의 침입 때 유왕과 함께 죽임을 당했다.	《사기색은》
신후申侯	주	강성의 신국 제후다. 백이伯夷의 후예로 전한다.	
백복伯服	주	포사가 낳은 아들이다.	
백양伯陽	주	주 유왕 때 태사太史를 지냈다.	
괵석보虢石父	주	선왕 때 괵문공의 후손으로 유왕의 총애를 받았다.	
평왕(平王, 재위 770~720)	동주	유왕이 피살되면서 주가 망하자 정국을 수습해 낙양으로 천도함으로써 동주를 열었다. 13대 왕으로 이름은 의구宜臼이다.	《좌전》
노은공(魯隱公, 재위 722~712)	동주 노	노의 국군으로 이름은 식고息姑이다. 혜공의 서자이자 환공의 형이다.	공자의 《춘추》는 은공 원년에서 시작된다.
예보洩父	동주	평왕의 태자로 일찍 세상을 떠났다.	
환왕桓王	동주	주의 14대 왕으로 이름은 임林이다.	
정장공鄭莊公	동주 정鄭	정의 국군으로 이름은 오생寤生이다.	《좌전》 〈정세가〉
장왕莊王	동주 정鄭	주의 15대 왕으로 이름은 타佗이다.	
주공周公 흑견黑肩	동주 정鄭	주 환공桓公으로 이름이 흑견이다. 주 왕실에서 경사를 지냈다. 왕자 극을 옹립하려다 실패했다.	《좌전》
극克	동주 정鄭	환왕의 아들이자 장왕의 동생이다. 정쟁으로 연으로 도망갔다.	
신백辛伯	동주 정鄭	주의 대부이다.	
이왕釐王	동주 정鄭	주의 16대 왕으로 이름은 호제胡齊이다.	

제환공齊桓公	동주 제齊	제의 국군. 춘추시대 최초의 패자로 제후들을 호령했다.	《좌전》 〈제태공세가〉 〈12제후연표〉
혜왕惠王	동주	주의 17대 왕으로 이름은 낭閬이다.	
퇴頹	동주	장왕이 총애한 요姚씨의 아들이자 이왕의 동생이자 혜왕의 숙부이다. 변백의 옹립으로 왕이 되었다가 다시 축출된다.	《좌전》
변백邊伯	동주	위국蔿國 등과 함께 퇴를 왕으로 옹립하는 난을 일으켰다.	《좌전》
양왕襄王	동주	주의 18대 왕으로 이름은 정鄭이다.	
혜후惠后	동주	혜왕의 왕후로 진陳 출신이다. 순의 후손으로 선한다.	
숙대叔帶	동주	혜왕의 막내아들이자 양왕의 동생으로 태숙, 왕자대 등으로 불렸다. 감甘에 봉해져 '감소공'이라고도 한다.	《좌전》
관중管仲	동주 제	제의 명신으로 환공을 보좌해 춘추 최초의 패주로 만들었다.	〈제태공세가〉 〈관안열전〉
습붕隰朋	동주 제	제의 대신으로 관중·포숙을 도와 제의 부국강병을 이루었다.	〈제태공세가〉 〈관안열전〉
유손游孫 백복伯服	동주 제	주의 대부들로 전한다.	《국어》 《좌전》
정문공(鄭文公, 재위 672~628)	동주 정	정의 국군으로 이름은 첩捷이다. 여공의 아들이다.	《좌전》
정여공(鄭厲公, 재위 700~673)	동주 정	정의 국군으로 주 왕자 퇴의 난을 진압하는 데 공을 세웠다. 이름은 돌突이다.	《좌전》
부신富辰	동주	주의 대부로 박학다식으로 유명했고, 양왕에게 왕자 대의 귀국을 권유했다.	
담백譚伯	동주	주의 대부 원백모原伯毛와 동일인으로 보인다.	《국어》
진문공(晉文公, 재위 636~628)	동주 진晉	진의 국군. 19년 망명 끝에 국군이 되어 춘추 패주로 명성을 떨쳤다. 성은 희姬, 이름은 중이重耳다.	《좌전》 〈진세가〉
진목공(秦穆公, 재위 659~621)	동주 진秦	진의 국군. 덕공의 막내아들이다. 춘추시대 진의 가장 뛰어난 국군으로 전한다. 성은 영嬴, 이름은 임호任好다.	〈진본기〉
경왕頃王	동주	주의 19대 왕으로 이름은 임신壬臣이다.	
광왕匡王	동주	주의 20대 왕으로 이름은 반班이다.	
정왕定王	동주	주의 21대 왕으로 이름은 유瑜이다.	

초장왕(楚莊王, 재위 613~591)	동주 楚	장강 이남 강국 초나라 왕으로 목왕의 아들이다. 성은 미羋, 이름은 려侶이다. 춘추 초기 크게 위세를 떨쳤다.	〈초세가〉
왕손만王孫滿	동주	주의 대부로 서주 공왕의 후손으로 알려졌다. 식견과 언변으로 유명하다.	〈진본기〉 〈초세가〉 《좌전》
간왕簡王	동주	주의 22대 왕으로 이름은 이夷이다.	
진여공晉厲公 재위580~573	동주 진晉	진의 국군으로 경공의 아들이다. 이름은 수만壽曼이다. 권신 난서欒書 등에 의해 살해되었다.	
진도공晉悼公 재위572~588	동주 진晉	진 양공의 증손이자 여공의 조카로 난서 등에 의해 옹립되었다.	
영왕靈王	동주	주의 23대 왕으로 이름은 설심泄心이다.	
최저崔杼	동주 제齊	제의 권신으로 장공을 살해했다.	《좌전》
제장공齊莊公	동주 제齊	제의 국군으로 영공의 아들이다. 이름은 광光이다. 권신 최저의 아내와 간통하다 최저에게 살해되었다.	《좌전》
경왕景王	동주	주의 24대 왕으로 이름은 귀貴이다.	
도왕悼王	동주	주의 25대 왕으로 이름은 맹猛이다.	
경왕敬王	동주	주의 26대 왕으로 이름은 개丐이다.	
진정공(晉定公, 재위 511~475)	동주 진晉	진의 국군으로 경공의 아들이며 이름은 오午이다. 경왕의 환국에 공을 세웠다.	
전상田常	동주 제齊	제의 권신으로 진陳이 본적이므로 진상陳常이라고도 한다. 간공을 시해했다.	《좌전》 〈전경중완세가〉
간공簡公	동주 제齊	제 도공의 아들로 당시 제의 강姜씨 성 제후는 실권을 잃고 괴뢰로 전락했다. 이름은 임壬이다.	《좌전》 〈전경중완세가〉
원왕元王	동주	주의 27대 왕으로 이름은 인仁이다.	
정왕定王	동주	주의 28대 왕으로 이름은 개介이다.	
지백智伯	동주 진晉	진의 세습 대귀족으로 이름은 요瑤이다. 정공 당시 한·위·조와 진의 땅을 나누어 차지했다가 협공을 당해 죽는다.	〈진세가〉
애왕哀王	동주	주의 29대 왕으로 이름은 거질去疾이다.	
사왕思王	동주	주의 30대 왕으로 이름은 숙습叔襲이다.	
고왕考王	동주	주의 31대 왕으로 이름은 외嵬이다.	
위열왕威烈王	동주	주의 32대 왕으로 이름은 오午이다.	

환공桓公	동주	고왕의 동생이자 위열왕의 숙부로 이름은 게揭이다.	
위공威公	동주	환공·혜공 등과 함께 《전국책》에 보이는 '동주'의 공들 중 하나다.	《전국책》
동주東周 혜공惠公	동주	이름은 반班이다.	《사기정의》《세본》
안왕安王	동주	주의 33대 왕으로 이름은 교驕이다.	
초성왕(楚聲王, 재위 407~402)	동주 초楚	초의 국군으로 간왕의 아들이다. 이름은 당當이다.	
열왕烈王	동주	주의 34대 왕으로 이름은 희喜이다.	
태사담太史儋	동주	주의 도서와 문서를 관리하던 태사직을 지냈다. 이름은 담이다.	〈노자한비열전〉
진헌공秦獻公	동주 진秦	진의 국군으로 영공의 아들이다. 진의 국력을 다시 떨친 인물로 이름은 사습師隰이다.	〈진본기〉
현왕顯王	동주	주의 35대 왕으로 이름은 편扁이다.	
진효공秦孝公	동주 진秦	진의 국군. 상앙商鞅을 기용해 변법개혁으로 통일의 기반을 다졌다. 이름은 거량渠粱이다.	〈진본기〉〈상군열전〉
진혜왕秦惠王	동주 진秦	진 효공의 아들로 처음으로 왕을 칭했다. 혜문왕惠文王이라고도 하며, 이름은 사駟이다.	〈진본기〉〈육국연표〉
신정왕愼靚王	동주	주의 36대 왕으로 이름은 정定이다.	
난왕(赧王, 재위 314~256)	동주	주의 37대 마지막 왕으로 이름은 연延이다.	
서주무공 西周武公	동주	동주혜공의 큰아들로 추정된다. 《전국책》에는 '동주무공'으로 나온다.	《전국책》
사마전司馬翦	동주 초楚	초의 대신으로 사마는 관직명이다.	
좌성左成	동주	당시 유세가로 추정된다.	《전국책》
소대蘇代	동주	전국시대 최고의 유세가로 이름을 떨친 소진蘇秦의 동생으로, 역시 이름난 유세가였다.	〈소진열전〉
사염史厭	동주	동주 국군 신변의 사관으로 보인다.	
한공숙韓公叔	동주 한韓	한韓의 귀족으로 상相을 지냈다. 공숙은 이름이며, 당시 한왕은 양왕襄王(재위 311~296)이었다.	
소려蘇厲	동주	유명한 책사이다. 소진·소대의 동생으로 보기도 한다.	〈소진열전〉
백기 (白起, ?~257)	동주 진秦	진의 명장으로 천하통일에 큰 공을 세웠다.	〈백기왕전열전〉

양유기養由基	진秦 초楚	춘추 중기 초의 명장. 명사수로 이름을 떨쳤다.	《좌전》
마범馬犯	동주	동주의 대신이다.	
주최周最	동주	주의 공자로 취冣 또는 취聚로도 쓴다. 서주의 국군을 대동하여 진에 들어갔다.	《전국책》
장양왕(莊襄王, 재위 249~247)	동주 진秦	효문왕의 아들이자 진시황의 아버지로 이름은 자초子楚이다.	
주자남군 周子南君	한漢	주의 후손 가嘉. 기원전 113년 한 무제는 순수 때 찾아 주자남군에 봉했다.	《사기집해》

• 약 160명의 인물이 언급되어 있다.

• 이탤릭체는 주 왕조의 선조들을, 진한 글자는 주 왕조의 왕들을 나타낸다.

• 왕들의 생몰 연도는 알 수 없고, 재위 연도는 기원전 841년 주 여왕 때 국인반정을 계기로 (공화共和 원년 이후) 확실한 연도를 기록하기 전에는 문헌 기록들과 '하상주단대공정'의 추정 연도에 약간의 차이가 난다. 이에 대해서는 457쪽 '주 왕조 제왕 정보'를 참고.

• 시간의 대략적인 파악을 위해 부분적으로 재위 연도를 적었으며, 참고로 주 왕조 외에 관련 제후국 국군들의 재위 연도를 표기했다.

◉ 〈주본기〉에 등장하는 지역·지리 정보

지명	당시 현황	현재의 지리 정보
유태씨(有邰氏, 태邰	고대 씨족으로 '태邰'가 지명이다.	① 섬서성 무공현武功縣 서남 ② 산서성 직산稷山, 문희聞喜 일대
융적戎狄	고대 서방과 동방이 소수민족	감숙성 경양慶陽 일대로 추정
칠수漆水	옹수의 지류로 볼 경우 동쪽 위수로 흘러들어가는 물길	① 섬서성 빈현彬縣 경하涇河 지류 ② 섬서성 인유현麟游縣 옹수雍水 지류 ③ 횡수하橫水河
저수沮水	칠수로 흘러들어가는 물길	섬서성 봉상현鳳翔縣 북쪽
위수渭水	감숙성 위원현 조서산에서 발원하여 섬서성 동관에서 황하로 들어가는 물길	위수
빈豳	공유가 천도한 옛 읍	섬서성 순읍현旬邑縣 서남쪽
훈육薰育	고대 북방의 소수민족의 하나	
양산梁山		섬서성 기산현岐山縣과 부풍현扶風縣 북부
기산岐山	주의 발상지인 주원 소재지	섬서성 기산현
형만荊蠻	고대 강남 초楚 땅에 거주한 민족에 대한 범칭	중원 지구와 대응
고죽孤竹	옛 나라 이름	하북성 노룡현盧龍縣
유리羑里	주 문왕이 갇혔던 은의 감옥	하남성 탕음현湯陰縣 북쪽
유신씨有莘氏	옛 국명으로 신국莘國	섬서성 합양현合陽縣 동쪽
여융驪戎	옛 부족으로 융족의 한 갈래로 희姬 성	섬서성 임동현臨潼縣 일대
유웅有熊	유웅씨로 옛 국명	하남성 신정현新鄭縣
낙하洛河	주나라 동쪽 접경 지역	섬서성 낙수洛水
우虞	옛 나라 이름	산서성 평륙현平陸縣
예芮	옛 나라 이름	산서성 대려현大荔縣 조읍성朝邑城
견융犬戎	옛 부족으로 융의 한 갈래	섬서성 빈현 일대에서 주로 활동
밀수密須	옛 나라의 이름. 밀密이라고도 하며, 길姞성이다.	감숙성 영대현靈臺縣 서쪽
기국耆國	옛 나라의 이름. 여국黎國이라고도 한다.	산서성 호관현壺關縣 서남
우邘	옛 나라의 이름. 고성 유지가 확인되었다.	하남성 심양시沁陽市
풍읍豐邑	주 문왕 때의 도읍지	섬서성 서안시西安市 서남 풍수豐水 서쪽
필畢	주 문왕의 무덤 소재지. 필영畢郢, 필정必定, 정程	섬서성 함양시咸陽市 동쪽

맹진(盟津, 孟津)	옛 황하를 건너는 나루터	하남성 맹진현孟津縣 동북
목야牧野	은의 도읍 조가朝歌 남쪽	하남성 기현淇縣
용庸	당시 서남방의 여러 부족들 이름	호북성 죽산현竹山縣 서남
촉蜀		사천성 성도成都 일대
강羌		감숙성 경양현 서북
모髳		산서성 평륙현 일대 또는 중경시 일대
미微		섬서성 미현眉縣 부근
노纑		호북성 의성宜城 서남
팽彭		호북성 방현房縣과 곡성谷城 사이
복濮		호북성 방현 서남
녹대鹿臺	은 주왕이 쌓은 조가성朝歌城. 유지가 남아 있다.	하남성 기현 동북
거교鉅橋	은나라 식량 창고의 이름	하북성 곡주현曲周縣
초焦		하남성 섬현陝縣 서쪽
축祝	협곡夾谷이라고도 한다.	산동성 내무현萊蕪縣 동남
계薊		북경성 서남쪽 끝
진陳	옛 나라 이름	하남성 회양현淮陽縣
기杞	옛 나라 이름	하남성 기현, 산동 안구安丘 동북
영구營丘	옛 읍 이름	산동성 치박시淄博市 임치臨淄 북쪽
제齊	주 왕조의 주요 봉국의 하나. 강태공의 봉지이다.	산동성 동부 일대
곡부曲阜	옛 읍 이름	산동성 곡부시曲阜市
노魯	주 왕조의 주요 봉국의 하나. 주공의 봉지이다.	산동성 서부 일대
연燕	주 왕조의 주요 봉국의 하나. 소공의 봉지이다.	북경시 서남 유리하琉璃河 일대
관管	옛 관국으로 무왕의 동생 숙선의 봉지이다.	하남성 정주鄭州
채蔡	옛 채국으로 무왕의 동생 숙도의 봉지이다.	하남성 상채현上蔡縣
이수伊水	하남성 난천현欒川縣 복우산伏牛山 북쪽 기슭에서 발원하여 언사현偃師縣에서 남쪽 낙하로 들어가는 강	
삼도三塗	산 이름	하남성 숭현 서남, 이수의 북쪽의 산
악嶽	산 이름	태행산

낙읍雒邑	주 왕조의 도성으로 통상 성주成周라 부른다.	하남성 낙양시洛陽市 동북
화산華山	오악 중 서악	섬서성 화음현華陰縣 남쪽
도림桃林	하남성 영보현靈寶縣 서쪽, 섬서성 동관현潼關縣 동쪽 일대	
송宋	미자의 봉국	하남성 상구현商丘縣 남쪽
회이淮夷	회하 하류 일대에 분포한 옛 부족의 하나	
엄奄	옛 나라 이름	산동성 곡부 동쪽
박고薄姑	옛 나라 이름	산동성 박흥현博興縣 동남
종주宗周	주의 도읍인 호경鎬京을 가리킨다.	
동이東夷	동방의 각 부족에 대한 범칭으로 회이, 엄 등을 주로 가리킨다.	
식신족息愼族	고대 동북방 소수민족의 하나로 숙신肅愼이라고도 한다.	
성주成周	낙읍의 별칭	
경수涇水	섬서성 경양현涇陽縣 동남에서 모여 위수로 들어가는 강	
체彘	옛 읍의 이름	산서성 곽현霍縣 동북
천무千畝	천자가 경작하는 적전이 있던 곳	산서성 개휴현介休縣
강씨융姜氏戎	서융의 한 갈래로 전설에 염제의 후예로 전한다.	
남국南國	옛 지명	장강長江과 한수漢水 사이를 가리킨다.
태원太原	옛 지명	산서성 서남부 지구 분수汾水와 조수洮水 유역. 감숙성 고원현固原縣으로 보는 설도 있다.
삼천三川	서주의 수도권 일대	경수, 위수, 낙수를 가리킨다.
포褒	옛 나라 이름	섬서성 면현勉縣 동남
신申	옛 나라 이름	하남성 남양시南陽市 북쪽
증繒	제후국 이름	하남성 방성현方城縣
서이견융西夷犬戎	영하, 감숙성과 가까운 섬서성 북부에서 활동한 소수민족의 하나	
여산驪山	여산 봉수대 유지가 남아있다.	섬서성 임동현 여산진
허전許田	주 성왕이 주공에 내린 땅	하남성 허창시許昌市 남쪽
연燕	옛 나라의 이름으로 남연을 가리킨다.	하남성 연진현延津縣 동북
위衛	강숙 후대의 봉국으로 몇 차례 천도했다.	하남성 기현

온溫	주의 읍 이름	하남성 온현溫縣
역櫟	정鄭의 읍 이름	하남성 우현禹縣
활滑	희성의 옛 나라 이름. 비활費滑이라고도 한다.	하북성 수현睢縣 서북 → 하남성 언사현偃師縣 서남
적翟	섬서성 의천宜川, 낙천洛川 일대의 소수민족. 적狄이라고도 한다.	
범氾	정의 읍 이름	하남성 양성현襄城縣 남쪽
하내河內	지역 이름	하남성 황하 이북 지구
하양河陽	당시 천토 서쪽 황하 북쪽	하남성 맹현孟縣 서쪽
천토踐土	'천토지맹'이 거행된 곳	하남성 원양현原陽縣 서남
육혼융陸渾戎	하남성 낙남현洛南縣 동쪽 낙수 유역에서 거주하던 소수민족	
택澤	적천(狄泉, 적천翟泉)이라 한다.	하남성 낙양시 동쪽 백마사 북쪽
하남河南	고왕 동생의 봉지	하남성 낙양시 왕성공원 일대
공鞏	주의 읍 이름	하남성 공현鞏縣 서남 낙양 동쪽
의양宜陽	한韓 서부의 중요 도시	하남성 의양현 서쪽
영郢	초 왕국의 도읍	호북성 형주시荊州市 강릉江陵 서북
남양南陽	전국시대 한韓·위魏에 속했다.	하남성 태행산 이남, 황하 이북 지구
옹지雍氏	한韓의 현 이름	하남성 우현 동북
고도高都	한의 현 이름	하남성 낙양시 남쪽
인藺	조趙의 현 이름	산서성 이석현 서쪽
이석離石	조의 현 이름	산서성 이석현
양梁	위魏의 수도 대량. 옛날에는 양국이라 부른다.	하남성 개봉시開封市
화양華陽	한의 현 이름	하남성 신정 북쪽
응應	주의 읍. 원原	하남성 노산현魯山縣 동쪽, 보풍현寶豐縣 남쪽
양성陽城	한의 현 이름	하남성 등봉현登封縣 동남 고성진固城鎭
부서負黍	한의 현 이름	하남성 등봉현 서남
탄호憚狐	지역 이름	하남성 임여현 서쪽
호鎬	무왕 때 천도한 서주의 도읍. 호경鎬京, 종주로 불렀다.	지금의 섬서성 장안현長安縣 서북 풍하豐河 동쪽 일대
자남子南	봉읍 이름	하남성 임여현 동쪽

◉ 〈주본기〉에 등장하는 문헌·문장 정보

서명	내용
〈태서太誓〉	〈태서泰誓〉를 말하며 주 무왕이 상의 주임금을 정벌하기에 앞서 제후들을 모아놓고 맹서한 문장으로 고문《상서》에 〈태서〉 상·중·하 세 편이 있다.
〈무성武成〉	고문《상서》의 편명으로 주 무왕이 상을 멸망시킨 후의 중요한 정치적 행위를 기록하고 있다.
〈분은지기물分殷之器物〉	《상서》〈서문〉에 〈분기分器〉를 지었다고 되어 있으나 문장은 없어졌다. 상의 종묘에 모셔져 있던 기물을 제후들에게 나누어준 이 일은 《좌전》(정공 4년조)에 보인다.
〈대고大誥〉	금문《상서》에 보이며, 내용은 주공이 동방 정벌에 앞서 천하에 반란 평정의 필요성을 천명한 것이다.
〈미자지명微子之命〉	금문《상서》에 보이며, 내용은 주 성왕이 미자를 봉한 명령이다. 〈송미자세가〉 참고.
〈귀화歸禾〉	전하지 않는다.
〈가화嘉禾〉	전하지 않는다.
〈강고康誥〉	금문《상서》에 보이며, 내용은 주공이 강숙에게 위衛나라를 잘 다스리라고 경고한 것이다. 〈위강숙세가〉 참고.
〈주고酒誥〉	금문《상서》에 보이며, 내용은 주공이 강숙에게 위나라에 술을 경계하라는 명령을 선포하라고 한 것이다. 〈위강숙세가〉 참고.
〈자재梓材〉	금문《상서》에 보이며, 내용은 주공이 강숙에게 상의 옛 땅을 다스림에 있어서 고려해야 할 정책 등에 관한 것이다. 〈위강숙세가〉 참고.
〈소고召誥〉	금문《상서》에 보이며, 소공이 성왕에게 덕정을 시행하라고 권고한 내용이다.
〈낙고洛誥〉	금문《상서》에 보이며, 성왕과 주공의 대화로 주공이 낙읍에 머물 것인가 하는 문제를 다루고 있다.
〈다사多士〉	금문《상서》에 보이며, 주공이 상의 유민들에게 이주할 것을 명령한 내용이다.
〈무일無逸〉	금문《상서》에 보이며, 주공이 성왕에게 게으름과 놀이에 빠지지 말 것을 권고한 내용이다.
〈다방多方〉	금문《상서》에 보이며, 주공이 성왕을 대신하여 통치에 불복하는 제후국들에게 내린 포고령이다.
〈주관周官〉	고문《상서》에 보이며, 성왕 즉위 후 관제를 선포한 포고령이다.
〈회식신지명賄息愼之命〉	전하지 않는다.
〈고명顧命〉	금문《상서》에 보이며, 성왕이 임종 때 소공 등에게 강왕을 부탁하는 내용 등이 있다.

〈강고康誥〉	〈강왕지고康王之誥〉가 맞다. 금문《상서》에 보이며, 강왕이 즉위 후 제후와 군신들에게 내린 최초의 문장이다. 주공 때의 〈강고〉와는 다른 것이다.
〈경명冏命〉	고문《상서》에 보이며, 목왕이 백경에게 태복정을 맡기면서 내린 책문이다.
〈필명畢命〉	고문《상서》에 보이며, 필공이 강왕의 책명을 받아 성주를 다스린 일을 기록하고 있다.
〈송頌〉	《시경詩經》〈주송周頌〉 '사문思文'을 말한다.
〈대아大雅〉	《시경》〈대아〉 '문왕文王'을 말한다.

◉ 서주(西周, 기원전 1046~기원전 771년)의 주요 지역 · 지리 정보

지명	현재의 지리 정보	비고
주원周原	섬서성 기산현 남쪽	주족의 주요 근거지 중 하나
정程	섬서성 무공현	
의거義渠	감숙성 경양현, 경천현涇川縣 일대	
여(呂, 東呂)	산동성 거현莒縣 동쪽	
극진棘津	하남성 연진현 동북	
조가朝歌	하남성 기현	
량良	강소성 비주시邳州市 북쪽	
산散	섬서성 보계시寶鷄市 남쪽 대산관	
장자長子	산서성 장자현	
단양丹陽	하남성 남부 단강丹江과 석수淅水가 합류하는 곳. 호북성 자귀현秭歸縣 또는 호북성 지강시枝江市로 보기도 한다.	
원阮, 공共	감숙성 경천현	
여黎	산서성 여성현黎城縣 동북	
숭崇	하남성 숭현, 숭산 일대	
풍豐	섬서성 장안현 서남	주족의 주요 근거지 중 하나
호(鎬, 종주宗周)	섬서성 장안현 동남	주족의 주요 근거지 중 하나
회懷	하남성 무척현武陟縣 서남	
공두산共頭山	하남성 휘현시輝縣市 동남	
수양산首陽山	섬서성 기산현 서북	
겹욕(郟鄏, 왕성)	하남성 낙양시 서북	
목릉穆陵	산동성 중부 목릉관	
무체無棣	산동성 무체현	
섬陝	하남성 섬현	
조趙	산서성 홍동현洪洞縣 북쪽 조성趙城	
호뢰虢牢	하남성 형양시滎陽市 서북	
견구犬丘	섬서성 흥평시興平市 동남. 감숙성 천수시天水市 서남으로 보기도 한다.	
양월楊越	호북성 천문시天門市 동쪽	
악鄂	호북성 악주시鄂州市	

서徐	강소성 사홍현泗洪縣 일대	
기夔	호북성 자귀현	
곡옥曲沃	산서성 문희현 동북	
희戱	섬서성 서안시구 임동 동남	
담潭	산동성 제남시濟南市 부근	

◉ 주 왕조 제왕 정보

대수	시대	존호	이름	친속 관계	재위 기간 (재위 연수)	재위 연령	연호	비고
시조		곡제	희준					황제 왕조4대
		후직	희기	부:희준 모:강원				하 왕조 후직
			희불굴	부:희기 모:길씨				불굴성 천도
			희국	부:희불굴				
			희공유	부:희국				빈읍 천도
		고공 · 태왕	희단보	8세조 희공유	1231(1)			기읍 천도
		왕계	희계력	부:희단보 모:태강	1231~1184(48)			피살
		문왕	희창	부:희계력 모:태임	1184~1135(50)			풍읍 천도
1	서주	무왕	희발	부:희창 모:태사	1134~1116(19) →1046~1043(4)	75~93	원년 1134	
2		성왕	희송	부:희발 모:읍강	1116~1079(38) →1042~1021(22)	12~49	원년 1115	
3		강왕	희소	부:희송	1079~1053(27) →1020~996(25)	31~57	원년 1078	
4		소왕	희하	부:희소	1053~1002(52) →995~977(19)		원년 1052	익사
5		목왕	희만	부:희하	1002~947(56) →976~922(55)	50~105	원년 1001	
6		공왕	희이호	부:희만	947~935(13) →922~900(23)	72~84	원년 946	
7		의왕	희견	부:희이호	935~910(26) →899~892(8)	25~50	원년 934	
8		효왕	희벽방	부:희만 형:희이오	910~895(16) →891~886(6)	50~65	원년 909	
9		이왕	희섭	부:희견	895~879(17) →885~878(8)	44~60	원년 894	

10		여왕	희호	부 : 희섭	879~842(38) → 877~841(37)		원년 878	축출, 828년 사망
	공화 정(841~82814)							
11		선왕	희정 정장	부 : 희호	828~782(47)		원년 827	기겁사
12		유왕	희궁열	부 : 희정	782~771(12)		원년 781	피살
13	동주	평왕	희의구	부 : 희궁열	771~720(52)		원년 770	낙양 천도
14		환왕	희림	조부 : 희의구 부 : 희설보	720~697(24)		원년 719	
15		장왕	희타	부 : 희림	697~682(16)		원년 696	
16		이왕 희왕	희호제	부 : 희타	682~677(6)		원년 681	
17		혜왕	희랑	부 : 희호제	677~675(3)		원년 676	축출
18			희퇴	부 : 희타 모 : 요희	675~673(3)		원년 674	피살
19			희랑		673~653(21)		원년 673	재등극
20		양왕	희정	부 : 희랑	653~636(18)		원년 652	축출
21			희대	부 : 희랑 모 : 혜후	636~635(2)			피살
22			희정		635~619(17)		원년 635	재등극
23		경왕	희왕신	부 : 희정	619~613(7)		원년 618	
24		광왕	희반	부 : 희왕신	613~607(7)		원년 612	
25		정왕	희유	부 : 희왕신 형 : 희반	607~586(22)		원년 606	
26		간왕	희이	부 : 희유	586~572(15)		원년 585	
27		영왕	희설심	부 : 희이	572~545(28)		원년 571	
28		경왕	희귀	부 : 희설심	545~520(26)		원년 544	
29		도왕	희맹	부 : 희귀	520~520(8달)			
30		경왕	희개 姬匃	부 : 희귀 형 : 희맹	520~519(9달)		원년 519	
31			희조	부 : 희귀 형 : 희개	519~516(4)			

32		경왕	희개 姬匃	부:희귀 형:희맹	516~477(40)		원년 516	재등극
33		원왕	희인	부:희개	477~469(9)		원년 476	
34		정정왕	희개 姬介	부:희인	469~441(29)		원년 468	
35		애왕	희거질	부:희개姬介	441~441(3달)			피살
36		사왕	희숙습	부:희개 형:희거질	441~441(5달)			피살
37		효왕	희괴외	부:희개 형:희거질	441~426(16)		원년 440	
38		위열왕	희오	부:희괴	426~402(25)		원년 425	
39		안왕	희교	부:희오	402~376(27)		원년 401	
40		열왕	희희	부:희교	376~369(8)		원년 375	
41		현왕	희편	부:희교 형:희희	369~321(49)		원년 368	
42		신정왕	희정	부:희편	321~315(6)		원년 320	
43		난왕	희연	부:희정	315~256(60)		원년 314	

- 주 왕조는 12대 유왕까지를 서주, 13대 평왕 이후를 동주로 구분한다. 도읍은 각각 서안과 낙양이었다.
- 왕들의 재위 기간은 10대 여왕까지는 여러 문헌에 따른 추정이며, 기원전 841년 공화 원년부터는 연대가 모두 확실하다. 연대 단위는 모두 기원전이다.
- 재위 기간 항목에 '→' 다음에 적힌 숫자는 기원전 841년 이전 주 왕조의 연대로서, 최근 과학적인 연대 추정 프로젝트인 '하상주단대공정' 결과 구체적으로 밝혀진 것을 제시한 것이다.
- 재위 연도는 전왕이 죽은 해를 즉위년으로 삼느냐, 그 다음해를 즉위년으로 삼느냐에 따라 1년의 차이가 난다. 공화 이전은 백양 선생의 수치를, 공화 이후에는 통설에 따라 수치를 적용했다.
- 위 표에 따르면 주 왕조는 모두 43명의 군주 중 왕은 40명이 즉위했으나 희퇴·희대·희조는 왕으로 인정하지 않는 것이 일반적이므로 37왕이 되는 셈이다.
- 나라는 기원전 1134년부터 기원전 256년까지 879년간 입국했다. 제왕의 평균 재위 연수는 21.97년이다. '하상주단대공정'에 따르면 791년이 된다.
- 도읍은 지금의 섬서성 서안과 하남성 낙양이고 강역은 황하 유역이다.
- 진秦 왕조에 의해 멸망했다.

◉ 서주시대 주요 봉국 일람

국명	현 위치	이름	성	분봉 시기	분봉 신분	변동사항	멸망 시기 (나라)
예芮	섬서 대려 동남		희姬	문왕	고국		춘추 초기 (진秦)
관管	하남 정주시	숙선叔鮮	희	무왕	무왕 제		주공 (동정)
채蔡	하남 상채	숙탁叔度	희	무왕	무왕 제	춘추 하남 신정, 안휘 봉대하채	447년 (초楚)
곽霍	산서 곽주시	숙외叔外	희	무왕	무왕 동생		661년 (진晉)
축祝	산동 제남시 서남		희	무왕	요 후예		
기杞	하남 기현	동루공 東樓公	희	무왕	하우 후예	춘추 산동으로 이주	445년 (초)
계薊	북경 대흥구		희	무왕	황제 후예		
초焦	하남 섬현 남쪽			무왕	신농씨 후예		춘추
패邶	하남 탕음 동남	무경武庚	자子	무왕	상주 자		주공 (동정)
용鄘	하남 위휘시	관숙管叔 채숙蔡叔 감관		무왕			주공 (동정)
위衛	하남 기현	강숙康叔	희姬	주공	주공 동생	춘추 하남 활현, 복양으로 이주	254년 (위魏)
조선 朝鮮	?	기자箕子	자子	무왕	상주 서형		
제齊	산동 치박시	여상呂尙	강姜	주공	공신	전국 초 전씨田氏가 정권 탈취	221년 (진秦)
노魯	산동 곡부시	백금伯禽	희姬	주공	주공 장자		256년 (초)
오吳	강소 남부	주장周章	희姬	무왕	태백 후손		473년 (월越)
우虞	산서 운성시	우중虞仲	희姬	무왕	주장 제		655년 (진晉)
필畢	섬서 서안 서북		희姬	무왕	무왕 제		서주 후기 봉국 취소

원原	하남 제원시		희姬	무왕	무왕 제		
풍酆	섬서 호현 동쪽		희姬	무왕	무왕 제		성왕 때 축출
순郇	산서 임의 서남		희姬	무왕	문왕 자		춘추 (진晉)
우邘	하남 심양시	우숙邘叔	희姬	무왕	무왕 2자		
응應	하남 보풍 서남		희	무왕	무왕 4자		
괵虢 동괵	하남 형양시	괵숙虢叔	희	서주 초기	문왕 제		춘추 전기 (정鄭)
괵 서괵	섬서 보계시	괵중虢仲	희	서주 초기	문왕 제	춘추 초 하남 섬현	춘추 전기 (진晉)
진陳	하남 회양	만滿, 호공胡公	규嬀	무왕	순 후예		478년 (초)
연燕	북경시	소공召公 석奭	희	무왕	동성 친척		222년 (진秦)
초楚	호북 서남	웅역熊繹	미羋	주공	공신 축융 후손		223년 (진秦)
진晉, 당唐	산서 익성	숙우叔虞	희	주공	성왕 제	춘추 여러 차례 이주	춘추 3국으로 분열
성郕	산동 영양 동북	숙무叔武	희	주공	주공 제	섬서 부풍—하남	
모毛	하남 의양	숙정叔鄭	희	주공	주공 제		춘추 초기 (정鄭)
담聃	하남 개봉시	계재季載	희	주공	주공 제		춘추 초기 (송宋)
고郜	산동 무성 동남		희	주공	주공 제		
옹雍	하남 무수 서쪽		희	주공	주공 제		
조曹	산동 정도 서남	숙진탁 叔振鐸	희	주공	주공 제		487년 (송)
등滕	산동 등주 서남	숙수菽水	희	주공	주공 제		전국 (송)

한韓	하북 고안 동남		희	서주 초기	무왕 자		
한韓	섬서 한성시		희	주공	성왕 제		춘추 초기 (진晉)
범凡	하남 휘현시		희	주공	주공 자		춘추 (융戎)
장蔣	하남 고시 동북	백령伯齡	희	주공	주공 3자		
형邢	하북 형대시		희	주공	주공 4자		635년 (위衛)
모茅	산동 금향현 모향		희	주공	주공 자		
조胙	하남 연진 북쪽		희	주공	주공 자		
제祭	하남 정주 동북		희	주공	주공 5자		
송宋	하남 상구시	미자계 微子啓	자子	주공	상주 서형		286년 (제齊)
설薛	상동 등주시		임任	주공	하상 대신 후손		전국 초기 (제齊)
회鄶	하남 신밀시		운妘	서주 초기	축융 후손		춘추 초기 (정鄭)
거莒	산동 교주시 서남	자여기 玆輿期	기己	서주 초기	고국	춘추 초 산동 거현	431년 (초)
수隨	호북 수주시		희	서주 초기			전국 초기 (초)
허許	하남 허창시	문숙文叔	강姜	서주 초기		춘추 여러 차례 이주	전국 초기 (초)
진秦	감숙 천수시 서쪽	비자非子	영嬴	효왕		춘추 섬서로 이주	221년 전국 통일
여呂	하남 형양시 서쪽		강	서주 초기	사악 후손		춘추 초기 (초)
정鄭	섬서 화현	우友 정 환공	희	선왕	선왕 제	서주 말기 하남 신정	375년 (한)
신申	하남 당하 남쪽	신백申伯	강	선왕			춘추 초기 (초)

- 멸망 시기 항목에서 ( ) 안은 멸망시킨 나라의 이름이다.
- 조선의 위치에 대해서는 이설이 많다.
- 연도는 모두 기원전이다.

권5 진본기
진秦나라의 기록

◉

한 나라의 정치가
사람의 몸을 다스리는 것처럼 다스려진다.
--유여

一國之政猶一身之治(일국지정유일신지치)

◉ 진 함양궁 유지 주변의 최근 모습. 기원전 350년 효공은 이곳에 성읍을 조성하고 천도함으로써 천하 통일을 위한 또 한 걸음을 내디뎠다.

◉

독서의 기술

◉

진의 역사를 '본기'에 편입한 이유

> 배운 자들이 자기들 보고 들은 것에 얽매여서 진 왕조의 통치 시간이 짧은 것만 보고 그 처음과 끝을 살피지 않은 채 그걸로 진을 조롱할 줄만 알았지 진지하게 살피지도 않으니 이것이야말로 귀로 음식을 먹으려는 것이다. 서글프다!_〈육국연표〉 서문

중국 고대사의 시대 구분에서 가장 큰 기준은 누가 뭐래도 기원전 221년 최초로 통일의 대업을 이룬 진秦 제국이다. 그래서 진을 기점으로 그 이전을 뭉뚱그려 '선진先秦' 시대로 부르는 것이 일반화되어 있다. 그렇기 때문에 《사기》에서 진시황을 '본기'에 편입한 것에 대해서 약간의 시비를 제외하면 큰 논란은 없었다(〈진시황본기〉). 그러나 진시황 이전의 진나라 역사

를 따로 떼어서 '본기'로 편입한 것에 대해서는 말들이 많았다.(〈진본기〉)

사마천 당대에도 진이 폭력적 수단으로 천하를 통일하고, 분서갱유焚書坑儒로 문화와 사상을 탄압한 것을 두고 진의 정통성과 그 존재가치를 깎아내리려는 지식인들이 적지 않았다. 사마천은 천하대세를 좌우한 나라나 인물은 아무리 문제가 많아도 본기에 편입시키는 큰 원칙을 고수했다. 사마천은 이런 점을 무시하고 무턱대고 진을 비난하는 지식인들을 두고 '귀로 음식을 먹으려는(이식耳食)' 자들이라고 비꼬고 있다.

제15 〈육국연표〉를 보아도 사마천이 진의 역사적 위치를 얼마나 높이 평가했는지 알 수 있다. 〈육국연표〉는 실제로는 6국이 아니라 8국의 연표다. 맨 위에 주 왕실이 있고 그 다음이 진이다. 천자인 주를 맨 위에 올린 것은 당연하지만, 그 바로 아래에 진을 배치한 까닭은 나머지 6국과 진의 위상이 다르다는 것을 분명하게 나타내기 위해서였다. 즉 주 왕실과 제후들의 맹주 진을 빼고 남은 것이 6국이고, 그 연표가 바로 〈육국연표〉다. 사마천은 진나라가 헌공 이후 줄곧 다른 제후국들을 압도했다고 보았기 때문에 연표 배치에 이를 분명하게 반영한 것이다.

요컨대 사마천이 〈진본기〉와 〈진시황본기〉를 합치지 않고 따로 떼어 기술한 의도는 천하 통일 이전의 '오제-하-상-주'에서 진으로 이어지는 과정에서의 진의 역사적 위치와 역할을 인정했기 때문이다. 특히 덕德으로 다스리는 통치방식을 중시하던 시대에서 힘을 중시하는 시대로의 변화를 제대로 파악했기에 사마천은 서슴없이 〈진본기〉를 따로 배치할 수 있었던 것이다.

전체적으로 볼 때 〈진본기〉는 진의 역사를 설화적 형태를 띤 시조의 탄생으로부터 비약적인 발전을 이룬 춘추전국시대의 상황까지를 단계적으로 기술하고 있다. 복잡한 역사적 사실들 중에서 역사의 진보에 영향을 준 관건이 되는 몇 단계를 탁월한 식견과 안목으로 부각시키고 있는 점이 눈길을 끈다. 사마천이 교조적 틀에 매이지 않고 자신의 원칙에 입각하여 역사 발전의 대세를 기술했기 때문이다. 이를 통해 우리는 서방의 야만족으로 멸시받던 진이 어떻게 부국강병을 이루고 끝내 천하 통일을 이루었는지를 일목요연하게 인식할 수 있게 된다.

이국의 인재를 전격 등용시킨 정책이 주효

〈진본기〉 내용은 대체로 다음 여덟 단락으로 구분할 수 있다.

1 진 선조의 계보
2 제후국이 된 진-중원과의 접촉
3 목공의 외부 인재 기용과 진의 발전
4 춘추 후기에서 전국 중기까지 진의 부침
5 효공과 상앙의 전면 개혁
6 통일을 위한 외교 책략을 마련하다
7 천하 통일을 향하여
8 사마천의 논평

전체적으로 〈진본기〉의 흐름을 소개하면 이렇다. 진의 시조인 대업의 난생卵生 계통의 신화를 시작으로, 백예가 순임금으로부터 영씨 성을 받기까지가 한 단락으로 구성된다. 그 사이 견구에 거주한 비자 때부터를 믿을 만한 역사 시대로 보는데, 전문가들은 그 시기를 기원전 897년으로 추정한다.

주 선왕 때 서융을 토벌하다 죽은 진중을 거쳐 그 후손이 서수대부로 임명되고, 기원전 770년 주 평왕이 낙읍으로 천도할 당시 평왕을 호위한 공을 인정받아 제후국으로 봉해진 양공과 나라를 키운 문공의 업적이 또 한 단락을 구성한다.

진이 비약적으로 발전한 시기는 기원전 7세기 중엽 목공(재위 기원전 660년~기원전 621년) 때다. 목공은 외부 인재를 파격적으로 기용하는 등 국력을 크게 신장시켜 춘추시대 패업을 달성한 군주로서 역사에 이름을 남겼다. 융족 출신의 유여를 비롯하여 백리해 등과 같은 외국의 인재들을 전격 기용한 인재 정책은 이후 진나라가 천하를 통일하는 데 큰 작용을 했다.

대외 개방적 문화풍토가 가져온 통일의 밑거름

춘추 후기 이후 전국 중기까지 진은 여러 차례 부침을 겪는다. 그러다 헌공 때 와서 고질적인 병폐였던 순장을 폐지하는 등 개혁정치에 시동을 걸었다.

사회 전반에 걸친 전면 개혁은 헌공을 이은 효공(재위 기원전 362년~기원전 338년)에 와서 완성된다. 효공은 즉위하자마자 천하의 인재를 구한다는 공개적인 '구현령求賢令(또는 구현조求賢詔)'을 반포했다. 위衛 출신으로 당시 강국의 하나였던 위魏에서 인정받지 못한 상앙은 이 포고령에 고무되어 진으로 건너와 효공의 개혁정치를 온 몸으로 보좌했다. 그 결과 진은 전국시대 최강국으로 부상했고, 통일을 위한 거의 모든 기반을 갖추기에 이르렀다.

효공 이후 진은 통일을 위한 외교 책략을 마련하여 본격적인 통일 전쟁 체제로 국가체제를 전환했고, 마침내 기원전 221년 진왕 정(진시황)에 의해

◉ 서방에 치우쳐 있던 진을 비약적으로 발전시킨 진 목공. 목공 상은 섬서성 보계시 염제릉 내에 설치되어 있다.

6국이 평정되고 천하가 통일되었다.

〈진본기〉에는 서방의 낙후된 변방 부족에서 제후국으로 진입한 뒤 천하 통일에 이르기까지 진의 발전단계가 선명하게 나타나 있다. 또 통일이란 역사적 과업을 진이 완수할 수 있었던 원동력으로서 고유한 상무정신을 비롯하여 인재 정책에 있어서 과감한 개방성과 포용성 및 실질과 공리를 중시한 문화풍토 등을 확인할 수 있다. 이런 원동력 중에서도 인재 정책은 단연 돋보인다. 목공이 유여를 데려오는 과정을 상세히 안배한 점이나 효공의 '구현령'은 그 대표적인 사례다. 이런 진의 인재 정책의 특징을 '사불문四不問'으로 요약할 수 있는 바, 신분·국적·종족·나이를 따지지 않는 것이었다.

연구에 따르면 진에 재상 직이 마련된 이후 이름이 남은 25명의 재상들 중 외국 국적이 17명에 평민 출신이 9명이나 되었다. 본국 출신은 한 명만

이 이름이 남아있을 뿐이다. 이는 타국과 비교해볼 때 비교가 안 될 정도로 놀라운 수치다. 이렇듯 적극적이고 대외 개방적인 문화풍토가 있었기에 효공과 상앙의 전면 개혁이 가능했고, 나아가 통일의 밑거름이 되었던 것이다.

사마천은 진의 이러한 역사상의 역할을 긍정했다. 그는 제16 〈진초지제월표〉에서 하·은·주는 덕으로 일어났지만 진의 통일은 '용력用力'의 결과라고 지적함으로써 힘이 예를 대체하는 대세의 변화를 분명히 인정했다. 이렇게 보면 통일 이전 진의 역사를 '본기'에 편입한 사마천의 의도를 충분히 읽을 수 있을 것이다.

'호견법' 기술이 돋보이는 명편

본 편은 진나라의 편년체 역사로 추정되는 《진기秦紀》를 기초 사료로 삼고 있는데, 경쟁국이었던 진晉과 제齊의 동향에 대한 기록이 상대적으로 많다. 또한 〈진본기〉는 서술의 기교 면에서 두 가지 주목할 점이 있다. 하나는 본 편의 내용과 관련된 주요한 사건들을 다른 편과 함께 참고해야만 입체적으로 이해할 수 있게 장치한, 이른바 '호견법互見法'이 처음으로 사용되었다는 점이다. 이에 따라 본 편과 함께 읽고 상호 비교 분석해야 할 편들로는 〈진시황본기〉를 비롯해 〈맹상군열전〉, 〈백기왕전열전〉, 〈장의열전〉, 〈범수채택열전〉, 〈여불위열전〉, 〈이사열전〉 등이 있다. 또 하나는 부각시켜야 할 인물의 형상을 집중적으로 기술하고 있다는 점이다. 특히 목공에 대한 기술이 가장 많은데, 이런 기교는 〈하본기〉의 우, 〈은본기〉의 탕과 주, 〈주본기〉의 무왕에 대한 서술과 통한다. 하지만 다른 편의 인물들이 하나같이 도덕적 화신이라는 단일한 성격으로 묘사된 것과 달리 목공은 복잡한 성격을 그대로 드러낸다. 유능한 인재를 모시기 위해 자신을 낮추는 모습으로부터 관용과 인덕을 갖춘 군주의 이미지, 잘못을 과감하게 고치면서도 자신의 고집을 관철하는 이중적인 모습, 사후에 많은 사람을 순장시키는 구태에서 벗어나지 못하는 모습까지 다양한 면모를 있는 그대로 전달하고 있다. 이렇듯 인물 묘사에 있어서 뛰어난 방법을 제시한 것으로 평가받는다. 참고로 본 편의 일식과 혜성의 잦은 출현에 관한 기록도 눈여겨볼 만하다.

주요 사건 스토리텔링

〈진본기〉는 통일 이전 진의 역사를 비교적 상세히 기술하고 있다. 그러면서 진이 비약적으로 성장하는 기점이나 주요한 사건들은 특별히 상세하게 기록하여 진의 점진적 발전단계와 통일 과정을 쉽게 알아볼 수 있게 했다.

진의 역사에서 믿을 만한 역사 시대는 비자로부터 시작한다. 전문가들의 고증에 따르면 비자가 견구에 거주한 시기는 기원전 897년으로 본다.

진은 기원전 771년 주 천자 유왕이 견융과 신후에 의해 피살당하고, 이듬해 평왕이 도읍을 낙양으로 옮길 때 평왕을 호위한 공으로 제후국의 반열에 오른다. 양공 때였다. 이에 양공은 천자가 지내는 상제와 천지에 대한 제사를 올려 자신의 존재감을 과시했다.

양공을 이은 문공 때는 삼족을 멸하는 혹형을 제정했고, 통치자가 죽으면 많은 사람을 함께 파묻는 순장 풍습을 오래도록 유지했다. 혹형과 순장은 진의 야만적인 문화를 잘 보여주는 제도와 풍습이다.

목공 14년(기원전 646년), 진의 기근과 이듬해 그것을 틈탄 진晉의 침공으로 한원(지금의 섬서성 한성시 서남)에서 전투가 벌어졌다. 목공은 초반에 불리한 전세를 역전시키고 진晉의 혜공을 포로로 잡는 전과를 올렸다. 혜공을 귀국시키는 대가로 목공은 진晉의 하서 땅을 받으면서 혜공의 태자를 인질로 잡아 두었다. 이 전투를 계기로 진의 동쪽 국경이 황하 가장자리에까지 이르게 되었다.

목공의 동방 진출은 의욕적으로 추진되었다. 정鄭의 누군가가 자신의 나라를 팔아넘기기 위해 목공에게 정을 습격하라고 권했다. 건숙과 백리해가 너무 먼 길을 행군하여 공격하는 것은 무리라며 이를 말렸으나 목공은 듣지 않고 출병을 감행했다. 이에 건숙과 백리해는 진의 군대가 효산에서 반드시 패할 것이라며 통곡했다.

기원전 627년 진의 군대가 동방의 정을 공격하러 나섰으나 활(지금의 하남성 언사시 동남)에서 정나라 상인 현고의 꾀에 넘어가 정을 공격하는 대신 활을 멸망시키고 군대를 돌렸다. 진晉 양공은 효산에다 군사를 매복시켜 놓고 기다리다 기습하여 진의 군대를 대파하고 맹명시 등 장군 셋을 포로로 잡았다. 이것이 효산전투다. 맹명시 등은 진晉 문공 부인의 덕으로 귀국했고, 목공은 상복을 입고 교외까지 나가 이들을 맞이하면서 자신의 잘못을 뉘우쳤다.

기원전 624년 목공은 효산전투에서의 치욕을 갚기 위해 맹명시 등을 장수로 삼아 진晉을 공격했다. 이 전투에서 진은 타고 온 배를 불태우는 등 필사의 정신으로 진晉을 대파했다. 목공은 몸소 모진(지금의 산서성 평륙현 모진도 나루)에서 황하를 건너 효산으로 가서 지난번 전투에서 전사한 병사들의 시체와 뼈를 묻어주었다. 그리고는 사흘 동안 곡을 하며 장례를 치르고, 애당초 백리해 등의 충고를 듣지 않았던 잘못을 영원히 기억하겠다고 맹서했다.

목공 때 진의 국력은 하루가 다르게 팽창했다. 특히 서융 지역을 평정함으로써 서방의 패주가 되었는데, 이 과정에서 융의 인재 유여를 끌어들이기 위해 목공은 융의 왕을 향락에 빠지게 만드는 술수까지 동원했다. 목공이 서방을 평정하자 주 천자는 사람을 보내 축하했다.

헌공(재위 기원전 385년~기원전 362년)은 동방 진출에 주력했다. 내부적으로는 즉위하자마자 악습의 하나였던 순장을 폐지하고, 이듬해에 역양성(지금의 섬서성 임동현 동북)을 쌓아 옹에서 이곳으로 천도했다. 기원전 364년에는 석문(지금의 산서성 운성시 서남)에 있는 산에서 위魏 군사 6만의 목을 베는 전과를 올렸고, 같은 해에 다시 위와 소량(지금의 섬서성 한성시 남쪽)에서 싸워 대장 공손좌를 포로로 잡는 전과를 올렸다. 이 두 전투로 진은 본격적인 중원 진출의 교두보를 마련했다.

진이 진정한 강자로 떠오른 것은 효공(재위 기원전 362년~기원전 338년) 때였다. 효공 즉위를 전후하여 천하 정세는 황하와 효산 동쪽으로 6개 강국 제, 초, 위, 연, 한, 조가 자리 잡고 있었다. 여기에 진을 포함시켜 이른바 '전국 7웅'이라 부른다. 그러나 진은 여전히 제후들의 회맹에서 배제되는 등 중원 6국으로부터 멸시받았다. 이런 현실을 통감한 효공은 즉위하자마자 바로 천하의 인재를 구한다는 '구현령'을 발표하여 중국 역사상 최고의 개혁가로 꼽히는 상앙을 얻었다. 효공과 상앙이 호흡을 맞춘 '변법'은 처음에는 기득권은 물론 백성들의 원성까지 샀지만 3년 만에 여론을 바꾸어놓았다. 이 개혁은 정치·경제·군사·사회·문화 등 전방위적으로 실행되었다. 상앙은 기득권 층과 종실의 방해로 사지가 찢기는 극형을 당하고 죽었지만, 그가 남긴 개혁의 열매는 진이 나머지 6국을 압도할 정도의 힘을 갖추는 것으로 나타났다.

효공은 개혁 과정에서 새로운 개혁 세력을 끌어들이고 동방 진출에 따른 효율적인 정책 수행을 위해, 기원전 350년 함양성(지금의 섬서성 함양시 동북)을 쌓고 수도를 함양으로 옮겼다. 작은 향들을 여러 개 모아 큰 현 41개(또는 31개)를 조성하는 행정 개편도 함께 이루어졌다. 이와 함께 새로운 조세제도를 마련하여 재정을 튼튼히 했다. 기원전 343년 주 천자는 효공에게 패주의 칭호를 내렸고, 이듬해 제후들이 축하를 드리러 왔다. 효공은 공자 소관을 보내 봉택(지금의 하남성 개봉시 서남)에서 제후들을 맞이하는 한편 천자에게 인사를 드리게 함으로써 패주로서의 위세를 확인시켰다.

효공 때 주요한 외부 상대는 위魏였고, 효공을 이은 혜문왕 때도 이 기조는 이어졌다. 혜문왕은 여러 차례 위를 공격하여 진의 동쪽 지역 땅을 크게 확대했다. 기원전 328년 위는 상군 15개 현을 진에게 내줄 수밖에 없었다. 이해에 효문왕은 유세가 장의를 재상으로 삼았다. 효공과 혜문왕의 동방 진출에 겁을 먹은 5국(초를 제외한 나머지)은 기원전 318년 흉노까지 끌어들여 공동으로 진을 공격했으나 수어(지금의 하남성 원양현 서남)에서 대패했고, 이로써 5국의 합종책은 막을 내렸다. 혜문왕은 또 남방의 강국 초를 공략하여 한중 땅 600리를 얻은 뒤 한중군을 설치함으로써 초를 견제할 수 있는 기지를 확보했다.

무왕(재위 기원전 310년~기원전 307년)은 기원전 308년 감무 등으로 하여금 한韓의 중요한 도시이자 교통 요지인 의양(지금의 하남성 의양현)을 공격하여 함락했다. 이어 황하를 건너 무수(지금의 산서성 원곡현 동남)에 성을 쌓았는데, 이로써 삼천의 길이 열리게 되었다.

평소 힘겨루기를 좋아했던 무왕은 힘이 센 역사들을 우대했다. 기원전 307년 이 역사들과 '솥 들기 시합'을 하던 무왕은 정강이뼈가 부러지는 부상을 입어 죽고 말았다. 맹열 등 역사들이 이 일로 삼족을 멸하는 극형을 당했다.

진의 지속적인 동방 확장에 동방 여러 나라들은 다시 세를 규합하여 진에 대항하고자 했다. 기원전 296년 진 소왕 11년에 제·한·위·조·송 5국이 합종하여 진을 공격했으나 진의 강화책과 분열책으로 다시 실패했다. 이어 소왕은 기원전 293년 백기로 하여금 위·한 연합군을 공격하여 무려 24만의 목을 베고 장수 공손희를 포로로 잡고 다섯 개 성을 함락하는 엄청난 승리를 거두었다. 이것이 이궐전투다. 이 전투로 한과 위는 심각한 피해를 입었다. 일련의 승리에 고무된 소왕은 동방의 강국 제와 다른 나라가 동맹하는 것을 깨기 위해 기원전 288년 서제西帝로 자칭하고 제의 민왕을 동제로 치켜세웠다. 그러나 이 책략은 유세가 소대에 의해 간파당해 효과를 거두지 못했다.

소왕의 확장 정책은 계속되어 초의 요지를 잇달아 점령하고, 급기야 초의 도읍인 영(지금의 호북성 형주시 북쪽)까지 압박하여 그곳에 남군을 설치하기에 이르렀다. 이어 소왕은 위와 한을 강력하게 압박하여 두 나라의 중요한 요충지를 대부분 손에 넣었다. 이어 소왕은 조나라 공략에 나서 기원전 260년 장평에서 무려 40만 대군을 몰살시키는 전과를 올렸다(장평전투). 소왕은 내친 김에 수도 한단까지 포위하여 조나라를 멸망 직전까지 몰았다. 이로써 진의 동방 정벌과 천하 통일의 큰 그림이 대체로 완성되었다.

기원전 247년 장양왕 3년에 진은 장군 몽오 등으로 하여금 위와 한에 대한 대대적인 공격에 나서 무려 37개 성을 취하고, 이어 태원군을 설치하여 두 나라를 크게 압박했다. 위는 공자 무기(신릉군)를 상장군으로 삼아 진에 대항하는 한편 제후국들에게 동참을 호소했다. 이에 합종 분열책에 농락

당한 제를 제외한 한·조·초·연이 동참하여 5국 연합군이 결성되었다. 위 공자 무기는 자신의 명성을 이용하여 5국 연합군을 이끌고 하외(황하 남안 지역)에서 진을 격파하고 함곡관까지 압박하는 전과를 올렸다. 그러나 6국은 각자의 이해 관계라는 한계를 넘지 못하고 서로를 견제하는 등 분열되었고, 여기에 진의 분열책이 주효하여 결국은 각개격파당하고 말았다.

◉ 진 왕조 세계도

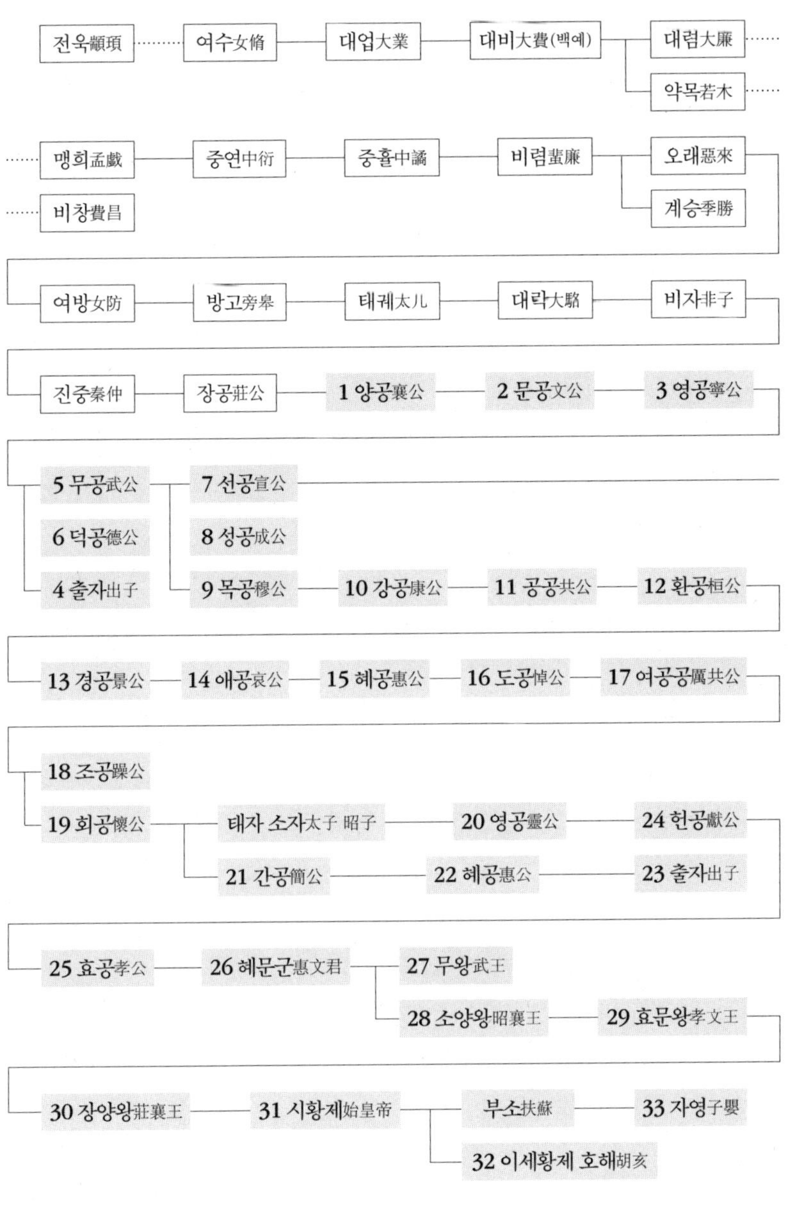

전욱顓頊
여수女脩
대업大業
대비大費(백예)
대렴大廉
약목若木
맹희孟戲
중연中衍
중휼中潏
비렴蜚廉
오래惡來
계승季勝
비창費昌
여방女防
방고旁皐
태궤太几
대락大駱
비자非子
진중秦仲
장공莊公
1 양공襄公
2 문공文公
3 영공寧公
5 무공武公
7 선공宣公
6 덕공德公
8 성공成公
4 출자出子
9 목공穆公
10 강공康公
11 공공共公
12 환공桓公
13 경공景公
14 애공哀公
15 혜공惠公
16 도공悼公
17 여공공厲共公
18 조공躁公
19 회공懷公
태자 소자太子 昭子
20 영공靈公
24 헌공獻公
21 간공簡公
22 혜공惠公
23 출자出子
25 효공孝公
26 혜문군惠文君
27 무왕武王
28 소양왕昭襄王
29 효문왕孝文王
30 장양왕莊襄王
31 시황제始皇帝
부소扶蘇
33 자영子嬰
32 이세황제 호해胡亥

◉

진나라의 선조 백예는 우임금을 보좌했다.

목공은 뉘우칠 줄 알아 효 계곡에서 전사한 병사들을 애도했다.

목공이 죽자 산 사람을 함께 묻었다.

《시》의 〈황조〉가 이에 대한 노래다.

소왕과 양왕은 통일과 황제를 위한 터를 닦았다.

이에 제5 〈진본기〉를 지었다.

권130 〈태사공자서〉

일러두기

• 〈진본기〉에는 주체인 진秦 외에 산서성에 기반을 둔 진晉이 많이 등장한다. 두 나라는 춘추시대 가장 많은 관계를 가졌다. 이를 구별하기 위해 진秦은 거의 한자병기 없이 '진'으로 표기하고, 진晉은 한자병기를 해서 표기했다.

• 위나라의 경우는 위衛와 위魏 둘이 등장한다. 한자병기로 구분했다.

• 〈진본기〉에 보이는 조나라는 조趙와 조曹 둘이다. 한자병기를 해서 구분했다.

1
진 선조의 계보

◉

진의 선조는 전욱제顓頊帝의 먼 후손인 여수女脩다. 여수가 베를 짜고 있는데 제비가 알을 떨어뜨렸다. 여수가 이 알을 삼키고 아들 대업大業을 낳았다.[1] 대업은 소전少典의 딸 여화女華를 아내로 맞았다. 여화는 대비大費를 낳았고, 대비는 우禹와 함께 치수사업을 했다. 일을 마치자 제순帝舜이 현규玄圭[2]를 내렸다. 우가 이를 받으면서 "저 혼자 이룬 것이 아닙니다. 대비가 도왔기 때문입니다"라고 했다. 제순은 "오, 비여! 우를 도와 공을 세웠으니 그대에게 조유皂游[3]를 내리노라. 그대의 후손이 크게 번창할 것이다"라 하고는 요씨姚氏 성의 옥녀玉女를 아내로 삼게 했다. 대비는 공손히 받들며 순을 도와 날짐승과 길짐승을 조련하여 잘 길들으니 이가 바로 백예柏翳다.

---

1 새의 알을 삼켜 임신하고 아들을 낳은 진의 시조 설화는 은의 시조 설을 낳은 간적이 제비의 알을 삼켜 임신하는 대목과 같은 모티브다. 이른바 '난생 신화'는 동방 민족에게서 보편적으로 나타나는 형태인데, 서방의 진에서도 나타나고 있어 흥미롭다. 이 때문에 진의 기원을 동방으로 보는 설도 있다. 난생 신화가 대단히 보편적이었음을 뜻한다.

2 순이 우에게 내린 검은색 옥판을 말하는데, 권위와 상서로움의 상징물이다.

3 검은색 깃발을 말하는데, '유'는 깃발 위에 다는 장식이다.

◉ 진의 실질적인 조상으로써 순 밑에서 짐승 조련을 맡았던 백예(또는 백익). 백예 상은 섬서성 보계시 염제릉 내에 설치되어 있다.

순은 그에게 영씨嬴氏라는 성을 내렸다.

대비는 아들을 둘 낳았다. 한 아들은 대렴大廉으로 조속씨鳥俗氏의 선조가 되었다. 하나는 약목若木으로 비씨費氏의 선조가 되었다. 약목의 현손은 비창費昌이라 했고, 그 자손이 중국이나 이적 땅에 살았다. 비창은 하걸夏桀 때에 하를 떠나 상에 귀의하여 탕湯의 수레를 몰면서 명조鳴條에서 걸을 물리쳤다. 대렴의 현손은 맹희孟戲와 중연中衍인데, 새의 몸을 하고 사람 말을 했다. 제태무帝太戊가 이런 이야기를 듣고 점을 친 다음 수레를 몰게 하는 한편 아내를 얻어주었다. 태무 이래 중연의 후손들은 대대로 공을 세우며 은殷을 보좌함으로써 영씨 성이 많이 두각을 나타냈고 마침내는 제후가 되었다.

중연의 현손은 중휼中潏인데, 서융西戎 지역에 살면서 서수西垂를 지켰다. 중휼은 비렴蜚廉을 낳았고, 비렴은 오래惡來를 낳았다. 오래는 힘이 세었고, 비렴은 달리기를 잘했다. 이들 부자는 재주와 힘으로 은의 주紂임금을 모셨다. 주周 무왕武王이 주임금을 정벌할 때 오래도 함께 죽였다. 이때 비렴은 주임금을 대신하여 북방에 나가 있다가 돌아와 보고할 곳이 없자 곽태산霍太山에 제단을 쌓아서 주왕에게 보고하면서 석관을 얻었는데, "천제께서 너 처보(處父, 비렴)를 은의 난리 통에 죽지 않게 하시고, 또 너에게 석관까지 내리시어 종족을 번창하게 하시도다"라고 새겨져 있었다.

비렴이 죽자 곽태산에 장사 지냈다. 비렴에게는 또 계승季僧이라는 아들이 있었다. 계승은 맹증孟增을 낳았다. 맹증은 주 성왕成王의 총애를 받았는데, 바로 택고랑宅皐狼이다. 고랑은 형보衡父를 낳았고, 형보는 조보造父를 낳았다.

조보는 말을 잘 몰아 주 목왕穆王의 총애를 받았다. 목왕은 기驥, 온려溫驪, 화류驊騮, 녹이騄耳[4]라는 네 필의 말을 얻어 서쪽으로 순수를 떠나서는 즐거운 나머지 돌아오는 것을 잊었다. 서언왕徐偃王이 난을 일으키자 조보는 목왕을 위해 하루에 천 리를 몰아 주로 돌아와 난을 평정했다. 목왕은 조보에게 조성趙城을 봉읍으로 하사하니 이때부터 조보의 종족은 조씨가 되었다. 비렴이 계승을 낳은 이래 5대째인 조보에 이르러서 따로 조에서 살게 되었다. 조최趙衰가 그 후손이다.

비렴의 아들 오래惡來 혁革은 일찍 죽었다. 여방女防이란 아들이 있었고,

---

4 모두 고대 명마의 이름이다. 기록에 따라 글자의 차이는 있지만 대체로 기驥, 온려溫驪, 화류驊騮, 녹이騄耳를 말한다. 네 마리의 말이 끄는 수레를 승乘 또는 사駟라 한다. 역대 명마와 관련해서는 당 태종이 아꼈던 명마 여섯 필이 유명한데, 당 태종의 무덤인 소릉昭陵 앞에서 이 말들을 새긴 조각품이 출토되었다. 이를 '소준육마昭駿六馬'라 한다. 그 각각의 이름은 백제오白蹄烏, 특륵표特勒驃, 삽로자颯露紫, 청추青騅, 십벌적什伐赤, 권모과拳毛騧다.

◉ 서주 중기(기원전 976년~기원전 876년)에 해당하는 진 초기의 유물로, 봉황새 문양과 명문이 있는 '봉조명문동정鳳鳥銘文銅鼎'이란 이름이 붙은 동솥이다. 섬서성 함양박물관 소장.

여방은 방고旁皐를 낳았다. 방고는 태궤太几를, 태궤는 대락大駱을, 대락은 비자非子를 낳았다. 조보가 총애를 받은 덕에 모두 조성에 살면서 조씨 성을 가지는 혜택을 누렸다.

비자는 견구犬丘에 살았는데, 말과 가축을 좋아해서 잘 기르고 번식시켰다. 견구 사람들이 주 효왕孝王에게 이를 알리자 효왕은 비자를 불러서 견수汧水와 위수渭水 사이에서 말들을 기르게 했는데, 아주 빨리 많이 번식시켰다. 효왕은 비자를 대락의 후계자로 삼고자 했다. 신후申侯의 딸이 대락의 아내가 되어 아들 성成을 낳으니 적자로 삼았다. 이에 신후가 효왕에게 이렇게 말했다.

옛날 우리 선조인 역산酈山의 딸[5]이 융족 서헌胥軒의 아내가 되어 중휼을

5 신후와 그 선조가 대체로 역산酈山 지역에 거주한 것으로 보기 때문에 신후의 딸을 '역산의 딸'이라 한 것이다.

낳았는데, 주와 인척 관계인지라 주에 귀의하여 서쪽 변방을 지키니 서쪽 변방이 화목해졌습니다. 이제 제가 다시 대락에게 딸을 시집보내니 적자인 성을 낳았습니다. 저와 대락이 다시 혼인 관계를 맺어 서융이 모두 복속함으로써 왕 노릇을 할 수 있게 된 것입니다. 왕께서는 잘 생각해보십시오.

그러자 효왕은 이렇게 말했다.

옛날 백예가 순임금을 위해 가축을 관리하여 잘 번식시킴으로써 봉토와 영씨 성을 받았다. 지금 그 후손들이 짐을 위해 말을 번식시켰기에 짐이 땅을 나누어주고 부용국으로 삼고자 한다.

진秦에 도읍을 세우게 하고[6] 다시 영씨의 제사를 잇게 하고는 진영秦嬴[7]이라 했다. 또 신후의 딸이 낳은 아들을 폐하지 않고 적자로 삼아 서융과 잘 지내게 했다.

2

제후국이 된 진—중원과의 접촉

◉

진영은 진후秦侯를 낳았다. 진후는 재위 10년 만에 죽었다. 공백公伯을 낳았는데, 공백은 재위 3년 만에 죽었다. 공백은 진중秦仲을 낳았다.

---

6 진의 첫 도읍지에 대해서는 역대로 많은 설들이 있었지만, 대체로 지금의 감숙성 장가천張家川 남쪽 와천瓦泉 일대로 본다. 이곳에서 진의 무덤과 문물들이 대량으로 발견 또는 출토되었다.

7 진족秦族·진국秦國·진왕조秦王朝의 '진'이 모두 이 '진영秦嬴'에서 비롯되었다.

진중이 즉위한 지 3년(기원전 842년), 주 여왕厲王이 무도하여 제후들이 간혹 배반하고 서융도 왕실에 반기를 들어 견구의 대락 일족을 멸망시켰다. 주 선왕宣王이 즉위하여 진중을 대부로 삼아 서융을 토벌했다. 서융이 진중을 죽였다.

진중은 재위 23년(기원전 822)년 융에서 죽었다. 아들 다섯이 있었는데, 큰아들을 장공莊公이라 했다. 주 선왕은 장공의 다섯 형제를 불러 7,000명의 병사를 주고 서융을 정벌하게 하여 격파했다. 이에 다시 진중의 후손에게 선조 대락의 봉지인 견구를 주면서 서수대부西垂大夫[8]로 삼았다.

장공은 자신들의 옛 터전인 서견구西犬丘에 살면서 세 아들을 낳았다. 큰아들을 세보世父라 했는데, 세보는 "융이 나의 조부인 진중을 죽였으니, 내가 융의 왕을 죽이지 않으면 봉읍으로 돌아가지 않을 것이다"라고 말했다. 세보는 융을 치기 위하여 아우 양공襄公에게 양위해 양공이 태자가 되었다. 장공이 재위 44년 만에 죽자 태자인 양공이 뒤를 이었다.

양공 원년(기원전 777년), 여동생 목영繆嬴이 풍왕豐王의 처가 되었다.

양공 2년, 융이 견구를 포위하자 세보가 서융을 공격하다가 서융의 포로가 되었다. 1년 남짓 지나자 세보를 돌려보냈다.

7년(기원전 771년) 봄, 주 유왕幽王이 포사褒姒 때문에 태자를 폐하고 포사의 아들을 태자로 삼고는 여러 차례 제후들을 속이자 제후들이 유왕을 배반했다. 서융의 견융犬戎이 신후申侯와 함께 주를 정벌하여 유왕을 여산驪山 아래에서 죽였다. 진 양공이 군대를 이끌고 주를 구원하여 힘껏 싸워 공을

8 서수대부西垂大夫란 서수西垂 지구의 행정 장관을 말한다. 대락의 적자인 성의 후손이 서융에게 멸망하면서 서수 지역도 서융의 차지가 되었다. 장공이 서융을 쳐서 서수를 수복함으로써 다시 서수가 진의 도성이 된 것을 말한다.

세웠다.

주가 견융의 난리를 피해 동쪽 낙읍洛邑으로 도읍을 옮기니 양공은 군대로 주 평왕平王을 호위했다. 평왕은 양공을 제후로 봉하고[9] 기산岐山의 서쪽 땅을 하사하면서 "융이 무도하여 우리 기岐와 풍豊 땅을 침탈한 바, 진이 공격하여 융을 물리치면 그 땅을 갖게 될 것이다"라고 했다. 맹서하고 봉지와 작위를 주었다. 이로써 양공은 처음으로 나라를 갖고 제후들과 사절을 교환하는 등 대등한 예를 차릴 수 있게 되었다. 이에 유구騂駒,[10] 황소, 수컷 양을 각각 세 마리씩 제물로 삼아 서치西畤[11]에서 상제에게 제사를 올렸다.

12년, 양공이 융을 정벌하러 기산에 이르렀으나 죽었다. 문공文公이 올랐다.

문공 원년(기원전 765년), 서수궁에 거주했다.

3년, 문공은 700명의 병사를 이끌고 동쪽으로 사냥을 나갔다가, 4년에 견수와 위수가 만나는 지점에 이르렀다. 문공은 "옛날 주가 우리 선조 진영에게 이곳에 도읍을 정하게 했고, 그 뒤 마침내 제후가 되었다"라고 했다. 그리고는 살 만한 곳인지 점을 치게 하니 길하다고 나와 바로 도읍을 조성했다.

---

9 기원전 770년 진 양공 재위 8년째 되던 해 주 천자 평왕平王은 양공을 제후로 책봉한다. 이로써 진은 제·노·송·위衛 등과 함께 제후의 반열에 올라 중원과 공식적인 접촉을 하기에 이른다. 이는 진나라 역사상 중대한 전환점으로 작용했다.

10 유구騂駒는 검은 털을 가진 붉은 말을 뜻한다.

11 상제上帝에게 제사 드리는 제단을 '치畤'라 하는데, 서쪽 변경에 만들었기 때문에 서치西畤라 한다. 상제에 대한 제사는 주 천자만이 할 수 있었기에 진 양공이 이 제사를 지낸 것은 관례를 뛰어넘은 어긋난 행동이었다. 진은 이밖에도 문공 10년인 기원전 756년에 부치鄜畤(지금의 섬서성 낙천현洛川縣 동남)를, 선공 4년인 기원전 672년에는 밀치密畤(당시의 옹주성으로 지금의 섬서성 봉상현鳳翔縣 동남)를 만들었다.

10년(기원전 756년), 또 부치鄜畤[12]라는 제천단을 만들어 소·양·돼지 세 종류 가축을 제물로 하는 삼뢰三牢[13]의 제사로 천지에 제사를 지냈다.

13년, 처음으로 사관을 두어 일을 기록했고 많은 백성들이 교화되었다.

16년, 문공이 병사를 이끌고 융을 토벌하니 융이 패하여 달아났다. 이에 문공은 주의 유민들을 거두어 진 백성으로 삼고 땅을 기산까지 넓히고는 기산 동쪽을 주에 바쳤다.

19년, 진보陳寶[14]를 얻었다.

20년(기원전 746년), 처음으로 삼족을 멸하는 형벌[15]이 생겼다.

27년, 남산의 큰 가래나무를 베어버리자 나무 사이에서 큰 황소가 나와 풍수豐水로 들어갔다.[16]

48년(기원전 718년), 문공의 태자가 죽으니 정공靖公이란 시호를 내렸다. 정공의 큰아들을 태자로 삼으니 바로 문공의 손자다.

---

12 부치 → 서치

13 삼뢰三牢란 삼태뢰三太牢를 말하는데, 제사 때 바치는 희생물인 소·양·돼지가 각각 한 마리씩인 것을 '태뢰'라 한다. 양과 돼지만을 사용할 때는 소뢰少牢라 한다.

14 진보陳寶는 민간에서 제사를 올리는 작은 신神의 이름이다. 이것이 보계寶鷄인데, 오늘날 섬서성 보계시의 지명이 여기서 비롯되었다.

15 삼족三族이란 대체로 부모, 형제, 처를 말한다. 때로는 아버지 친족, 어머니 친족, 아내 친족으로 보기도 한다.

16 《사기정의》에 인용된 《녹이전錄異傳》에 이런 이야기가 전한다. 진 문공 때 옹남산에 큰 가래나무가 있었다. 문공이 이 나무를 베었으나 큰 비바람과 함께 다시 붙어서는 자를 수가 없었다. 한 병자가 밤중에 남산을 지나다 귀신이 나무의 신에게 "진나라에서 머리를 풀어헤친 사람을 시켜 붉은 실로 너를 묶고 베게 하면 곤란하지 않겠는가?"라고 말하는 소리를 들었다. 병자가 이 일을 문공에게 알리자 문공이 그대로 나무를 베었더니 푸른 소 한 마리가 나와 풍수로 들어갔다. 얼마 뒤 풍수에서 소가 나타났기에 기병을 보내 공격하게 했으나 이기지 못했다. 기병이 말에서 떨어져 머리가 풀어헤쳐진 상태에서 다시 말을 탔더니 소가 무서워 풍수로 들어가서는 다시는 나오지 않았다. 이때부터 진나라는 털이 긴 소머리 모양의 장식을 세우게 되었다.

50년, 문공이 죽자 서산西山에 안장했다. 정공의 아들이 등극하니, 그가 바로 영공寧公이다.

헌공[17] 2년(기원전 714년), 평양平陽으로 옮겨가서 살았다. 군대를 보내 탕사蕩社를 정벌했다.

3년에는 박亳과 싸웠다. 박왕은 서융으로 달아났고, 마침내 탕사를 없앴다.

4년, 노魯의 공자 휘翬가 자신의 군주인 은공隱公을 시해했다.

12년, 탕씨蕩氏를 정벌하여 그 땅을 빼앗았다.

영공이 열 살에 즉위하여 재위 12년(기원전 704년)에 죽자 서산에 안장했다. 영공은 아들 셋을 낳았는데, 장남인 무공武公이 태자가 되었다. 무공의 동생 덕공德公은 무공과 같은 어머니인 노희자魯姬子에게서 태어났다. 왕희가 출자出子를 낳았다.[18] 영공이 죽자 대서장大庶長[19] 불기弗忌, 위루威壘,[20] 삼보三父가 태자를 폐위하고 출자를 옹립하여 국군으로 삼았다. 출자 6년(기원전 698년), 삼보 등이 다 함께 사람을 시켜서 출자를 시해했다. 출자는 다섯 살에 즉위하여 재위 6년 만에 죽고, 삼보 등은 원래 태자였던 무공을 다시 세웠다.

무공 원년(기원전 697년), 무공은 팽희씨彭戲氏를 토벌하기 위해서 화산華山 아래에 이르러 평양봉궁平陽封宮[21]에 머물렀다.

---

17 《사기》 원문에는 영공寧公으로 되어 있지만 〈진시황본기〉와 학자들의 고증에 따르면 헌공憲公이 맞다. 따라서 여기서는 헌공으로 썼다.

18 출자出子는 제14 〈십이제후연표〉에는 '출공出公'으로 나온다. 헌공의 아들은 모두 셋인데 장남인 무공과 그 동생 덕공은 같은 어머니인 노희자에게서 태어났고, 출자는 다른 어머니에게서 태어난 것으로 보인다. 따라서 '출자를 낳았다'라는 문장 앞에 빠진 글자가 있다. 연구에 따르면 진공종秦公鐘이란 종의 명문에 보이는 왕희를 출자의 생모로 본다.

3년, 삼보 등을 죽이고 삼족을 멸했다. 출자를 시해했기 때문이다. 정鄭의 고거미高渠眯가 자신의 군주인 소공昭公을 시해했다.

10년(기원전 688년), 규邽와 기冀 지역의 융을 정벌하고, 처음으로 현을 두

---

19 대서장大庶長은 진의 20등급 작위 중 제18등급으로 최고위에 해당한다. 진의 20등급 작위체계는 다음 표와 같다. 큰 숫자가 높은 작위이다.

진의 20등급 작위체계

<table>
<tr><th>등급</th><th>작위 이름</th><th>별칭</th><th>비고</th></tr>
<tr><td>20</td><td>철후徹侯</td><td></td><td rowspan="2">제후諸侯</td></tr>
<tr><td>19</td><td>관내후關內侯</td><td></td></tr>
<tr><td>18</td><td>대서장大庶長</td><td></td><td rowspan="9">경卿</td></tr>
<tr><td>17</td><td>사거서장駟車庶長</td><td></td></tr>
<tr><td>16</td><td>대상조大上造</td><td>대량조大良造</td></tr>
<tr><td>15</td><td>소상조少上造</td><td></td></tr>
<tr><td>14</td><td>우경右更</td><td></td></tr>
<tr><td>13</td><td>중경中更</td><td></td></tr>
<tr><td>12</td><td>좌경左更</td><td></td></tr>
<tr><td>11</td><td>우서장右庶長</td><td></td></tr>
<tr><td>10</td><td>좌서장左庶長</td><td></td></tr>
<tr><td>9</td><td>오대부五大夫</td><td></td><td rowspan="5">대부大夫</td></tr>
<tr><td>8</td><td>공승公乘</td><td></td></tr>
<tr><td>7</td><td>공대부公大夫</td><td></td></tr>
<tr><td>6</td><td>관대부官大夫</td><td></td></tr>
<tr><td>5</td><td>대부大夫</td><td></td></tr>
<tr><td>4</td><td>불경不更</td><td></td><td rowspan="4">사士</td></tr>
<tr><td>3</td><td>잠뇨簪裊</td><td>모인謀人</td></tr>
<tr><td>2</td><td>상조上造</td><td></td></tr>
<tr><td>1</td><td>공사公士</td><td></td></tr>
</table>

20 위루危樓는 제6 〈진시황본기〉에서는 위루威累로 되어 있다. 관직 명칭으로 한나라 때의 중루교위中壘校尉와 비슷하다.

21 평양봉궁平陽封宮은 진의 도읍인 평양(지금의 섬서성 보계현 동쪽) 성안에 있던 궁이다. 진의 청동기 명문에도 '평양봉궁'이란 네 글자가 진의 전서篆書로 새겨져 있는 것이 확인되었다.

었다.

11년, 처음으로 두杜와 정鄭 지역을 현으로 삼았고, 소괵小虢을 멸망시켰다.

13년(기원전 685년), 제齊나라 사람 관지보管至父와 연칭連稱 등이 자신들의 군주인 양공襄公을 죽이고 공손무지公孫無知를 세웠다. 진晉이 곽霍, 위魏, 경耿을 멸망시켰다. 제의 옹름雍廩이 무지와 관지보 등을 죽이고 제 환공桓公을 세웠다. 제와 진이 강국이 되었다.

19년(기원전 679년), 진晉의 곡옥曲沃이 처음으로 진후晉侯가 되었고, 제 환공이 견鄄에서 제후의 우두머리인 방백方伯이 되었다.

20년, 무공이 죽으니 옹읍雍邑의 평양에 안장했다. 처음으로 사람을 순장했는데, 순장한 사람이 66명에 이르렀다. 아들 하나가 있었는데, 이름을 백白이라 했다. 백은 자리에 오르지 못하고 평양에 봉해졌으며, 무공의 동생인 덕공德公이 올랐다.

덕공 원년(기원전 677년), 처음으로 옹성의 대정궁大鄭宮에 머물렀다. 소, 양, 돼지를 각각 300마리씩 제물로 삼아 부치에서 천지에 제사 드렸다. 옹성에서 사는 것이 좋은지 점을 쳤더니 '훗날 자손들이 황하에서 말에게 물을 먹일 것이다'라는 점괘가 나왔다. 이해에 양백梁伯과 예백芮伯이 조회를 드리러 왔다.

2년(기원전 676년), 처음으로 복날[22]을 정해 개를 잡아 열독을 제거했다. 덕공은 33세에 자리에 올랐으나 재위 2년 만에 죽었다. 아들 셋을 낳았는데, 큰아들이 선공宣公이고, 둘째아들은 성공成公이며, 막내아들이 목공穆公이다. 큰아들 선공이 뒤를 이었다.

선공 원년(기원전 675년), 위衛와 연燕이 주를 공격하여 혜왕을 내쫓고 왕

◉ 덕공 원년(기원전 677년)에 천도한 옹성은 그 후 헌공 2년(기원전 383년) 역양으로 천도할 때까지 약 300년 동안 가장 오래 진의 도읍으로서 역할을 다했다. 춘추시대(기원전 770년~기원전 403년) 대부분을 진은 이곳에서 웅비의 꿈을 키운 셈이다. 사진은 옹성 유지의 모습으로, 주변이 온통 농가와 밭뿐이다.

자 퇴穨를 옹립했다.

3년, 정백鄭伯과 괵숙虢叔이 왕자 퇴를 죽이고 다시 혜왕을 맞아들였다.

4년에 제천단인 밀치密畤[23]를 만들었고, 하양河陽에서 진晉과 싸워 승리했다.

12년(기원전 664년), 선공이 죽었다. 선공은 아들을 아홉이나 두었지만 모

22 기록상 복날의 기원으로 보인다. 실제로 복伏은 여름으로 접어들 때 드리는 제사로 지금의 '삼복三伏'이 여기서 유래했다. 하지 이후 세 번째 '경庚'자가 들어가는 날부터 네 번째 '경'자가 들어가는 날까지 총 열흘을 초복이라 한다. 하지 이후 네 번째 '경'자가 들어나는 날부터 입추 이후 첫 번째 '기己'자가 드는 날까지를 이복, 또는 중복이라 한다. 입추 이후 첫 번째 '경'자가 들어가는 날부터 열흘을 삼복, 또는 말복이라 한다. 복날에 개를 잡아 열독을 다스렸다는 기록도 주목된다. 열독이나 나쁜 기운이 사람을 해치기 때문에 원래는 개를 잡아서 이를 막는 풍습이었는데, 이를 식용하기에까지 이른 것이다.

23 밀치 →서치

두 왕위에 오르지 못했고, 동생 성공이 올랐다.

성공 원년, 양백과 예백이 조회했다. 제 환공은 산융을 정벌하고 고죽孤竹에 군대를 주둔시켰다.

성공은 재위 4년 만에 죽었다. 성공은 아들 일곱을 두었으나 모두 왕위에 오르지 못했고, 동생 목공이 올랐다.

3
목공의 외부 인재 기용과 진의 발전

◉

목공 임호任好 원년(기원전 659년), 목공은 친히 군대를 이끌고 모진茅津을 정벌하여 승리했다.

4년(기원전 656년), 목공이 진晉에서 아내를 맞아들였는데, 진의 태자 신생申生의 누이였다. 이해 제 환공은 초를 정벌하러 나서 소릉邵陵에 이르렀다.

5년, 진晉 헌공獻公이 우虞와 괵虢을 멸망시키고 우의 군주와 그 대부 백리해百里傒를 포로로 잡아왔다. 백옥과 좋은 말을 우의 군주에게 뇌물로 주었기 때문이다. 백리해를 포로로 잡아서는 목공의 부인이 시집올 때 종으로 딸려 보냈다. 백리해는 진으로 오던 중 완宛으로 도망갔다가 초의 변방 촌사람에게 붙잡혔다. 백리해가 능력 있는 사람이란 것을 안 목공은 비싼 값을 치르고라도 데려오려 했으나, 행여 초나라 사람이 내주지 않을까 걱정이 되어 사람을 보내 "내 폐백으로 딸려 온 노예 백리해가 거기에 있는데, 검정 숫양의 가죽 다섯 장으로 몸값을 치르고자 한다"라고 전하게 했다. 초나라 사람이 이를 받아들여 백리해를 놓아주었다. 이때 백리해의 나이 일흔이 넘었다.

목공은 백리해를 석방시켜 그와 함께 국사를 이야기하려 했다. 백리해는 사양하며 "신은 망한 나라의 신하이거늘 어찌 저 같은 자에게 물으십니까?"라고 했다. 목공은 "우의 군주가 그대를 기용하지 않았기 때문에 망한 것이지 그대의 죄가 아니잖는가?"라고 하면서 한사코 질문했는데, 사흘 동안이나 이야기를 나누었다. 목공은 크게 기뻐하며 그에게 국정을 맡기고 오고대부五羖大夫[24]로 부르려고 했다. 백리해는 사양하며 이렇게 말했다.

신은 신의 친구인 건숙蹇叔에 미치지 못합니다. 건숙이 현명하지만 세상은 모르고 있습니다. 신이 벼슬자리를 찾아 여기저기를 떠돌다 제나라에서 곤경에 빠져 질銍이란 곳의 사람에게 빌어먹고 있을 때 건숙이 신을 거두어 주었습니다. 제가 제나라 군주 무지無知를 섬기려 하자 건숙이 말렸습니다. 그래서 신은 제나라의 난리에서 벗어나 주로 갈 수 있었습니다. 주의 왕자 퇴頹가 소를 좋아해서 저는 소를 기르는 재주로 뵙기를 청했습니다. 퇴가 신을 기용하려 했으나 건숙이 신을 말려 떠났기에 죽음을 면할 수 있었습니다. 우虞의 군주를 섬기자 건숙이 신을 말렸습니다. 신은 우의 군주가 신을 기용하지 않으리라는 것을 알면서도 내심 녹봉과 작위가 탐이 나서 잠시 머물렀습니다. 두 번은 그의 말을 들어서 재난에서 벗어났고, 한 번은 듣지 않아 우에서 난을 당했던 것입니다. 이런 것들로 보아 그가 얼마나 현

24 오고대부五羖大夫'를 글자대로 풀이하면 '검은 양가죽 다섯 장의 대부'가 된다. 하지만 실상은 진 목공이 백리해를 자기 쪽으로 모셔오기 위해 초나라에 검은 양가죽 다섯 장을 주고 사온 것이다. 행여나 초나라 쪽에서 백리해의 진면목을 눈치채면 어쩌나 조바심을 내며 대개 당시 노예 한 사람의 값인 검은 양가죽 다섯 장을 제안하여 겨우 백리해를 데려올 수 있었다. 이후 '오고대부'는 현자 백리해의 별명으로 정착했고, 이제는 백리해의 다른 이름이 되었다.

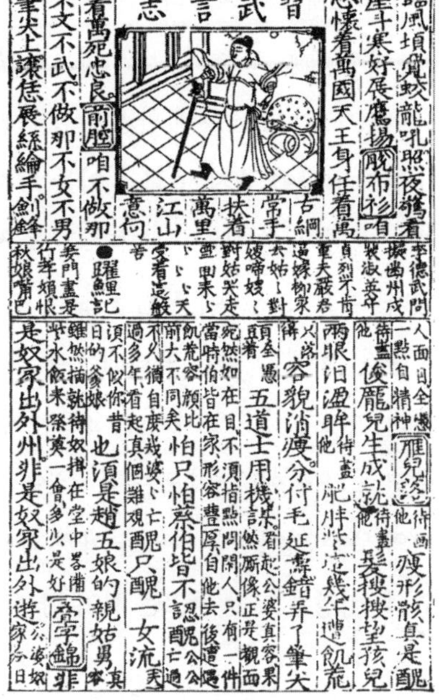

◉ (왼쪽)백리해. 목공의 외부 인재 기용을 상징적으로 보여주는 고사가 우의 대부 백리해를 검은 양가죽 다섯 장을 주고 데려온 것이다. 백리해의 별명인 '오고대부五羖大夫'도 여기서 비롯되었다. 청나라 진홍수陳洪綬의 판화집《박고엽자博古葉子》에 나오는 삽화.

◉ (오른쪽)백리해의 아들 백리맹명이 무예를 닦는 모습과 관련 기록. 백리해는 목공이 자신을 인정해주자 자신의 친구이자 현자인 건숙을 추천한다. 이렇게 해서 진 목공은 많은 외부 인재를 단번에 얻게 되었다. 명나라 때 희곡집《신계정선고금악부연조신사옥수영新鍥精選古今樂府沇調新祠玉樹英》의 일부.

명한가를 알 수 있습니다.

이에 목공은 사람을 보내 후한 예물을 갖추어 건숙을 맞아들여 상대부에 임명했다.

그해(기원전 655년) 가을, 목공은 몸소 군대를 이끌고 진晉을 정벌하러 나가 하곡河曲에서 싸웠다. 진晉의 여희驪姬가 난을 일으켜 태자 신생이 신성新城에서 죽었고, 중이重耳와 이오夷吾는 도망쳤다.

9년(기원전 651년), 제 환공이 규구葵丘에서 제후들과 회맹했다.

진晉 헌공이 죽자 여희의 아들 해제奚齊를 세웠으나 신하 이극里克이 해제를 죽였다. 순식荀息이 탁자桌子를 세웠으나 이극이 또 탁자와 순식을 죽였다. 이오가 진秦에 사람을 보내 진晉으로 돌아갈 수 있도록 도와달라고 청했다. 이에 목공은 백리해에게 군대를 이끌고 이오를 호송하도록 허락했다. 이오는 "내가 자리에 오르면 우리 진의 하서河西 지역 여덟 개 성을 주겠소"라고 했다. 이오는 귀국하여 즉위한 후, 비정丕鄭을 진에 보내어 감사의 뜻은 전했지만 약속을 어겨 하서 지역의 성을 주지 않았고 이극을 죽였다. 비정은 이를 듣고는 겁이 나서 목공과 대책을 의논했다.

> 진晉나라 사람들은 이오가 아니라 실은 중이를 원합니다. 지금 진과의 약속을 어기고 이극을 죽인 것은 모두 여생呂甥과 극예郤芮의 계략입니다. 군께서는 이권으로 여생과 극예를 서둘러 불러들이고 다시 중이를 입국시키는 것이 좋을 듯합니다.

목공은 이를 허락하고 사신과 비정을 돌려보내 여생과 극예를 급히 소환했다. 여생과 극예 등은 비정이 이간질을 한다고 의심하여 곧 이오에게 보고하고 비정을 죽였다. 비정의 아들 비표丕豹가 진으로 도망쳐서 목공에게 "진晉의 군주는 무도하여 백성들이 멀리하고 있으니 정벌하셔야 합니다"라고 했다. 목공은 "백성들이 정말 탐탁지 않게 여긴다면 어째서 자기 대신을 죽일 수 있단 말인가? 자기 신하를 죽일 수 있다는 것은 서로 협조하고 있기 때문 아닌가?"라며 비표의 말을 듣지 않았다. 하지만 몰래 비표를 기용했다.

12년(기원전 648년), 제의 관중管仲과 습붕隰朋이 죽었다.

진晉이 가뭄이 들어 식량 원조를 요청해 왔다. 비표는 목공에게 식량을 주지 말고 기근을 틈타 정벌하자고 했다. 목공은 공손지公孫支에게 물었고, 공손지는 "기근과 풍년은 번갈아 일어나는 일이니 주지 않을 수 없습니다"라고 했다. 백리해에게 물었더니 백리해는 "이오가 군주에게 죄를 지은 것이지 백성들에게 무슨 죄가 있습니까?"라고 했다. 그리하여 백리해와 공손지의 말에 따라 결국 식량을 원조했다. 배와 수레로 운송했는데 그 행렬이 옹雍에서 강絳까지 이어졌다.

14년, 진에 기근이 들어 진晉에 식량 원조를 요청했다. 진晉의 혜공은 신하들과 이 일을 논의했다. 괵석虢射이 "기근을 틈타 정벌하면 큰 공을 이룰 수 있을 것입니다"라고 했다. 혜공이 그 말에 따랐다.

15년(기원전 645년), 진晉의 군주 혜공이 군대를 일으켜 진秦을 공격해 왔다. 목공도 군대를 동원하여 비표를 장수로 삼아 몸소 공격하러 나섰다. 9월 임술일, 혜공이 이오와 한韓에서 맞붙었다. 혜공은 자신의 군대를 뒤에 남겨둔 채 목공의 군대와 재물을 다투고 돌아오다 말의 발이 묶여 나아가지 못했다. 목공과 그의 부하들이 재빨리 혜공을 뒤쫓았으나 잡지 못하고 반대로 혜공의 군대에 포위당했다. 혜공의 군사들이 목공을 공격했고 목공은 부상을 당했다.

이때 기산 아래에서 목공의 좋은 말을 훔쳐 먹었던 300명이 위험을 무릅쓰고 혜공의 군대에 돌진하여 포위를 푸니, 목공은 위기에서 벗어나 되려 혜공을 사로잡았다. 당초 목공의 좋은 말을 잃은 적이 있는데, 기산 아래 촌사람들이 함께 잡아서 300여 명에게 먹였기 때문이다. 관리가 이들을 잡아다 법대로 처벌하려고 하자 목공이 "군자는 짐승 때문에 사람을 해쳐서는 안 된다. 내가 듣기에 좋은 말고기를 먹으면서 술을 마시지 않으면 사람이 상한다고 했다"라고 하면서 이들 모두에게 술을 내리고 용서했다. 이들 300명의 촌사람들이 목공이 혜공과 싸운다는 소식을 듣고 모두 목공을 따르던 중 목공이 궁지에 몰린 것을 보고는 너나할 것 없이 무기를 들고 필사적으로 싸워 말을 잡아먹고도 용서를 받은 은혜에 보답한 것이다.

그리하여 목공은 진晉 혜공을 포로로 잡아 돌아와서는 전국에 "모두들 목욕재계하라. 내가 혜공을 제물로 삼아 상제께 제사를 올릴 것이다"라고 포고했다. 주 천자가 이를 듣고는 "진晉은 나와 같은 성이요"라며 혜공을 위해 용서를 청했다. 또 혜공 이오의 누이가 목공의 부인이었던지라 이 소식을 듣고는 상복을 입고 맨발로 달려와 "소첩이 평소 피붙이조차 제대로 가르치지 못해 군주로 하여금 이런 치욕스러운 명령을 내리게 했습니다!"라고 했다. 목공이 "내가 진晉의 군주를 사로잡아 공을 세우는가 여겼는데 지금 천자께서는 부탁을 하고 부인은 걱정을 하는구려"라고 했다. 이어 혜공과 맹서를 하고는 귀국을 허락하는 한편, 귀빈 숙소로 옮겨 머물게 하고 소·양·돼지를 각각 일곱 마리씩 보내주었다.

11월, 혜공 이오를 본국으로 돌려보내니, 이오는 하서 지역을 바치고 태자 어圉를 인질로 보냈다. 목공은 태자 어에게 종실의 딸을 아내로 삼게 했다. 목공 당시 진의 땅은 동쪽으로 황하에까지 이르렀다.

18년(기원전 642년), 제 환공이 죽었다.

20년, 양梁과 예芮를 멸망시켰다.

22년(기원전 638년), 인질로 와 있는 진晉의 공자 어가 혜공에게 병이 났다는 소식을 듣고는 "양은 내 어머니의 나라다. 그런데 진이 없애버렸다. 내게는 형제가 많아 군주가 돌아가시면 진은 분명 나를 억류시킬 것이고, 내 나라에서도 나를 무시하고 다른 아들을 세울 것이다"라고 했다. 자어가 바로 도망쳐 자기 나라로 돌아갔다.

23년, 진晉 혜공이 죽자 태자 어가 군주가 되었다. 진은 어가 도망친 것에 원한을 품고 있던 차라 진晉의 또 다른 공자 중이重耳를 초에서 맞아들여 옛날 어의 아내를 아내로 맞이하게 했다. 중이가 처음에는 사양했으나 결국은 받아들였다. 목공은 더 후한 예물로 중이를 예우했다.

24년(기원전 636년) 봄, 사신을 보내 진晉의 대신들에게 중이를 귀국시키겠다고 통보하자 진晉이 이를 받아들여 사신을 보내 중이를 호송했다. 2월, 중이가 군주로 즉위하니 이가 바로 문공文公이다. 문공은 사람을 시켜서 어를 죽였다. 어가 바로 회공懷公이다.

이해 가을, 주 양왕襄王의 동생 대帶가 적의 군대로 양왕을 공격하자, 양왕은 도망하여 정에 머물렀다.

25년, 주 양왕이 진秦과 진晉에 사신을 보내 주에 난이 일어났음을 알렸다. 목공은 군대를 거느리고 진晉 문공을 도와 양왕을 귀국시키는 한편 양왕의 동생 대를 죽였다.

28년, 진晉 문공이 성복城濮에서 초楚의 군대를 물리쳤다.

30년(기원전 630년), 목공이 진 문공을 도와 정鄭을 포위하자, 정은 목공에게 사신을 보내 "정이 망하면 진晉이 강해져 저들에게는 득이 되지만 진秦에는 이득이 없소. 진晉이 강해진다는 것은 진秦의 걱정거리가 아니겠소"라고 하자 목공이 곧 군대를 철수시켜 돌아왔다.

32년 겨울, 진 문공이 죽었다.

정나라 사람이 진에 정을 팔아넘기면서 "내가 성문을 주관하는 사람이니 정을 습격할 수 있을 것이다"라고 했다. 목공이 건숙과 백리해에게 물으니 이렇게 대답했다.

여러 나라를 거쳐야 하는 천리 길을 넘어 습격하는 일은 득될 것이 거의 없습니다. 더욱이 누군가 정을 팔아넘긴 것이라면 우리 쪽 사람이 우리 정세를 정에다 알리지 말라는 법이 어디 있겠습니까. 안 됩니다.

목공은 "그대들이 잘 모르고 하는 소리다. 내가 이미 결정했다"라 하고는 군대를 동원시키고, 백리해의 아들 맹명시孟明視와 건숙의 아들 서기술西乞術 및 백을병白乙丙으로 하여금 군사를 통솔토록 했다. 출병하는 날, 백리해와 건숙 두 사람이 통곡을 했다. 이를 들은 목공이 노하여 "출병을 앞두고 통곡을 하여 우리의 군심을 흩어놓다니 대체 왜 그러는가?"라고 했다. 두 노인은 "신들이 어찌 감히 군주가 이끄는 군대의 군심을 흩어놓을 수 있겠습니까? 군대가 떠나면 저희 자식들도 함께 갑니다. 나이가 든 저희들로서는 자식들이 돌아올 때쯤이면 얼굴을 못 보게 될지도 몰라 우는 것입니다"라고 했다. 두 노인이 물러나와 자식들에게 "너희 군대가 패한다면 틀림없이 효산殽山의 험준한 요충지가 될 것이다"라고 했다.

33년(기원전 627년) 봄, 진秦의 군대는 동쪽으로 진격하여 진晉을 거쳐 주의 도성 북문을 지났다. 주의 왕손만王孫滿은 "진의 군사들이 무례한 걸 보니 어찌 패하지 않을쏘냐!"라고 했다. 진의 군대가 활滑에 도착했을 때, 정나라 장사꾼 현고弦高가 소 열두 마리를 끌고 주나라로 팔러 가다가 진나라 군대를 만났다. 현고는 죽거나 포로가 될까 두려워 소를 바치면서 "대국이 정나라를 공격하려 한다고 해서 정의 군주가 단단히 지킬 준비를 해두고 신을 보내 소 12마리로 병사들을 위로하라고 하셨습니다"라고 했다. 진의 세 장군은 서로 상의한 끝에 "정을 습격한다는 사실을 정이 이미 알았으니 가 보았자 소용없을 것 같소"라고 했다. 그리고는 활을 멸망시켰다. 활은 진의 변방에 있는 성읍이다.

이때 진晉은 문공이 죽어 아직 장례를 마치지 않은 상황이었다. 태자 양공襄公은 "진이 아버지를 잃은 나를 능멸하는구나. 상중을 틈타 우리 활을 격파하다니!"라며 성을 냈다. 그리고는 상복을 검게 물들이게 하고 군대를 동원하여 효산에서 진의 군대를 막고 공격하여 대파하니 한 사람도 빠져나가지 못했다. 진의 세 장군을 포로로 잡아 귀환했다.

문공의 부인은 진 출신의 여자였다. 그녀는 포로로 잡혀 온 진의 세 장수를 위하여 "목공이 이 세 사람에 대한 원망이 골수에 사무쳐 있을 것이니, 이 세 사람을 돌려보내 목공으로 하여금 직접 삶아죽이게 하시오"라고 부탁했다. 양공이 이를 허락하니 세 장수를 진으로 돌려보냈다.

세 장수가 돌아오자, 목공은 소복을 입고 교외까지 나와 세 사람을 맞이하면서 통곡하며 말하길 "내가 백리해와 건숙의 말을 듣지 않아 세 사람이 굴욕을 당했다. 세 사람에게 무슨 죄가 있겠는가? 그대들은 설욕을 위해 최선을 다해주길 바라오"라 했다. 세 사람은 예전 자리로 다시 돌아갔고 더욱 더 우대를 받았다.

34년(기원전 626년), 초의 태자 상신商臣이 자신의 아버지 성왕成王을 시해하고 왕위에 올랐다.

이 무렵 목공이 다시 맹명시 등에게 군대를 이끌고 진을 정벌하게 하니 팽아彭衙에서 전투가 벌어졌다. 진의 군대가 불리하자 군대를 철수시켜 돌

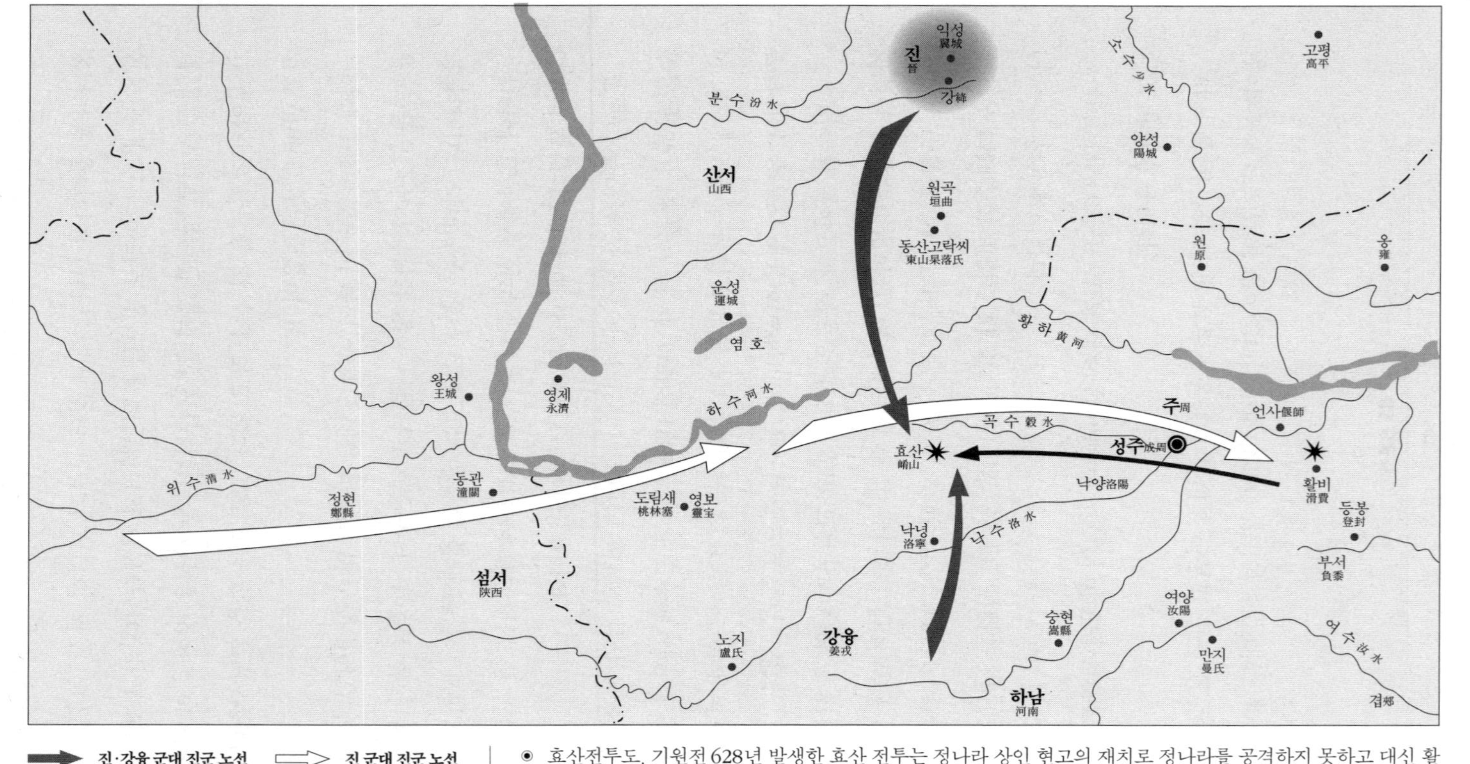

진·강융 군대 진군 노선
진 군대 철수 노선
진 군대 진군 노선
✷ 진·강융 군대 승리 지점

◉ 효산전투도. 기원전 628년 발생한 효산 전투는 정나라 상인 현고의 재치로 정나라를 공격하지 못하고 대신 활나라를 공격했다가 진晉의 불만을 사서 양국이 맞붙은 전투였다. 이 전투에서 목공은 전군이 전멸당하고 맹명시 등 세 명의 장수가 포로로 잡히는 참패를 맛보았다.

아왔다.

융戎의 왕이 유여由余를 진에 사신으로 보냈다. 유여는 선조가 융으로 망명한 진晉 사람이었기 때문에 진의 말을 할 줄 알았다. 융의 왕은 목공이 현명하다는 소문을 듣고 유여를 보내 진秦을 살피게 한 것이다. 목공은 궁실과 쌓아놓은 재물을 보여주었다. 유여는 "귀신을 시켜 이렇게 만들라 해도 피곤할 텐데 사람에게 시키면 얼마나 힘들겠습니까"라 했다. 유여의 말을 괴이하게 생각한 목공이 "중국은 시·서·예·악 그리고 법으로 통치하는데도 늘 혼란스럽다. 지금 융족에게는 이런 것들이 없는데 어떻게 다스리나? 아무래도 어렵지 않은가?"라고 물었다. 유여는 웃으며 이렇게 말했다.

> 그것이 바로 중국이 혼란스러운 까닭입니다. 무릇 저 옛날 성인이신 황제께서 예악과 법도를 만들어 몸소 앞장서서 모범을 보이셨기에 간신히 다스려진 것입니다. 그 후로는 날이 갈수록 교만하고 음탕해졌습니다. 법의 위세만 믿고 백성들을 문책하고 감독하니, 백성들은 극도로 피폐해지면 윗사람이 어질지 못하고 의롭지 못하다고 원망합니다. 위아래가 서로를 원망하고 서로 빼앗고 죽이면서 멸종에까지 이르는 것도 다 이런 이유에서입니다. 융족은 그렇지 않습니다. 윗사람은 순박한 덕으로 아랫사람을 대하고, 아랫사람은 충성으로 그 윗사람을 받들기 때문에 한 나라의 정치가 사람이 자기 한 몸을 다스리는 것처럼 잘 다스려집니다.[25] 하지만 그렇게 되는 원

25 일국지정유일신지치一國之政猶一身之治. 융에서 사신으로 온 유여가 목공 앞에서 예제가 잘 갖추어진 중원 국가들과는 달리 별다른 제도와 윤리 규범도 없는 융족이 잘 다스려지는 모습을 이렇게 표현했다.

인이 무엇인지를 모릅니다. 이것이야말로 진짜 성인의 다스림입니다.

이에 목공은 물러나 내사內史[26] 요廖에게 "내가 듣기로는 이웃나라에 성인이 있으면 적국으로서는 근심거리[27]라고 하오. 지금 현명한 유여 때문에 과인이 걱정하게 생겼으니 어찌하면 좋겠소?"라고 물었다. 내사內史 요는 이렇게 답했다.

융의 왕은 궁벽한 곳에 살고 있기 때문에 중국의 음악 따위는 듣지 못했을 겁니다. 군께서 춤과 노래에 뛰어난 미녀를 보내 그 의지를 꺾어보십시오. 그리고 유여를 더 있게 해달라고 청해 그들 사이를 멀어지게 하는 겁니다. 유여를 체류시켜놓고 돌아가지 못하게 하면 시기를 놓치게 될 것이고, 융의 왕은 이상한 생각이 들어 틀림없이 유여를 의심할 것입니다. 군신 사이에 틈이 생기면 바로 붙잡을 수 있습니다. 그리고 융의 왕이 음악 등에 빠지면 국정을 게을리할 것이 분명합니다.

목공은 그의 말을 따랐다. 목공은 유여와 나란히 자리에 앉아 같은 그릇에 음식을 나누어 먹으며 융의 지형과 병력에 대해 자세히 물었다. 그런 다음 내사 왕요에게 춤과 노래에 능한 16명의 기녀를 융왕에게 보내도록 명령했다. 기녀들을 받은 융왕은 무척 기뻐하며 한 해가 다 가도록 쾌락에서 헤어나지 못했다.

이때 진은 유여를 돌려보냈고, 유여는 여러 차례 직간했으나 융왕은 들

26 왕을 위해 도서를 비롯하여 나라의 책명이나 봉작 등을 관장하는 관직이다.

27 인국유성인적국지우야隣國有聖人敵國之憂也. 경쟁 관계에 있는 상대편에 뛰어난 인재가 있다는 것은 내 쪽으로 보면 걱정거리라는 뜻으로 진 목공이 융의 인재인 유여를 염두에 두고 한 말이다.

으려 하지 않았다. 목공이 또 여러 번 사람을 보내 유여를 초청하니 유여는 드디어 융왕을 떠나 진에 투항했다. 목공이 빈객의 예로 그를 예우하며 융의 정벌에 대한 상황을 물었다.

36년(기원전 624년), 목공은 맹명시 등을 더욱 후하게 우대하고 그들에게 군대를 이끌고 진晉을 치게 했다. 황하를 건넌 다음 타고 온 배를 태워버리고 진의 군대를 대파하여 왕관王官과 호鄗를 빼앗아 효산에서의 패배를 설욕했다. 진나라 사람들은 모두 성을 지키며 감히 나오지 못했다.

이에 목공은 모진에서 황하를 건너 효산전투에서 죽은 병사들을 위해 봉분을 만들어 상을 지내고 사흘 동안 곡했다. 그리고는 군사들에게 맹서하기를 "아, 병사들이여! 조용히 하고 내 말을 들어라. 내가 너희에게 맹서한다! 옛날 사람들은 일을 꾀할 때 백발노인과 상의했기에 과실이 없었던 것이다"라 했다. 그 당시 건숙과 백리해의 의견을 받아들이지 않은 것을 깊이 반성하며 "후세에 나의 과실을 기억하도록 하라!"라고 맹서한 것이다. 이 이야기를 들은 군자들은 모두 눈물을 흘리며 "아! 진의 목공이 사람을 이렇게 주도면밀하게 기용했기에 맹명시가 결국은 큰 승리를 거둔 것이다!"라고 감탄했다.

37년, 진은 유여의 계책을 받아들여 융왕을 토벌하고 12개 나라를 병합했다. 천 리의 땅을 개척하여 마침내 서융 지역의 패주가 되었다. 주 천자는 목공에게 소공召公 과過를 보내 축하의 인사와 함께 쇠북[28]을 선물했다.

39년(기원전 621년), 목공이 죽어 옹에 안장했다. 177명이 따라 죽었는데,[29] 진의 훌륭한 신하였던 엄식奄息, 중항中行, 침호鍼虎와 같이 자여씨子輿

28 금고金鼓. 이 기물은 고대에 군대의 진퇴를 지휘 호령할 때 사용된 것으로 징 같은 것이다.

◉ 파격적인 인재 기용으로 국력을 키우고 천하에 맹위를 떨친 목공이지만 순장이라는 구태의연한 악습을 개혁하지 못해 그의 죽음과 동시에 유능한 인재를 한꺼번에 잃었다. 사진은 섬서성 봉상현에 있는 그의 무덤이다.

氏 세 사람도 포함되어 있었다. 진나라 사람들이 이들을 애도하며 〈황조黃鳥〉라는 시를 노래로 지어 불렀다. 군자들은 이렇게 말했다.

진 목공이 영토를 넓히니 속국이 늘었다. 동쪽으로 강력한 진을 굴복시켰고, 서쪽으로 융 지역을 제패했다. 그러나 그러고도 제후의 우두머리가 되지 못한 것 또한 당연했다. 죽은 뒤에 백성을 돌보지 않고 유능한 신하들을

---

29 종사從死. '따라 죽다'는 뜻으로 '순장殉葬'을 가리킨다. 목공은 외국에서 뛰어난 인재들을 발탁하여 진의 정치를 새롭게 하는 등 진을 강국으로 변모시키는 데 성공했으나 진의 고질적인 병폐인 순장이란 구습을 버리지 못하고 무려 177명을 순장시켰다. 목공이 죽고 나자 나라의 인재가 텅 비었다고 할 만큼 그 후유증이 컸다.

그와 함께 순장했기 때문이다. 고대 성왕들은 세상을 떠날 때 늘 좋은 제도와 법을 남기고 가려고 했거늘, 하물며 착한 사람과 유능한 신하를 산 채로 죽였으니 백성들이 그들을 가련하게 여기지 않겠는가? 이를 보면 진이 동방을 정벌할 수 없다는 것을 알 수 있노라.

목공에게는 아들이 40명 있었다. 태자 앵罃이 뒤를 이어 즉위하니 그가 바로 강공康公이다.

4
춘추 후기에서 전국 중기까지 진의 부침

◉

강공 원년(기원전 620년), 지난해 목공이 죽었을 때, 진晉 양공襄公도 죽었다. 양공의 동생 옹雍은 진秦 출신 여자의 소생으로 진晉에서 살았다. 진晉 조돈趙盾이 그를 옹립하기 위해서 수회隨會를 보내 영접하니, 진은 군대를 보내 영호令狐까지 호송했다. 한편 진晉은 양공의 아들을 세우고 되려 진의 군대를 공격하니 진의 군대는 패했고, 수회는 진으로 도망쳐 왔다.

2년, 진秦이 진晉을 공격하여 무성武城을 빼앗아 영호에서의 패배를 갚았다.

4년, 이번에는 진晉이 진秦을 공격하여 소량少梁을 빼앗았다.

6년(기원전 615년), 진秦이 진晉을 공격하여 기마羈馬를 취하고, 하곡河曲에서 서로 맞붙어 진晉의 군대를 대파했다. 진晉나라 사람들은 수회가 진에서 난을 일으키지나 않을까 두려워 위수여魏讎餘로 하여금 거짓으로 진晉을 배반한 것처럼 꾸며 수회를 만나 함께 진晉으로 돌아올 계획을 세웠다. 마침내 수회가 진으로 돌아왔다.

강공은 즉위 12년(기원전 609년)에 죽고 그의 아들 공공共公이 즉위했다.

공공 2년, 진晉의 조천趙穿이 자신의 군주인 영공靈公을 시해했다.

3년, 초 장왕莊王이 강력해진 군대로 북진하여 낙읍洛邑에까지 이르러 구정九鼎에 대해 물었다.

공공이 즉위 5년(기원전 604년)에 죽고 그의 아들 환공桓公이 즉위했다.

환공 3년(기원전 601년), 진晉이 장수 한 명을 포로로 잡아갔다.

10년, 초 장왕이 정鄭을 정복하고 북쪽 황하 근처에서 진晉의 군대를 무찔렀다. 당시 초는 패주로서 제후들을 소집하여 회맹했다.

24년(기원전 580년), 막 즉위한 진晉 여공厲公이 진 환공과 황하를 사이에 두고 회맹했다. 돌아온 진은 맹약을 어기고 적과 공모하여 진晉을 공격했다.

26년, 진晉이 제후들을 이끌고 진을 공격했다. 진의 군대가 패하여 달아나자 경수涇水까지 추격했다가 돌아갔다.

환공이 재위 27년(기원전 577년)에 죽고 그의 아들 경공景公이 즉위했다.

경공 4년(기원전 573년), 진晉의 난서欒書가 자신의 군주인 여공을 시해했다.

15년(기원전 562년)에는 정을 구하러 나서 역櫟에서 진晉의 군대를 물리쳤다. 이 무렵 진晉 도공悼公이 맹주 노릇을 하고 있었다.

18년, 강력해진 진晉 도공이 몇 차례 제후와 회맹하고 그들을 이끌고 진을 정벌하여 물리쳤다. 진의 군대가 도망치자 진晉의 병사들이 경수를 건너 역림棫林까지 뒤쫓다가 돌아갔다.

27년(기원전 550년), 경공이 진晉에 가서 평공平公과 회맹했으나 얼마 지나지 않아 또 배반했다.

◉ 섬서성 봉상현의 '진공 묘지'에서는 모두 43좌의 대형 무덤이 확인되었다. 그중 '진공 1호 대묘'로 불리는 경공의 무덤은 '亞'자 모양의 특이한 구조와 186구에 이르는 순장 인골로 인해 큰 관심을 받았다.

36년(기원전 541년), 초의 공자 위圍가 초왕을 시해하고 스스로 자리에 오르니 그가 바로 초 영왕靈王이다.

경공의 친동생인 후자침后子鍼이 총애와 부를 누렸다. 누군가 그를 모함하자 죽을까 두려워 진晉으로 도망쳤는데 수레가 천 대에 이르렀다. 진晉 평공이 "후자침 당신은 이렇게 부유한데 왜 제 발로 도망쳐 왔는가?"라고 물었다. 후자침은 "진공이 무도하여 죽일까 겁이 나서 그가 죽은 뒤 돌아가려고 합니다"라고 답했다.

39년(기원전 538년), 초 영왕이 강해져 신에서 제후들과 회합하고 맹주가 되어 제나라의 경봉慶封을 죽였다.

경공은 재위 40년에 죽고, 그의 아들 애공哀公이 즉위했다. 후자침이 다시 진으로 돌아왔다.

애공 8년(기원전 529년), 초의 공자 기질弃疾이 영왕을 시해하고 자신이 자리에 오르니 바로 평왕平王이다.

11년, 초 평왕이 사람을 보내 태자 건建의 아내감으로 진의 여자를 구했다. 초에 도착한 아름다운 여자를 보고는 자기가 차지했다.

15년(기원전 522년), 초 평왕이 태자 건을 죽이려 하자 건은 도망쳤다. 오자서伍子胥는 오吳나라로 달아났다. 진晉 공실의 힘이 약해지고 육경六卿[30]의 힘이 강해져 내부적으로 서로 싸우는 통에 진·진晉 두 나라가 오랫동안 서로 공격하지 않았다.

31년(기원전 506년), 오왕 합려闔閭와 오자서가 초를 공격하자 초왕은 수隨로 달아났다. 오의 군대가 초의 수도 영郢에 진입했다. 초의 대부 신포서申包胥가 진에 와서 위급함을 알리며 7일 동안 먹지도 않고 밤낮으로 울었다.[31] 이에 진은 500대의 전차를 보내 초를 구원하여 오의 군대를 물리쳤다. 오의 군대가 철수하고서야 초 소왕昭王은 다시 영으로 돌아올 수 있었다.

---

30 춘추 후기 진晉의 여섯 세습 귀족 가문을 '육경六卿'이라 했다. 중항씨中行氏·범씨范氏·지씨知氏·한씨韓氏·조씨趙氏·위씨魏氏를 말한다. 이 당시 진의 군주는 경공頃公으로 기원전 515년부터 기원전 512년까지 재위했다.

31 초나라의 오자서가 오나라로 망명하여 공자 광光을 도와 오왕 요僚를 암살하고 왕으로 세우니 그가 오왕 합려闔閭다. 오자서는 합려에게 중용되어 마침내 군대를 이끌고 아버지와 형님을 죽인 자신의 조국 초나라를 쳐들어왔다. 그러나 원수 평왕은 죽고 그 아들 소왕昭王이 집권하고 있었다. 오자서가 이끄는 오나라 군대는 초나라 수도 영도를 유린했고, 오자서는 죽은 평왕의 시체를 파헤쳐 시체에다 채찍질을 300번 가했다. '무덤을 파헤쳐 시체에다 채찍질을 하다'라는 뜻의 고사성어 '굴묘편시掘墓鞭尸'가 여기서 비롯되었다. 이에 오자서의 친구인 신포서申包胥는 진秦으로 가서 7일 동안 먹지도 마시지도 않은 채 통곡하여 마침내 구원병을 얻어 초나라를 망국의 위기에서 구했다. 여기서 유명한 '진나라 왕의 뜰 앞에서 통곡하다'는 '진정지곡秦庭之哭'이란 고사성어가 유래했다.

애공이 재위 36년(기원전 501년)에 죽었다. 태자 이공夷公이 일찍 죽어 즉위하지 못하고 이공의 아들이 즉위하니, 그가 바로 혜공惠公이다.

혜공 원년(기원전 500년), 공자가 노의 재상 직무를 대행했다.

5년, 진晉의 경인 중항씨中行氏와 범씨范氏가 배반하여 지씨智氏와 조간자趙簡子로 하여금 공격하게 하자 범씨와 중항씨는 제나라로 달아났다.

혜공은 재위 10년(기원전 491년)에 죽고, 그의 아들 도공悼公이 뒤를 이었다.

도공 2년, 제齊의 신하 전기田乞가 자신의 군주인 유자孺子를 시해하고 그 형 양생陽生을 세웠다. 그가 제 도공悼公이다.

6년(기원전 485년), 오가 제나라 군대를 물리쳤다. 제나라 사람이 도공을 시해하고, 그 아들 간공簡公을 세웠다.

9년, 진晉 정공定公과 오왕 부차夫差가 황지黃池 회맹에서 맹주를 다투었는데, 결국 오왕이 먼저 피를 마셨다.[32] 오가 강성해지자 중국을 깔보았다.

12년, 제의 전상田床이 간공을 시해하고 간공의 아우 평공平公을 세우고는 자신은 재상이 되었다.

13년, 초가 진陳을 멸망시켰다.

진 도공은 재위 14년에 죽고, 그의 아들 여공공厲共公이 즉위했다.

공자가 도공 12년(기원전 479년)에 죽었다.

여공공 2년(기원전 475년), 촉나라 사람이 와서 재물을 바쳤다.

16년(기원전 461년), 황하 주변에 참호를 팠다. 2만 병력으로 대려大荔를

---

32 선삽先歃. 춘추시대 제후의 우두머리인 맹주 또는 패주를 결정하는 회맹會盟에서는 소의 귀, 즉 '우이牛耳'를 잘라 그 피를 먼저 마시는 쪽이 패주가 된다. 이를 '선삽先歃'이라 한다. '우이를 잡다'나 '피를 먼저 마시다'라는 말은 모두 주도권을 잡거나 우두머리가 된다는 뜻을 함축한다.

정벌하여 왕성을 빼앗았다.

21년(기원전 456년), 처음으로 빈양頻陽에 현을 설치했다. 진晉이 무성武成을 차지했다.

24년(기원전 453년), 진晉에 내란이 일어나 지백智伯을 죽이고, 지백의 영토를 조趙·한韓·위魏가 나누어 가졌다.[33]

25년, 지개智開가 읍의 사람들을 이끌고 진으로 도망왔다.

33년(기원전 444년), 의거義渠를 정벌하여 그 왕을 포로로 잡았다.

34년, 일식이 있었다. 여공공이 죽고 그의 아들 조공躁公이 즉위했다.

조공 2년(기원전 441년), 남정南鄭에서 반란이 있었다.

13년(기원전 430년), 의거가 진을 공격하여 위수 남쪽에까지 이르렀다.

14년, 조공이 죽고 그의 아우 회공懷公이 즉위했다.

회공 4년(기원전 425년), 서장庶長 조鼂가 대신들과 함께 회공을 포위하자 회공이 자살했다. 회공의 태자 소자昭子는 요절했고, 대신들이 소자의 아들을 세우니 바로 영공靈公이다. 영공은 회공의 손자다.

영공 6년(기원전 419년), 진晉이 소량에 성을 쌓자 진의 군대가 공격해왔다.

13년(기원전 415년), 진이 적고籍姑에 성을 쌓았다. 이해에 영공이 죽었으나 아들 헌공獻公이 즉위하지 못하고 영공의 막내 숙부 도자悼子가 즉위하니, 그가 바로 간공簡公이다. 간공은 소자의 동생, 회공의 아들이다.

---

33 기원전 453년에 일어난 이 사건은 전국시대의 시작을 알리는 표지다. 이른바 '삼가분진三家分晉'이다. 이보다 앞서 기원전 458년 진의 사경四卿이 범씨와 중항씨를 멸망시키면서 진의 분할은 시작되었고, 이해에 지백의 땅을 삼분함으로써 실질적인 '삼가분진'이 이루어졌다. 그리고 기원전 403년 진 유공幽公이 이 삼가의 실력자들에게 거꾸로 조회하기에 이르렀고, 주 왕실에서도 정식으로 삼가 한건韓虔, 위사魏斯, 조적趙籍를 제후로 인정함으로써 '삼가분진'이 마무리되었다. 학계에서는 이 기원전 403년을 전국시대의 시작으로 보는 설이 유력하다.

◉ (위) 그 옛날의 흔적을 전혀 찾아볼 수 없는 역양성 유지. 섬서성 서안시 염량구에 있다.

◉ (아래) 진秦과 진晉이 오랫동안 서로 차지하기 위해 다투었던 소량성 유지의 모습. 섬서성 한성시에 있다.

간공 6년(기원전 409년), 처음으로 관리에게 칼을 차게 했다.[34] 또 낙수 근처에 참호를 만들었다. 중천重泉에는 성을 쌓았다.

15년(기원전 400년),[35] 간공이 죽고 그의 아들 혜공惠公이 즉위했다.

혜공 12년, 아들 출자出子가 태어났다.

13년(기원전 387년), 촉을 공격하여 남정을 빼앗았다. 혜공이 죽자 출자가 즉위했다.

출자 2년, 서장[36] 개改가 하서에서 영공의 아들 헌공獻公을 맞이하여 세운 다음, 출자와 그의 어머니는 죽여서 시신을 깊은 호수에 버렸다. 진은 이전부터 자주 군주가 바뀌는 등 군신 관계가 어그러지는 통에 진晉이 다시 강해져 진의 하서 지역을 빼앗았다.

헌공 원년(기원전 384년), 순장제도를 폐지했다.

2년, 역양櫟陽에 성을 쌓았다.[37]

4년 정월 경인일에 효공孝公이 태어났다.

11년, 주의 태사太史 담儋이 헌공을 뵙고 말하기를 "주와 진은 합쳐졌다가 나뉘고, 나뉜 지 500년 뒤에 다시 합쳐질 터인데, 합친 지 17년 뒤 패왕이 될 만한 인물이 출현할 것입니다"라고 예언했다.

---

34 기원전 409년 이루어진 이 조치는 그때까지 일반 관리에게는 칼을 못 차게 했음을 알려준다. 한편 제5 〈진시황본기〉에는 '백성들이 처음으로 검을 찼다'는 대목이 보이는데, 이른바 '패검佩劍'의 습속이 이 무렵 거의 금지되지 않고 성행했던 것으로 보인다.

35 원문에는 16년으로 되어 있으나 〈진시황본기〉와 〈육국연표〉 등에는 모두 15년으로 나온다.

36 진의 20등급 작위의 하나. 492쪽 각주 19 '진의 20등급 작위체계' 참고.

37 기원전 383년 진은 도읍을 옹에서 역양으로 옮긴 것으로 보인다. 이로부터 효공 12년인 기원전 350년 함양으로 천도하기까지 34년 동안 진의 도읍으로서 역할을 다했다. 고고학 조사에 의해 역양성의 규모는 어느 정도 밝혀진 상태다.

16년, 겨울에 복숭아꽃이 피었다.

18년, 역양에 금싸라기가 비처럼 내렸다.

21년, 진晉과 석문石門에서 맞붙어 싸워 6만 명의 목을 베니, 주 천자가 수놓은 예복을 보내 축하했다.

23년(기원전 362년), 위·진과 소량에서 싸워 그들의 장수 공손좌公孫痤를 포로로 잡았다.

24년(기원전 361년), 헌공이 죽고 그 아들 효공이 즉위하니 그의 나이 21세였다.

5
효공과 상앙의 전면 개혁

◉

효공 원년(기원전 361년), 황하黃河와 효산崤山 동쪽의 6대 강대국인 제齊 위왕威王, 초楚 선왕宣王, 위魏 혜왕惠王, 연燕 도후悼侯, 한韓 애후哀侯, 조趙 성후成侯 등과 어깨를 나란히 했다.[38] 회하淮河와 사수泗水 사이에는 10여 개의 소국[39]이 있었으며, 초와 위는 진과 인접해 있었다. 위가 장성長城[40]을 쌓았다. 정현鄭縣으로부터 낙수洛水를 따라 북으로 상군上郡에까지 이르렀다. 초는 한중漢中에서부터 남으로 파巴와 검중黔中을 차지하고 있었다.

---

38 이른바 전국7웅을 말하는 대목이다. 사마천은 진 효공의 즉위년인 기원전 361년을 본격적인 전국시대의 기점으로 본 것이다.

39 대개 노魯·송宋·주邾·등滕·설薛 등과 같은 소국을 말한다.

40 위魏와 진秦 사이의 장성은 남으로 정현鄭縣, 지금의 섬서성 화현에서 시작하여 낙수를 따라 북으로 가다 황룡현 동남에서 동쪽으로 꺾어져 황하 주변 소량少梁, 섬서성 한성 서남에 이른다.

◉ 상앙과 개혁을 둘러싼 변법논쟁 장면. 이방궁 유지에 있는 기록화의 일부다.

주 왕실이 쇠약해지자 제후들이 힘으로 정벌하고 서로를 합병하려고 싸웠다. 진은 한쪽으로 치우친 옹주雍州에 자리 잡고 있어 중국의 제후들과 회맹하지 않았다. 이 때문에 오랑캐 취급을 받아야만 했다. 이에 효공은 널리 은혜를 베풀어 고아와 과부를 구제했으며, 전사를 모집하고 논공행상을 분명히 했다. 나라에 다음과 같은 영을 내렸다.[41]

옛날 우리 목공께서는 기산과 옹읍 사이에서 덕을 닦고 무를 펼쳤다. 동으로는 진晉의 내란을 평정하여 황하를 경계로 삼았으며, 서로는 융적을 제패하여 땅을 천 리나 넓혔다. 천자는 패주로 인정했고 제후들은 모두 축하

41 진 효공은 기원전 361년 즉위하자마자 국내외에 유능한 인재를 구한다는 포고령을 내린다. 이것이 이른바 '유능한 인재를 구하는 조서'라는 뜻의 '구현조求賢詔' 또는 '구현령求賢令'이다. 중국 역사상 최고의 개혁가 위앙은 이 구현령 소식을 듣고 위魏나라에서 진나라로 건너온다.

◉ 백성들에게 토지 사유를 인정하는 장면. 인공으로 조성한 아방궁 내의 기록화 일부다.

의 인사를 올렸다. 후세를 위해 이런 업적을 남기셨으니 매우 빛나고 아름다운 일이었다.

지난날 여공, 조공, 간공, 출자 때에는 조용할 날이 없이 나라 안의 우환에 시달려서 나라 밖 일은 돌볼 겨를이 없었다. 삼진이 우리 선군이 확보한 하서 지역을 빼앗고, 제후들은 우리 진을 무시하니 그보다 더한 치욕은 없었다.

헌공께서 즉위하여 변경을 안정시키고 역양으로 도읍을 옮겨 다스리는 한편 동방 정벌을 통해 목공 때의 땅을 되찾고 목공의 정치 강령을 회복하려고 했다. 과인은 이런 선군의 뜻을 생각할 때마다 가슴이 아팠다. 빈객과 군신들 중 남다른 계책으로 우리 진을 강하게 만들 수 있는 사람이라면 내가 높은 자리를 내주고 땅을 나누어줄 것이다!

그리고는 곧 군대를 일으켜 동으로 섬성陝城을 포위하고, 서로는 융 원왕獂王의 목을 베었다. 위앙衛鞅이 포고령이 발표되었다는 소식을 듣고는 서쪽 진으로 와서 경감景監을 통해 효공을 만나고자 했다.

2년(기원전 360년), 주 천자가 제사 고기를 보냈다.

3년, 위앙이 효공에게 법령을 바꾸고 형벌을 정비하며, 안으로는 농사에 힘쓰고 밖으로는 전쟁에서 목숨을 걸고 싸우는 전사들에 대한 상벌을 분명하게 할 것을 유세하자 효공이 이에 동의했다. 감룡甘龍과 두지杜摯 등이 동의하지 않아 서로 논쟁을 벌였다. 결국 위앙의 변법變法[42]이 받아들여졌으나 백성들이 고통스러워했다. 3년이 지나자 백성들은 그 법에 편하게 적응했다. 위앙을 좌서장左庶長[43]에 임명했다. 이와 관련한 사적은 제68 〈상군열전商君列傳〉 기록에 있다.

7년(기원전 355년), 효공이 위 혜왕과 두평杜平에서 회맹했다.

8년, 위의 원리元里에서 싸워 승리했다.

10년, 위앙이 대량조大良造[44]가 되어 군대를 이끌고 위의 안읍安邑을 포위하여 항복시켰다.

12년(기원전 350년), 진은 함양咸陽에 성읍을 조성했다. 궁궐의 문을 세우고 이곳으로 도읍을 옮겼다. 여러 작은 마을을 합쳐 큰 현을 만들고 현마다 1명의 현령을 두니 전국에 총 41개의 현이 생겼다.[45] 논밭의 경계를 헐고

42 법을 바꾼다'는 '변법變法'은 개혁의 다른 표현이다.

43 진의 20등급 작위의 하나. 492쪽 표 참고.

44 진의 20등급 작위의 하나. 492쪽 표 참고.

45 상앙의 변법에 따라 전면 개혁이 실행되었고, 지방도 크고 작은 현을 단위로 하는 체제로 개편되었다. 원문에는 41개 현이라 했으나 〈상군열전〉 등에 따르면 31개가 맞는 것으로 보인다.

땅을 개간했다. 동으로 강역이 낙수를 넘어섰다.

14년, 처음으로 새로운 조세제도를 제정했다.[46]

19년(기원전 343년), 주 천자가 제후의 우두머리인 방백 칭호를 내렸다.

20년, 제후들이 모두 와서 축하 인사를 올렸다. 진은 공자 소관少官에게 군대를 이끌고 봉택逢澤에서 제후들과 회맹하고 천자를 알현하게 했다.

21년(기원전 341년), 제가 마릉馬陵에서 위를 무찔렀다.

22년(기원전 340년), 위앙이 위를 공격하여 공자 앙卬을 포로로 잡았다. 위앙을 열후에 봉하고 상군商君[47]이라 불렀다.

24년(기원전 338년), 진晉과 안문雁門에서 싸워 장수 위조魏錯를 포로로 잡았다. 효공이 죽고 아들 혜문군惠文君이 즉위했다. 혜문군은 이해에 위앙을 죽였다.

위앙이 처음 진에서 변법을 시행할 때 법이 잘 지켜지지 않았는데, 태자까지 금지령을 어겼다. 위앙은 "법이 잘 시행되지 않는 것은 귀하신 몸들께서 지키지 않기 때문입니다. 군께서 법을 반드시 시행하시고자 한다면 태자부터 먼저 지키게 하십시오. 태자에게 경형黥刑을 내릴 수는 없으니 그 사부로 하여금 대신 받도록 하십시오"라 했다. 이렇게 하자 법이 제대로 지켜지고 진나라 사람들도 잘 다스려졌다.

효공이 죽고 태자가 즉위하자 많은 종친들이 위앙에게 원한을 품었다.

---

46 이 역시 변법 개혁에 따른 조치의 하나로 군대에 필요한 재원을 확보하기 위해 호구에 따라 세금을 징수한 것을 말한다.

47 위앙은 기원전 340년 그간의 공을 인정받아 상商, 지금의 섬서성 단봉丹鳳 일대의 15개 읍을 봉지로 받았고 이에 따라 상군商君으로 불렸다. 이 때문에 일반적으로 위앙보다는 상앙商鞅이란 이름을 더 많이 쓴다.

위앙은 도망쳤다가 반역죄로 몰려 결국 거열형車裂刑[48]을 받고 온 나라에 조리를 당했다.

6

통일을 위한 외교 책략을 마련하다

◉

혜문군 원년(기원전 337년), 초·한·조·촉蜀에서 사람을 보내 알현했다.

2년, 주 천자가 축하했다.

3년, 혜문군이 20세가 되어 관례를 거행했다.

4년, 주 천자가 문왕과 무왕 제사에 올린 고기를 보내왔다. 제와 위가 왕이라 칭했다.

5년(기원전 333년), 음진陰晉 사람 서수犀首가 대량조가 되었다.

6년, 위가 음진 땅을 진에 바치니, 음진을 영진寧秦으로 개명했다.

7년, 공자 앙卬[49]이 위와 싸워 위의 장수 용고龍賈를 포로로 잡고 위 병사 8만 명의 목을 베었다.

8년, 위가 하서 지역을 바쳤다.

9년에는 황하를 건너 분음汾陰과 피지皮氏를 빼앗고, 위왕과 응應에서 회맹하고, 초를 포위하여 항복시켰다.

10년(기원전 328년), 장의張儀가 진의 재상이 되었다. 위가 상군上郡의 15개 현을 진에 바쳤다.

---

48 수레에 사지를 매달아 각기 다른 방향으로 달리게 해서 사지를 찢어 죽이는 혹형이다. 말 다섯 마리에 사지와 머리를 묶어 찢는 '오마분시五馬分尸'도 같은 유형의 혹형이다.

49 이 부분의 공자 앙卬은 신원미상이다. 일부 학자는 공손연을 잘못 쓴 것으로 보기도 한다.

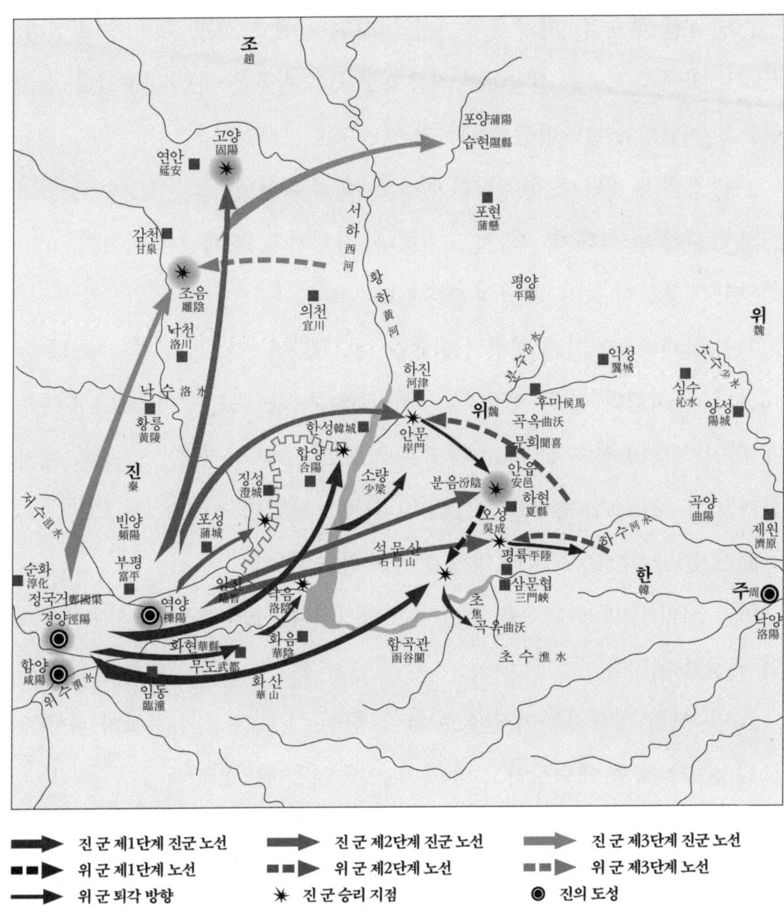

◉ 하서 수복도. 황하 서쪽 섬서성 동북 지역을 놓고 진은 위魏와 치열한 쟁탈전을 벌였다. 혜문왕 때 하서를 탈환함으로써 통일을 위한 또 하나의 교두보를 마련했다.

11년, 의거를 현으로 만들었다. 초焦와 곡옥曲沃을 위에 돌려주었다. 의거의 군주가 신하가 되었다. 소량少梁을 하양夏陽으로 개명했다.

12년, 처음으로 12월 납제[50]를 거행했다.

13년 4월 무오일, 위의 군주가 왕이라고 칭했고, 한도 왕을 자칭했다. 장의로 하여금 섬陝을 정벌하여 취하고 그곳 사람들을 위로 내쫓았다.

14년(기원전 324년), 이해를 혜문왕 원년으로 바꾸었다.[51]

2년, 장의가 제와 초의 대신과 설상齧上에서 회맹했다.

3년, 한과 위의 태자가 와서 조회했다. 장의가 위의 재상이 되었다.

5년, 혜문왕이 북하北河까지 순수했다.

7년, 악지樂池가 진의 재상이 되었다. 한·조·위·연·제가 흉노匈奴와 함께 진을 공격했다. 진은 서장 질疾, 저리질樗里疾을 보내 수어修魚에서 싸우게 하여 그들의 장수 신치申差를 포로로 잡고, 조의 공자 갈渴과 한의 태자 환奐을 물리쳤으며, 병사 8만 2,000명의 목을 베었다.

8년(기원전 317년), 장의가 다시 진의 재상이 되었다.

9년, 사마조司馬錯가 촉을 정벌해 멸망시켰다. 조의 중도中都와 서양西陽을 빼앗았다.

10년, 한의 태자 창蒼이 인질로 왔다. 한의 석장石章을 정벌하여 취했다. 조의 장수 니泥를 패퇴시키고, 의거의 25개 성을 빼앗았다.

11년(기원전 314년), 저리질이 위의 초를 공격하여 항복시켰다. 안문에서 한을 패배시키고 1만 명의 목을 베니 그 장수 서수가 달아났다. 공자 통通을 촉에 봉했다. 연의 군주가 신하 자지子之에게 양위했다.

12년, 진왕이 양왕梁王·위왕과 임진臨晉에서 회맹했다. 서장 질이 조를 공격하여 장수 장莊을 포로로 잡았다. 장의가 초나라의 재상이 되었다.

---

50 12월을 납월臘月이라 하여 이때 지내는 제사를 납제라 한다.

51 기원전 324년부터 진의 군주들을 '왕'이라 부르기 시작했다.

◉ '진공릉'이라고도 불린 혜문왕 무덤은 섬서성 함양성 진도구에 있다. 이 무덤은 오랫동안 주 문왕의 무덤으로 잘못 알려져왔다.

13년, 서장 장이 단수丹水 북쪽에서 초를 공격하여 장수 굴개屈匄를 포로로 잡고 8만 명의 목을 베었다. 또 초의 한중을 공격하여 600리의 땅을 빼앗고 한중군을 두었다. 초의 군대가 옹지雍氏를 포위하자, 진은 서장 질을 보내 한을 도와 동으로 제를 공격하게 하고, 도만到滿에게는 위를 도와 연을 공격하게 했다.

14년(기원전 311년), 초를 공격하여 소릉召陵을 빼앗았다. 단丹과 여犂가 신하가 되었고, 촉의 상국 장壯이 촉후蜀侯를 죽이고 투항했다.

혜왕이 죽고 아들 무왕武王이 즉위했다. 한·위·제·초·월越이 모두 진에 신하로 복종했다.

무왕 원년(기원전 310년), 위 혜왕[52]과 임진에서 회맹했다. 촉의 상국인 진장陳壯을 죽였다. 장의와 위장魏章이 진을 떠나 동쪽 위로 갔다. 의거, 단,

◉ 무왕릉. 혜문왕릉에서 북으로 200m 떨어져 있는 무왕릉 역시 오랫동안 주 무왕의 무덤으로 잘못 알려져왔다.

여를 토벌했다.

2년(기원전 309년), 처음으로 승상을 두었는데,[53] 저리질과 감무甘茂가 좌승상과 우승상이 되었다. 장의가 위에서 죽었다.

3년, 진왕이 한 양왕襄王과 임진 밖에서 회맹했다. 남공게南公揭가 죽고 저리질이 한의 재상이 되었다. 무왕이 감무에게 "내가 좁은 길로 다니는 수레를 타고 삼천을 지나 주의 도성 낙양을 구경할 수만 있다면 죽어도 여한이 없겠다!"라고 했다. 그해 가을 감무와 서장 봉封을 보내 의양宜陽을 공

---

52 무왕 원년인 기원전 310년 임진에서 무왕과 회맹을 가진 위魏의 왕은 혜왕이 아니라 양왕襄王이다.

53 이전까지는 재상을 그저 '상'이라 불렀고 기원전 309년(무왕 2년)부터 승상丞相이라 부르기 시작했다.

격하게 했다.

4년, 의양을 점령하고 6만 명의 머리를 베었다. 황하를 건너 무수武遂에 성을 쌓았다. 위의 태자가 와서 조회했다. 무왕이 힘이 세어 힘겨루기를 좋아하여 역사 임비任鄙, 오획烏獲, 맹열孟說이 모두 높은 자리에 올랐다. 무왕이 맹열과 솥 들기 시합[54]을 하다가 정강이뼈가 부러졌다. 8월, 무왕이 죽자 맹열은 멸족당했다.

무왕이 위 출신 여자를 왕후로 맞았으나 아들이 없었다. 무왕의 이복동생이 즉위하니 그가 바로 소양왕昭襄王이다. 소양왕의 어머니는 초나라 사람으로 성은 미씨芈氏이며 선태후宣太后라 불렀다. 무왕이 죽을 때 소양왕은 연에 인질로 있었으나 연에서 돌려보내 즉위할 수 있었다.

7
천하 통일을 향하여

◉

소양왕 원년(기원전 306년), 엄군嚴君 질疾(저리질)이 승상이 되었다. 감무가 진을 떠나 위로 갔다.

2년, 혜성이 나타났다. 서장 장과 대신, 제후, 공자 등이 반역하여 모두 죽임을 당했다. 연루된 혜문후惠文后도 명을 다하지 못했다. 도무왕후悼武王后는 위로 돌려보냈다.

3년(기원전 304년), 소양왕이 성인(20세)이 되어 관례를 거행했다. 초왕과

54 '솥 들기'를 '거정擧鼎'이라 한다. 무왕이 역사들과 솥 들기 시합을 하다 정강이뼈가 부러져 결국 죽는다. '정강이뼈가 부러지다'는 '절빈絶臏'이라 한다. 이 두 표현이 합쳐져 '거정절빈擧鼎絶臏'이란 고사성어가 나왔다. 흔히 무모하게 힘자랑을 하다 큰일을 당하는 경우를 비유하는 표현이다.

황극黃棘에서 회맹하여 상용上庸을 초에 돌려주었다.

4년에는 포판蒲阪을 빼앗았고, 혜성이 또 나타났다.

5년, 위왕이 응정應亭에 와서 조회했다. 위에 포판을 돌려주었다.

6년(기원전 301년), 촉후 휘煇가 반란을 일으키자 사마조가 촉을 평정했다. 서장 환이 초를 토벌하고 2만 명의 머리를 베었다. 경양군涇陽君이 제에 인질로 갔다. 일식이 일어나 낮에도 어두웠다.

7년, 신성新城을 점령했다. 저리질이 죽었다.

8년(기원전 299년), 장군 미융芈戎으로 하여금 초를 공격하게 하여 신시新市를 취했다. 제는 장자章子를, 위는 공손희公孫喜를, 한은 포연暴鳶을 보내 함께 초의 방성方城을 공격하여 당매唐眛를 죽였다. 조가 중산中山을 공격하자, 그 군주는 도망쳐 결국 제에서 죽었다. 위 공자 경勁과 한 공자 장長이 제후가 되었다.

9년(기원전 298년), 맹상군孟嘗君 설문薛文이 진에 와서 승상이 되었다.[55] 서장 환이 초를 공격하여 여덟 개의 성을 빼앗고, 초의 장수 경쾌景快를 죽였다.

10년, 초 회왕懷王이 진에 와서 알현하니 진은 그를 억류했다. 설문이 돈을 뇌물로 받아 면직되고, 누완樓緩이 승상에 올랐다.

11년, 제·한·위·조·송·중산 5국이 함께 진을 공격하여 염지鹽氏까지 왔다가 철수했다. 진은 한과 위에 황하 이북과 봉릉封陵의 땅을 주고 강화했다. 혜성이 또 나타났다. 초 회왕이 조로 달아났으나 조가 받아주지 않

---

55 맹상군 설문은 〈맹상군열전〉의 전문田文을 말한다. 봉지가 설 땅이었기 때문에 설문이라 했다. 〈육국연표〉와 〈맹상군열전〉에는 소왕 9년이 아니라 8년(기원전 299년)으로 나와 있다.

아 다시 진으로 와서 죽으니 초로 돌려보내 안장하게 했다.

12년, 누완이 면직되고 양후穰侯 위염魏冉이 승상이 되었다. 식량 5만 석을 초에 주었다.

13년, 향수向壽가 한을 정벌하여 무시武始를 빼앗았다. 좌경左更[56] 백기白起가 신성을 공략했다. 오대부 예禮가 진에서 위로 도망쳤다. 임비가 한중의 태수가 되었다.

14년(기원전 293년), 좌경 백기가 이궐伊闕에서 한과 위를 공격하여 24만의 목을 베고, 공손희를 포로로 잡고, 5개 성을 점령했다.

15년, 대량조 백기가 위를 공격하여 원垣을 빼앗았다가 다시 위에 돌려주었다. 초를 침공하여 완宛을 빼앗았다.

16년, 좌경 사마조가 지軹와 등鄧을 빼앗았다. 위염이 면직되었다. 공자 불市(경양군)을 완에, 공자 괴悝를 등에, 위염을 도陶에 봉하여 제후로 삼았다.

17년, 성양군城陽君이 입조했고 동주의 군주도 와서 알현했다. 진은 원을 나누어 포판과 피지에 편입시켰다. 진왕이 의양에 갔다.

18년, 좌경 사마조가 원과 하옹河雍을 침공하여 교량을 끊고 두 땅을 빼앗았다.

19년(기원전 288년), 왕이 서제西帝로 칭하고 제 민왕湣王은 동제로 칭했다가 바로 취소했다. 여례呂禮가 제 발로 투항해 왔다. 제가 송을 격파하자 송왕은 위로 도망쳤다가 온溫에서 죽었다. 임비가 죽었다.

20년, 왕이 한중으로 갔다가 다시 상군上郡과 북하北河로 갔다.

---

56 20등급 작위의 하나. 492쪽 표 참고.

◉ 범수의 건의로 '원교근공'이란 외교정책을 채택하는 장면. 먼 나라와는 친교를 맺고, 가까운 나라는 공격해야 한다는 뜻이다. 인공으로 건조한 아방궁 내의 기록화 일부.

21년, 좌경 사마조가 위 하내河內를 공략했다. 위가 안읍安邑을 진에 바치자 진은 안읍 사람들을 내쫓고 진나라 사람들을 모아 하동河東으로 이주시키고 작위까지 주었다. 죄인을 사면하여 옮기기도 했다. 경양군을 완에 봉했다.

22년(기원전 285년), 몽무蒙武가 제를 정벌했다. 하동에 9개 현을 설치했다. 왕이 초왕과는 완에서, 조왕과는 중양中陽에서 회맹했다.

23년, 도위都尉[57] 사리斯離가 삼진·연과 함께 제 정벌에 나서 제수濟水 서쪽에서 격파했다. 왕이 위왕과는 의양에서, 한왕과는 신성에서 회맹했다.

24년, 왕이 언鄢과 양穰에서 초왕과 회맹했다. 진이 위의 안성安城을 취하고 대량에까지 이르자 연과 조가 위를 구원하러 나섰고 진군은 철수했

57 도위都尉는 진나라 벼슬의 하나.

다. 위염이 승상에서 면직되었다.

25년, 조의 2개 성을 점령했다. 한왕과는 신성에서, 위왕과는 신명읍新明邑에서 회맹했다.

26년, 죄인을 사면하여 양으로 이주시켰다. 양후 위염이 다시 승상이 되었다.

27년(기원전 280년), 좌경 사마조가 초를 침공했다. 죄인을 사면하여 남양南陽으로 이주시켰다. 백기가 조를 침공하여 대代의 광랑성光狼城을 빼앗았다. 또 사마조에게 농서隴西에서 군사를 징발하여 촉을 지나 초의 검중을 공격하게 하여 점령했다.

28년, 대량조 백기가 초를 공략하여 언과 등을 빼앗고, 죄인을 사면하여 이곳으로 이주시켰다.

29년, 대량조 백기가 초를 침공하여 영을 빼앗아 남군南郡을 설치했다. 초왕은 도망쳤다. 주의 군주가 진에 왔다. 진왕은 초왕과 양릉襄陵에서 회맹했다. 백기가 무안군武安君에 봉해졌다.

30년(기원전 277년), 촉군의 군수 약若이 초를 토벌하여 무군巫郡과 강남江南을 점령하고 검중군을 설치했다.

31년, 백기가 위를 공격하여 2개 성을 빼앗았다. 초나라 사람이 강남에서 진에 반기를 들었다.

32년, 승상 양후가 위를 침공하여 대량까지 이르러 포연을 무찌르고 4만 명의 머리를 베었다. 포연은 달아나고 위는 3개 현을 바치며 강화를 청했다.

33년, 객경客卿[58] 호양胡陽이 위의 권卷·채양蔡陽·장사長社를 침공하여 취했다. 화양華陽에서 망묘芒卯를 공격하여 패퇴시키고 15만 명의 머리를 베었다. 위가 남양을 바치며 강화를 청했다.

34년, 진이 위와 한에게 상용을 주어 군 하나를 만들고 항복한 남양 백성들을 그곳으로 이주시켰다.

35년, 한·위·초를 도와 연을 공격했다. 처음으로 남양군을 설치했다.

36년, 객경 조竈가 제를 침공하여 강剛과 수壽 두 지역을 빼앗아서 양후에게 주었다.

38년, 중경中更[59] 호양이 조의 연여閼與를 침공했으나 빼앗지 못했다.

40년, 도태자悼太子가 위에서 죽어 돌아오니 지양芷陽에 안장했다.

41년 여름, 위를 침공하여 형구邢丘와 회懷 두 지역을 빼앗았다.

42년(기원전 265년), 안국군安國君이 태자가 되었다. 10월에 선태후가 죽어 지양의 여산驪山에 묻혔다. 9월에 양후가 도陶로 도망갔다.

43년, 무안군 백기가 한을 공격하여 9개 성을 점령하고 5만 명의 머리를 베었다.

44년, 한의 남양을 공격하여 취했다.

45년, 오대부 분賁이 한을 침공하여 10개 성을 취했다. 섭양군葉陽君 괴悝가 도성을 떠나 봉지로 가다가 도착하지 못하고 죽었다.

47년(기원전 260년), 진이 한의 상당上黨을 공격했다. 상당이 조에 투항하여 다시 조를 공격했다. 조가 군대를 보내 진에 반격을 가해 서로 대치했다. 진은 무안군 백기를 보내 공격하여 장평長平에서 조군을 크게 무찌르고

58 객경客卿'은 타국 출신으로서 정식으로 벼슬을 받지는 않았지만 경에 상당하는 우대를 받는 고등 참모 역할을 가리키는 용어다.

59 20등급 작위의 하나. 492쪽 표 참고.

40여 만 명을 모두 죽였다.[60]

48년 정월, 군대를 쉬게 했다가 다시 상당 지구에 결집시켰다. 그해 10월, 한이 원옹垣雍을 바쳤다. 진은 군대를 삼군으로 나누었다. 무안군이 돌아왔다. 왕흘王齕이 군대를 이끌고 조의 무안武安과 피뢰皮牢를 공격하여 점령했다. 사마경司馬梗이 북쪽으로 진격하여 태원太原을 평정하고, 한의 상당을 모두 점령했다. 오대부 왕릉王陵이 조의 한단을 공격했다.

49년 정월, 군사를 증원하여 오대부 왕릉을 돕게 했다. 왕릉이 전투를 잘 못해 면직시키고 장수를 왕흘로 바꾸었다. 그해 10월, 장군 장당張唐이 위를 공격했다. 위를 지키던 채위蔡尉가 진지를 버리고 도망쳐 돌아오자 위왕은 그를 죽였다.

50년(기원전 257년) 10월, 무안군 백기가 죄를 짓자 사병으로 강등시켜 음밀陰密로 유배시켰다. 장당이 정을 공격하여 점령했다. 12월, 병력을 증원하여 분성汾城 부근에 주둔시켰다. 무안군 백기가 죄를 짓자 그를 죽였다. 왕흘이 한단邯鄲을 공격했으나 점령하지 못하자 철수하여 분성 부근에 주둔해 있던 군대로 돌아왔다. 두 달쯤 뒤에 진晉 군대를 공격하여 6천 명의 머리를 베니, 황하에 떠다니는 진과 초 군사의 시체가 2만에 이르렀다. 분성을 공격한 장당이 바로 이어서 영신중寧新中을 점령하여 그곳을 안양安陽으로 개명했다. 처음으로 황하에 다리를 설치했다.

51년(기원전 256년), 장군 규摎가 한을 공격하여 양성陽城과 부서負黍를 빼앗고 4만 명의 머리를 베었다. 조를 침공하여 20여 개의 현을 빼앗고 9만

60 진의 명장 백기가 이끄는 군대가 항복한 조나라 군사 40만을 생매장한 장평(長平, 지금의 산서성 고평현高平縣 서북)전투를 말한다. 최근 산서성 고평현 영록촌永錄村에서 장평전투의 유지가 발견되었다.

◉ 중국 전쟁사에서 최악으로 꼽히는 장평전투도와 기록화.

명의 머리를 베었다. 서주의 군주가 진을 배반하고 제후들과 연합하여 천하의 정예병을 이끌고 이궐을 나와서 진을 공격하니, 진은 양성과의 연락이 끊겼다. 이에 진은 장군 규로 하여금 서주를 공격하게 했다. 서주의 군주가 진으로 달려와 머리를 조아리고 죄를 인정하며 항복했다. 36개의 성읍과 인구 3만 명을 모두 바쳤다. 진왕은 헌상을 받아들이고 서주 군주를 주로 돌려보냈다.

52년(기원전 255년), 주의 백성들이 동쪽으로 도망치고, 구정을 진으로 가지고 들어왔다. 이로써 주는 쇠망했다.

53년(기원전 254년), 천하가 모두 진에 복속되었다. 위가 뒤처지자 진은 규를 보내 위를 정벌하게 하고 오성吳城을 취했다. 한왕이 와서 알현했으며, 위왕도 진에 나라를 맡기며 진의 명령에 따랐다.

54년(기원전 253년), 왕은 옹성의 남쪽 교외에서 상제께 제사를 드렸다.

◉ 진시황의 조부 효문왕 등이 묻힌 곳으로 추정되는 동릉 유지.

56년(기원전 251년) 가을, 소양왕이 죽고 아들 효문왕孝文王이 즉위했다. 효문왕은 생모 당팔자唐八子를 당태후로 추존하여 선왕과 합장했다. 한왕이 소복을 입고 조문했고, 다른 제후들도 모두 장군과 승상을 보내서 조문하고 장례에 참석했다.

효문왕 원년(기원전 250년), 죄인을 사면하고 선왕 때의 공신을 표창했으며, 친척들을 후대하고 왕가의 원림을 개방했다. 효문왕이 복상을 마치고 10월 기해일에 즉위했으나 3일 만인 신축일에 죽었다. 아들 장양왕莊襄王이 즉위했다.

장양왕 원년(기원전 249년), 죄인을 크게 사면하고 선왕 때의 공신들을 표창했다. 널리 덕을 베풀어 친족을 후대하고 백성들에게 은혜를 베풀었다. 동주의 군주가 제후들과 함께 진을 배반하려고 했다. 진이 상국相國 여불위呂不韋를 보내서 그들을 토벌하고 동주의 영토를 모두 합병해버렸다. 진이

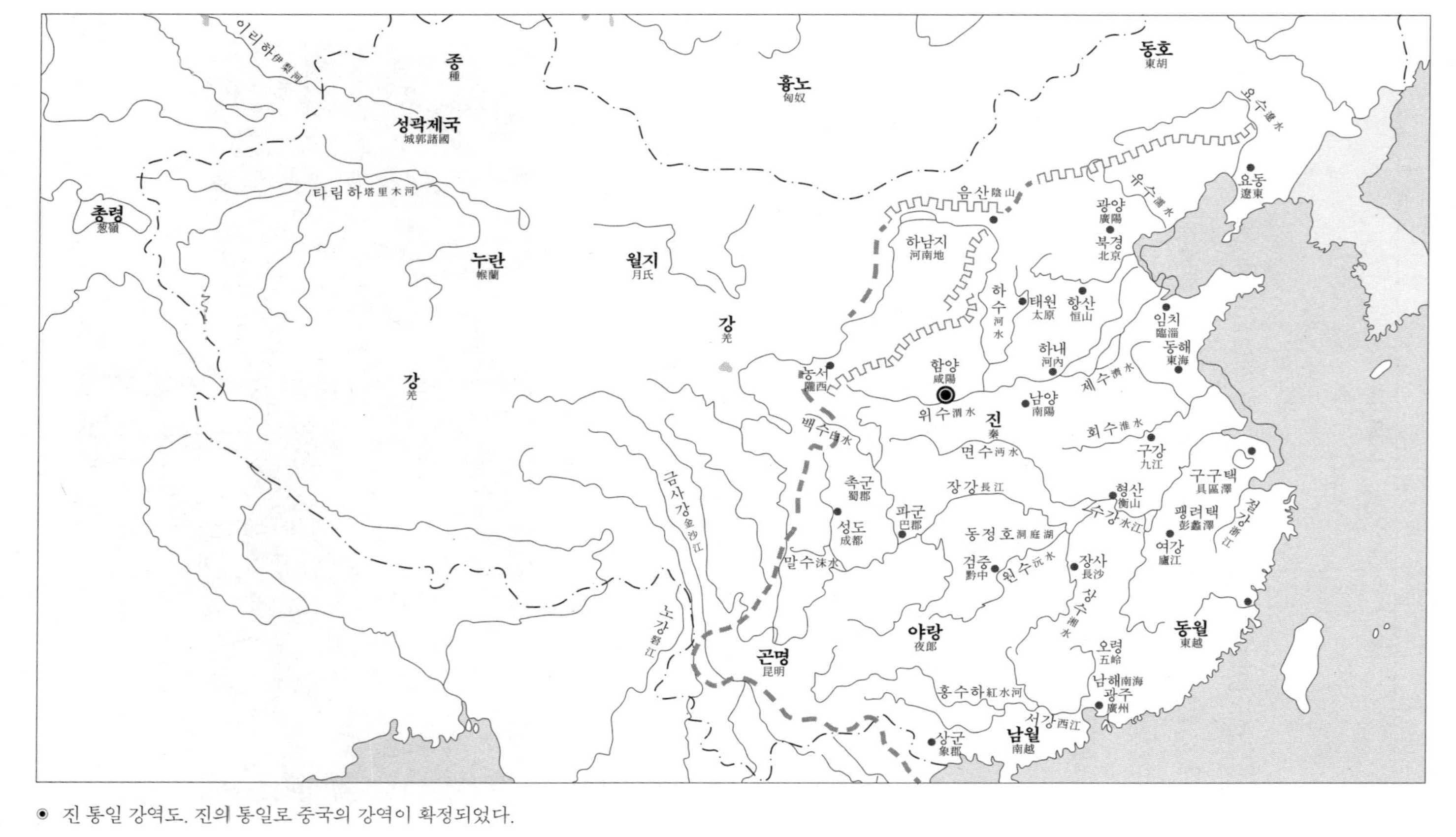

◉ 진 통일 강역도. 진의 통일로 중국의 강역이 확정되었다.

주의 제사는 끊지 않고 양인陽人 지역을 주의 군주에게 주어 제사를 잇게 했다. 몽오蒙驁를 보내 한을 토벌하니 한은 성고成皐와 공鞏을 바쳤다. 진의 국경은 대량에까지 이르렀고, 처음으로 삼천군三川郡을 두었다.

2년, 몽오를 보내서 조를 공략하여 태원을 평정했다.

3년, 몽오는 위의 고도高都와 급汲을 공략하여 점령했다. 조의 유차楡次, 신성新城, 낭맹狼孟을 공격하여 37개 성을 취했다. 4월, 일식이 있었다. 왕흘이 상당을 공격하여 처음으로 태원군을 설치했다. 위의 장수 무기無忌가 다섯 나라의 군사를 이끌고 진을 공격해오니, 진군은 황하 이남으로 후퇴했다. 몽오의 군대가 패하자 포위를 풀고 철수했다. 5월 병오일, 장양왕이 죽고 아들 정政이 즉위하니 그가 바로 진시황제秦始皇帝다.

진왕 정은 즉위 26년(기원전 221년)에 최초로 천하를 통일하여 36군을 설치하고, 자신을 시황제로 부르게 했다. 시황제는 51세의 나이로 세상을 떴고, 그 아들 호해가 즉위하니 바로 이세황제二世皇帝다.

3년(기원전 207년), 제후들이 일제히 들고 일어나 진에 반기를 들었고, 조고趙高는 이세를 죽이고 자영子嬰을 세웠다. 자영이 즉위 한 달여 만에 제후들에 의해 죽임을 당했고 마침내 진은 망했다. 이 사적은 제5 〈진시황본기〉에 자세히 나와 있다.

8
사마천의 논평

◉

태사공은 이렇게 말한다.

"진秦의 선조는 성이 영씨嬴氏다. 그 후손들은 각지에 봉해져 각자 봉국을 성으로 삼았다. 서씨徐氏, 담씨郯氏, 거씨莒氏, 종려씨終黎氏, 운엄씨運奄氏, 도구씨菟裘氏, 장량씨將梁氏, 황씨黃氏, 강씨江氏, 수어씨脩魚氏, 백명씨白冥氏, 비렴씨蜚廉氏, 진씨秦氏 등이다. 그러나 진은 그 선조 조보趙父가 조성趙城에 봉해졌기 때문에 조씨趙氏가 되었다."

정리의 기술

◉ 〈진본기〉에 등장하는 명언·명구의 재발견

• **기·온려·화류·녹이** 모두 고대 명마의 이름이다. 기록에 따라 글자의 차이는 있지만 대체로 기驥, 온려溫驪, 화류驊騮, 녹이騄耳를 말한다. 네 마리의 말이 끄는 수레를 승乘 또는 사駟라 한다. 역대 명마와 관련해서는 당 태종이 아꼈던 명마 여섯 필이 유명한데, 당 태종의 무덤인 소릉昭陵 앞에서 이 말들을 새긴 조각품이 출토되었다. 이를 '소준육마昭駿六馬'라 한다. 그 각각의 이름은 백제오白蹄烏, 특륵표特勒驃, 삽로자颯露紫, 청추靑騅, 십벌적什伐赤, 권모과拳毛騧다.

• **진보陳寶** 민간에서 제사를 올리는 작은 신神의 이름이다. 이것이 보계寶鷄인데, 오늘날 섬서성 보계시의 지명이 여기서 비롯되었다. 이와 관련해서는 《사기정의》에 인용된 《진태강지지晉太康地志》에 흥미로운 설화가 전한다. 진 문공 때 진창(陳倉, 지금의 섬서성 보계시 동남) 사람이 사냥을 나갔다가 돼지처럼 생긴 정체 모를 짐승을 한 마리 잡아서 돌아오던 중 동자 두 명을 만났다. 동자는 그 짐승은 땅속에 살면서 죽은 사람의 뇌를 파먹은 위媦라는 놈인데, 죽이려면 머리를 내리치

면 된다고 했다. 그러자 위란 놈이 사람 말로 "그 두 동자는 이름이 진보인데, 남자를 얻으면 왕이 되며 여자를 얻으면 패주가 됩니다"라고 했다. 진창 사람이 동자를 뒤쫓았더니 두 동자가 꿩이 되어 날아가 암컷이 진창 북판이란 곳에서 돌로 변했다. 진나라가 사당을 세우고 제사를 드렸는데 이곳이 진보사다. 이 사당은 당시 진창성에 있었다.

• **남산의 큰 가래나무를 베어버리자 나무 사이에서 큰 황소가 나와 풍수로 들어갔다.** 《사기정의》에 인용된 《녹이전錄異傳》에 전하는 이야기다. 진 문공 때 옹남산에 큰 가래나무가 있었다. 문공이 이 나무를 베었으나 큰 비바람과 함께 다시 붙어서는 자를 수가 없었다. 한 병자가 밤중에 남산을 지나다 귀신이 나무의 신에게 '진나라에서 머리를 풀어헤친 사람을 시켜 붉은 실로 너를 묶고 베게 하면 곤란하지 않겠는가?'라고 말하는 소리를 들었다. 병자가 이 일을 문공에게 알리자 문공은 바로 나무를 베었고 그 안에서 푸른 소 한 마리가 나와 풍수로 들어갔다. 얼마 뒤 풍수에서 소가 나타났기에 기병을 보내 공격하게 했으나 이기지 못했다. 기병이 말에서 떨어져 머리가 풀어헤쳐진 상태에서 다시 말을 탔더니 소가 무서워 풍수로 들어가서는 다시는 나오지 않았다. 이때부터 진나라는 털이 긴 소머리 모양의 장식을 세우게 되었다.

• **오고대부五羖大夫** 글자대로 풀이하면 '검은 양가죽 다섯 장의 대부'가 된다. 하지만 실상은 진 목공이 백리해를 자기 쪽으로 모셔오기 위해 초나라에 검은 양가죽 다섯 장을 주고 사온 것이다. 행여 초나라 쪽에서 백리해의 진면목을 눈치채면 어쩌나 조바심을 내며 대개 당시 노예 한 사람의 값인 검은 양가죽 다섯 장을 제안하여 아슬아슬하게 백리해를 데려올 수 있었다. 이후 '오고대부'는 현자 백리해의 별명으로 정착했고, 이제는 백리해의 다른 이름이 되었다.

• **일국지정유일신지치一國之政猶一身之治** "한 나라의 정치가 사람의 몸을 다스리는 것처럼 다스려진다." 융에서 사신으로 온 유여가 목공 앞에서 예제가 잘 갖추어진 중원 국가들과는 달리 별다른 제도와 윤리 규범도 없는 융족이 잘 다스려지는

모습을 이렇게 표현했다.

• **인국유성인적국지우야**隣國有聖人敵國之憂也 "이웃나라에 성인이 있으면 적국으로서는 근심거리다." 경쟁 관계에 있는 상대편에 뛰어난 인재가 있다는 것은 내 쪽으로 보면 걱정거리라는 뜻으로 진 목공이 융의 인재인 유여를 염두에 두고 한 말이다.

• **7일 동안 먹지도 않고 밤낮으로 울었다.** 초나라의 오자서가 오나라로 망명하여 공자 광光을 도와 오왕 료를 암살하고 광을 왕으로 세우니 그가 오왕 합려다. 오자서는 합려에게 중용되어 마침내 군대를 이끌고 아버지와 형님을 죽인 자신의 조국 초나라를 쳐들어왔다. 그러나 원수 평왕은 죽고 그 아들 소왕昭王이 집권하고 있었다. 오자서가 이끄는 오나라 군대를 초나라 수도 영도를 유린하고, 오자서는 죽은 평왕의 시체를 파헤쳐 시체에다 채찍질을 300번 가했다. '무덤을 파헤쳐 시체에다 채찍질을 하다'는 '**굴묘편시**掘墓鞭尸'의 고사성어가 여기서 비롯되었다. 이에 오자서의 친구인 신포서는 진秦으로 가서 7일 동안 먹지도 마시지도 않은 채 통곡하여 마침내 구원병을 얻어 초나라를 망국의 위기에서 구했다. 여기서 유명한 '진나라 왕의 뜰 앞에서 통곡하다'는 '**진정지곡**秦庭之哭'이란 고사성어가 유래했다.

• **선삽**先歃 "먼저 피를 마셨다." 춘추시대 제후의 우두머리인 맹주 또는 패주를 결정하는 회맹會盟에서는 소의 귀, 즉 '**우이**牛耳'를 잘라 그 피를 먼저 마시는 쪽이 패주가 된다. 이를 '**선삽**先歃'이라 한다. '우이를 잡다'나 '피를 먼저 마시다'는 모두 주도권을 잡거나 우두머리가 된다는 뜻을 함축한다.

• **구현조**求賢詔 "나라에 다음과 같은 영을 내렸다." 진 효공은 기원전 361년 즉위하자마자 국내외에 유능한 인재를 구한다는 포고령을 내린다. 이것이 이른바 '유능한 인재를 구하는 조서'라는 뜻의 '**구현조**求賢詔' 또는 '**구현령**求賢令'이다. 중국 역사상 최고의 개혁가 위앙은 이 구현령 소식을 듣고 위魏나라에서 진나라로 건너온다.

• **거정**擧鼎 솥 들기 시합을 말한다. 무왕이 역사들과 솥 들기 시합을 하다 정강이

뼈가 부러져 결국 죽는다. '정강이뼈가 부러지다'는 '절빈絶臏'이라 한다. 이 두 표현이 합쳐져 '거정절빈擧鼎絶臏'이란 고사성어가 나왔다. 흔히 무모하게 힘자랑을 하다 큰일을 당하는 경우를 비유하는 표현이다.

◉ 〈진본기〉에 등장하는 인물 정보

이름	시대	내용	출전
전욱제顓頊帝	전설시대	오제의 하나로 고서에 황제 다음으로 나온다. 창의의 아들. 고양씨高陽氏 부락의 수령으로 추정된다.	〈오제본기〉
여수女修	전설시대	진 씨족의 여자 선조다.	
대업大業	전설시대	제순 때 형벌을 주관했다. 《사기정의》에서는 고요로 보인다.	〈오제본기〉
소전少典	전설시대	부족 또는 국명. 유교씨의 여자를 취해 황제와 염제를 낳았다 전한다.	〈오제본기〉
여화女華	전설시대	소전 부락의 여자로 진의 시조인 대업과 혼인하여 대비를 낳았다.	
대비大費	전설시대 제순	대업의 아들로 백익伯益이나 백예伯翳로 보는 설이 있다.	〈오제본기〉 〈하본기〉
우禹	전설시대 제순	하의 시조로 치수사업을 성공시켜 순으로부터 선양받았다.	〈오제본기〉 〈하본기〉
순舜	전설시대 제순	전설시대 제왕으로 우로부터 선양을 받았다.	〈오제본기〉 〈하본기〉
옥녀玉女	전설시대 제순	순의 집안으로 전하는 요姚성의 여자로 대비와 혼인했다.	
백예柏翳	전설시대 제순	백익이라고도 하며, 순을 위해 조수를 길렀다. 영씨嬴氏 성을 받았다.	〈오제본기〉
대렴大廉	전설시대 제순	백예의 아들로 조속씨鳥俗氏의 시조가 되었다.	
약목若木	전설시대 제순	백예의 아들로 아버지를 계승하여 비씨費氏의 시조가 되었다.	
비창費昌	하	약목의 5세손이다.	
걸왕桀王	하	하의 마지막 제왕으로 폭군의 대명사로 꼽힌다.	〈하본기〉 〈은본기〉
탕왕湯王	상	하를 멸망시키고 상을 건립한 개국 제왕이다.	〈은본기〉
맹희孟戲 *중연中衍*	상	대렴의 현손으로 형제 사이다. 맹희중연으로 한 사람으로 보기도 한다.	
태무太戊	상	상의 제9대 제왕으로 태종으로 불린다.	〈은본기〉
중휼中潏	상	중연의 현손으로 주 부족 최초의 도성으로 추정되는 서수에 거주했다.	

비렴蜚廉	상	중휼의 아들이다.	
오래惡來	상	비렴의 아들로 호랑이를 찢을 정도로 힘이 셌다고 전한다.	《사기집해》에 인용된《안자춘추》
주왕紂王	상	상의 마지막 제왕으로 걸과 함께 폭군의 대명사로 평가된다.	〈은본기〉
주무왕周武王	상 주	상을 멸망시키고 주 왕조를 건립한 개국군주다.	〈주본기〉
계승季勝	주	비렴의 아들이다.	
맹증孟增	주	계승의 아들로 서하 고랑에서 살아 택고랑宅皐狼이라 했다. 고랑은 지금의 산서성 이석현離石縣이다.	《사기정의》
주성왕周成王	주	주의 제2대 왕으로 무왕의 아들이다. 이름은 송誦이다.	〈주본기〉
형보衡父	주	택고랑 맹증의 아들이다.	
조보造父	주	형보의 아들로 말을 잘 몰았다. 조씨趙氏 성을 받았다 전한다.	
주목왕周繆王	주	주의 제5대 왕으로 소왕의 아들이다. 이름은 만滿이다.	《목천자전穆天子傳》의 주인공
서언왕徐偃王	주 이족夷族	회하 유역 이족의 우두머리다.	
조쇠趙衰	동주 진晉	조보의 후손으로 진晉 문공文公 때 좌명대신을 지냈다. 그로부터 대대로 진 조정의 실세로 참여했다.	
오래惡來혁革	주	오래와는 다른 비렴의 아들로 그냥 '혁'이라 불렸을 것으로 추정된다.	
여방女防	주	오래 혁의 아들이다.	
방고旁皐	주	여방의 아들이다.	
태궤太几	주	방고의 아들이다.	
대락大駱	주	태궤의 아들이다.	
비자非子	주	대락의 아들. 말과 가축을 잘 길러 효왕에게 발탁되었다.	
주효왕周孝王	주	주의 제8대 왕으로 의왕懿王의 아들이다.	
신후申侯	주	신국(하남성 남양시 북쪽)의 제후. 그 딸이 대락의 아내가 된다.	
성成	주	대락의 아들이다.	

서헌胥軒	주	중연의 증손이다.	《사기정의》
진영秦嬴	주	비자를 진영이라 한다. 진의 국호가 여기서 유래했다.	
진후秦侯	주	진영의 아들. 다른 기록에 보이지 않는 인물이다.	
공백公伯	주	진후의 아들이다.	
진중(秦仲, 재위 844~822)	주	공백의 아들로 서융 정벌 때 사망했다. 진의 역사상 처음으로 연대가 나타나는 인물이다.	
주여왕周厲王	주	주 왕조 제10대 왕으로 언론 탄압 등 폭정으로 국인에게 쫓겨났다.	《국어》 〈주본기〉
주선왕周宣王	주	주 왕조 제11대 왕으로 중흥 군주로 불렸다. 이름은 정靜이다.	〈주본기〉
장공(莊公, 재위 821~778)	주	진중의 아들로 당시 제후가 되지 못했으나 훗날 장공에 추증된 듯하다.	
세보世父	주	장공의 맏아들로 동생 양공에게 양위했다.	
양공(襄公, 재위 778~766)	주 진秦	평왕의 동천을 호위하여 진 최초로 제후가 되었다.	
목영繆瀛	주	양공의 여동생으로 융족 풍왕의 처가 된 것으로 추정한다.	
풍왕豐王	주	융족의 왕 이름으로 풍 지역에 거주해 이런 이름이 붙은 것으로 추정한다.	
주유왕(周幽王, 재위 781~771)	주	주 왕조 12대 왕으로 서주를 망국으로 몰았다.	〈주본기〉
포사褒姒	주	유왕의 애첩으로 유왕과 함께 망국의 원흉으로 지목된다.	〈주본기〉
주평왕(周平王, 재위 770~720)	동주	주 왕조 13대 왕. 도읍을 낙양으로 옮겨 동주시대를 열었다.	〈주본기〉
문공(文公, 재위 765~716)	동주 진秦	양공의 아들로 진의 세력을 의욕적으로 확장했다.	
정공靜公	동주 진秦	문공의 태자로 일찍 죽었다.	
헌공(憲公, 재위 715~704)	동주 진秦	정공의 아들. 〈진본기〉에는 영공寧公으로 나오나 〈진시황본기〉 등에 따르면 헌공이 맞다.	〈진시황본기〉
휘翬	동주 노魯	노魯의 공자로 정변을 일으켜 은공을 살해했다.	《좌전》 〈노주공세가〉
노은공(魯隱公, 재위 722~712)	동주 노魯	노의 국군으로 어린 환공을 대신해 섭정하다 휘에게 살해당했다.	《좌전》 〈노주공세가〉

무공(武公, 재위 698~678)	동주 진秦	헌공의 장남으로 정변의 와중에 즉위해 정권을 안정시켰다. 순장의 전통을 시작했다.	
덕공(德公, 재위 677~676)	동주 진秦	무공의 동생으로 2년간 재위했다. 복날에 대한 기록이 보인다.	
출자(出子, 재위 703~698)	동주 진秦	무공의 배다른 동생으로 정변 중 옹립되었다가 살해당했다.	
노희자魯姬子	동주 진秦	무공과 덕공의 어머니다.	
불기弗忌	동주 진秦	권신들로 무공을 폐하고 출자를 옹립했다가 시해했다.	
삼보三父			
고거미高渠眯	동주 정鄭	정鄭의 권신으로 소공을 시해했다.	《좌전》 〈정세가〉
소공昭公	동주 정鄭	정鄭의 국군으로 장공의 아들. 송의 간섭으로 축출되어 여공으로 행세하다 고거미에게 살해된다.	《좌전》 〈정세가〉
관지보管至父	동주 제齊	제의 장수들로 양공의 동생 공자 무지와 결탁해 양공을 시해했다.	《좌전》 〈제태공세가〉
연칭連稱			
제양공(齊襄公, 재위 697~686)	동주 제齊	제의 국군으로 여동생과의 간통 등 무도한 짓을 일삼다 살해되었다.	《좌전》 〈제태공세가〉
공손무지 公孫無知	동주 제齊	제 양공의 동생으로 양공을 살해하고 권좌에 올랐으나 옹름에게 피살된다.	《좌전》 〈제태공세가〉
옹름雍廩	동주 제齊	옹림雍林이란 지명으로도 나온다. 무지와 관지보, 연칭을 죽였다.	《좌전》
제환공(齊桓公, 재위 685~643)	동주 제齊	양공의 동생으로 포숙과 관중의 보필을 받아 즉위함으로써 춘추시대 최초의 패주가 된다.	《좌전》 〈제태공세가〉
곡옥曲沃	동주 진晉	진晉의 무공武公으로 진의 최초 제후가 된다.	〈진세가〉
백白	동주 진秦	무공의 아들. 무공의 뒤를 잇지 못했다.	
양백梁伯	동주 양梁	양국의 군주로 영嬴씨 성으로 전한다. 섬서성 한성이 근거지였다.	《사기색은》
예백芮伯	동주 예芮	예국의 군주로 희姬씨 성으로 전한다. 섬서성 대려현이 근거지였다.	
선공(宣公, 재위 675~664)	동주 진秦	덕공의 큰아들로 12년간 재위했다.	
성공(成公, 재위 663~660)	동주 진秦	덕공의 둘째아들로 4년간 재위했다.	

목공(繆公, 재위 659~621)	동주 진秦	덕공의 막내아들로 춘추시대 진의 가장 뛰어난 국군이다. 성은 영嬴, 이름은 임호任好다.	
주혜왕周惠王	동주	주의 17대 왕으로 이름은 낭閬이다. 위·연과 결탁한 대신들에 의해 축출된다.	《좌전》〈주본기〉
퇴穨	동주	주 왕자 퇴. 혜왕의 숙부로 변백의 옹립으로 왕이 되었다가 다시 축출된다.	《좌전》〈주본기〉
정백(鄭伯, 여공厲公)	동주 정鄭	정 장공의 아들로 주 왕자 퇴를 죽이고 혜왕을 다시 옹립했다.	《좌전》〈주본기〉
괵숙虢叔	동주 괵虢	괵국의 군주로 지금의 하남성 삼문협시 동쪽이 근거지였다.	
신생申生	동주 진晉	진 헌공의 태자로 여희의 모함으로 자결했다.	《국어》《좌전》〈진세가〉
진헌공晉獻公	동주 진晉	진의 국군으로 만년에 여희에 빠져 태자를 죽이는 등 진을 내란에 빠뜨렸다.	《국어》《좌전》〈진세가〉
백리해百里傒	동주 우虞, 진	우국의 현신. 나라가 망하자 초를 거쳐 진秦으로 와서 목공을 보좌했다.	
건숙蹇叔	동주 우虞, 진	백리해의 친구. 백리해의 추천을 받아 함께 목공을 보좌했다.	
여희驪姬	동주 여융驪戎 진晉	진 헌공의 총애를 이용하여 태자 신생을 모함하여 죽이고 다른 공자들을 망명케 했다.	《국어》《좌전》〈진세가〉
중이(重耳, 문공文公)	동주 진晉	진 헌공의 아들로 여희의 모함으로 망명길에 올라 19년 만에 국군의 자리에 올랐다.	《국어》《좌전》〈진세가〉
이오(夷吾, 혜공惠公)	동주 진晉	진 헌공의 아들로 망명에서 돌아와 국군의 자리에 올랐다. 중이에 의해 밀려났다.	《국어》《좌전》〈진세가〉
해제奚齊	동주 진晉	여희의 아들로 헌공의 총애와 여희의 정략으로 즉위했으나 대신들에게 살해되었다.	《국어》《좌전》〈진세가〉
이극里克	동주 진晉	신생과 중이의 일파로 해제와 그 동생 탁자 및 순식을 죽였다. 이오에게 살해되었다.	《국어》《좌전》〈진세가〉
순식荀息	동주 진晉	해제를 옹립한 헌공의 심복으로 해제가 죽자 해제의 동생 탁자를 다시 옹립했다. 가도벌괵假道伐虢의 계책을 수립했다.	《국어》《좌전》〈진세가〉
탁자卓子	동주 진晉	해제의 동생으로 순식에 의해 옹립되어 이극에게 살해되었다.	《국어》《좌전》〈진세가〉
비정丕鄭	동주 진晉	진의 대신으로 이극과 함께 중이의 일파다.	〈진세가〉

여생呂甥	동주 진晉	진의 대신으로 이오 혜공의 일파. 하생瑕甥이라고도 한다.	〈진세가〉
극예郤芮	동주 진晉	진의 대신으로 이오 혜공의 일파. 기예冀芮라고도 한다.	〈진세가〉
비표丕豹	동주 진晉	비정의 아들로 진 목공과 함께 중이의 집권을 도왔다.	《좌전》 〈진세가〉
관중管仲	동주 제齊	제의 대신들로 환공을 도와 춘추시대 최초의 패주가 되게 했다.	〈제태공세가〉 〈관안열전〉
습붕隰朋			
공손지公孫支	동주 진秦	목공의 측근으로 백리해를 적극 추천했다.	《한비자》 《여씨춘추》
괵석虢射	동주 진晉	진의 대부. 혜공의 외삼촌이라고도 한다.	《사기집해》
어(圉, 진 회공懷公)	동주 진晉	이오 혜공의 아들로 중이 문공에게 살해되었다.	
주양왕周襄王	동주	혜왕의 아들로 이름은 정鄭이다. 왕자 대의 난 때 정으로 도망갔다.	
대帶	동주	양왕의 동생으로 적翟의 군대를 끌어들여 양왕을 공격했다.	
맹명시孟明視	동주 진秦	백리해의 아들로 진晉과의 효산전투에서 패했다가 설욕한다.	인적 사항에서 《좌전》 등의 기록과 차이가 적지 않게 난다.
서기술西乞秫	동주 진秦	건숙의 아들로 맹명시와 함께 효산전투에 참가했다.	
백을병白乙丙	동주 진秦	맹명시, 서기술과 함께 효산전투에 참가했다.	
왕손만王孫滿	동주	주의 대부. 초 장왕의 '문정問鼎'에 당당하게 대응했다.	
현고弦高	동주 정鄭	정나라 상인. 진秦의 침공을 사전에 탐지하고 기지로 나라를 구했다.	《좌전》 《회남자》
상신商臣 (초 목왕穆王, 재위 626~614)	동주 초楚	초 성왕의 태자. 자신을 폐위시키려는 아버지 성왕을 먼저 죽이고 자립했다.	《좌전》 〈초세가〉
성왕(成王, 재위 672~626)	동주 초楚	초의 왕으로 태자 상신을 폐위시키려다 발각되어 피살되었다.	《좌전》 〈초세가〉
유여由余	동주 진晉 융戎 진秦	융의 대신. 진秦에 사신으로 왔다가 목공의 계책으로 목공의 측근이 된다. 융 정벌에 공을 세웠다.	《좌전》 《국어》 《한비자》

왕요王廖	동주 진秦	목공에게 유여를 융에서 빼내오는 계책을 올린 인물이다.	《여씨춘추》《한서》의 왕료로 추정된다.
소공과召公過	동주	소공 석의 후손으로 이름은 과이다.	
엄식俺息 중항仲行 침호鍼虎	동주 진秦	목공 때의 '삼량三良'으로 불리는 대신들로 모두 '자여씨子輿氏' 집안 출신이다. 목공이 죽자 순장되었다.	《시경》 《좌전》
강공(康公, 재위 620~609)	동주 진秦	목공의 아들로 이름은 앵罃이다.	
진양공(晉襄公, 재위 628~621)	동주 진晉	진晉의 국군으로 문공의 아들이다. 이름은 환歡이다.	
옹雍	동주 진晉	진 양공의 동생. 조순이 태자 이고가 어려 그를 옹립하려 했다.	《사기정의》 《좌전》
조돈趙盾	동주 진晉	진 양공과 영공 때의 권신으로 문공의 좌명대신이었던 조최의 아들이다.	
수회隨會	동주 진晉	사회士會라고도 하는 춘추 중기 진의 명신이다.	
위수여魏讐餘	동주 진晉	진 위읍魏邑의 대부. 진秦으로 도망친 사회를 데려왔다.	《좌전》 《사기집해》
공공(共公, 재위 609~605)	동주 진秦	진 국군으로 강공의 아들이다. 5년간 재위했으며, 이름에 대한 설이 분분하다.	《춘추》 《사기색은》
조천趙穿	동주 진晉	조순의 배다른 동생으로 영공을 시해했다.	《좌전》 〈진세가〉
영공靈公	동주 진晉	진晉의 국군. 즉위 후 여러 차례 조순을 죽이려 했으나 조천에게 피살되었다.	《좌전》 〈진세가〉
초장왕(楚莊王, 재위 613~591)	동주 초楚	춘추오패의 하나로 초를 강국으로 키웠다.	〈초세가〉
환공(桓公, 재위 603~577)	동주 진秦	공공의 아들로 27년간 재위했다.	
진여공(晉厲公, 재위 580~573)	동주 진晉	진晉 경공의 아들로 공실의 권력을 강화하려다 권신 난서에 시해되었다.	《좌전》 〈진세가〉
경공(景公, 재위 576~537)	동주 진秦	환공의 아들로 이름은 석石이다.	
애공(哀公, 재위 536~501)	동주 진秦	경공의 아들이다.	
난서欒書	동주 진晉	진晉의 권신으로 국군 여공을 시해했다.	《좌전》 〈진세가〉

진도공(晉悼公, 재위 572~558)	동주 진晉	진晉의 국군으로 여공이 시해당한 후 옹립되어 진을 다시 일으켰다.	
진평공(晉平公, 재위 557~532)	동주 진晉	도공의 아들로 이름은 표彪이다.	
영왕(楚靈王, 재위 540~529)	동주 초楚	초강왕의 아들로 겹오郟敖를 죽이고 권좌를 차지했다. 이름은 위圍이다.	《좌전》
후자침后子鍼	동주 진秦	경공의 친동생. 환공의 총애를 받다가 모함으로 진晉으로 도주했다.	
경봉慶封	동주 제齊	제 장공, 경공 때의 권신. 최저와 한 패거리였다가 내부 갈등으로 최씨 집안을 멸족시켰다.	《좌전》 〈제태공세가〉
초평왕楚平王	동주 초	공왕의 아들로 여왕을 시해하고 자립했다. 이름은 기질棄疾이다.	《좌전》 〈초세가〉
건建	동주 초	평왕의 태자였으나 간신 비무기의 모함으로 타국으로 망명했다.	제66 〈오자서열전〉
오자서伍子胥	동주 초, 오	초 평왕과 비무기의 박해를 받아 아버지와 형을 잃고 오나라로 망명하여 복수했다.	《좌전》〈초세가〉 〈오자서열전〉
합려闔閭	동주 오吳	오의 군주로 오자서의 도움을 받아 왕 료僚를 죽이고 자립했다.	〈초세가〉 〈오자서열전〉
신포서申包胥	동주 초	초의 대신이자 오자서의 친구. 오자서가 오의 군대를 끌고 초를 공격하자 진秦에 가서 통곡하여 구원병을 얻어냈다.	《좌전》 〈오자서열전〉
초소왕(楚昭王, 재위 515~489)	동주 초	평왕의 아들로 이름은 진珍이다. 오의 침략으로 수도를 빼앗겼다.	〈초세가〉 〈오자서열전〉
이공夷公	동주 진秦	애공의 태자로 일찍 죽었다.	
혜공(惠公, 재위 500~491)	동주 진秦	이공의 아들로 10년간 재위했다.	
중항씨中行氏 범씨范氏 지씨智氏	동주 진晉	진의 세습 귀족 가문들. 훗날 한·조·위 3가가 진을 쪼개 가짐으로써 전국시대가 시작된다.	《좌전》 〈진세가〉 〈조세가〉
조간자趙簡子	동주 진晉	조씨 가문의 우두머리로 이름은 앙鞅이다.	《전국책》 〈조세가〉
도공(悼公, 재위 490~477)	동주 진秦	혜공의 아들로 14년간 재위했다.	
전기田乞	동주 제齊	제나라의 권신으로 유자를 살해했다. 진기陳乞라고도 한다.	〈전경중완세가〉

유자孺子	동주 제齊	제 경공의 아들로 이름은 도荼. 경공의 총애를 받아 형을 제치고 국군 자리에 올랐으나 전기에게 살해된다.	《좌전》 〈제태공세가〉 〈전경중완세가〉
제도공(齊悼公, 재위 488~485)	동주 제齊	제 경공이 아들로 이름은 양생陽生이다. 전기의 쿠데타로 즉위했다.	《좌전》〈제태공세가〉 〈전경중완세가〉
제간공(齊簡公, 재위 484~481)	동주 제齊	도공의 아들로 이름은 임壬이다.	〈제태공세가〉 〈전경중완세가〉
진정공(晉定公, 재위 512~475)	동주 진晉	진의 국군으로 이름은 오午다. 오왕 부차와 패권을 다투었다.	《국어》〈진세가〉 〈오태백세가〉
부차(夫差, 재위 496~473)	동주 오吳	오의 왕으로 중원 진출에 의욕을 보이며 패권을 다투었다.	《국어》〈진세가〉 〈오태백세가〉
전상田常	동주 제齊	전기의 아들로 간공을 시해했다. 본명은 전항田恒이나 한 문제의 이름 유항을 피해 전상이라 했다.	《좌전》〈제태공세가〉 〈전경중완세가〉
평공(平公, 재위 480~456)	동주 제齊	제간공의 아우. 전상의 추대로 즉위했다. 이름은 오驁이다.	《좌전》〈제태공세가〉 〈전경중완세가〉
여공공(厲共公, 재위 476~443)	동주 진秦	도공의 아들로 〈진시황본기〉에는 날공공剌龔公으로 나온다.	〈진시황본기〉
지백智伯	동주 진晉	진의 세습 대귀족으로 이름은 요瑤다. 정공 당시 한·위·조와 진의 땅을 나누어 차지했다가 협공당해 죽는다.	〈진세가〉
지개智開	동주 진晉	진의 내란으로 무리를 이끌고 진秦에 귀순했다.	
조공(躁公, 재위 442~429)	동주 진秦	여공공의 아들로 14년간 재위했다.	〈진시황본기〉
회공(懷公, 재위 428~425)	동주 진秦	조공의 동생으로 진晉에서 와서 즉위했다.	〈진시황본기〉
조鼂	동주 진秦	회공 때 좌서장을 지낸 대신이다. 성은 전하지 않는다.	
소자昭子	동주 진秦	회공의 태자로 요절했다.	
영공(靈公, 재위 424~415)	동주 진秦	소자의 아들. 숙영공肅靈公으로도 전한다.	〈진시황본기〉
헌공(獻公, 재위 385~362)	동주 진秦	영공의 아들로 바로 즉위하지 못하고 41년 뒤 서장 개의 추대로 즉위했다. 기록에 따라 즉위 연수에 차이가 있다.	〈진시황본기〉 〈육국연표〉
간공(簡公, 재위 414~400)	동주 진秦	회공의 아들이자 영공의 막내 숙부로 도자悼子라 부른다. 재위 연수에 차이가 보인다.	〈진시황본기〉 〈육국연표〉

혜공(惠公, 재위 399~387)	동주 진秦	간공의 아들로 13년간 재위했다.	〈진시황본기〉
출자(出子, 재위 386~385)	동주 진秦	혜공의 아들로 서장 개의 정변으로 살해되었다.	
개改	동주 진秦	정변을 통해 41년 만에 헌공을 옹립했다. 《여씨춘추》의 균개菌蓋와 동일인으로 추정한다.	《여씨춘추》
효공(孝公, 재위 361~338)	동주 진秦	진의 국군. 상앙商鞅을 기용하여 변법 개혁으로 통일의 기반을 다졌다. 이름은 거량渠梁이다.	
태사담太史儋	동주	동주의 기록을 담당하던 태사의 이름. 진·한 시대의 태사령보다 지위가 높았다.	
공손좌公孫痤	동주 위魏	위의 장수로 진에 포로가 되었다. 〈육국연표〉에는 태자로 나온다.	〈육국연표〉 〈위세가〉
제위왕齊威王 초선왕楚宣王 위혜왕魏惠王 연도후燕悼侯 한애후韓哀侯 조성후趙成侯	진秦 효공 즉위 무렵은 전국시대가 시작된 지 약 반세기가 지난 시점이다. 이를 전후로 천하 정세는 7국이 치열하게 경쟁하는 약육강식의 시대로 들어선다. 이 7국을 전국 7웅이라 부른다.		〈육국연표〉
원왕豲王	동주 융戎	융족 부락의 수령으로 근거지는 감숙성 롱서현 동남쪽으로 보인다.	《사기집해》
위앙(衛鞅, 약 390~338)	동주 위衛 위魏 진秦	진 효공을 도와 변법 개혁을 성공시킨 중국사 최고의 개혁가다. 상앙商鞅, 상군商君이라 부른다.	〈상군열전〉
경감景監	동주 진秦	상앙을 여러 차례 효공에게 소개시킨 진의 환관이다.	〈상군열전〉
감룡甘龍 두지杜摯	동주 진秦	상앙의 변법에 반대하는 진의 대부들로 보수세력을 대변하는 인물들이다.	〈상군열전〉
위혜왕(魏惠王, 재위 371~335)	동주 위魏	무후의 아들. 방연을 장군으로 기용해 의욕적으로 세력을 확대했으나 제의 손빈과 진에게 잇따라 패하여 위축되었다.	〈위세가〉 〈손자오기열전〉
소관少官	동주 진秦	신원에 대해 알 수 없다. 이곳 한 군데만 보인다.	
앙卬	동주 위魏	위의 공자로 위앙의 속임수에 넘어가 진의 포로가 되었다.	〈상군열전〉

위조魏錯	동주 위魏	안문전투에서 진의 포로가 된 위의 장수이다.	〈육국연표〉
혜문군(惠文君, 재위 337~311)	동주 진秦	훗날의 혜문왕으로 이름은 사駟이다.	
서수犀首	동주 위魏	이름은 공손연公孫衍이다. 진에 와서 벼슬하다 위로 돌아갔다.	〈장의열전〉
공자 앙卬	동주 진秦?	신원에 대해서는 알 수 없다. 공손연을 잘못 쓴 것으로 추정된다.	
용고龍賈	동주 위魏	위 서부 변경에서 진을 방어하던 장수로 장성을 축조했다.	
장의 (張儀, ?~310)	동주 위魏, 진秦	소진蘇秦의 합종合縱에 대응해 연횡連橫을 주장하며 진의 외교정책을 수립한 유세가다.	〈장의열전〉
악지樂池	동주 조趙	명장 악의樂毅의 일족으로 중산국의 상을 지내기도 했다.	《한비자》
질(疾, 저리질樗里疾)	동주 진秦	혜문왕의 배다른 동생인 저리자樗里子를 가리킨다. 이름이 질이며, 엄군질로도 불린다.	〈저리자감무열전〉
신치申差	동주 한韓	신치는 한의 장군이고 환은 한의 공자다. 진 혜문왕 7년 318년 또는 317년 진과의 전투에서 포로로 잡혔다.	〈육국연표〉
환奐			
갈渴	동주 조趙	조의 공자. 혜문왕 7년 진과의 전투에서 포로로 잡혔다.	〈육국연표〉
사마조司馬錯	동주 진秦	진의 명장으로 백기와 함께 많은 무공을 세웠다. 사마천의 선조다.	《전국책》 〈장의열전〉
창蒼	동주 한韓	한의 태자로 이름이 창이다. 이전의 공자 환은 죽거나 축출된 것으로 보인다.	
니泥	동주 조趙	조의 장수로 성이 장莊이다. 이름이 '니'라는 설이 있다.	
통通	동주 촉蜀	촉 군주의 자례로 촉후를 죽이고 그 지역에 봉한 것이다.	
자지子之	동주 연燕	연왕 쾌噲의 재상으로 음모를 통해 쾌로부터 선양을 받았다.	《전국책》 〈연소공세가〉
장莊	동주 조趙	조의 장수로 이름이 장莊이다. 조장趙莊, 장표莊豹로도 나온다.	〈육국연표〉 〈조세가〉
장章	동주 진秦	진의 명장인 위장魏章을 말한다.	

굴개屈丐	동주 초楚	초의 장수로 진의 장수 위장에게 포로로 잡혔다.	
도만到滿	동주 진秦	진의 장수. 만을 포蒲로 보는 설도 있다.	《사기정의》
장壯	동주 촉蜀	촉의 상국으로 진장陳莊과 동일인이다.	《화양국지》
촉후蜀侯	동주 촉蜀	사마조가 촉을 정벌하고 봉한 촉의 왕자 통국通國을 말한다.	
무왕(武王, 재위 310~307)	동주 진秦	이름은 탕蕩, 힘겨루기를 하다가 부상으로 죽었다.	
위장魏章	동주 진秦	장의와 결탁했다가 함께 추방당해 위魏로 갔다.	
감무甘茂	동주 초楚, 진秦	한중과 공략과 촉의 반란을 평정한 공으로 좌승상이 된 유세가다.	〈저리자감무열전〉
한양왕(韓襄王, 재위 312~296)	동주 한韓	한의 왕으로 위후 선혜왕의 아들이다.	〈한세가〉
남공게南公揭	동주 진秦	진의 대신으로 신원은 미상이다.《한서》〈예문지〉에 보이는《남공》31편에서는 도사로 추정된다.	《한서》〈예문지〉
봉封(향수向壽)	동주 진秦	다른 기록의 향수向壽로 보는 설이 타당하다.	《전국책》 〈저리자감무열전〉
임비任鄙	동주 진秦	진 무왕 때의 역사들로 역사상 대표적인 역사인 오획·맹분의 이름과 비슷하다. 임비는 후에 한중 태수를 지냈다.	《상군서》 《맹자》
오획烏獲			
맹열孟說			
소양왕(昭襄王, 재위 306~251)	동주 진秦	혜문왕의 아들이자 무왕의 배다른 동생으로 이름은 칙則 또는 직稷이다.	〈양후열전〉
선태후宣太后	동주 진秦	혜문왕의 비빈으로 '팔자八子'라는 봉호로 불렸다. 소왕 즉위 후 태후로 추대되었다.	〈양후열전〉
장壯	동주 진秦	공자 장으로 계군季君이라고도 한다. 소왕과는 형제 관계다.	〈양후열전〉
혜문후惠文后	동주 진秦	혜문왕의 부인이자 무왕의 생모다. 소양왕 즉위에 공을 세웠으나 정변에 연루되어 죽는다.	〈양후열전〉
도무왕후 悼武王后	동주 진秦	무왕의 부인으로 위魏 출신이다. 정변으로 친정으로 축출되었다.	〈양후열전〉
촉후蜀侯 휘煇	동주 진秦	공자 휘. 혜문왕의 아들이자 무왕의 친동생으로 촉후에 봉해졌다.	《화양국지》 〈육국연표〉

환奐	동주 진秦	진의 대서장. 기록이 전하지 않는다.	
경양군(涇陽君, 불市)	동주 진秦	공자 불市로 소양왕의 동생이다.	
미융羋戎	동주 진秦	선태후의 동생. 화양군에 봉해져 '사귀四貴'의 하나로 권세를 누렸다.	
장자章子	동주 제齊	제의 명장으로 성은 광匡이다. 위왕, 선왕, 민왕 3대를 거쳤다.	
공손희公孫喜	동주 위魏	위의 장수로 초를 격파했다가 진의 백기에게 피살되었다.	
포연暴鳶	동주 한韓	한의 장수로 진에 패해 심각한 타격을 입었다.	
당매唐昧	동주 초楚	초의 장수로 진에 패해 죽었다.	
경(勁, 장長)	동주 위魏 한韓	위와 한의 공자로 진에게 패한 진에 의해 책봉된 인물로 보인다. 다른 기록에는 보이지 않는다.	
맹상군孟嘗君	동주 제齊	제의 종친으로 전국시대 4공자 중 하나. 성명은 전문田文이다. 봉지가 설이어서 설문이라고도 한다.	〈육국연표〉 〈맹상군열전〉
경쾌景快	동주 진秦	진의 장수이나 다른 기록과 차이가 난다. 경씨 형제인 듯하다.	
초회왕(楚懷王, 재위 328~299)	동주 초楚	초의 왕으로 진을 방문했다 억류되어 죽었다.	〈초세가〉
누완樓緩	동주 조趙	조와 진을 오가며 벼슬했던 인물이다.	〈평원군우경열전〉
위염魏冉	동주 진秦	진 소양왕의 외삼촌이자 선태후의 동생이다. 양후穰侯에 봉해져 권세를 누렸다.	〈양후열전〉
백기白起	동주 진秦	소양왕 때의 명장으로 진의 통일 전쟁에 결정적인 공을 세웠다.	〈백기왕전열전〉
예(禮, 여례呂禮)	동주 진秦	제齊 출신으로 진에 와서 오대부 등을 지냈다. 양후와 불화를 빚었다.	
괴悝	동주 진秦	고릉군高陵君 공자 괴를 말한다. 섭양군葉陽君이라고도 한다.	〈범저채택열전〉
성양군城陽君	동주 한韓	한의 유력자로 이름은 기록에 보이지 않는다.	《전국책》
제민왕(齊閔王, 재위 301~283)	동주 제齊	진의 소양왕과 함께 동제, 서제로 칭하기로 했다가 취소한다.	〈전경중완세가〉

몽무蒙武	동주 진秦	진의 명장. 몽오의 아들이자 몽염의 아버지다.	〈몽염열전〉
사리斯離	동주 진秦	진의 도위 사리. 기록은 전하지 않는다.	
약若	동주 진秦	진 촉군의 군수로 성은 장張이다.	《화양국지》
호양胡陽	동주 진秦	진의 객경. 공을 세워 중경으로 승진한 것으로 보인다.	
조灶	동주 진秦	진의 객경으로 이름은 전하지 않는다. '조造'로도 나온다.	《전국책》
도태자悼太子	동주 진秦	소양왕의 태자. 위에 인질로 있다가 죽었다.	〈육국연표〉 〈위세가〉
혜문왕(惠文王, 안국군安國君, 재위 250)	동주 진秦	소양왕의 아들로 이름은 주柱 또는 식式이다. 즉위 후 얼마 되지 않아 죽었다.	
분賁	동주 진秦	진의 오대부五大夫. 기록이 전하지 않는다.	
왕흘王齕	동주 진秦	진의 장수들이다.	
사마경司馬梗			
장당張唐			
채위蔡尉	동주 위魏	위의 장수로 진에 패하여 위왕에게 죽임을 당했다.	
규摎	동주 진秦	진의 장수로 승상에까지 올랐다. 성은 알려져 있지 않다.	
당팔자唐八子	동주 진秦	소왕의 비이자 효문왕의 생모다. '팔자'는 비빈에 대한 봉호다.	
장양왕(莊襄王, 재위 249~247)	동주 진秦	진시황의 아버지 자초子楚. 처음 이름은 이인異人이었다.	〈여불위열전〉
여불위呂不韋	한韓 진秦	상인 출신으로 자초에게 투자해 진왕으로 즉위시킨 후 대권을 장악했다.	〈여불위열전〉
몽오蒙驁	한韓 진秦	진의 명장으로 몽염의 조부다.	
무기無忌	동주 위魏	위공자 신릉군을 말한다.	〈위공자열전〉

진시황제 (秦始皇帝, 259~210)	진秦	중국 최초의 통일 왕조인 진의 건립자로 '천고일제千古一帝'라는 평가를 받았다.	〈진시황본기〉
호해 (胡亥, 230~207)	진秦	진시황의 작은아들로 이세황제二世皇帝로 즉위하여 나라를 망국으로 이끌었다.	〈진시황본기〉
조고 (趙高, ?~207)	진秦	진시황 때의 환관으로 진시황이 죽자 유서를 조작하여 정변을 일으켰다.	〈진시황본기〉 〈이사열전〉
자영 (子嬰, ?~206)	진秦	진시황의 태자 부소의 아들로 이세황제의 뒤를 이어 즉위하여 조고를 죽였다. 유방에게 망했다가 항우에게 죽임을 당한다.	〈진시황본기〉〈항우본기〉〈고조본기〉 〈이사열전〉

• 〈진본기〉에 언급된 인물은 약 270명에 이른다.

• 이탤릭체는 진의 선조와 진의 인물들을 나타내고, 진한 글자는 기원전 770년 양공 이후의 제후와 왕 그리고 통일 이후 황제를 나타낸다. '진 왕조 세계도'를 함께 참고.

◉ 〈진본기〉에 등장하는 지역 · 지리 정보

지명	당시 현황	현재의 지리 정보
명조鳴條	하나라 때 읍 이름	하남성 봉구현封丘縣 동쪽 또는 산서성 운성運城 안읍진安邑鎭 북쪽
서융西戎	서방에 거주한 소수민족. 때로는 이들이 거주한 지역을 가리킨다. 서융은 서주 초기에 거주하다가 이후 끊임없이 동남으로 내려와 주·진 사람들과 섞였다.	섬서, 삼숙, 영하의 경계지역
서수西垂	진이 부족 단계에 있을 때 최초의 도성으로 본다. 서견구라고도 부른다.	감숙성 천수시天水市 서남 예현禮縣 영흥永興 부근
곽태산霍太山		산서성 곽현 동남
고랑皐狼		산서성 이석현離石縣 북쪽
조성趙城		산서성 홍동현洪洞縣 북쪽
견구犬丘	→서수西垂	
진秦	초기 진의 도읍인 진읍은 감숙성 장가천자치현張家川自治縣으로 추정한다. 장가천 소재지는 1961년 청수현淸水縣에서 분리되었기 때문에 과거에 청수현에 있었다고 한 말이 틀린 것은 아니다.	장가천 남쪽 와천瓦泉 일대. 이곳에서 대량의 진나라 무덤과 문물들이 출토된 바 있다.
서견구西犬丘	→서수西垂	
견융犬戎	서방 융족의 하나로 이 무렵 동쪽으로 내려와 주나라 사람들과 섞여 살았다.	
여산驪山	주나라 수도 호경의 동쪽. 이곳에는 봉화대 유지가 남아있다.	섬서성 임동시 동남
낙읍雒邑	주 초기 주공이 건설한 왕성, 즉 주 천차의 도성	하남성 낙양洛陽 시내
기산岐山	기산 서쪽이라 하면 섬서성 서부와 그와 가까운 감숙성, 영하 일부 지역을 가리킨다.	섬서성 기산현 동북
기岐	기읍을 가리키며 기산 남쪽. 주나라 선조 고공단보가 옮겨 가꾼 곳으로 주 민족의 중요한 발상지다.	기산현 동북
풍豐	주 문왕이 도읍을 건설한 곳	서안시 서남의 옛 풍수 서쪽이자 당시 호경鎬京의 서남방
견수汧水	감숙성 장가천張家川 동북에서 발원하여 동남으로 흐르다 롱현隴縣을 지나 보계현寶鷄縣 서쪽에서 위수로 흘러들어간다.	

위수渭水	감숙성 위원渭源에서 발원하여 동쪽으로 흐르다 지금의 보계, 시안을 지나 동쪽 황하로 흘러들어간다. 견수와 위수 사이	섬서성 보계시 일대
서산西山	전문가의 고증에 따르면 감숙성 천수시 서남 예현 대보자산大堡子山에 있는 춘추 초기의 큰 무덤 두 기가 양공과 문공의 것이라 한다.	진창陳倉 서북의 진릉산秦陵山
평양平陽	헌공 2년부터 무공 20년(기원전 678)까지 36년 동안 진의 도성이었다.	섬서성 보계현 동쪽
탕사蕩社	융인이 거주하던 곳	서안시 동남
박亳	융족이 세운 소국으로 탕사에 도읍했기 때문에 탕사를 박이라고도 한다.	
팽희씨彭戲氏	융의 이름	지금의 섬서성 징성현澄城縣 서북쪽 팽아彭衙에 고성이 있었던 것으로 본다.
화산華山	오악 중 서악	섬서성 화음시華陰市 남쪽
평양봉궁平陽封宮	진의 도읍 평양. 궁전으로《적고재종정이기관식積古齋鐘鼎彝器款識》권9에 '평양봉궁'이라 새긴 동기 하나가 실려 있다.	섬서성 보계현 동쪽
규邽		감숙성 천수시로 추정
기冀		감숙성 감곡현甘谷縣 동쪽, 천수시 서북으로 추정
두杜	→탕사	서안시 동남
정鄭	서주시대 정나라의 도성. 견융이 서주를 멸망시키기 전에 정나라는 동쪽 지금의 하남성 신정으로 옮겨갔다.	섬서성 화현
소괵小虢	강羌의 별종	보계현 서쪽에 거주한 것으로 추정한다.
곽霍	서주 때 봉해진 희姬씨 성의 작은 봉국	산서성 곽현霍縣 서남
위魏		산서성 예성芮城 북쪽
경耿		산서성 하진河津 동남
곡옥曲沃	신성新城으로도 불린다.	산서성 문희현聞喜縣 동북
견鄄	제나라 읍 이름	산동성 견성현鄄城縣 북쪽

옹읍雍邑	이전 도읍인 평양의 서북. 덕공 때 옹의 대정궁으로 천도한 이후 진의 역사는 새로운 단계로 들어섰다. 옹성은 이후 진이 몇 차례 더 천도한 뒤에도 여전히 경제적으로 중요한 지위를 유지했다. 춘추전국시대에 관중 지역에는 옹, 역양, 함양을 중심으로 하는 세 개의 큰 경제구가 형성되었다.	섬서성 봉상현鳳翔縣 성 남쪽
대정궁大鄭宮	옹성 내에 있던 궁전	
부치鄜畤	진나라 국군이 하늘에 제사를 지내던 제단	옹성 남쪽 삼치원三畤原에 위치
밀치密畤	제천단	옹성 남쪽 삼치원에 위치
하양河陽	맹진盟津 또는 맹진孟津이라고도 불리는 지명	하남성 맹현孟縣 서쪽
고죽孤竹	원래 소국의 이름이었다가 훗날 연나라의 현으로 편입되었다.	하북성 노룡현盧龍縣 동남
모진茅津	황하 나루의 하나	하남성 삼문협시三門峽市 서쪽과 산서성 평륙현平陸縣 서남
소릉邵陵		하남성 누하시漯河市 동북
완宛		하남성 남양시南陽市
질銍	춘추시대 송나라 지명	안휘성 숙주宿州 서남
신성新城	→곡옥	
규구葵丘	송나라의 읍. 지금도 회맹 당시의 유지가 남아있다.	하남성 난고현 동쪽
강絳	진晉의 도성	산서성 익성현翼城縣 동남
한韓	한원韓原이라고도 부르는 진晉의 지명	과거에는 섬서성 한성漢城 서남쪽으로 추정했으나 최근 역사학자들은 산서성 하진현과 직산현 사이로 본다.
성복城濮	위衛나라의 읍	산동성 견성현 서남
효산殽山		하남성 영보현靈寶縣 동남
활滑	희성의 소국으로 도성은 비費 또는 구씨緱氏라고 부른다.	하남성 언사현偃師縣 동남
팽아彭衙	진晉의 읍으로 훗날 아현衙縣으로 불렸다.	섬서성 백수현白水縣 동북
왕관王官	진晉의 읍	산서성 문희현 남쪽
교鄗		위치는 분명치 않으나 왕관에서 멀지 않은 곳으로 추정한다.
영호令狐	진晉의 읍	산서성 임의현臨猗縣 서남

무성武城	진晋의 읍	섬서성 화현華縣 동쪽
소량少梁	진秦과 진晋이 치열하게 쟁탈전을 벌였던 지역이다.	섬서성 한성시 서남 황하 서쪽 기슭
기마羈馬	진晋의 읍	산서성 풍릉도風陵渡 동북
하곡河曲		풍릉도 일대의 황하가 굽이쳐 돌아가는 곳
경수涇水	서쪽으로는 영하의 육반산에서 동남으로 흘러 위수로 흘러드는 강	섬서성 함양시 동북, 경양현 동남 부근
역櫟	진晋의 읍	산서성 영제현永濟縣 서남
역림棫林	진秦의 읍	섬서성 경양 서남, 당시 경수 서쪽
수隨	희성의 소국. 당시에는 초나라의 부용국으로 전락해 있었다.	호북성 수주시隨州市
영郢	초나라의 도성	호북성 형주시荊州市 강릉江陵 서북의 기남성紀南城. 유지가 남아있다.
황지黃池	송의 읍	하남성 봉구현 서남
대려大荔	융족의 부락	섬서성 대려현에 그 왕성이 있었던 것으로 추정된다.
빈양頻陽	진秦의 읍	섬서성 요현耀縣 동쪽
무성武成	→무성武城	
의거義渠	융족의 부락	도성은 지금의 감숙성 영현寧縣 서북
적고籍姑	진秦의 읍	《사기정의》에서는 한성 북쪽 35리 지점으로 보았다.
중천重泉	진秦의 읍	섬서성 포성蒲城 동남 낙수와 가까운 곳
역양櫟陽	진秦의 현	섬서성 서안시 염량구閻良區 무둔향武屯鄉
석문石門	위魏의 산	산서성 운성運城 서남
회하淮河	하남성 동백산桐柏山에서 발원하여 동으로 안휘성 방부蚌埠, 강소성 회음淮陰을 지나 동쪽 바다로 흘러든다.	
사수泗水	산동성 사수현 동쪽에서 발원하여 산동성 곡부曲阜, 강소성 서주徐州를 지나 동남으로 흐르다 회수와 합류한다.	
장성長城	위魏가 진秦을 의식하여 쌓은 성	남으로 정현에서 시작하여 낙수를 따라 북을 지나 황룡현黃龍縣 동남에서 동쪽으로 꺾인 다음 황하 가의 소량(지금의 섬서성 한성 서남)에 이른다.

정현鄭縣		섬서성 화현
상군上郡	위魏가 차지하고 있던 북부 지역	섬서성 낙수 이동과 북으로 자장, 연안 일대에 이른다.
한중漢中		대략 지금의 섬서성 진령秦嶺 이남 지구
파巴		중경 일대
검중黔中		호남성 서부와 귀주성 동부
옹주雍州	상고시대 구주의 하나	대략 섬서성, 감숙성 일대
섬성陝城	위魏의 지명	하남성 섬현으로 삼문협시 동남
두평杜平	위魏의 현	섬서성 징성현 동쪽
원리元里	위魏의 현	섬서성 징성현 동남
안읍安邑	위魏의 옛 도읍	산서성 하현夏縣 서북
함양咸陽	효공 12년(기원전 350년) 진은 함양에 도성을 조성하기 시작하여 이듬해에 도읍을 옮겼다. 그로부터 진의 멸망까지 144년 동안 진의 수도 역할을 했다. 함양의 도성은 위수 양안을 가로지르면서 지세가 높은 위수 북쪽 지구를 주체로 하여 성 전체를 내려다보는 좋은 조건을 갖추었다.	함양성 유지는 지금의 함양시 위성구渭城區 요점향窯店鄉 과 정양향正陽鄉 일대이고, 성터는 함양성 구역 동쪽 15km 지점으로 규모는 약 20km²다.
봉택逢澤	위魏의 지명	하남성 개봉시開封市 동남
마릉馬陵	제·위 사이에 전투가 벌어졌던 곳	〈손자오기열전〉에 근거하면 대체로 대량 동쪽 위의 경내로 추정한다. 그러나 하남성 범현范縣, 하북성 대명현大名縣, 산동성 담성郯城 등 역대로 논란이 많았다.
안문雁門	위魏의 땅. 〈육국연표〉에는 안문岸門으로 나온다.	산서성 하진현 남쪽 황하 동쪽 기슭
영진寧秦	→음진	
분음汾陰	피지와 함께 위魏의 현	산서성 하진현 서남으로 섬서성 한성과 황하를 사이에 두고 마주보는 곳
피지皮氏		산서성 하진현
응應	위魏의 현	하남성 노산현魯山縣 동쪽
초焦	위魏의 현 →곡옥	하남성 삼문협시 서쪽으로 서남쪽의 곡옥과 서로 마주보고 있다.
상군上郡		대략 지금의 섬서성 자장현子長縣 이남의 낙수 이동 지구
섬陝	위魏의 현	하남성 삼문협시 동남

설상齧桑	옛 읍	강소성 패현沛縣 서남
북하北河	황하로 위치가 진秦의 북쪽이므로 북하라 불렀다.	내몽고 경내의 서에서 동으로 흐르는 황하 구역
흉노匈奴	소수민족으로 그 흥기 과정은 〈흉노열전〉에 자세히 나온다.	내몽고 일대
수어修魚	한韓의 현	하나멍 원양현原陽縣 서남
중도中都	〈조세가〉의 기록에 따르면 '중도와 서양西陽'은 '서도西都와 중양中陽'이 옳다.	서도는 위치가 분명치 않고, 중양은 지금의 산서성 중양현이다.
석장石章	한韓의 읍	
임진臨晉	위魏의 현	섬서성 대려현 동쪽
단수丹水	섬서성 단봉丹鳳 이동의 물길	
옹지雍氏	한韓의 읍	하남성 우현禹縣 동북
소릉召陵	초의 읍	하남성 탑하시漯河市 동북
단丹 · 여犁	융의 갈래로 촉 서남에 위치했다고 보지만 하나의 소수민족이다.	사천성 한원현漢源縣 일대에 거주했다는 설도 있다.
삼천三川	낙양 일대를 가리키는 지명. 황하와 이수 그리고 낙수의 세 강과 걸쳐 있기 때문에 이렇게 부른다.	
의양宜陽	한韓의 현으로 한의 도성이었다.	하남성 의양현 서쪽
무수武遂	한韓의 현	산서성 원곡현垣曲縣 동남의 황하 가장자리
황극黃棘	초의 읍	하남성 신야현新野縣 동북
상용上庸	초의 읍	호북성 죽산현竹山縣 서남
포판蒲阪	위魏의 읍	산서성 영제현 서쪽
응정應亭	〈육국연표〉와 〈위세가〉에 따르면 응정은 임진臨晉의 잘못으로 보인다. → 임진	
신성新城	초의 지명으로 훗날 양성襄城으로 고쳤다.	하남성 양성현
신시新市	초의 읍	위치는 분명치 않다.
방성方城	초의 장성. 초 장성의 동쪽 끝은 춘추시대에 축조되었다.	하남성 노산현 동남에서 시작하여 동으로 엽현葉縣 남쪽을 지나 동남쪽으로 꺾여서 홍하洪河와 여하汝河 상류를 지나 필양현泌陽縣 동북에 이른다. 서쪽 끝은 경양왕 때 쌓은 것으로 노산현에서 서쪽으로 익망산翼望山과 이어지고 남으로 지금의 등주시鄧州市 북쪽에 이른다.

중산中山	전국시대 초기 선우鮮虞에 의해 건국된 소국 고顧, 하북성 정현에 도읍을 정했다가 기원전 406년 위魏에 의해 망했다. 그 후 재기하여 영수靈壽, 지금의 하북성 영수현 서북에 도읍했다가 이 무렵 다시 조趙에게 망했다.	
염지鹽氏	위魏의 읍	산서성 운성시
봉릉封陵		산서성 봉릉도 동쪽으로 황하의 북쪽 기슭
무시武始	한韓의 현	하북성 한단시 서남
신성新城	한韓의 군	치소는 하남성 이천현伊川縣 서남
이궐伊闕	요새 이름	용문龍門. 하남성 낙양시 남쪽에 두 산이 마치 문처럼 마주보고 있고, 그 사이로 이수가 흐르는 곳이다.
원垣	위魏의 현	산서성 원곡현 동남
완宛	초의 현	하남성 남양시
지軹	위魏의 읍	하남성 제원현濟源縣 동남
등鄧	위魏의 읍	하남성 제원현 남쪽 황하 가장자리로 당시 지읍의 서남
도陶	처음에는 제의 땅이었다가 훗날 진秦에게 점령당했다.	산동성 정도현定陶縣
하옹河雍	의양성으로 원래 한韓의 땅이었으나 진秦 무왕 때 점령당했다.	대개 지금의 하남성 맹현孟縣 서쪽으로 본다.
온溫	위魏의 땅	하남성 온현 서남
상군上郡	진秦의 군	치소인 부시扶施 위치는 섬서성 유림현楡林縣 동남
북하北河	진秦의 북쪽 국경에 있는 황하라 하여 북하라 불렀다.	내몽고의 임하臨河에서 포두包頭에 이르는 황하
하내河內	당시에는 습관적으로 하남성 경내 황하 이북 지구를 '하내', 황하 이남 지구를 '하외'라 불렀다.	하남성 무척武陟, 온현, 제원 일대
안읍安邑	위魏의 옛 도읍	산서성 하현 서북
하동河東	위魏의 군으로 훗날 진秦도 이 이름을 그대로 사용했다.	산서성 서남부 황하 동쪽.
중양中陽	조趙의 현	산서성 중양현中陽縣
제수濟水	하남에서 흘러 정도현 북쪽에서 꺾이는 강	제남시 북동쪽에서 꺾여 발해로 흐르는 강

신성新城	한韓의 군	치소는 지금의 하남성 이천현 서남
언鄢	초의 읍. 속칭 '초황성楚皇城'으로 유지가 아직 남아있다.	호북성 의성현 동남
양穰	원래 초의 땅이었으나 기원전 283년 진秦에게 점령당했다.	하남성 등현鄧縣
안성安城	위魏의 현	하남성 원양성原陽城 서쪽
신명읍新明邑	위치는 분명치 않다. 〈육국연표〉나 〈위세가〉에는 이와 관련한 사건이 기록되어 있지 않다.	
남양南陽	진秦의 군	치소는 완, 즉 지금의 하남성 남양시
대代	조趙의 군	치소는 하북성 울현蔚縣 동북
광랑성光狼城	조趙의 읍	산서성 고평시高平市 서쪽
농서隴西	진秦의 군	치소는 지금의 감숙성 임조현臨洮縣 의 적도狄道
검중黔中	진秦이 초의 이곳을 점령하고 검중군을 두었다.	대략 지금의 호남성 서부와 귀주성 동부 지역
등鄧	초의 현	호북성 양번시襄樊市 서북쪽. 고고학 발굴로 옛날 등성 유지가 확인되었다.
남군南郡	진秦이 초의 수도 영을 공략하여 그 일대에 남군을 설치했다.	치소는 지금의 호북성 강릉 서북의 기남성인 영
양릉襄陵	위魏의 현	하남성 수현睢縣
무군巫郡	초의 군	대략 지금의 호북성과 중경시가 맞닿은 장강 양안 일대
강남江南	무군巫郡의 장강 이남 지구	호남성 상덕常德, 자리慈利 일대
권卷	위魏의 현	하남성 원양현 서쪽
채양蔡陽	위魏의 현	하남성 상채上蔡 동북
장사長社	위魏의 현	하남성 장갈長葛 동북
강剛	제의 읍	산동성 영양현寧陽縣 동북
수壽	제의 땅	산동성 동평현東平縣 서남
연여閼與	조趙의 읍	산서성 화순현和順縣
지양芷陽	진秦의 현. 당시 함양의 동남	서안시 서북
형구邢丘	위魏의 현	하남성 온현 동북. 회현과 멀지 않다.
회懷	위魏의 현	하남성 무척 서남
상당上黨		산서성 동남부의 심하沁河 이동 지구

장평長平	원래 한韓의 땅이었으나 나중에 조趙가 차지했다. 조의 40만 대군이 생매장당한 장평전투의 현장으로 유명하다.	산서성 고평현 서북
원옹垣雍	한韓의 현	하남성 원양현 서쪽
무안武安	조趙의 현. 조나라 도읍 한단의 서북	하북성 무안 서남
피뢰皮牢	조趙의 현	산서성 익성현 동북
태원太原	조趙의 군	치소 진양은 지금의 산서성 유차楡次
음밀陰密	진秦의 현	감숙성 영대현靈臺縣 서남
분성汾城	임분臨汾 고성. 진 하동군의 치소가 있던 곳으로 당시 진이 조의 한단을 공격하기 위한 주요 기지였다.	산서성 후마시侯馬市 서북
영신중寧新中	신중이라고도 부르는 위魏이 현	하남성 안양시安陽市 서남쪽 교외
하교河橋	황하의 다리로 이 다리는 임진현 동쪽 황하를 건너 포주에 이른다.	포주교. 산서성 영제 서쪽, 섬서성 대려현 동쪽. 즉 다리 서쪽은 임진관이고, 다리 동쪽은 포판관이다.
양성陽城	한韓의 현	하남성 등봉현登封縣 동남
부서負黍	한韓의 읍	하남성 등봉현 서남
오성吳城	위魏의 현으로 우虞라고도 부른다. 진晉 헌공 때 우의 길을 빌려 괵을 멸망시켰다는 '가우멸괵假虞滅虢'의 '우'가 바로 이곳이다.	산서성 평륙현 북쪽
양인陽人	당시 마을 이름	하남성 임여현臨汝縣 서쪽
성고成皐	한韓의 읍으로 후에는 '호뢰관虎牢關'으로 불렸다.	하남성 형양시滎陽市 서남
공鞏	형양의 잘못으로 본다.	형양시 동북의 고형진
삼천군三川郡	진秦의 군	치소는 하남성 낙양시 동북. 당시의 낙읍이었다.
고도高都	위魏의 현	산서성 진성현晉城縣
급汲	위魏의 현	하남성 급현汲縣 서쪽
유차楡次	조趙의 현	산서성 유차시 동남
신성新城	조趙의 현	산서성 삭현朔縣 서남
낭맹狼孟	조趙의 현	산서성 태원 동북의 양곡陽曲
태원군太原郡	진秦의 군	치소 진양晉陽은 지금의 태원시 서남

영씨嬴氏	모두 진의 후손들이 받은 봉지에서 유래된 성들이다.	
서씨徐氏		
담씨郯氏		
거씨莒氏		
종려씨終黎氏		
운엄씨運奄氏		
도구씨菟裘氏		
장량씨將梁氏		
황씨黃氏		
강씨江氏		
수어씨修魚氏		
백명씨白冥氏		
비렴씨蜚廉氏		
진씨秦氏		
조씨趙氏		

◉ 〈진본기〉에 등장하는 문헌 · 문장 정보

서명	내용
〈황조黃鳥〉	〈진풍秦風〉 중의 편명으로 세 명의 훌륭한 신하를 잃은 것을 애도하며 나라 사람들이 목공을 풍자한 것이라 한다. 그 내용은 다음과 같다. 꾀꼬리 자유롭게 날다 가시나무에 앉았네 누가 목공을 따라 죽었나, 자거 엄식이라네 엄식, 그는 백 사람의 덕을 지닌 분 그 무덤 앞에 이르면 두려움에 떨리네 푸른 하늘이여, 어찌 어진 이를 앗아가는가 대신 할 수만 있다면 백 번이라도 대신 죽으리.

◉ 진 왕조 제왕 정보

대수	존호	이름	친속	재위 기간 (재위 연수)	재위 연령	연호	비고
		비자	부 대락	주 왕조의 부용국			진읍 천도
	진중		증조부 비자	844~822(23)			피살
	장공	영야	부 진중	822~778(45)		원년 821	
1	양공		부 영야	778~766(13)		원년 777	견읍 천도
2	문공		부 양공	766~716(5)1		원년 765	미읍 천도
	정공		부 문공				
3	영공		부 정공	716~704(13)	10~22	원년 715	평양 천도
4	출자		부 영공 모 노희자	704~698(7)	5~11	원년 703	피살
5	무공		부 영공 제 출자	698~678(21)		원년 697	
6	덕공		부 영공 형 무공	678~676(3)	33~35	원년 677	옹읍 천도
7	선공		부 덕공	676~664(13)		원년 675	
8	성공		부 덕공 형 선공	664~660(5)		원년 663	
9	목공	영임호	부 덕공 형 성공	660~621(40)		원년 659	
10	강공	영앵	부 영임호	621~609(13)		원년 620	
11	공공	영도	부 영앵	609~605(5)		원년 608	
12	환공	영영	부 영도	605~577(29)		원년 604	
13	경공	영후	부 영영	577~537(41)		원년 576	
14	애공		부 영후	537~501(37)		원년 536	
	이공		부 애공				
15	혜공		부 이공	501~492(10)		원년 500	
16	도공		부 혜공	492~477(16)		원년 491	
17	여공	영자	부 도공	477~443(35)		원년 476	

18	조공		부 영자	443~429(15)		원년 442	
19	회공		부 영자 형 조공	429~425(5)		원년 428	자살
20	영공	영숙	조부 회공 부 소자	425~415(11)		원년424	
21	간공	영도자	부 회공 형 소자	415~400(16)		원년414	
22	혜공		부 영도자	400~387(14)		원년 399	
23	출공		부 혜공	387~385(3)	2~4	원년 386	피살
24	헌공	영사습	부 영숙	385~362(24)		원년 384	383년 역양천도
25	효공	영거량	부 영사습	362~338(25)	21~45	원년 361	350년 함양 천도
1	혜왕	영사	부 영거량	338~311(28)	19~46	원년 337 원년 324	
2	무왕	영탕	부 영사	311~307(5)	19~23	원년 310	솥을 들다 사망
3	소양왕· 서제	영직	부 영사 형 영탕	307~251(57)	19~75	원년 306	
4	효문왕	영주	부 영직	251~250(2)	53~54	원년 250	
5	장양왕	영 이 인 초	부 영주 모 하희	250~247(4)	32~35	원년 249	
1	시황제	영정	부 영이인 모 조희	247~210(38)	13~50	원년 246	
2	2세황제	영호해	부 영정 모 호희	210~207(4)	21~24	원년 209	피살
3	진왕	영영	조부 영정 숙부 영호해 부 영부소	207~206(46일)		원년 206	피살

• 연도는 모두 기원전이다.

• 제후국 때부터 칭왕하기까지는 25명, 칭왕 이후 통일 이전까지는 5명, 통일 이후는 3명으로 모두 33명의 국군과 제왕이 즉위했다.

• 칭왕 이후 멸망까지는 모두 8명의 군주 중 6왕 2제가 즉위했다.

• 칭왕 이후 나라는 기원전 338년~기원전 206년까지 모두 133년 동안 존속했다. 제왕의 평

균 재위 연수는 16.62년이다.

- 천하 통일 이후는 기원전 221년부터 기원전 206년까지 15년 존속했다.
- 제후국부터 멸망까지 따지면 기원전 778년~기원전 206년까지 모두 573년 동안 존속했다.
- 도읍은 섬서성 함양이고, 강역은 칭왕 때는 섬서성 일대, 칭제 때는 전국을 통일했다. 항우의 서초에게 멸망했다.

《사기》 총 130편명 일람

◉

본기(총 12편)

권1 오제본기五帝本紀

권2 하본기夏本紀

권3 은본기殷本紀

권4 주본기周本紀

권5 진본기秦本紀

권6 진시황본기秦始皇本紀

권7 항우본기項羽本紀

권8 고조본기高祖本紀

권9 여태후본기呂太后本紀

권10 효문본기孝文本紀

권11 효경본기孝景本紀

권12 효무본기孝武本紀
(또는 금상본기今上本紀)

표(총 10편)

권13 삼대세표三代世表

권14 십이제후연표十二諸侯年表

권15 육국연표六國年表

권16 진초지제월표秦楚之際月表

권17 한흥이래제후왕연표漢興以來諸侯王年表

권18 고조공신후자연표高祖功臣侯者年表

권19 혜경간후자연표惠景間侯者年表

권20 건원이래후자연표建元以來侯者年表

권21 건원이래왕자후자연표建元已來王子侯者年表

권22 한흥이래장상명신연표漢興以來將相名臣年表

서(총 8편)

권23 예서禮書

권24 악서樂書

권25 율서律書

권26 역서曆書

권27 천관서天官書

권28 봉선서封禪書

권29 하거서河渠書

권30 평준서平準書

세가(총 30편)

권31 오태백세가吳太伯世家

권32 제태공세가齊太公世家

권33 노주공세가魯周公世家

권34 연소공세가燕召公世家

권35 관채세가管蔡世家

권36 진기세가陳杞世家

권37 위강숙세가衛康叔世家

권38 송미자세가宋微子世家

권39 진세가晉世家

권40 초세가楚世家

권41 월왕구천세가越王勾踐世家

권42 정세가鄭世家

권43 조세가趙世家

권44 위세가魏世家

권45 한세가韓世家

권46 전경중완세가田敬仲完世家

권47 공자세가孔子世家

권48 진섭세가陳涉世家

권49 외척세가外戚世家

권50 초원왕세가楚元王世家

권51 형연세가荊燕世家

권52 제도혜왕세가齊悼惠王世家

권53 소상국세가蕭相國世家

권54 조상국세가曹相國世家

권55 유후세가留侯世家

권56 진승상세가陳丞相世家

권57 강후주발세가絳侯周勃世家

권58 양효왕세가梁孝王世家

권59 오종세가五宗世家

권60 삼왕세가三王世家

열전(총 70편)

권61 백이열전伯夷列傳

권62 관중안영열전管仲晏嬰列傳

권63 노자한비열전老子韓非列傳

권64 사마양저열전司馬穰苴列傳

권65 손자오기열전孫子吳起列傳

권66 오자서열전伍子胥列傳

권67 중니제자열전仲尼弟子列傳

권68 상군열전商君列傳

권69 소진열전蘇秦列傳

권70 장의열전張儀列傳

권71 저리자감무열전樗里子甘茂列傳

권72 양후열전穰侯列傳

권73 백기왕전열전白起王翦列傳

권74 맹자순경열전孟子荀卿列傳

권75 맹상군열전孟嘗君列傳

권76 평원군우경열전平原君虞卿列傳

권77 위공자열전魏公子列傳

권78 춘신군열전春申君列傳

권79 범수채택열전范雎蔡澤列傳

권80 악의열전樂毅列傳

권81 염파인상여열전廉頗藺相如列傳

권82 전단열전田單列傳

권83 노중련추양열전魯仲連鄒陽列傳

권84 굴원가생열전屈原賈生列傳

권85 여불위열전呂不韋列傳

권86 자객열전刺客列傳

권87 이사열전李斯列傳

권88 몽염열전蒙恬列傳
권89 장이진여열전張耳陳餘列傳
권90 위표팽월열전魏豹彭越列傳
권91 경포열전黥布列傳
권92 회음후열전淮陰侯列傳
권93 한신노관열전韓信盧綰列傳
권94 전담열전田儋列傳
권95 번역등관열전樊酈滕灌列傳
권96 장승상열전張丞相列傳
권97 역생육고열전酈生陸賈列傳
권98 부근괴성열전傅靳蒯成列傳
권99 유경숙손통열전劉敬叔孫通列傳
권100 계포난포열전季布欒布列傳
권101 원앙조조열전袁盎晁錯列傳
권102 장석지풍당열전張釋之馮唐列傳
권103 만석장숙열전萬石張叔列傳
권104 전숙열전田叔列傳
권105 편작창공열전扁鵲倉公列傳
권106 오왕비열전吳王濞列傳
권107 위기무안후열전魏其武安侯列傳
권108 한장유열전韓長孺列傳
권109 이장군열전李將軍列傳
권110 흉노열전匈奴列傳
권111 위장군표기열전衛將軍驃騎列傳
권112 평진후주보열전平津侯主父列傳
권113 남월열전南越列傳
권114 동월열전東越列傳
권115 조선열전朝鮮列傳
권116 서남이열전西南夷列傳
권117 사마상여열전司馬相如列傳
권118 회남형산열전淮南衡山列傳
권119 순리열전循吏列傳
권120 급정열전汲鄭列傳
권121 유림열전儒林列傳
권122 혹리열전酷吏列傳
권123 대완열전大宛列傳
권124 유협열전游俠列傳
권125 영행열전佞幸列傳
권126 골계열전滑稽列傳
권127 일자열전日者列傳
권128 귀책열전龜策列傳
권129 화식열전貨殖列傳
권130 태사공자서太史公自序

사마천 연보

◉

사마천의 일생은 한 무제의 일생과 그 궤적을 같이한다. 따라서 연보도 두 사람의 행적을 축으로 하여 주요 사건들을 함께 제시한다. 또한 독자들의 이해를 돕기 위해 서력 기원과 연호를 함께 적었으며, '사마천의 나이와 한 무제의 나이'도 함께 제시한다.

기원전 156년 (경제 전원前元 원년)

- 한 무제 유철劉徹이 태어났다.
- 흉노와 화친한 경제 시대에 흉노의 큰 침입은 없었다.

기원전 154년 (경제 전원 3년)

- 조조晁錯가 지방 제후왕의 세력을 억제하는 '삭번削藩'을 강력하게 주장했으며, 이에 대해 오왕 유비劉濞(유방의 형의 아들)가 주축이 된 '오초 7국'은 군주의 주변을 정리한다는 구실로 난을 일으켰다. 한은 건국 이래 최대 위기에 직면했다.
- 위기에 몰린 경제는 반란 세력의 요구대로 조조를 죽였으나 오왕 유비는 군대를 물리지 않고 황제 자리에 야심을 가졌다.
- 주아부의 활약으로 난을 진압했다.

기원전 145년___1세 (서한 경제景帝 중원中元 5년)

- 사마천은 좌풍익左馮翊 하양현夏陽縣의 농촌 마을에서 태어났다.

(이곳은 동쪽으로는 황하가 사납게 흐르고 북으로는 황하를 가로지르는 용문산龍門山이 자리 잡은, 중국사를 대변하는 지방이다. 지금의 섬서성 한성시韓城市 남쪽 지천진芝川鎮 고문촌高門村 용문채龍門寨다. 사마천이 태어난 해에 대하여는 기원전 153년, 145년, 143년, 135년, 129년, 127년 등 여러 설이 있지만 기원전 145년이 정설로 인정받고 있다. 출생지에 대하여도 몇 가지 이견이 있으나 한성시라는 점

에는 모두 일치한다. 출생 연도와 그를 둘러싼 논쟁 및 출생지에 관하여는 권130 〈태사공자서〉의 기록과 그에 대한 해설서인《사기정의》《사기색은》과《사기색은》에 인용된《박물지博物志》가 기본 자료다.)

• 어릴 때 이름인 자는 자장子長이라 했다.

• 이때 무제의 나이 12세였다.

기원전 144년___2세 (경제 중원 6년)

• 이 무렵 아버지 사마담司馬談은 농사를 지으면서 사마서원司馬書院에서 공부를 가르친 것으로 보인다.

• 태형으로 목숨을 보전하는 사람이 없자 태형의 양도 줄이고 태형의 도구와 방법 등에 대하여도 완화 조치를 내렸다(권11 〈효경본기〉).

• 이해에 양 효왕이 죽고, 명장 이광李廣이 상군의 태수가 되었다. 흉노가 안문에 들어와 무천에까지 이르렀다가 다시 상군으로 들어가 원마를 취했다.

기원전 143년___3세 (경제 후원后元 원년)

• 아버지 사마담은 여전히 농사를 지으며 사마서원에서 공부를 가르친 것으로 보인다.

• 서한의 개국공신 주발周勃의 아들이자 명장 주아부周亞夫가 아버지를 위하여 무덤에 갑옷 등을 부장했다가 모반을 꾀한다는 고발로 하옥되어 피를 토하고 죽었다.

기원전 142년___4세 (경제 후원 2년)

• 사마천은 이 무렵부터 아버지를 따라 사마서원에서 글자를 배우기 시작했다.

• 흉노가 안문을 침입하여 태수 풍경이 전사했다.

기원전 141년___5세 (경제 후원 3년)

• 아버지 사마담은 여전히 고향에서 농사와 교학을 겸했으며, 사마천은 글공부를 계속한 것으로 추측된다.

• 경제가 세상을 떠나 양릉陽陵에 장사 지냈다. 16세의 무제가 서한의 5대 황제로 즉위했다.

• 경제가 세상을 떠나자 왕태후가 섭정했는데, 신하들과 백성들을 누르고 달래는 일에 따른 계책들이 무안후 전분田蚡의 빈객들에게서 나왔다.

기원전 140년___6세 (무제 건원建元 원년, 무제 17세, 재위 1년)

• 건원建元이란 연호를 처음 사용함으로써, 이후 2,000년 넘게 중국사는 황제의 연호로 연대를 표기하는 번거로움에서 벗어나지 못하게 되었다.

• 무제가 유능한 인재를 추천하라는 명령을 내리고 몸소 글을 지어 고금의 통치방법과 천인관계에 대하여 질문했다. 이에 훗날 사마천의 스승이 되는 동중서(董仲舒, 기원전 179~104년)는 당시 40세의 나이로 유가학설을 국가의 통치사상으로 삼자고 건의했다. 이로써 소위 '백가를 모두 내치고 유가만을 독존으로 떠받든다', 즉 '파출백가罷黜百家, 독존유술獨尊儒術'이라는 사상 독재 조치가 시작되었다.

• 승상 위관이 파면되고 두竇 태후(무제의 할머니)의 조카 두영竇嬰이 승상에, 왕 태후(무제의 어머니)의 동생 전분이 태위에 임명되었다. 이들은 모두 유술(유가)에 가까워 명당 건립 · 역법 개정 등을 위해 경학가 신공申公(공안국의 스승)과 의논했다. 이로써 황로학黃老學을 숭상하던 두 태후와 무제 측근들 사이의 갈등이 노골화되었다.

• 무제는 이해부터 대흉노 소극정책의 기조를 바꾸어 반격을 위한 준비에 들어갔다.

• 이 무렵 오리와 닭싸움의 풍조가 유행하기 시작하여 당 · 송까지 이어졌다.

기원전 139년 ___ 7세 (무제 건원 2년, 무제 18세)

• 사마천은 이 무렵부터 고문古文을 배우기 시작했다.

• 아버지 사마담은 태사승太史丞이 되어 무릉 축조에 참여했다. 아버지 사마담의 유명한 논문 〈논육가요지論六家要旨〉도 이 무렵 황로사상과 유가사상의 격렬한 투쟁에 자극받아 서술한 것으로 추측된다.

• 무제는 자신의 능원을 장안성 80리 밖 괴리현槐里縣 무향茂鄕에 조성하기 시작하고, 이곳을 무릉茂陵(지금의 섬서성 흥평현興平縣 북동쪽)이라 불렀다.

• 황로학의 추종자였던 두 태후가 유가들의 간섭에 노하여 어사대부 조관과 낭중령 왕장을 하옥시킨 다음 자진하게 했다. 승상 두영과 태위 전분 등 실세들도 파면되었다. 무제의 존유尊儒는 실패로 돌아갔고 사상정책에도 심각한 타격을 입었다. 이로써 조정 내부의 정치 · 사상 투쟁은 더욱 격화되었다.

기원전 138년 ___ 8세 (무제 건원 3년, 무제 19세)

• 아버지 사마담은 태사령太史令으로 승진하여 무릉에서 장안으로 와서 정부 기록과 천문, 역법을 주관했다.

• 천하에 대기근이 들어 사람끼리 잡아먹는 비참한 상황이 벌어졌다.

• 중산왕 유승劉勝의 호화롭고 사치스러운 생활이 거론되었다(이는 1968년 하북성 만성의 유승 무덤에서 수천 개의 옥을 금실로 엮은 '금루옥의'라는 수의壽衣가 발견됨으로써 생생하게 입증되었다).

• 무제는 문학에 재능 있는 인사들을 선발하여 우대했다. 이로써 중조 · 주매신 · 사마상여 · 동방삭 · 매고 등 쟁쟁한 인사들이 진출했다.

• 장건張騫이 서역으로 출사함으로써 서역 개척사가 시작되었다.
• 민월이 동구를 포위하자 중대부 엄조가 회계의 군사를 발동하여 구원했다.
• 무제가 미행에 나섰다가 도적으로 오인받아 혼이 났다.
• 동방삭이 상림원 건설에 반대하는 글을 올려 상을 받았으나 무제는 공사를 강행했다.
• 사마상여司馬相如가 글을 올려 무제의 사냥에 대하여 충고했다.

기원전 137년___9세 (무제 건원 4년, 무제 20세)
• 남월왕 조타가 죽고 그 손자인 문왕 조호가 뒤를 이었다.

기원전 136년___10세 (무제 건원 5년, 무제 21세)
• 사마천은 고향에서 농사를 지으면서 공부했다.
(권130 〈태사공자서〉에 따르면 '10세 때 고문을 외웠다'고 한다. 왕국유는 사마천이 이 무렵 아버지를 따라 수도인 장안으로 가서 고문을 배웠다고 했으나, 전후 사정이나 기록으로 보아 고향에 있으면서 짬짬이 수도를 오갔던 것으로 보인다.)
• 무제는 시詩·상서尙書·예禮·역易·춘추春秋의 5경박사를 설치했다.

기원전 135년___11세 (무제 건원 6년, 무제 22세)
(사마천이 이해에 태어났다고 주장하는 설이 오랫동안 대립되어 왔고 지금도 이 설을 주장하는 학자들이 적잖다.)
• 황로학黃老學을 신봉하던 두 태후가 세상을 떠나고 무제는 어용 유가사상에 기반한 정책과 절대권력을 마음껏 휘두르기 시작했다.
• 무제는 흉노의 화친 제의를 받아들였다.

기원전 134년___12세 (무제 원광元光 원년, 무제 23세)
• 동중서의 건의에 따라 처음으로 군국에서 효렴孝廉으로 명성을 얻은 인재를 한 사람씩 추천하도록 했다. 이를 찰거察擧라 하는데 무제 이후 제도로 정착되었다.
• 서한의 양대 명장으로 꼽히는 이광과 정불식程不識이 각각 효기장군과 거기장군으로 운중과 안문에 주둔했다.
• 6월에 신성新星이 나타났다(신성에 관한 가장 오래된 기록이다).

기원전 133년___13세 (무제 원광 2년, 무제 24세)
• 사마천은 아버지를 따라 황하와 위수 일대를 다니며 자료를 수집했다.

(사마천 현장답사의 역사가 시작되었다. 이 사실은《태평어람》에 인용된 한나라 위굉의《한구의》와 갈홍의《서경잡기》에 보인다.)

• 아버지 사마담은 옛날 제후들의 기록을 수집하고 잠시 고향으로 돌아왔다.

• 왕회가 마읍馬邑 사람을 간첩으로 이용하여 흉노를 유인한 다음 공격하려다 실패하고 왕회는 자살했다(마읍 사건). 이로써 흉노와의 화친이 깨지고 기원전 119년까지 15년 동안 전쟁이 계속되었다. 그 사이에도 경제 · 문화 교류는 끊어지지 않았다.

• 이해부터 흉노에 대한 공격의 서막이 올랐다.

기원전 132년___14세 (무제 원광 3년, 무제 25세)

• 황하가 범람하여 16군을 덮쳤다. 이에 황하의 물줄기를 바꾸어 돈구頓丘 동남에서 발해로 흘러들게 하는 치수사업을 벌이고, 무제는 급암과 정당시를 보내 10만 명을 동원하여 황하를 막게 했으나 별다른 성과를 거두지 못했다.

기원전 131년___15세 (무제 원광 4년, 무제 26세, 재위 10년)

• 두영이 자살하고 관부가 멸족을 당했다. 전분도 죽었다.

기원전 130년___16세 (무제 원광 5년, 무제 27세)

• 당몽과 사마상여 등의 활약으로 서남이 지역이 개통되어 서남 민족과의 정치 · 경제 · 문화 교류가 더욱 활발하여졌다.

• 공손홍公孫弘이 박사가 되었다.

• 경학가였던 하간헌왕 유덕이 죽었다. 그는 자국 내에 고문 경학박사를 두어 금 · 고문 경학 분파의 계기를 마련했다.

• 진陳 황후가 무고로 폐위되고 300여 명이 연루되어 죽었다.

• 관리로서 범법자를 알고도 보고하지 않으면 범법자와 같이 처벌한다는 '견지법見知法'이 장탕 등에 의하여 제정되어 법이 더욱 가혹하게 적용되었다.

기원전 129년___17세 (무제 원광 6년, 무제 28세)

• 기원전 129년 장안에서 위수를 끌어들여 황하로 직접 통하는 조거漕渠가 개통되었다.

• 흉노가 상곡을 침입했으나 거기장군 위청衛青이 이를 물리쳤다. 이광은 군대를 잃고 목숨을 건져 탈출했으나 그 책임을 물어 서인으로 강등되었다.

• 처음으로 상인들의 수레 현황을 파악했다.

기원전 128년___18세 (무제 원삭元朔 원년, 무제 29세)

• 위자부衛子夫가 황후에 책봉되었다.

• 흉노에 억류되었던 장건이 탈출하여 대완 등을 거쳐 월지에 이르러 흉노 협공을 논의했으나 뜻을 이루지 못했다. 장건은 계속 서쪽으로 갔다가 인도에서 사천으로부터 들어온 대나무와 촉의 옷감을 보게 되었다. 중국과 인도 간에 경제·문화 교류가 이전부터 이루어지고 있었다는 사실을 알게 되었다.

• 흉노가 비장군 이광을 두려워했다.

• 동이 예맥의 군주 남려 등 28만 명이 한에 귀순하자 창해군을 설치했다.

• 공자의 옛집을 헐어 저택을 넓히려다가 벽에서 고문 경전을 발견하여 공안국孔安國에게 정리를 맡겼던 노 공왕 유여가 죽었다.

기원전 127년___19세 (무제 원삭 2년, 무제 30세)

• 이 무렵 사마천은 중앙정부의 조치에 따라 수도 장안의 외곽 무릉茂陵으로 거처를 옮긴 것으로 추정된다.

(무제는 봉건왕조의 통치를 강화하기 위하여 주보언主父偃의 건의에 따라 전국 지방 호걸과 재산 3백만 전 이상인 부호를 무릉으로 이주시켰다. 이 무렵 이름난 유협 곽해郭解도 무릉으로 이주했는데, 유가파들의 박해를 받아 전 가족이 몰살당하는 사건이 일어났다. 사마천은 곽해로부터 깊은 인상을 받았음은 물론 이 사건에 크게 느끼는 바가 있어 권124 〈유협열전〉을 구상했다.)

• 무제, 제후왕의 적장자 외에 다른 자손들에게도 봉지를 나누어줄 수 있도록 하는 '추은령推恩令'을 반포하여 제후왕들의 세력을 약화시켰다.

• 곽해의 죽음을 전후로 유협游俠의 풍이 점점 쇠퇴했다.

기원전 126년___20세 (무제 원삭 3년, 무제 31세)

• 사마천은 학업을 일시 중단하고 아버지의 권유에 따라 천하를 답사하기 시작했다.

(사마천의 답사는 대략 2~3년에 걸친 대장정으로, 훗날 《사기》 저술에 절대적인 영향을 미쳤다. 사마천의 천하주유 기간에 대하여는 1년부터 8~9년에 이르기까지 다양한 주장들이 제기되었다. 대체로 2~3년 설이 우세하나, 《사기》에 나오는 다량의 생생한 현장 기록들로 미루어볼 때 8~9년에 걸친 치밀한 답사를 하여야만 가능하다는 주장도 만만찮다. 기록들을 종합하여보면 사마천의 첫 번째 천하주유 경로는 다음과 같았으며, 사마천의 발길이 미치지 못한 곳으로는 조선과 하서 및 영남지방의 처음 신설된 군 정도에 불과한 것으로 파악된다.

장안長安→무관武關〔섬서성 상현商縣 동쪽〕→남양南陽〔하남성 남양현〕→남군南郡〔호북성 강릉현江陵縣〕→장사長沙 나현羅縣〔멱라수를 찾아 굴원의 자취를 탐문했다〕→상강湘江 구의산九疑山〔호남성 영원현寧遠縣 경계로 순 임금이 순시하다 묻힌 곳이다〕→상강에서 남쪽으로 내려와 원강

沅江을 따라 내려갔다 → 대강大江 → 남쪽 여산廬山에 올랐다 → 강을 따라 남하하여 회계산會稽山〔절강성 소흥紹興 동남. 여기서 전설상의 우 임금의 무덤을 찾았다〕→ 회계군 오현吳縣 → 고소산姑蘇山에 올라 오호五湖를 내려다보고 초나라 귀족 춘신군春申君의 옛 성을 답사했다 → 북상하여 회음淮陰〔강소성 회음현 동남〕에서 명장 한신의 고향을 답사하고 한모韓母 묘지도 참관했다 → 회수淮水를 건너 사수泗水를 따라 북상했다 → 노나라 도성〔산동성 곡부현曲阜縣〕에 도착하여 공자묘 등 공자와 관련된 유적을 답사했다 → 제나라 도성〔산동성 치박시淄博市 임치구臨淄區〕을 답사했다 → 남향하여 추현鄒縣에 머무르면서 진시황이 순시하면서 오른 역산嶧山에 올랐다 → 남향하여 맹상군의 봉지인 설성薛城〔산동성 등현滕縣 동남〕을 답사했다 → 다시 남하하여 초 패왕 항우의 도성이었던 팽성彭城〔강소성 서주시徐州市〕에서 치열했던 초·한 투쟁 현장을 답사했다 → 서한을 세운 고조 유방의 고향인 패군沛郡 패현沛縣〔강소성 패현 동쪽〕을 답사했다 → 서쪽으로, 유방과 같은 고향에서 같은 날 태어난 노관盧綰의 고향 풍현豊縣을 답사했다 → 수양睢陽〔하남성 상구현商丘縣 남쪽〕을 거쳐 위나라 도성이었던 대량大梁〔하남성 개봉〕을 답사했다 → 귀경)

• 공손홍이 어사대부가 되어 삼공에 이르기까지 《춘추》를 읽는 풍조가 널리 퍼졌다.

• 정위가 된 장탕은 옛날 문장을 끌어다 송사 문제를 처리하기 위하여 박사 제자들 중 《상서》와 《춘추》에 능한 자들을 정위사로 삼아 보조 역할을 하게 했다.

• 대흉노 전면 공격이 시작되어 기원전 117년까지 계속되었다.

• 장건이 13년 만에 월지에서 돌아왔다.

• 창해군을 폐지했다.

기원전 125년___21세 (무제 원삭 4년, 무제 32세)

• 사마천은 천하유력을 계속했다.

• 흉노가 대군·정양·상군에 침입하여 수천 명을 죽이고 약탈했다.

기원전 124년___22세 (무제 원삭 5년, 무제 33세)

• 무제는 막 승상으로 승진한 공손홍의 건의를 받아들여 박사 밑에 50인의 제자를 두고 요역을 면제하여 주었다(사마천도 박사가 된 공안국의 제자가 되어 공부한 것 같다). 기원전 134년 동중서의 건의가 있은 이후, 이때에 와서 태학의 기본 체제가 갖추어졌다.

• 위청이 대장군이 되어 흉노를 정벌하여 5,000명을 죽이거나 포로로 잡았다.

기원전 123년___23세 (무제 원삭 6년, 무제 34세)

• 사마천은 천하유력에서 돌아와 이 무렵부터 동중서에게 《춘추》를 배우고, 공안국에게 《상서》를 배움으로써 본격적으로 학문 연구를 시작했다. 이때의 교육은 훗날 그가 《사기》를 저작하는 데 큰 기

초가 되었다.

• 위청이 흉노를 잇달아 격파했다.

• 흉노와의 전쟁에 따른 경비의 부족으로 관작을 팔았다.

• 이 무렵 동중서와 노 신공에게 배운 강공이 각자의 전공인《춘추 공양전》과《춘추 곡량전》을 가지고 서로 토론했다.

기원전 122년___24세 (무제 원수元狩 원년(무제 35세)

• 사마천은 아버지와 함께 무제를 수행하여 옹雍에 가서 오치五畤에 제사를 지낸 것 같다.

(오치란 옹에 있는 전설 속의 제왕들에게 제사를 지내는 다섯 장소를 말한다. 태산에서 봉선의식을 거행한 것과 같은 맥락으로, 황제의 권위를 확인하는 행사를 벌이던 장소로 이해할 수 있다.)

• 서남이 지방을 재개통했다.

• 회남왕 유안劉安, 형산왕衡山王 사賜가 모반에 실패하여 자살했다.

기원전 121년___25세 (무제 원수 2년, 무제 36세, 재위 20년)

• 사마천은 학업에 전념했다.

• 표기장군 곽거병霍去病은 흉노를 격파했다.

• 이광과 장건이 우북평을 나서 흉노를 공격했으나, 이광은 군사를 다 잃고 혼자 도망쳐 왔다가 그 책임을 물어 서인으로 강등되었다.

• 흉노의 혼사왕이 항복했다.

• 승상 공손홍이 죽고, 장탕이 어사대부가 되었다.

• 제나라 사람인 방사 소옹이 무제의 신임을 얻어 문성장군까지 되었으나, 방술 조작이 드러나 피살되었다.

기원전 120년___26세 (무제 원수 3년(무제 37세)

• 악부樂府를 처음으로 설치했다.

기원전 119년___27세 (무제 원수 4년(무제 38세)

• 흰 사슴 가죽으로 피폐皮幣를 만들고, 은·주석 합금으로 '백금' 3품을 만들었다. 지금까지 써오던 '반량전半兩錢'을 취소하고 '삼수전三銖錢'을 주조했다.

• 화폐의 개인 주조가 극성을 부리자 이를 엄격하게 금했고, 어긴 자는 사형에 처했다.

• 낙양의 상인 상홍양桑弘羊을 기용하여 소금과 철을 국가의 전매사업으로 시행하는 등 통제 위주의 국가 경제정책을 주도하게 했다.

• 곽거병은 사막 북쪽에서 흉노와 싸워 큰 전과를 올렸다(집이 없는 그를 위하여 무제가 집을 지어주려 하자 곽거병은 "흉노를 멸하기 전에는 집은 없습니다!"라고 말했다).
• 부하를 자기 몸처럼 아꼈던 명장 이광이 위청의 고의적인 견제와 문책 때문에 수치심을 견디지 못하여 스스로 목숨을 끊었다(권109 〈이장군열전〉).
• 장건이 다시 서역으로 출사했다.

기원전 118년___28세 (무제 원수 5년, 무제 39세)
• 사마천은 학문과 실제 경험을 겸비한 남다른 재능을 인정받아 이 무렵 녹봉 300석의 낭중郎中이 되어 처음으로 벼슬살이를 시작했던 것으로 추정된다.
• 이해에 낭관을 대거 선발했는데, 임안과 전인 등도 포함되었고 사마천도 이때 함께 발탁된 것으로 보인다.
• 〈자허부子虛賦〉 등의 글을 남겨 한나라 산문의 전형적인 형식 부賦를 정착시킨 문장가 사마상여(기원전 179~118년)가 세상을 떠났다.
• 서한의 대표적인 화폐인 '오수전'을 주조했다. 오수전은 당나라 때까지 사용되어 중국 역사상 가장 오랫동안 유통된 화폐 가운데 하나가 되었다.
• 말이 귀해지자 백성들에게 말 기르기를 장려하기 위하여 수말의 값을 한 마리에 20만 전으로 조정했다.
• 섬서성 서안 패교 한나라 때 무덤에서 세계에서 가장 이른 식물섬유 종이가 발견되었는데, 이해 이전에 사용된 것으로 판명이 났다.

기원전 117년___29세 (무제 원수 6년, 무제 40세)
• 사마천은 낭중 직무에 충실했다.
• 곽거병이 죽었다. 무릉 옆에 장사를 지냈는데 봉분은 기련산을 닮았다고 한다.
• 마음속으로 생각만 하여도 처벌한다는 '복비법腹誹法'으로, 청렴하고 강직했던 대농령 안이顔異가 처형되었다. 이로써 언론·사상 탄압이 더욱 심하여졌고, 황제의 비위를 맞추려고 아부하는 자들이 더 많아졌다.
• 공안국이 임회 태수로 부임했다.

기원전 116년___30세 (무제 원정元鼎 원년, 무제 41세)
• 대흉노 전면 공격을 멈추고 쌍방이 휴전기에 접어들었다.
• 분수汾水에서 보정寶鼎을 얻어 연호를 '원정'으로 고쳤다.
• 이 무렵 진령 남북을 왕래하는 중요한 잔도의 하나인 '포사도'가 개통되었다. 관중에서 한중을 거

쳐 파촉에 이르는 거리를 단축시킴으로써 서남과 중원지구의 경제·문화 관계가 더욱 가까워졌다.

기원전 115년 ___31세 (무제 원정 2년, 무제 42세)

- 물가를 조절하는 정책인 균수법을 실행했다.
- 서역이 처음으로 개통되었다.
- 서역 지방에 주천군과 무위군을 설치했다.
- 무제는 대완의 명마 '한혈마汗血馬'를 얻어 이를 '천마天馬'라 부르면서 대량으로 얻기를 희망했다.
- 혹리로 악명을 떨친 장탕이 무고로 죄를 얻자 자살했다.

기원전 114년 ___32세 (무제 원정 3년, 무제 43세)

- 재화를 축적하고 이익만을 좇는 상인과 거간들에게 타격을 주기 위하여 상업 억제책인 산민算緡·고민령告緡令을 반포했다. 이 정책의 실행 과정에서 중간 규모 이상의 상인들과 고리대금업자들이 법령을 위반하여 고발당함으로써 가산을 탕진하는 사례가 적잖게 발생했다.
- 장건이 세상을 떠났다.

기원전 113년 ___33세 (무제 원정 4년, 무제 44세)

- 사마천은 아버지와 함께 본격적인 지방 순시에 나선 무제를 수행하여 각지의 민정과 풍속을 살피는 기회를 얻었다.
- 사마천 부자는 무제가 자신들의 고향인 하양을 지난 것을 기념하기 위하여 그곳에 '협려궁挾荔宮'을 세웠다(지금의 사마천 사당 동남 200미터 지점).
- 무제는 지방 군현 순시에 본격적으로 나섰다.
- 무제의 1차 군현 순시 경로는 다음과 같았다.

장안→옹雍(지금의 섬서성 봉상현鳳翔縣)→하양夏陽→하동군河東郡(산서성 하현夏縣 북쪽) 분음汾陰(산서성 형하현滎河縣 북쪽)→황하→형양滎陽(하남성 형양현 서남)→귀경

- 이때를 전후로 삭방·서하·주천·여남·구강·태산 등지에 수리사업을 대대적으로 벌여 황하를 끌어들여 농지에 물을 대었으며, 관중 지역에도 대대적인 수리사업을 벌였다.
- '금루옥의'의 발굴로 호화롭고 사치스러운 생활의 단면을 보여준 중산왕 유승이 죽었다.

기원전 112년 ___34세 (무제 원정 5년, 무제 45세)

- 사마천은 무제를 수행하여 공동산崆峒山(감숙성 평량현平凉縣 서쪽) 등 서쪽 지방에 대한 정보를 얻었다.

• 무제는 예에 따라 옹에서 오제五帝에 제사를 지내고, 서쪽 지방을 순시했다.

• 무제의 순시 경로는 다음과 같았다.

장안 → 옹 → 농판隴坂(섬서성 농현과 감숙성 청수현淸水縣 경계에 있는 산) 공동산→ 소관蕭關(감숙성 고원현固原縣 동남) → 신진중新秦中(내몽골 자치구 오르도스)에서 대규모 사냥을 했다 → 감천甘泉(섬서성 순화현淳化縣 감천산) → 귀경

• 이 무렵부터 해남도 소수민족과 중원의 경제 · 문화 교류가 시작되었다.

기원전 111년___35세 (무제 원정 6년, 무제 46세, 재위 30년)

• 사마천은 무제의 명을 받아 파촉巴蜀 이남, 즉 서남 지방의 문물을 관찰할 기회를 가졌다.

(이때의 경험은 훗날 권116 〈서남이열전〉을 저술하는 데에 절대적인 역할을 했다. 사마천의 민정 시찰 경로는 아래와 같았다. 이로써 사마천의 족적은 곤명, 대리에까지 미쳤다. 명나라 때 편찬된《운남통지》 권2 대리부 왕안산조에 보면 사마천이 이곳에 와서 서이하를 보았다고 했으며,《진운역년전》에서도 사마천이 지금의 대리인 엽유에 강당을 세워 대리에서 처음 교육이 시작되었다고 했다.

장안→한중漢中〔섬서성 한중 남쪽〕→파군巴郡〔사천성 중경시重慶市 북쪽〕→ 건위군犍爲郡〔사천성 의빈현宜賓縣〕→장가군牂牁郡〔귀주성 황평현黃平縣 서쪽〕→촉군蜀郡〔사천성 성도시成都市〕→영관도零關道〔사천성 노산현蘆山縣 동남〕→ 손수孫水〔안녕하安寧河〕→월휴군越嶲郡〔사천성 서창현西昌縣 동남〕→ 심려군沈黎郡〔사천성 한원현漢源縣 동남〕→ 귀경)

• 이렇게 서남이를 평정하여 5군을 설치했다.

• 서역 쪽에 장액과 돈황군을 설치했다.

• 서강을 정벌했다.

• 남월을 평정하여 9군을 설치했다.

• 음악가 이연년이 '교사郊祀'를 위한 악무樂舞를 지음으로써 교사에서 악무가 연주되기 시작했다.

• 서역 악기를 개조한, 눕혀서 연주하는 공후라는 악기가 이 무렵부터 유행하기 시작했다.

기원전 110년___36세 (무제 원봉元封 원년, 무제 47세)

• 서남이에서 임무를 마치고 귀경하던 중 삭방을 순시하던 무제와 합류하여 복명한 다음 교산 황제릉에 함께 제사를 드리고 돌아오는 길에 아버지 사마담이 위독하다는 전갈을 받았다. 사마천은 낙양으로 가서 아버지의 임종을 지켰는데, 사마담은 자신의 뒤를 이어 반드시 태사령이 되어 달라는 유언을 남기고 세상을 떠났다.

• 사마천은 아버지의 장례를 치르고 산동 태산으로 달려가 무제와 합류하여 봉선封禪에 참여했다.

• 대내외적으로 안정 기반을 구축한 무제는 마침내 봉선 대제를 거행했다.

• 무제의 봉선 경로도와 순시도는 다음과 같았다.

낙양→산동→봉래산→태산(봉선 대제)→(해로로 북상)→갈석산碣石山(하북성 창려현昌黎縣 경계)→요서군遼西郡(하북성 노룡현盧龍縣 동쪽) 순시→구원군九原郡(내몽골 오원현五原縣)→감천

• 무제는 교산(지금의 섬서성 황릉현)에서 황제黃帝에게 몸소 제사 드리니, 이는 최초의 황제릉 기록이다.

• 무제는 12부 장군을 몸소 거느리고 장성을 넘어 흉노에게 무력시위를 했다.

• 상홍양을 좌서장으로 발탁하여 염철 전매, 균수·평준 등 정부 주도의 통제적 재정·물가정책을 주도하게 했다.

기원전 109년 ___ 37세 (무제 원봉 2년, 무제 48세)

• 사마천은 무제의 '호자가瓠子歌'에 감명을 받아 훗날《사기》에 중국 역대 치수사업을 개괄한 권29 〈하거서河渠書〉를 쓰게 되었다.

• 무제는 태산에 제사하고 복양濮陽(하남성 복양현 남쪽) 호자瓠子의 강물을 막는 공사현장을 직접 방문하여 흰말과 옥을 강에 가라앉히는 하례河禮를 지내고, 문무 관리들을 백성들과 함께 직접 공사에 참여하게 함으로써 난공사를 완성하고, 기념으로 노래를 짓고 제방에 선방궁宣房宮을 세웠다.

• 조선 정벌에 나섰다.

• 조선 정벌을 기점으로 무제의 정치적 판단력에 심각한 문제가 발생했다.

• 이 무렵 황제가 처리하는 사건인 조옥詔獄이 갈수록 늘어 1년에 1,000여 건, 연루자는 6~7만 명, 사건을 처리하는 관련 관리는 10여만 명으로 증가했다.

기원전 108년 ___ 38세 (무제 원봉 3년, 무제 49세)

• 사마천은 아버지 사마담의 뒤를 이어 태사령이 되었다. 이로써 필생의 저작《사기》를 편찬하게 되는 기점과 중요한 조건이 마련되었다. 사마담이 세상을 뜬 지 3년 만이었다.

• 사마천은 태사령이 관장하던 '한 이전' 시대의 기록을 물려받았다.

• 사마천은 은자 지준摯峻과 교류를 갖고 편지를 주고받았다.

• 조선이 항복하여 4군을 설치했다.

• 조파노가 누란을 공격하여 주천에서 옥문관에 이르는 지역에 방어선이 구축되었다.

• 장안에서 각저(씨름)놀이가 있자 주위 300리 백성들이 모두 몰려와 구경했다. 무제 때 씨름은 이미 오락잡기로 변했다.

기원전 107년___39세 (무제 원봉 4년, 무제 50세)

• 사마천은 무제의 순시에 빠지지 않고 수행했다. 또 무제를 수행하여 고향 하양으로부터 황하를 건너 하동에 이르렀고, 토지신인 후토后土에 제사를 지냈다.

• 무제는 북쪽의 지방 탁록涿鹿 · 옹 · 소관 · 명택 · 대 등지를 순시했다.

기원전 106년___40세 (무제 원봉 5년, 무제 51세)

• 무제는 남방으로 성당 · 구의 · 심양 · 종양 등지를 순시하고, 북으로는 낭야 · 동해 · 태산 · 감천에 이르렀다.

• 자사刺史를 처음으로 만들어 유주 등 13주부에 모두 파견했다.

기원전 105년___41세 (무제 원봉 6년, 무제 52세)

• 사마천은 "나는 황제의 순시를 수행하면서 하늘과 땅, 귀신, 이름난 산과 물에 제사하고 봉선에도 참가했다"고 했으며, 이 경험은 《사기》를 저술하는 데 큰 보탬이 되었다. 돌아오는 길에 고향 하양에서 황하를 건너 후토에 제사를 드렸다.

• 무제는 북방을 순시했다.

• 무제의 신선숭배가 점점 심하여져 귀신에 제사하는 각종 법술로 명리를 얻는 방사가 1만 명에 이를 정도였다.

• 강도왕 유건의 딸 세군을 공주로 삼아 오손 곤막왕에게 시집보냄으로써 오손과 화친을 맺었다.

• 안식국(파르티아 왕국)의 사신이 장안에 왔으며, 처음으로 통교가 시작되었다.

• 곤명을 공격했다.

• 이해 이전에 공안국이 세상을 떠난 것으로 보인다.

기원전 104년___42세 (무제 태초太初 원년, 무제 53세)

• 사마천의 주도하에 공손경, 호수와 함께 종래 사용하던 달력인 전욱력顓頊曆을 개정하여 하력夏曆을 기초로 한 태초력太初曆을 완성했다. 이와 아울러 각종 제도개혁도 이루어졌다.

• 사마천은 역법 개정을 계기로 본격적인 《사기》 저술에 착수하여, 기원전 98년 '이릉의 화'로 감옥에 갇힐 때까지 7년간 계속했다.

• 동중서(기원전 179~104년)가 76세로 세상을 떠났다.

기원전 103년___43세 (무제 태초 2년, 무제 54세)

• 《사기》 집필이 본격화되었다.

• 사마천은 무제를 수행하여 고향 하양에서 황하를 건너 후토에 제사를 드렸다.

• 동중서의 제자 아관이 세상을 떠났다.

기원전 102년___44세 (무제 태초3년, 무제 55세)

• 사마천은 무제를 수행하여 동으로 바다에 이르렀고, 돌아오는 길에 태산에 봉선했다.

• 대완을 대대적으로 공격했다.

• 서역 사막지대에서 오늘날까지도 농사를 위한 우물로 사용하는 감아정坎兒井이 이 무렵 대완까지 보급되었다.

• 거연택(지금의 감숙성 제납기 동남)에 처음으로 성을 쌓았다(여기서 한나라 시대의 기록인 거연한간居延漢簡이 출토되고 있다).

• 오원새(지금의 내몽골 포두 서북)에서 북으로 노구에 이르는 길에 성과 초소를 쌓아 흉노를 방어했으나, 실제로는 흉노와의 경제 · 문화 교류를 위한 중요한 통로 구실을 했다.

• 음악가 이연년이 동생의 죄에 연루되어 피살되었다.

기원전 101년___45세 (무제 태초4년, 무제 56세, 재위 40년)

• 권130 〈태사공자서〉와 권17 〈한흥이래제후왕연표〉에 따르면 《사기》의 사건 기술은 태초 연간, 즉 기원전 104년에서 기원전 101년 사이에서 끝난 것으로 보인다.

• 사마천은 무제를 수행하여 겨울에 회중에 이르렀다.

• 돈황에서 염택(지금의 신강성 나포박)에 이르는 길에 역참을 쌓았고, 윤대(지금의 신강성 윤대) 등지에 둔전을 개척하여 서역에 나간 인원들의 식량을 조달했다.

• 이 무렵 오손왕에게 시집간 세군이 세상을 떠난 것으로 보인다. 한은 초왕 유무의 손녀 해우를 공주로 삼아 오손왕에게 다시 시집보냈다.

• 이광리가 한혈마를 얻어 돌아왔고, 무제는 '서극천마지가西極天馬之歌(서쪽 끝 천마의 노래)'를 지어 이를 기념했다.

기원전 100년___46세 (무제 천한天漢 원년, 무제 57세)

• 흉노와의 전투가 다시 시작되었으나 한은 잇달아 패했다.

• 정도를 벗어난 사치를 금하는 법이 만들어졌다.

• 소무蘇武가 흉노에 사신으로 갔다가 억류당했다. 그는 이후 무려 21년 동안 억류되었다가 돌아왔다.

기원전 99년___47세 (무제 천한 2년, 무제 58세)

• 사마천은 무제를 수행하여 동해에 이르렀고, 돌아오는 길에 회중에 들렀다.

• 사마천은 흉노와의 전투에서 중과부적으로 패하여 항복한 이릉李陵을 변호하다가 황제의 심기를 건드려 옥에 갇혔다. 이를 역사에서는 '이릉의 화禍'라 부른다. 이 사건으로 사마천의 일생과 《사기》는 중대한 전환기를 맞이했다.

• 잇단 민중봉기로 교통과 경제가 마비되자 이들을 숨겨주는 자는 사형에 처하고, 봉기 등에 제대로 대처하지 못하는 관리도 사형에 처한다는 침명법沉命法이 반포되었으나, 관리들은 서로 보고서를 교묘하게 조작하여 법을 피했다.

• 서역에서 들어온 포도 등이 장안 주위에서 재배되기 시작했다(참외 · 석류 · 호도 · 마늘 등).

기원전 98년 ___ 48세 (무제 천한 3년, 무제 59세)

• 사마천은 이릉사건에 연루되어 태사령 직에서 파면당하고 대리 감옥에 갇혀 '황제를 무고했다'는 죄명으로 사형이 확정되었다.

• 무제는 이해에도 동쪽을 순시하여 신선을 구하고, 태산에 제사를 지냈다.

기원전 97년 ___ 49세 (무제 천한 4년, 무제 60세)

• 사마천은 치욕을 감수하고 궁형을 자청하여 죽음을 면했다.

• 공교롭게도 이해에 사형수가 50만 전을 내면 사형을 면하여 준다는 조치가 내려졌지만, 사마천은 돈이 없어 궁형을 자청했다.

• 이릉이 흉노로부터 벼슬을 받았다는 소식이 전해지자 무제는 이릉의 가족을 몰살했다.

기원전 96년 ___ 50세 (무제 태시太始 원년, 무제 61세)

• 사마천은 사면을 받아 출옥하고 중서령 직을 받았다.

• 사마천은 오로지 《사기》의 완성을 위하여 혼신의 힘을 쏟았다.

• 군국의 관리와 호걸들을 무릉으로 이주시켰다.

기원전 95년 ___ 51세 (무제 태시 2년, 무제 62세)

• 사마천은 무제를 수행하여 회중에 이르렀다.

• 수리 전문가 백공白公의 건의로 경수를 끌어들여 곡구—역양—위수로 들어가는 200킬로미터 길이의 백거白渠라는 수로를 건설했다.

기원전 94년 ___ 52세 (무제 태시 3년, 무제 63세)

• 무제는 동쪽을 순시하여 감천궁에서 외빈을 접견하고, 동해 · 낭야 · 대해를 거쳐 돌아왔다.

• 무제는 강충江充이란 간신을 총애했다.

기원전 93년 ___ 53세 (무제 태시 4년, 무제 64세)

• 사마천은 무제를 수행하여 태산 · 불기不其 · 옹 · 안정安定 · 북지北地를 순시했다.

• 왕국유는 〈보임안서〉가 이해에 쓰였다고 주장했다.

• 동방삭(기원전 154~93년)이 62세를 일기로 세상을 떠났다.

기원전 92년 ___ 54세 (무제 정화征和 원년, 무제 65세)

• 사마천은 무제를 수행하여 건장궁建章宮으로 돌아왔다.

• 이 무렵부터 궁정에서 무당을 이용하여 사술로 정적을 해치는 '무고巫蠱의 화'가 일기 시작했다.

• 승상 공손하가 양릉(지금의 서안 북쪽) 대협 주안세를 체포했다. 무제 때 곽해 · 주가 · 극맹 등 유명한 유협들이 제거당함으로써 유협의 기풍이 소멸되었다.

• 주안세가 옥중에서 공손하의 아들 경성이 양석공주(위황후의 딸)와 함께 무당을 시켜 인형을 도로에 묻고 무제를 저주했다고 고발했다.

기원전 91년 ___ 55세 (무제 정화 2년, 무제 66세, 재위 50년)

• 사마천은 익주자사益州刺史 임안任安이 태자와 관련된 무고 사건으로 옥에 갇혔다는 소식을 듣고 착잡한 심정으로 '보임소경서報任少卿書(또는 보임안서)'라는 편지를 써서 지난날 자신이 옥에 갇히고 궁형을 당한 경위와 그에 더욱 발분하여 《사기》를 저술하는 데에 혼신의 힘을 쏟은 심경을 고백했다.

• 이 편지로 보아 이 무렵 《사기》가 완성된 것으로 보인다.

(태초 원년 42세부터 본격적으로 저술하기 시작하여 약 14년에 걸쳐 완성했다. 저술은 대체로 두 단계를 겪었는데, 태초 원년 42세부터 궁형을 받은 49세까지 약 7년, 궁형을 받고 풀려난 뒤로부터 친구 임안에게 편지를 쓴 정화 2년, 사마천의 나이 55세까지 약 7년간이다.)

• 사마천의 친구, 임안은 결국 사형당했다.

기원전 90년 ___ 56세 (무제 정화 3년, 무제 67세)

• 사마천은 무제의 심기를 건드려 하옥되었다가 처형당한 것으로 추측된다(임안에게 보낸 편지 〈보임안서〉에서).

• 사마천은 슬하에 아들 둘에 딸 하나를 두었다. 딸이 대사농大司農 양창楊敞에게 시집가 아들, 즉 사마천의 외손자 양운楊惲을 낳았다.

• 승상 공손하 부자는 하옥되어 멸족되었고, 양석공주 등도 무고에 연루되어 죽었다.

• 무제가 병에 걸리자 여태자가 궁에 인형을 묻어놓고 저주했기 때문이라고 강충이 무고하자 태자

는 두려워 군대를 동원하여 저항했다. 장안에서 전투가 벌어지고 태자는 패하여 위황후와 함께 자살했다. 이 사건으로 수만 명이 연루되어 죽었다. 무제 만년의 최악의 사건으로 무제의 심신은 극도로 쇠약해졌다.

기원전 87년 (무제 후원 2년, 무제 70세, 재위 54년)

- 한 무제 유철이 70세로 세상을 떠났다. 사마천이 살아있었다면 59세였을 것이다.

참고문헌

◉

기본 사료

《史記》(中華書局標點校勘本)

《漢書》(동상)

《史記會注考證》(瀧川龜太郎)

《사기》 주석서 · 현대문 번역서 · 기본 연구서

王利器主編, 《史記注譯》(全四冊), 三秦出版社, 1988.

張大可, 《史記研究》, 華文出版社, 2002.

韓兆琦編著, 《史記箋證》(全九冊), 江西人民出版社, 2004.

張大可主編, 《史記研究集成》(전14권), 華文出版社, 2005.

《白話史記》(白話全譯本), 新世界出版社, 2007.

褚玉蘭, 《史記新解》, 山東大學出版社, 2007.

《史記菁華錄》, 新世界出版社, 2007.

韓兆琦主譯, 《史記》(傳世經典文白對照), 中華書局, 2008.

王嗣敏, 《史記之魂》(上, 下), 華夏出版社, 2008.

韓兆琦譯著, 《新白話史記》(上, 下), 中華書局, 2009.

공구서

《中國史稿地圖集》(上), 地圖出版社, 1979.

譚其驤主編, 《中國歷史地圖集》(第1冊), 地圖出版社, 1982.

王恢, 《中國歷史地理》(下冊), 臺灣學生書局, 1984.

《中國歷代名人勝蹟大辭典》, 三聯書店, 1995.
《中國文物地圖集》(陝西分冊), 西安地圖出版社, 1998.
《中華秦文化辭典》, 西北大學出版社, 2000.
中國歷史博物館編著,《華夏文明史》(第1卷), 朝華出版社, 2002.
中國國家博物館編,《文物中國史》(2), 山西敎育出版社, 2003.
《話說中國》(創世在東方), 上海文藝出版社, 2003.
《話說中國》(詩經里的世界), 上海文藝出版社, 2003.
《話說中國》(春秋巨人), 上海文藝出版社, 2004.
《話說中國》(列國爭雄), 上海文藝出版社, 2004.
《話說中國》(大風一曲振河山), 上海文藝出版社, 2004.
《中國歷史大辭典》, 上海辭書出版社, 2007.
《中國戰爭史地圖集》, 星球地圖出版社, 2007.
白楊,《中國帝王皇后親王公主世系錄》, 山西人民出版社, 2008.

도판 · 사진 관련 참고자료

馬承源,《中國古代靑銅器》, 上海人民出版社. 1982.
《中國歷代名人圖鑑》, 蘇州大學圖書館編著, 上海書畵出版社, 1987.
《三才圖會》, 上海古籍出版社, 1988.
張習孔. 田珏主編,《中國歷史大事編年》(第1卷), 北京出版社, 1989.
《中國文物精華大辭典》(靑銅器卷), 上海辭書出版社, 1995.
《中國歷代帝王名臣像眞迹》, 河北美術出版社, 1996.
《山東文物精華》, 山東美術出版社, 1996.
盧嘉錫主編,《中國科學技術史》, 中國科學技術出版社, 1997.
《巴蜀漢代畵像集》, 文物出版社, 1998.
李淞編著,《漢代人物彫刻藝術》, 湖南美術出版社, 2001.
劉煒,《中華文明傳眞》(春秋戰國), 上海辭書出版社, 2001.
金其楨,《中國碑文化》, 重慶出版社, 2002.
張福林編,《歷代碑碣圖輯》, 山西人民出版社, 2002.
《古籍善本卷》(北京文物精粹大系), 北京出版社, 2002.
《靑銅器卷》(北京文物精粹大系), 北京出版社, 2002.
陳根遠,《瓦當留眞》, 遼寧畵報出版社, 2002.

《中國歷代人物像傳》(전4권), 齊魯書社, 2002.
馬世之,《中國史前古城》, 湖北教育出版社, 2003.
侯幼彬.李婉貞編,《中國古代建築歷史圖說》, 中國建築工業出版社, 2003.
《中國歷代人物像傳》, 上海古籍出版社, 2003.
《中國歷代名人畫像譜》, 中國歷史博物館保管部編, 海峽文藝出版社, 2003.
熊治祁主編,《中國近現代名人圖鑑》, 湖南人民出版社, 2003.
《歷代珍稀板本經眼圖錄》, 中國書店, 2003.
馬永嬴編著,《五陵原與西漢帝陵》, 西安地圖出版社, 2003.
《文物中國史》(1~4), 山西教育出版社, 2003.
《山東重大考古新發見》(1990~2003), 山東文化音像出版社, 2003.
張滿弓編著,《古典文學版畵》(人物像傳), 河南大學出版社, 2004.
《中國歷代人物圖像集》(전3권), 上海古籍出版社, 2004.
《中國文明的形成》, 新世界出版社, 2004.
周心慧編著,《中國古籍揷圖精鑒》, 中國青年出版社, 2005.
周心慧主編,《中國古籍揷圖精鑒》, 中國青年出版社, 2006.
《漢畵解讀》, 文化藝術出版社, 2006.
朱士光,《中國八代古都》, 人民出版社, 2007.
張珍,《話說古都群》, 吉林文史出版社, 2009.
《河南省博物館》, 長征出版社, 2009.
《小北京韓城》, 中國旅遊出版社, 2009.
《中國國家博物館》, 長征出版社, 2011.
《中國人物畵全集》(上·下), 外文出版社, 2011.
陝西省文物局/陝西省考古研究院,《留住文明》, 陝西出版集團/三秦出版社, 2011.

전문·대중 연구서

楊育彬,《河南考古》, 中州古籍出版社, 1985.
楊寬,《戰國史》, 谷風出版社, 1986.
魏昌,《楚國簡史》, 中國地質大學出版社, 1989.
晁福林,《覇權迭興》, 三聯書店, 1992.
葛劍雄,《統一與分裂》, 三聯書店, 1994.
徐了然,《人與神》, 中國國際廣播出版社, 1995.

王子今,《史記的文化發掘》, 湖北人民出版社, 1997.
戈春源,《刺客史》, 上海文藝出版社, 1999.
翦伯贊,《秦漢史》, 北京大學出版社, 1999(2판).
董立章,《三皇五帝史斷代》, 暨南大學出版社, 1999.
楊寬,《西周史》, 上海人民出版社, 1999.
夏商周斷代工程專家組,《夏商周斷代工程1996~2000年階段成果報告》, 世界圖書出版公司, 2000.
王玉哲,《中華遠古史》, 上海人民出版社, 2000.
莫曰達,《先秦.秦漢統計思想史》, 中國統計出版社, 2001.
陳旭,《夏商考古》, 文物出版社, 2001.
張豈之主編,《中國歷史》(先秦卷), 高等教育出版社, 2001.
顧音海,《甲骨學發現與研究》, 上海書店出版社, 2002.
朱順龍.顧德融,《春秋史》, 上海人民出版社, 2002.
吳銳,《中國思想的起源》(전3권), 山東教育出版社, 2002.
朱順鏞/顧德融,《春秋史》, 上海人民出版社, 2003.
林劍鳴,《秦漢史》, 上海人民出版社, 2003.
張弘,《戰國秦漢時期商人和商業資本研究》, 齊魯書社, 2003.
胡厚宣/胡振宇,《殷商史》, 上海人民出版社, 2003.
曲英杰,《古代城市》, 文物出版社, 2003.
馬永嬴編著,《五陵原與西漢帝陵》, 西安地圖出版社, 2003.
任偉,《西周封國考疑》, 社會科學文獻出版社, 2004.
徐杰令,《春秋邦交研究》, 中國社會科學出版社, 2004.
許順湛,《五帝時代研究》, 中州古籍出版社, 2005.
楊寬,《先秦十講》, 復旦大學出版社, 2006.
呂靜,《春秋時期盟誓研究》, 上海古籍出版社, 2007.
葉志衡,《戰國學術文化編年》, 浙江大學出版社, 2007.
黃朴民,《秦漢統一戰略研究》, 中國人民大學出版社, 2007.
雷虹霽,《秦漢歷史地理與文化分區研究》, 中國民族大學出版社, 2007.
馮立鰲,《千年的遺恨》, 上海三聯書店, 2007.
馮立鰲,《歷史的心智》, 上海三聯書店, 2007.
王宇編著,《品讀漢代風雲》, 海潮出版社, 2007.

郭燦金/許暉, 《趣讀史記》, 崇文書局, 2007.
焦安南/李建義, 《姜太公》, 國際文化出版公司, 2007.
王宇編著, 《超越帝王名臣和名將(名臣篇)》, 團結出版社, 2008.
嚴超編著, 《完全圖解諸子百家》, 南海出版公司, 2008.
鄭劭榮/劉麗娟, 《俠客》, 中國社會出版社, 2009.
韓兆琦譯著, 《新白話史記》(上·下), 中華書局, 2009.
老鐵手, 《戰國那些事兒》(1~3), 亞洲圖書, 2009.
梁啓超外, 《史記二十講》, 華夏出版社, 2009.
陳建明主編, 《馬王堆漢墓陳列》, 湖南省博物館.
李開元, 《秦崩-從秦始皇到劉邦》, 研經, 2010.
Thomas R. Martin, 《Herodotus and Sima Qian》, BEDFORD, 2010.
林屋公子, 《吳越春秋》, 民主與建設出版社, 2016.
余世存, 《先知中國》, 廣東人民出版社, 2017.
曾國藩/李景星評議, 《司記》, 作家出版社, 2017.
侯旭東, 《寵》, 北京師範大學出版社, 2018.

국내 자료

민두기 엮음, 《중국의 역사인식》(상, 하), 창작과비평사, 1985.
박혜숙 편역, 《사마천의 역사인식》, 한길사, 1988.
서울대학교동양과학연구회 엮음, 《강좌 중국사》(1), 지식산업사, 1989.
심재훈 엮음, 《갑골문》, 민음사, 1990.
이춘식 엮음, 《한중일 삼국사상의 보수와 개혁》, 신서원, 1995.
버튼 윗슨, 박혜숙 옮김, 《위대한 역사가 사마천》, 한길사, 1995.
사마천, 정범진 외 옮김, 《사기》(전7권), 까치, 1997(4판).
반고, 홍대표 옮김, 《한서열전》, 범우사, 1997.
고국항, 오상훈 외 옮김, 《중국사학사》, 풀빛, 1998.
동작빈, 이형구 옮김, 《갑골학 60년》, 민음사, 1993.
김원중, 《사기열전》, 을유문화사, 1999.
유절, 신태갑 옮김, 《중국사학사 강의》, 신서원, 2000.
신승하, 《중국사학사》, 고려대학교출판부, 2000.
박인수, 《춘추전국의 패자와 책사들》, 석필, 2001.

이춘식, 〈춘추전국시대의 법치사상과 세勢, 술術〉, 아카넷, 2002.
한영우, 《역사학의 역사》, 지식산업사, 2002.
채수연, 〈춘추전국의 리더십〉, 중명출판사, 2002.
이인호, 《사기본기》, 사회평론, 2004.
최명, 《춘추전국의 정치사상》, 박영사, 2004.
박광민, 《오월춘추》, 경인문화사, 2004.
김원중, 《사기본기》, 을유문화사, 2005.
이인호, 《사기-중국을 읽는 첫 번째 코드》, 살림, 2005.
김영수, 《역사의 등불 사마천, 피로 쓴 사기》, 창해, 2006.
김영수, 《사기의 인간경영법》, 김영사, 2007.
이인호, 《이인호 교수의 사기 이야기》, 천지인, 2007
이성규 옮김, 《사마천 사기-중국고대사회의 형성》, 서울대학교출판부, 2007(수정판).
사타케 야스히코, 권인용 옮김, 《유방》, 이산, 2007.
베이징대학교 중국전통문화연구중심, 장연 · 김호림 옮김, 《중화문명대시야》(전4권), 김영사, 2007.
우실하, 《동북공정 너머 요하문명론》, 소나무, 2007.
김선자, 《황제신화-만들어진 민족주의》, 책세상, 2007.
김경호 외, 《하상주단대공정》, 동북아역사재단, 2008.
김영수, 《난세에 답하다-사마천의 인간 탐구》, 알마, 2008.
박찬철 · 공원국, 《귀곡자》, 위즈덤하우스, 2008.
이인호, 《사기열전》(상), 천지인, 2009.
김영수, 《사기의 경영학》, 원앤원북스, 2009.
밍더, 홍순도 옮김, 김영수 감수, 《왼손에는 사기, 오른손에는 삼국지를 들어라》, 더숲, 2009.
한자오치, 이인호 옮김, 《사기 교양 강의》, 돌베개, 2009.
사마천 · 이치카와 히로시 외, MOIM 옮김, 《불멸의 인간학 사기》(전5권), 서해문집, 2009.
사마천, 스진 엮음, 노만수 옮김, 《사마천 사기》, 일빛, 2009.
사마천, 김원중 옮김, 《사기세가》, 민음사, 2010.
사마천, 김영수 옮김, 《완역 사기 본기 1》, 알마, 2010.
김영수, 《사마천, 인간의 길을 묻다》, 왕의서재, 2010.
공원국, 《춘추전국이야기》(전10권), 역사의아침, 2010-2016.
장점민, 김영수 옮김, 《제국의 빛과 그늘》, 역사의아침, 2012.
백양, 김영수 옮김, 《백양 중국사》(1), 위즈덤하우스, 2013.

김영수, 《사마천과의 대화》, 새녘출판사, 2013.
김영수, 《나를 세우는 옛 문장들》, 생각연구소, 2013.
김영수, 《사기를 읽다》, 유유, 2014.
공원국, 《통쾌한 반격의 기술, 오자서병법》, 위즈덤하우스, 2014.
시마자키 스스무, 전형배 옮김, 《단숨에 읽는 사기》, 창해, 2014.
장박원, 《춘추전국의 전략가들》, 행간, 2014.
사마천, 김영수 옮김, 《완역 사기 본기 2》, 알마, 2014.
사마천, 김영수 옮김, 《완역 사기 세가 1》, 알마, 2014.
양치엔쿤, 장세후 옮김, 《사마천과 사기》, 연암서가, 2015.
김영수, 《사마천, 인간의 길을 묻다》(개정판), 위즈덤하우스, 2016.
김영수, 《사마천과 사기에 대한 모든 것》(전2권), 창해, 2016.
장자화, 사마천 원저, 전수정 옮김, 《장자화의 사기》(전5권), 사계절, 2017~2018.
김영수, 《인간의 길-나를 바로 세우는 사마천의 문장들》, 창해, 2018.
김영수, 《간서-가장 오래된 첩자 이야기》, 위즈덤하우스, 2018.
이승수, 《사마천의 마음으로 읽는 사기》, 돌베개, 2018.
김영수, 《세자백가, 경제를 말하다》, 아이필드, 2019.
김영수, 《나는 사기로 경영을 배웠다》, 메이트북스, 2019.
김영수, 《사마천과 노블레스 오블리주》, 아이필드, 2020

• 이상 출간일 순.

입체적 해석과 담론으로 새로 태어나는 오늘의 고전

김영수의 《완역 사기》 시리즈

---

01 완역 사기 본기 1

보임안서 | 권130 태사공자서 | 권1 오제본기 | 권2 하본기 | 권3 은본기 | 권4 주본기 | 권5 진본기

02 완역 사기 본기 2

권6 진시황본기 | 권7 항우본기 | 권8 고조본기 | 권9 여태후본기 | 권10 효문본기 | 권11 효경본기 | 권12 효무본기

03 완역 사기 세가 1

권31 오태백세가 | 권32 제태공세가 | 권33 노주공세가 | 권34 연소공세가 | 권35 관채세가 | 권36 진기세가 | 권37 위강숙세가 | 권38 송미자세가

04 완역 사기 세가 2

권39 진세가 | 권40 초세가 | 권41 월왕구천세가 | 권42 정세가 | 권43 조세가 | 권44 위세가 | 권45 한세가 | 권46 전경중완세가

05 완역 사기 세가 3 (근간)

권47 공자세가 | 권48 진섭세가 | 권49 외척세가 | 권50 초원왕세가 | 권51 형연세가 | 권52 제도혜왕세가 | 권53 소상국세가 | 권54 조상국세가 | 권55 유후세가 | 권56 진승상세가 | 권57 강후주발세가 | 권58 양효왕세가 | 권59 오종세가 | 권60 삼왕세가

열전(69편) · 표(10편) · 서(8편)가 계속해서 출간됩니다.

지은이..사마천司馬遷

역사학의 성인 '사성史聖'으로 추앙받고 있는 사마천은 기원전 145년 지금의 산시성陝西省 한청시韓城市에서 태어났다. 어릴 때부터 아버지 사마담司馬談의 교육 아래 역사가로서의 자질을 갖추어나갔다. 스무 살 때는 아버지의 권유로 약 3년에 걸쳐 천하의 역사현장을 직접 발로 뛰며 팩트의 진실성과 그에 함축되어 있는 역사적 의미를 체험하는 뜻 깊은 행보를 실천으로 옮겼다. 이때의 경험은 3천 년에 걸친 방대한 역사서 《사기》의 출로를 모색하는 데 큰 원동력이 되었다.
20대 중후반 예비관료인 낭중郎中으로 선발되어 궁중에 들어와 당대의 숱한 인재들과 교류하는 한편 황제 무제武帝를 지근에서 모셨다. 36세 때 아버지 사마담이 세상을 떠나자 3년 상을 치른 후 38세 때인 기원전 108년 아버지의 뒤를 이어 정부 문서와 기록을 책임지는 태사령太史令이 되었다. (이 해에 고조선이 멸망했다.)
마흔이 넘으면서 사마천은 아버지 대부터 수집해놓은 방대한 자료를 바탕으로 역사서를 저술하기 시작했다. 그러나 기원전 98년 젊은 장수 이릉李陵을 변호하다가 황제의 처남이자 장군인 이광리李廣利를 무고했다는 죄목으로 옥에 갇혔다. 상황은 악화되어 반역죄에 몰려 사형이 선고되었고, 사마천은 미처 완성하지 못한 역사서를 마무리하기 위해 죽음보다 치욕스러운 궁형을 자청하여 죽음을 면했다.
50세 무렵 감옥에서 풀려난 사마천은 몸과 마음이 완전히 망가진 처절한 상황에서도 불굴의 의지로 역사서 저술에 몰두했다. 약 3년에 걸친 옥살이와 궁형은 역사서의 방향과 내용을 완전히 바꾸어놓았다. 사마천은 이 수모와 고독 속에서 인간과 세상, 권력과 권력자, 인간의 본질에 대해 철저하게 숙고하는 한편, 나아가 '역사를 움직이는 진정한 원동력은 어디에서 오는가' '무엇이 사람을 사람답게 만드는가'와 같은 근원적 의문을 던지며 3천 년 통사를 완성했다. 이로써 《사기》는 역사에서 인간의 역할을 누구보다 깊게 통찰한 인류 최고의 역사서로 거듭날 수 있었다.
궁형은 사마천 개인에게는 더할 수 없는 불행이었지만 인류에게는 비할 데 없는 값진 선물로 남은 '역설적 악역'이었다. 궁형으로 인한 수염 없는 그의 초상화가 그 의미를 일깨운다. 한편 사마천의 죽음은 수수께끼로 남아 있다. 병사, 자살, 행방불명, 처형 등 여러 설이 그의 죽음을 둘러싸고 맴돌고 있다. 사가들은 그가 세상을 떠난 해를 대략 기원전 90년 무렵으로 추정한다. 그의 나이 56세였다.

옮긴이..김영수

고대 한중 관계사를 전공한 후 한중수교가 재개된 해인 1992년 박사과정을 수료하면서 중국에 대한 공부로 학문의 방향을 바꾸었다. 이후 사마천의《사기》를 붙들고 30년 가까이 중국의 역사와 그 현장을 집요하게 공부하고 추적해오고 있다. 2010년《완역 사기》시리즈의 첫 권을 출간한 이래 10년째 매달리고 있는《사기》완역본 작업은 그의 학문 여정에서 하나의 이정표가 될 대장정이다.

2007년 EBS를 통해 '김영수의《사기》와 21세기'란 제목으로 사마천과《사기》를 32회에 걸쳐 대중들에게 전달한 바 있다. (이 프로그램은 중국 CCTV의 사마천,《사기》강연보다 앞서 진행되었다.) 이후 대기업, 공공기관, 벤처기업, 교육기관, 도서관 등에서《사기》를 조직과 경영에 접목시키는 이른바 '응용 역사학'으로서 전파하는 데 힘을 쏟고 있다.

1998년 이래 사마천의 고향인 한청시를 30여 차례 방문하며 사마천 후손, 관련 학자, 정부 당국자들과 꾸준히 교류하고 있으며, 2007년에는 명예촌민으로 초빙되기도 했다.

영산 원불교대학교 교수를 지냈으며 현재는 사단법인 한국사마천학회 이사장으로 활동하고 있다. 주요 저역서로《완역 사기》시리즈를 비롯하여《난세에 답하다》《사마천, 인간의 길을 묻다》《나는 사기로 경영을 배웠다》《제자백가, 경제를 말하다》《첩자고》《인간의 길》《제국의 빛과 그늘》《사마천과 노블레스 오블리주》등이 있다.

페이스북 _ 한국사마천학회 @simaqian

유튜브 _ 김영수의 '좀 알자, 중국'

완역 사기 본기 1

1판 1쇄 찍음 2020년 10월 7일
1판 1쇄 펴냄 2020년 10월 23일

지은이 사마천
옮긴이 김영수
펴낸이 안지미
편집 채미애
디자인 안지미 이은주
제작처 공간

펴낸곳 (주)알마
출판등록 2006년 6월 22일 제2013-000266호
주소 04056 서울시 마포구 신촌로4길 5-13, 3층
전화 02.324.3800 판매 02.324.7863 편집
전송 02.324.1144

전자우편 alma@almabook.com
페이스북 /almabooks
트위터 @alma_books
인스타그램 @alma_books

ISBN 979-11-5992-321-0 94910
ISBN 979-11-85430-39-3 (세트)

이 도서의 국립중앙도서관 출판예정도서목록CIP은 서지정보유통지원시스템 홈페이지
http://seoji.nl.go.kr와 국가자료공동목록시스템http://www.nl.go.kr/kolisnet에서
이용하실 수 있습니다. CIP제어번호: CIP2020041650

알마는 아이쿱생협과 더불어 협동조합의 가치를 실천하는 출판사입니다.

종이 표지_매직콤마 120g/㎡ 본문_그린라이트 70g/㎡